Spanner Anton Carl, Industrieller, Erfinder und Marineoffizier. Geb. Wien, 1841; gest. ebd., 4. 7. 1917; röm.-kath. – Sohn eines Großhändlers. Nach Absolv. der Marine-Schul-Comp. wurde S. 1859 als prov. Marinekadett zu den österr. Seestreitkräften ausgemustert. 1864 Linienschiffsfähnrich, fungierte er auf diversen Kriegsschiffen als Wachoff. und wurde 1864 im dt.-dän. Krieg in der Nordsee eingesetzt. 1869 in die Res. versetzt, 1879 mit Titel und Charakter eines Linienschiffslt. außer Dienst gestellt. In den 1870er Jahren wandte sich S., der über ausreichend Kapital verfügte, wirtschaftl. Unternehmungen zu, wobei er sein bei der Marine erworbenes techn. Wissen nutzen konnte. 1872 gründete er die A. C. Spannersche Wassermesserfabriks-GmbH in Wien, in der nach eigenen und fremden Patenten zahlreiche Geräte entwickelt und produziert wurden, etwa Naßläufer nach dem Patent Faller, später auch sog. Trockenläufer. Zur Produktpalette gehörten Haus- und Hauptwassermesser, Wassermesser für Hydrantenstandrohre, Kesselspeise-Wassermesser und komplette Wassermesser-Prüfstationen. V. a. die Errichtung der Ersten Wr. Hochquellenwasserleitung, die einen erhöhten Bedarf an Wassermessern mit sich brachte, führte zu einer Expansion der Fa. Neben der Hauptniederlage in Wien wurden i. d. F. Filialen in Frankfurt am Main, Mailand und Odessa errichtet, die Produktion in den ersten vierzig Jahren belief sich auf etwa 380.000 Apparate, mit denen die größeren Städte des In- und Auslands beliefert wurden. S., ein Pionier der Wassermesserind., war auch Präs. der Wr. Autotaxibetriebe, Verwaltungsrat und Aufsichtsrat der Wr. Kommerzial-Bank, der AG für Zelluloidfabrikation etc.

L.: *NFP, WZ, 5. 7. 1917; Wr. Kommunal-Kal. und Städt. Jb. für 1912, 50, o. J., M 18; Archiv des Techn. Mus., KA, WStLA, alle Wien.*

(J. Mentschl)

Spannocchi Lelio Gf., Offizier. Geb. Theresienstadt, Böhmen (Terezín, Tschechien), 3. 8. 1868; gest. Wien, 7. 3. 1946; röm.-kath. – Sohn des Off. Julius, Enkel von Peter Leopold Gf. S. (s. d.). S. absolv. 1887–90 die Militär-Akad. in Wr. Neustadt, wurde danach zum Ulanenrgt. 7 ausgemustert und war, nach Besuch der Kriegsschule (1894–96), ab 1896 Gen.stabsoff. bei Truppenstäben in Galizien, Wien und Siebenbürgen. Nach kurzer Truppendienstleistung wurde er 1907 Militärattaché in St. Petersburg, wo er gute Beziehungen zur russ. militär. Führung aufbaute; 1908 Mjr. und Flügeladj. des K. Durch den Hinweis eines befreundeten Diplomaten hätte er beinahe den für Rußland spionierenden Obst. Alfred Redl (s. d.) enttarnt, wurde jedoch in Wien mit seiner Information ausgerechnet an diesen verwiesen. Bald darauf wurde S. durch Kontakte zu einem Informanten in Rußland kompromittiert und mußte abberufen werden. Eigenen Angaben zufolge soll er dabei einer Intrige Redls zum Opfer gefallen sein. Ab 1911 wieder beim Ulanenrgt. 7, war S. danach Kmdt. des Ulanenrgt. 13, das er (1914 Obst.) auf dem galiz. Kriegsschauplatz erfolgreich führte. 1916 – kurz nach dem russ. Durchbruch bei Łuck (Luc'k) – übernahm er die 21. Kav.brig. 1917 GM, wurde er im Juni 1918 bevollmächtigter Gen. bei der ukrain. Regierung in Kiew. Er half deren Neutralität sowie kriegswichtige Lebensmitteltransporte sicherzustellen und organisierte nach dem Zusammenbruch der Mittelmächte den Abtransport der Ost-Armee aus der Ukraine. Nach dem Krieg war S. schriftsteller. tätig; 1927–31 fungierte er als Präs. der Wr. Campagne-Reiter-Ges. Sein Nachlaß, eine wichtige Quelle zu den österr.-russ. Beziehungen 1907–10, befindet sich im KA Wien.

W.: Das neue russ. Kav.reglement vom Jahre 1912, 1912; Die Reitvorschrift der russ. Kav., 1913; Das Ende des k. russ. Heeres, 1932; zahlreiche Beitrr. für Österr. Wehrztg.; etc. – Mitarb. an Österr.-Ungarns letzter Krieg, 1930ff.; etc.

L.: *Duschnitz–Hoffmann, S. IIIf. (m. B.); Emődi; Svoboda; Österr.-Ungarns letzter Krieg 4, 1933, 7, 1938, s. Reg.; Ein Gen. im Zwielicht. Die Erinnerungen E. Glaises v. Horstenau, ed. P. Broucek, 2 (= Veröff. der Komm. für neuere Geschichte Österr. 70), 1983, s. Reg.; G. Markus, Der Fall Redl, 1984, s. Reg. (m. B.); G. Kronenbitter, „Krieg im Frieden“ (= Stud. zur internationalen Geschichte 13), 2003, s. Reg.; KA, Wien.*

(A. Schmidt-Brentano)

Spannocchi Peter Leopold Gf., Offizier. Geb. Florenz, Toskana (Firenze, Italien), 25. 6. 1788; gest. Wien, 9. 9. 1867; röm.-kath. – Sohn des in toskan. Diensten stehenden FML Lelio Frh. v. S. (geb. Siena, Toskana/Italien, 11. 1. 1739; gest. Olmütz, Mähren / Olomouc, Tschechien, 28. 7. 1809), Großvater von Lelio Gf. S. (s. d.). S., der u. a. an der Theresian. Ritterakad. ausgebildet worden war, trat 1803 als Fähnrich bei der Inf. ein, nahm – zuerst als Lt. – am Feldzug von 1805 teil, dann als Kav.-Oblt. in Italien (etwa bei Caldiero) und wurde vor Görz (Gorizia) verwundet. Nach der Schlacht bei Aspern (1809) wurde er außertourl. zum Rtm. befördert. Als Eskadronskmdt. im

Kürassierrgt. 1 wurde S. im Laufe des Feldzugs von 1813/14 gegen Frankreich erneut verwundet. Auf Wunsch Erzhg. Ferdinands (s. d.), der das Großherzogtum Toskana zurückerhalten hatte, wurde S. zum Mjr. und Kmdt. der dortigen Kav., 1815 zum Obstlt. und Gen.adj. des Großhg. ernannt. Als solcher befehligte er 1815 das toskan. Hilfskorps auf Seiten der k. Truppen gegen die Armee Joachim Murats, kehrte jedoch 1817 als Mjr. in k. Dienste zurück. Danach wurde S. zum Husarenrgt. 4, 1825 als Obstlt. zum Husarenrgt. 5 transferiert und 1830 als Obst. zum Kmdt. des Ulanenrgt. 4 befördert; 1835 GM und Brigadier in Graz, 1838 in gleicher Eigenschaft in Güns (Kőszeg), 1841 Festungskmdt. in Salzburg. 1844 FML, fungierte er als Divisionär in Graz sowie als Stellv. des kommandierenden Gen. in Innerösterr. Ab 1849 war S. Festungskmdt. in Josefstadt (Jaroměř-Josefov), 1856 trat er mit dem Charakter eines Gen. der Kav. i. d. R. 1825 wurde er in den ung. Gf.- und Magnatenstand erhoben, 1846 erhielt er den österr. Gf.stand; 1848 Geh. Rat und Zweitinhaber des Ulanenrgt. 7.

L.: WZ, 12. 9. 1867; Wurzbach; A. Theimer, Geschichte des k. k. 7. Uhlanen-Rgt. Erzhg. Carl Ludwig ..., 1869, S. 572ff.; KA, Wien.

(A. Schmidt-Brentano)

Spannring Hubert, Bildhauer und Schulleiter. Geb. Heiligenstadt (Heiligenstatt, OÖ), 23. 9. 1862; gest. Salzburg (Sbg.), 1. 1. 1930; röm.-kath. – Sohn eines Försters. S. begann ein Bildhauerstud. an der Staatsgewerbeschule Salzburg und setzte dieses 1882–86 an der Wr. Kunstgewerbeschule bei dem Bildhauer Otto König fort. Ab 1886 wirkte er als Lehrer an der Fachschule für Holzind. in Villach, 1903 übernahm er die Leitung der Fachschule für Zeichnen und Modellieren in St. Ulrich (Ortisei), 1907 wurde er Dir. der Fachschule für Holz- und Steinbearb. in Hallein, die er in den Folgejahren grundlegend modernisierte. 1915 i. R., übersiedelte S. nach Salzburg und betrieb i. d. F. gem. mit seiner Tochter, der Keramikerin Luise S. (geb. Villach, Ktn., 15. 7. 1894; gest. Puch/Puch bei Hallein, Sbg., 17. 2. 1982), die nach Besuch der Fachschule für Holz- und Steinbearb. in Hallein ab 1912 an der Wr. Kunstgewerbeschule stud. hatte, eine Werkstätte. Zu seinem Œuvre zählen Grabdenkmäler, Porträtmedaillons und –büsten, die er in verschiedenen Materialien (Holz, Gips, Stein, Terrakotta) ausführte – bes. erwähnenswert ist das Denkmal für den Landesverteidiger Josef Struber auf dem Paß Lueg (1898, Bronze). In späteren Jahren wandte sich S. der Krippenbaukunst zu, restaurierte 1925 die Krippe des Salzburger Doms und fertigte 1927 Krippen für die Kirchen in Weißbach und Faistenau an. S., der auch als großes organisator. Talent geschätzt wurde, war in vielen Gremien und Ver. tätig, so im Salzburger Gewerbeförderungsinst. und im Kunstver., wo er ab 1886 wiederholt in den Jahresausst. vertreten war; ab 1924 war er Mitgl. der Ges. für Sbg. Landeskde. Für sein Wirken wurde er vielfach ausgez., u. a. 1902 Prof., 1908 Ritterkreuz des Franz Joseph-Ordens, 1914 k. Rat, 1929 Silbernes Ehrenzeichen der Republik Österr.

L.: Sbg. Ztg., 3. 2., 27. 7. 1898; Sbg. Chronik, Sbg. Volksbl., 3., Volksfreund (Hallein), 11. 1. 1930; Bénézit; Thieme–Becker; Jung-Ktn. 1, 1893, S. 326; Die Weihnachtskrippe 9, Nr. 15, 1925, S. 1f. (m. B.); Mitt. der Ges. für Sbg. Landeskde. 70, 1930, S. 182; M. Demetz, Hausierhandel, Hausind. und Kunstgewerbe im Grödental (= Tiroler Wirtschaftsstud. 38), 1987, S. 193; Sbg. Kulturlex., ed. A. Haslinger – P. Mittermayr, 2. Aufl. 2001; Archiv der Univ. für angewandte Kunst, Wien; Pfarramt, Friedburg, OÖ; Mitt. Christian Walkner, Hallein, Sbg.

(N. Schaffer)

Spányi Béla (Adalbert) von, Maler. Geb. Pest (Budapest, Ungarn), 19. 3. 1852; gest. Budapest (Ungarn), 12. 6. 1914. – Sohn eines Beamten. Nach Absolv. des Gymn. stud. S. 1870–73 – u. a. bei K. Mayer (s. d.) – an der Wr. ABK, wo er erstmals 1872 mit seinen Bildern an die Öffentlichkeit trat. Danach hielt er sich für einige Zeit zu Stud.zwecken in Paris und München auf, 1878 arbeitete er in Szolnok, dessen Künstlerkolonie er auch in späteren Jahren immer wieder besuchte, und danach in Bodajk; 1887 war er nochmals für einige Zeit in München. S., zu dessen Œuvre hauptsächl. Bilder mit stimmungsvollen Motiven der ung. Landschaft im Stil der Paysage intime zählen, stellte regelmäßig in der Budapester Kunsthalle Műcsarnok (1905 Werksausst.) aus und erhielt auch offizielle Aufträge: So malte er u. a. fünf repräsentative Fresken für das Budapester Parlamentsgebäude und wirkte an dem von Feszty (s. d.) entworfenen, 1892–94 entstandenen monumentalen Panoramabild „Der Einzug der Ungarn" (ursprüngl. in einem Pavillon im Budapester Stadtwäldchen, heute in Ópusztaszer) mit. S., der auch als Buchillustrator tätig war, vollzog in seinen Arbeiten den Übergang von der Freilichtmalerei zum Impressionismus und wurde mehrfach für sein künstler. Schaffen ausgez. Ein Tl. seiner Werke befindet sich in der Magyar Nemzeti Galéria in Budapest.

W.: Herbstlandschaft, 1879; Septembermorgen, 1883; Dorfrand, Auf der Lichtung, Herbstfeld mit Krähen, alle 1885; Der letzte Storch, 1887; etc.

L.: *Pester Lloyd, 12. 6. 1914 (A.); Bénézit; Das geistige Ungarn; M. Életr. Lex.; Művészeti Lex. I, II; Pallas; Révai; Thieme–Becker; Művészet 13, 1914, S. 297ff. (m. B.); K. Lyka, Magyar művészélet Münchenben 1867–96, 1951, s. Reg.; Magyar művészet 1890–1919, 1, ed. L. Németh (= A magyarországi művészet története 6/1), 1981, s. Reg.; H. Ludwig u. a., Münchner Maler im 19. Jh. 4, 1983; G. Seregélyi, Magyar festők és grafikusok adattára ..., 1988; Archiv der ABK, Wien.*

(E. Buzási)

Spányik Glycér (Mihály), SP, Historiker und Ordensmann. Geb. Néver, Ungarn (Neverice, Slowakei), 20. 10. 1781; gest. Pest (Budapest, Ungarn), 28. 11. 1850; röm.-kath. – S. trat 1799 in Trentschin (Trenčín) in den Piaristenorden ein und war in den folgenden Jahren als Lehrer in verschiedenen ung. Orten tätig. 1806–07 stud. er Phil. in Waitzen (Vác), 1808–09 Theol. in Neutra (Nitra); 1810 Dr. phil. in Pest. 1811–29 lehrte er Geschichte am Lyzeum in Waitzen. Aus seiner Beschäftigung mit der Geschichte Ungarns erwuchsen ab 1816 mehrere große hist. Werke, er zeichnete sich aber auch als Schriftsteller und Festredner in latein. Sprache aus. 1830–32 war S. Dir. des Ordensgymn. in Szeged, ab 1832 des erzbischöfl. Gymn. in Ofen (Budapest). 1833–44 fungierte er als Provinzialass. des Piaristenordens in Ungarn, war zugleich Rektor und Dir. in Ofen sowie ab 1839 Assessor des Zentralzensurkollegiums bei der Stud.komm. des Ung. Statthaltereirats. 1845–48 emer. Provinzialass., 1848 i. R., wurde er jedoch kurz vor seinem Tod als Provinzialass. reaktiviert. S.s in konservativ-traditionalist. Sinn verf. hist. Werke waren sehr weit verbreitet und erfuhren z. Tl. mehrere Aufl.

W. (Erstaufl.): Compendium historiae Regni Hungariae ..., 2 Bde., 1816; Historia Pragmatica Regni Hungariae, 1820; Magyarország rövid históriája ..., 1832; Doctrina educationis ..., 1835; etc.

L.: *M. Életr. Lex.; Szinnyei; S. Takáts, A budapesti piarista kollégium története, 1895; G. Balanyi, Magyar piaristák a 19. és 20. században, 1943.*

(Z. Fallenbüchl)

Spányik Kornel (Cornel, Cornelius), Maler. Geb. Preßburg, Ungarn (Bratislava, Slowakei), 29. 10. 1858; gest. Budapest (Ungarn), 22. 2. 1943; röm.-kath. – Sohn eines Advokaten. Nach Besuch des Gymn. stud. S. 1876–80 an der Wr. ABK u. a. an der Spezialschule von Griepenkerl (s. d.) und anschließend in Budapest im Meisteratelier von Gyula Benczúr, der u. a. durch seinen ausgeprägten Kolorismus auf S.s späteres Œuvre großen Einfluß nahm. I. d. F. lebte S. abwechselnd in Preßburg (hier beteiligte er sich 1886 an der maler. Ausgestaltung des Theaters) und Budapest, wo er sich 1919 endgültig niederließ. Neben der Porträtmalerei war S. hauptsächl. auf dem Gebiet des Salongenres – wobei seine Arbeiten durch gedämpft belichtete Interieurs und feuilletonist. pointierte Szenen gekennzeichnet sind – sowie in der Historienmalerei tätig, schuf aber auch Altarbilder. Ab 1887 beteiligte er sich an den Ausst. des Preßburger Kunstver. – dessen stellv. Vors. er 1907 wurde –, 1929 an der Budapester Kunsthalle Műcsarnok. S.s Werke befinden sich u. a. in den Smlgg. der Budapester Magyar Nemzeti Galéria sowie in der Galéria mesta Bratislavy.

W.: Auf dem Ball, 1887; K. Franz Joseph, 1896; Kn. Elisabeth, 1899; Frau mit dem Flieder, 1905; Konzert, 1907; Am Rand des Blätterwaldes; etc.

L.: *Magyarország, 2. 10. 1943; Das geistige Ungarn; Művészeti Lex. I, II; Pallas; Révai; Thieme–Becker; Toman; Vollmer; Képzőművészeti Szemle 3, 1881, S. 186; Műcsarnok 2, 1899, S. 263; Művészet 10, 1911; Nemzeti Szalon Almanach, 1912, S. 206; K. Divald, A magyar tudományos Akad. Palotája és gyüjteményei, 1917, S. 65; Magyar Művészet, red. P. Majovszky, 5, 1929, S. 431; O. Wagnerová – A. Mayerová, Kat. muz. mesta Bratislavy, Bratislava 1933, S. 32, 62, 304 (Kat.); L. Saučin, in: Výtvarný život 19, 1974, Nr. 3, S. 22ff.; G. Seregélyi, Magyar festők és grafikusok adattára ..., 1988; Archiv der ABK, Wien.*

(K. Beňová – A. Petrová-Pleskotová)

Sparber P. Josaphat (Vinzenz), OFMCap, Ordensmann und Komponist. Geb. Stilfes, Tirol (Stilves/Stilfes, Italien), 13. 4. 1878; gest. Sterzing, Tirol (Vipiteno/Sterzing, Italien), 10. 9. 1936; röm.-kath. – Aus einer tiefgläubigen Familie stammend (aus ihr gingen mehrere geistl. Personen hervor), war er drei Jahre Singknabe im Augustiner Chorherrenstift Neustift (Abbazia di Novacella) und trat nach Absolv. des Gymn. in Brixen (Bressanone) 1896 in Klausen (Chiusa) in den Kapuzinerorden ein. Nach der Priesterweihe 1902 war er ab 1903 als Seelsorger in Bozen (Bolzano), ab 1905 in Malè, ab 1908 in Tarasp (Schweiz) und ab 1909 in Dornbirn eingesetzt, bis er 1912 als Vizenovizenmeister nach Klausen berufen wurde. Als Dir. des Dritten Ordens der Franziskaner (ab 1916) konnte er dort, wie auch später in Sterzing, dessen Mitgl.zahl bedeutend vermehren. Ab 1917 fungierte S. als Guardian in Sterzing. 1933 zum Ersten Definitor der neu eingerichteten Brixner Ordensprov. ernannt, wurde er auf deren erstem Prov.kapitel zum Provinzial gewählt. Bereits kränkl., wirkte er 1934–36 noch als Dir. des Kapuzinerseminars Salern (bei

Varna/Vahrn). S. war schon früh als Sänger und Organist tätig, bildete während seiner Zeit in Sterzing die jungen Kleriker im Chorgesang aus und schuf eine Reihe von geistl. Kompositionen (meist für Männerchor) und Liedern im Stil des Cäcilianismus.

W.: 4 leicht ausführbare Marienlieder, 1905; Liederbuch für Ordensversmlgg. der Tertiaren und für Anstalten des seraph. Liebeswerks, 1906, 4. Aufl. 1929; Herz Jesu-Lieder, 1912; Missa in honorem S. Martini; geistl. Chorwerke und Lieder; etc. – Publ.: Regelbüchlein für die Mitgl. des Dritten Ordens des hl. Vaters Franziskus, 1924; Beitrr. in Z.; etc.

L.: Lex. Cappuccinum; P. C. Neuner O. M. C., Literar. Tätigkeit in der Nordtiroler Kapuzinerprov., 1929, s. Reg.; Bote der Tiroler Kapuziner 20, 1937, S. 45ff.; E. Knapp, Kirchenmusik Südtirols, 1993, S. 213; P. G. Walser OFMCap, in: Der Schlern 78, 2004, S. 54f.; P. A. Stampfl OFMCap, ebd., S. 90ff.

(H. Reitterer)

Špatný František (Franz), Lexikograph, Beamter und Fachschriftsteller. Geb. Bor, Böhmen (Protivín, Tschechien), 8. 3. 1814; gest. Prag, Böhmen (Praha, Tschechien), 9. 6. 1883. – Sohn eines Schäfers. Š., der den ersten Unterricht in seinem Elternhaus erhielt, lernte in Prachatitz (Prachatice) Dt., hörte 1831 med. Vorlesungen an der Univ. und am polytechn. Inst. in Prag und besuchte 1832–35 die landwirtschaftl. Anstalt in Böhm. Krumau (Český Krumlov). 1835–49 wirkte er als landwirtschaftl. Beamter und Verwalter auf diversen Schwarzenbergschen Gütern in Böhmen. Am polit. Leben 1848 nahm er als Mitgl. des Ver. Slovanská lípa sowie als Bgm. von Smichow (Praha-Smíchov) teil. 1849–55 arbeitete Š. als Sekr. beim Bez.gericht in Pardubitz (Pardubice), 1855–61 in Smichow, 1861 lehnte er seine Versetzung nach Graslitz (Kraslice) ab und trat 1862 freiwillig i. d. R. 1851–72 entwickelte Š. eine intensive Tätigkeit in der patriot.-ökonom. Ges., u. a. als deren Konz. und Archivar. Als seine bedeutendste Leistung kann die Schaffung und Kultivierung der tschech. Fachterminol. aus den verschiedensten Lebens- und Berufszweigen sowie deren lexikograph. Bearb. auf der Grundlage des Dt. angesehen werden. Seine Quellensmlgg. zur tschech. Berufs- und Fachterminol., seine Beitrr. über Landwirtschaft (etwa Pomol.), Gewerbe, Ind. sowie seine Ed. des älteren tschech. Fachschrifttums erschienen in Buchform, aber auch in den Ztg. „Hospodářské noviny" und „Posel z Prahy" sowie in den Z. „Časopis českého museum", „Květy", „Krok", „Poutník", „Světozor", „Živa" etc.; weiters verf. er Beitrr. für F. L. Frh. v. Riegers (s. d.) „Slovník naučný" und für verschiedene volksbildner. Kal. und Almanache. Wegen seiner Buchreihe „Zábavy myslivecké" (12 He., 1856–75) wird Š., der sich durch sein umfangreiches und vielseitiges Œuvre Verdienste um die tschech. Sprache erworben hat, auch als Begründer des tschech. Jagdschrifttums angesehen.

W.: s. u. Otto; Wurzbach.

L.: Pražské noviny, 10.–12. 6. 1883; Otto (m. W.); Rieger; Wurzbach (m. W.); (J. Neruda), in: Humoristické listy 22, 1880, S. 273f. (m. B.), auch in: Podobizny 1, 1951, S. 259; Zábavné list 5, 1883, S. 593 (B.), 614f.; J. Frič, Velké vzory našeho lesnictví, 1958, s. Reg.; M. Volf, Významní členové a spolupracovníci vlastenecko-hospodářské společnosti v Království českém, 1967, S. 175.

(V. Petrbok)

Spatzenegger Leopold, Arzt und Historiker. Geb. Salzburg (Sbg.), 24. 5. 1815; gest. ebd., 10. 2. 1877. – Sohn eines Kaufmanns. Nach Absolv. des Gymn. stud. S. Med. zunächst drei Jahre an der Univ. Pavia, ab 1835/36 an der Univ. Wien; 1841 Dr. med., 1844 Dr. chir. 1842–49 am AKH Wien als Präparator, Sekundararzt und Ass. unter J. v. Skoda (s. d.) tätig, war S. 1843–45 auch Konzeptspraktikant im San.-Dep. der nö. Regierung. 1849 kurzfristig dem Militär-Filial-Spital Michelbeuern (Wien) zugeteilt, wurde er noch im Herbst 1849 Supplent für das Lehramt der theoret. Med. an der Militärschule des niederen med. Lehrkurses in Wien, ehe er 1850 als Prof. für theoret. Med. an das Lyzeum nach Salzburg wechselte. 1860 auf die Lehrkanzel der prakt. Med. an der dortigen med.-chirurg. Lehranstalt berufen, war er 1861–76 Primararzt im St.-Johanns-Spital in Salzburg und betrieb daneben eine Privatpraxis. In den Kriegsjahren 1859 und 1866 erwarb er sich bes. Verdienste um die med. Versorgung, wofür er mit dem Ritterkreuz des Franz Joseph-Ordens ausgez. wurde. S. verf. zahlreiche Aufsätze med., aber auch geschichtl. sowie volkskundl. Natur. In seinen frühen Werken beschäftigte er sich mit botan. Fragen, daneben interessierte ihn auch die Anatomie der Vögel, von denen er eine Smlg. an Skeletten selbst präpariert hatte und die nach seinem Tod dem Salzburger Mus. Carolino Augusteum überlassen wurde. Sein handschriftl. Nachlaß im Sbg. LA enthält reichhaltiges Quellenmaterial zu einer Geschichte der Innungen von Salzburg, zur Geschichte der Stadt Salzburg sowie „Salzburger Seelenbeschreibungen" der Jahre 1552, 1569, 1647 und 1713. Auf dem Gebiet der kulturhist. Forschungen der

Sbg. Stadt- und Landesgeschichte galt S. als Autorität. 1863 wurde er o. Mitgl. der ständigen Med.-Comm., 1869 Mitgl. des neu gegr. ärztl. Ver. in Salzburg, 1870 o. Mitgl. des San.rats. Außerdem unterstützte er das Sbg. Mus. Carolino Augusteum, war Gründungsmitgl. der Ges. für Sbg. Landeskde. und in beiden Institutionen 1868–75 als Verwaltungsrat tätig. Darüber hinaus war er – wenn auch erfolglos – ein engagierter Verfechter der Wiedererrichtung der Univ. Salzburg.

W. (auch s. u. Wurzbach): Beitrr. in Mitt. der Ges. für Sbg. Landeskde., Sbg. Landes-Ztg.; etc.

L.: Sbg. Ztg., 17., 21.–24. 3. 1877; Wurzbach (m. W.); Mitt. der Ges. für Sbg. Landeskde. 17, 1877, S. 238f., 21, 1881, S. 143ff.; H. Klein, ebd. 100, 1960, S. V; H. Egglmaier, Das med.-chirurg. Stud. in Graz (= Phil. Diss. der Univ. Graz 50), 1980, s. Reg.; J. Brettenthaler – V. Feurstein, Drei Jhh. St.-Johanns-Spital Landeskrankenhaus Salzburg ..., 1986, S. 161; Geschichte Sbg. Stadt und Land, ed. H. Dopsch – H. Spatzenegger, 2/3, 1991, S. 1903; Sbg. Kulturlex., ed. A. Haslinger – P. Mittermayr, 2. Aufl. 2001; Sbg. LA, Salzburg, Sbg.; UA, Wien.

(D. Angetter)

Spatzier Johann Nep. Florian, Naturkundler und Pharmazeut. Geb. Jägerndorf, Schlesien (Krnov, Tschechien), 16. 5. 1806; gest. ebd., 30. 1. 1883. – S. begann seine pharmazeut. Ausbildung in der Apotheke „Zum Weißen Engel“ in Jägerndorf und ging 1825 an die Univ. Wien, um dort den pharmazeut. Kurs zu absolv. Nach dem Apothekerexamen 1826 war er Provisor in der Apotheke „Zum Schwarzen Adler“ in seinem Heimatort, 1835 gelangte er in den Besitz der Apotheke „Zum Weißen Engel“. S. interessierte sich insbes. für die Naturwiss. und war ein eifriger Sammler. So legte er im Lauf seines Lebens umfangreiche Altertums-, Petrefakten-, Mineralien-, Amphibien-, Vögel-, Insekten- und Pflanzensmlgg., v. a. mit Objekten aus seiner näheren Umgebung, an. Als der Naturkde.unterricht an den Schulen eingeführt wurde, stellte S. seine Smlgg. den Schulen der Nachbarorte als Anschauungsobjekte zur Verfügung. Er trat auch selbst mit Publ. über naturkundl. Themen, aber etwa auch über den Futteranbau hervor; verdienstvoll war seine Mitarb. an der Hrsg. der „Verhandlungen des naturforschenden Vereines in Brünn“.

W.: s. u. Biografický slovník Slezska a severní Moravy.

L.: Dt. Apotheker-Biographie, Erg.bd.; Hanzalová; Wurzbach; Mitt. des Ornitholog. Ver. in Wien 7, 1883, S. 55; L. Gebhardt, Die Ornithologen Mitteleuropas, 1964, S. 340; Biografický slovník Slezska a severní Moravy 8, 1997 (m. W. u. L.); Mitt. Nora Pärr, Wien.

(D. Angetter)

Spaun Anton von, Schriftsteller, Volkskundler und Beamter. Geb. Linz (OÖ), 31. 5. 1790; gest. Kremsmünster (OÖ), 26. 6. 1849; röm.-kath. – Sohn des Landrats und Syndikus der oö. Landstände Franz Xav. (1756–1804), Neffe von Franz Anton v. S., Bruder von Josef Frh. v. S. (beide s. d.) und von Marie v. S. (s. u. Josef Frh. v. S.), Onkel von Hermann, Großonkel von Max(imilian) II. Frh. v. S. (beide s. d.). S. trat nach Vollendung seiner rechts- und staatswiss. Stud. 1810 in Linz als Auskultant in den Staatsdienst, wurde 1818 Sekr., 1821 Stadt- und Landrat, 1830 Verordneter des Ritterstands im oö. ständ. LT und war zuletzt – wie schon sein Vater – 1839–49 Syndikus der oö. Landstände. Gegenüber allen kulturellen Belangen äußerst aufgeschlossen und vielseitig, verfügte S. insbes. über Interessen und Kenntnisse auf den Gebieten Musik, Literatur und bildende Kunst, hier v. a. der Gotik. Bereits in jungen Jahren versammelte er einen „Freundschaftsbund“ um sich und auch in späteren Jahren war sein Haus in Linz Mittelpunkt schöngeistiger Bestrebungen. Zum Freundeskreis S.s gehörte neben Franz Schubert (s. d.) und Angehörigen des Schubert-Umfelds, wie M. v. Schwind, die Schriftsteller Johann Mayrhofer und F. v. Schober (alle s. d.), etwa auch Adalbert Stifter, der S. neben literar. Anregungen für seinen Roman „Witiko“ auch entscheidende Impulse für seine Tätigkeit als Landeskonservator verdankte. So gehörte die Erhaltung und Bewahrung der kulturellen Denkmäler in OÖ zu S.s vordringlichsten Anliegen, woraus einerseits 1833 sein Anstoß zur Gründung des Ver. des vaterländ. Mus. für Österr. ob der Enns mit Inbegriff des Herzogtums Sbg. resultierte, aus dem das Oö. Landesmus. und der Oö. Musealver. hervorgingen, andererseits seine 1827 einsetzende rege Sammeltätigkeit auf volkskundl. Gebiet. S.s Smlg. „Oesterreichische Volksweisen ...“, 1845 (mehrfach aufgelegt, Nachdruck 1995), stellt nicht nur eine frühe Dokumentation des volksmusikal. Lebens von OÖ dar, sondern ist auch von großer Bedeutung für die Volksmusikforschung, da S. auch die Gewährsleute und hist. Hintergründe der Texte aufzeichnete. Seine literaturwiss. Abhh. befassen sich hauptsächl. mit der älteren dt. Literatur, im speziellen dem „Nibelungenlied“ und dessen Verf., als den S. Heinrich von Ofterdingen annahm. Wenn auch diese These letztl. nicht haltbar war, so trug doch S.s Auseinandersetzung mit der mittelalterl. Dichtung wesentl. dazu bei, diese im Bewußtsein des Bildungsbürgertums seiner Zeit wieder lebendig zu machen. 1848 wurde S. zum k. M. der Akad. der Wiss. in Wien ernannt.

W. (auch s. u. Goedeke; Kosch; Lyon): Heinrich von Ofterdingen und das Nibelungenlied, 1840; zahlreiche Beitrr. in Z. des Mus. Francisco Carolinum; etc.

L.: Neues Volksbl., 22. 6. 1995 (m. B.); ADB; Goedeke, s. Reg.bd. (m. W.); Kosch (m. W.); Wurzbach; J. Angsüßer, in: Jb. des Oö. Musealver. 85, 1933, S. 1ff. (m. B.); I. Zibermayr, ebd., S. 138ff.; A. Depiny, ebd., S. 509ff.; H. Prosl, Der Freundeskreis um A. v. S., phil. Diss. Innsbruck, 1951 (m. B.); O. Jungmair, in: Oö. Heimatbll. 9, 1955, S. 262ff. (m. B.); D. Lyon, A. v. S., phil. Diss. Graz, 1964 (m. W. u. L.); P. Volks, in: Jb. des Oö. Musealver. 140, 1995, 1, S. 83ff.; A. Blöchl, in: Oö. Heimatbll. 49, 1995, S. 359ff. (m. B.); Schubert-Enz., ed. E. Hilmar – M. Jestremski, 2 (= Veröff. des Internationalen F. Schubert-Inst. 14), 2004.

(E. Lebensaft)

Spaun Franz Anton von, Beamter und Mathematiker. Geb. Linz (OÖ), 19. 12. 1753; gest. München, Bayern (Dtld.), 3. 3. 1826. – Sohn des in k. Staatsdiensten stehenden Simon Thaddäus v. S. (gest. 1786), Onkel von Anton v. S. und Josef Frh. v. S. (beide s. d.) und Marie v. S. (s. u. Josef Frh. v. S.), Großonkel von Hermann Frh. v. S. (s. d.). Nach Absolv. der Schulausbildung in seiner Heimatstadt stud. S. Rechtswiss. an der Univ. Wien; 1776 Dr. jur. Bereits während des Stud. zeigte sich, daß S.s Interesse und Begabung in der Mathematik lagen. Dennoch trat er im Anschluß an sein Stud. in den Dienst der Verwaltungsbehörde und war zunächst als Beamter in Vorderösterr., wo er zuletzt das Amt eines Landvogts bekleidete, tätig. 1788 sollte er die Stellung als Assessor beim Reichskammergericht in Wetzlar antreten, doch wurde er als Verf. einer als staatsgefährdend angesehenen Schrift verhaftet und zu zehn Jahren Kerkerstrafe verurteilt, die er zunächst im ung. Munkács (Mukačeve) und später in Kufstein absitzen mußte. Während seiner Inhaftierung befaßte er sich mit der Lösung mathemat. Probleme, da ihm Bücher und Schreibmaterialien vorenthalten wurden, und vervollkommnete seine Rechenfähigkeiten und seine Kombinationsgabe. Durch Vermittlung eines Mithäftlings, Hugues Bernard Maret, späterer Hg. v. Bassano, erhielt S. 1798 nach seiner Entlassung aus dem Gefängnis eine Pension, von der er fortan in München lebte. S. galt nicht nur als vielseitig begabt und gebildet, sondern war auch wegen seiner derben und polem. Äußerungen gefürchtet. Eine tiefe Abneigung hegte er gegen Goethes Werke und bekämpfte sie in Wort und Schrift, wobei die Derbheit seiner Ausdrucksweise oft ins Komische umschlug.

W.: s. u. Goedeke; Graeffer–Czikann; Kosch; Wurzbach.

L.: ADB; Brümmer; Goedeke, s. Reg.bd.; Graeffer–Czikann (m. W.); Kosch (m. tw. W.); Krackowizer; Poggendorff 3; Wurzbach (m. W. u. L.); J. Angsüßer, in: Jb. des Oö. Musealver. 85, 1933, S. 6ff.; UA, Wien.

(D. Angetter)

Spaun Hermann Frh. von, Marineoffizier. Geb. Wien, 9. 5. 1833; gest. Gorizia (Italien), 23. 5. 1919; röm.-kath. – Großneffe von Franz Anton, Neffe von Anton v. S. (beide s. d.) und Marie v. S. (s. u. Josef Frh. v. S.), Sohn von Josef Frh. v. S. (s. d.). S. trat nach dem Gymn.besuch in Wien 1850 in die Kriegsmarine ein, wurde 1853 Fregatten-, 1856 Linienschiffsfähnrich und 1858 erstmals Kmdt. eines kleinen Schiffes. Nach weiteren Einschiffungen nahm er 1864 auf der Panzerfregatte „Don Juan d'Austria“ am Krieg gegen Dänemark teil, hatte jedoch keinen Feindkontakt, wohl aber 1866, als er als 2. Kmdt. der Panzerfregatte „Erzherzog Ferdinand Max“ bei Lissa (Vis) eingesetzt wurde. 1869 wurde er Korvettenkapitän und Kmdt. eines Kanonenboots im Mittelmeer, 1871 Fregattenkapitän, und war 1873–79 Marine-Attaché in London. Anschließend fungierte S. vier Jahre als Lehrer von Erzhg. Karl Stephan (später selbst Admiral) in den maritimen Gegenständen und als dessen Reisebegleiter nach Brasilien und Nordamerika. 1881 Linienschiffskapitän, 1886 Konteradmiral; als solcher stand er bis 1897 dem Marinetechn. Komitee vor. 1892 Vizeadmiral, wurde S. 1897 Chef der Marinesektion des Reichskriegsmin. und Marine-Kmdt. 1898 legte er ein Programm zum Bau von Großkampfschiffen für die nächsten zehn Jahre vor, von dem allerdings nur ein Bruchteil realisiert wurde, während die Kleinkampfeinheiten völlig vernachlässigt wurden. Auslandseinsätze vor Kreta (1897), während des span.-amerikan. Kriegs vor Kuba (1898) und während des Boxeraufstands in China (1900) bestätigten den internationalen Rang der k. u. k. Flotte; dagegen reduzierte S. die Überseereisen einzelner Kriegsschiffe zu Ausbildungs- und Forschungszwecken. 1899 Admiral, wurde sein Vorstoß zur Schaffung einer vom Reichskriegsmin. unabhängigen Admiralität 1900 vom K. abgelehnt. Budgetstreitigkeiten mit Reichskriegsminister H. Frh. v. Pitreich (s. d.) führten 1904 zum Rücktritt S.s. Noch unter seiner Ägide wurde im selben Jahr der österr. Flottenver. gegr. 1909 wurde ein Kleiner Kreuzer nach

S. benannt; ferner war er u. a. Geh. Rat (1897) und ab 1902 lebensländl. Mitgl. des HH.

L.: NÖB 15, S. 113ff. (m. B.); G. Kolmer, Das HH des österr. RR, 1907; H. Bayer v. Bayersburg, Österr. Admirale und bedeutende Persönlichkeiten der k. u. k. Kriegsmarine 1867–1918 (= Österr.-R. 154/156), 1962; A. Schmidt-Brentano, Die österr. Admirale 1, 1997, S. 380ff. (m. B. u. L.); KA, Wien.

(A. Schmidt-Brentano)

Spaun Josef Frh. von, Beamter. Geb. Linz (OÖ), 11. 11. 1788; gest. ebd., 25. 11. 1865; röm.-kath. – Neffe von Franz Anton, Bruder von Anton (beide s. d.) und von Marie v. S. (s. u.), Vater von Hermann, Großonkel von Max(imilian) II. Frh. v. S. (beide s. d.). S. stud. 1806–09 an der Univ. Wien Jus, trat danach in den Staatsdienst ein und wurde 1811 Konzeptspraktikant bei der allg. Hofkammer in Wien, 1813 Konzipist bei der Lottodion., 1818 Hofkonz., 1821 Bankal-Assessor in Linz und 1825 in Lemberg (L'viv). Ab 1826 als 3. Assessor wieder in den Diensten der allg. Hofkammer, erhielt er 1835 den Titel Reg.Rat und wurde schließl. 1841 als HR zum Leiter der Lottodion. ernannt; 1840–50 stand er auch dem Gen.hoftaxamt vor. 1854 erhielt er den Orden der Eisernen Krone III. Kl., wurde 1859 in den Frh.stand erhoben und trat 1861 i. R. Eng verknüpft ist S.s Biographie mit jener von Franz Schubert (s. d.), den er bereits 1808 im Wr. Stadtkonvikt kennengelernt hatte. Er erkannte Schuberts Talent und versuchte ihn nach allen Kräften zu fördern. Seine Kontakte und Freundschaften – u. a. mit Collin, J. Kenner, L. Kupelwieser, den Schriftsteller Johann Mayrhofer und F. v. Schober, M. v. Schwind (alle s. d.) – waren von großer Bedeutung für die Karriere Schuberts. 1826–28 fanden in seinem Wr. Haus auch zahlreiche Schubertiaden statt. S. wurde von Schwind als der beste Freund Schuberts bezeichnet, der auch zwei seiner Texte vertonte („Der Jüngling und der Tod" und „Herrn Josef Spaun, Assessor in Linz") und ihm seine Lieder op. 13 sowie eine Klaviersonate widmete. S. vermachte seine Smlg. von Werken Schuberts der Ges. der Musikfreunde in Wien. Seine Schwester **Marie v. S.** (geb. Linz, 9. 5. 1795; gest. ebd., 29. 10. 1847) heiratete 1819 den Dichter, Schriftsteller und Adjunkten (1830) bei der Wr. Hofkammerprokuratur Anton Ottenwalt (geb. Linz, 5. 11. 1789; gest. Wien, 16. 2. 1845). Ihr Haus in Linz war eines der Zentren des Freundeskreises um Schubert.

W.: Uiber F. Schubert, in: Oesterr. Bürgerbl. für Verstand, Herz und gute Laune, 27., 30. 3., 3. 4. 1829, vollständige Fassung, ed. G. Schünemann (s. u.); Einige Bemerkungen über die Biographie Schuberts von Herrn Ritter v. Kreißle-Hellborn, 1864, ed. als: Neues um F. Schubert, 1934.

L.: WZ, 9. 3. 1866; Czeike; Kosch; oeml; Wurzbach; C. Glossy, in: Jb. der Grillparzer-Ges. 8, 1898, S. 275ff.; G. Schünemann, Erinnerungen an Schubert. J. v. S.s erste Lebensbeschreibung, 1936; H. Prosl, Der Freundeskreis um Anton v. S., phil. Diss. Innsbruck, 1951; D. Lyon, Anton v. S., phil. Diss. Graz, 1964; Schubert. Die Erinnerungen seiner Freunde, ed. O. E. Deutsch, 2. Aufl. 1966; D. Gramit, in: Schubert durch die Brille 8, 1992, S. 5ff.; P. Gülke, F. Schubert und seine Zeit, 2. Aufl. 1996, s. Reg.; Schubert. Die Dokumente seines Lebens, ed. O. E. Deutsch, 1996, s. Reg.; Schubert-Hdb., ed. W. Dürr – A. Krause, 1997, s. Reg.; Schubert-Lex., ed. E. Hilmar – M. Jestremski, 2. Aufl. 1997; K. Kaspar, in: Schubert durch die Brille 18, 1997, S. 14ff.; P. Clive, Schubert and his world. A biographical dictionary, 1997; G. Wacha, in: Jb. des Adalbert Stifter Inst. des Landes OÖ 4, 1997, S. 132, 136ff. (bes. für Marie v. S.); T. G. Waidelich, in: Österr. Musikz. 54, 1999, H. 3, S. 25ff.; E. Hilmar, in: Schubert durch die Brille 23, 1999, S. 44ff.; F. Schubert. Dokumente 1801–30, ed. E. Hilmar, 1, 2003, S. 738f.; Schubert-Enz., ed. E. Hilmar – M. Jestremski, 2 (= Veröff. des Internationalen F. Schubert-Inst. 14), 2004.

(Ch. Fastl)

Spaun Max(imilian) Frh. von (II.), Fabrikant. Geb. Urfahr (Linz, OÖ), 15. 2. 1856; gest. Klostermühle, Böhmen (Klášterský Mlýn, Tschechien), 31. 7. 1909; röm.-kath. – Sohn des Notars, Gutsbesitzers, LT- und RR-Abg. Max(imilian) v. S. (I.) (geb. Steyr, OÖ, 4. 6. 1827; gest. St. Pölten, NÖ, 10. 3. 1897) und der Caroline, geb. Lötz (1836–1899), Tochter des Glasfabrikanten Johann Lötz, Großneffe von Anton v. S., Josef Frh. v. S. (beide s. d.) und Marie v. S. (s. u . Josef Frh. v. S.). S. besuchte die Oberrealschule und stud. auf Veranlassung seiner Großmutter, Susanne Lötz, einige Zeit Maschinenbau. 1874–77 diente er bei der Art., zuletzt als Lt. der Res., und war dann Forstvolontär in Schwarzenbergschen Diensten. 1879 übernahm er von seiner Großmutter das Gut in Klostermühle im Böhmerwald mit der renommierten Glashütte „Johann Lötz Witwe", die er unter diesem Firmennamen weiterführte, modernisierte und erweiterte. Mit S. trat ein Mann an die Spitze des Unternehmens, der in seiner Person unternehmer. Weitblick mit künstler. Begabung vereinte und die Fa., die 1883 mit dem Prädikat „k. k. privilegierte Glasfabrik" ausgez. wurde, zu internationaler Beachtung und Weltgeltung führte. Anfangs wurde das Rohglas von böhm. Raffinerien bezogen und durch Bemalung und Schliff veredelt, dann verlegte S. die Produktion zunehmend auf Luxusartikel, etwa das sog. Barockglas, das mit aufgelegten Glasverzierungen geschmückt war. Bes. Verkaufserfolge wurden mit Halbedelsteinimitationen und ab 1897 mit irisiertem Phänomen-Glas nach dem Genre Tiffany erzielt. Die Teilnahme an nationalen und internationalen Ausst. und die damit verbundene Präsentation bes. Schaustücke (wie die monumentale, in Grauonyx gehaltene K. Franz-Joseph-Vase) sowie die Errichtung von Handelsvertretungen in europ. Großstädten trugen zum weltweiten Ruf der Firmenprodukte ebenso bei wie deren künstler. Entwürfe – etwa von Lehrern und Schülern der Wr. Kunstgewerbeschule. KR S. war Mitgl. des Zollbeirats und verschiedener Komm. des Handelsmin. sowie der HGK in Pilsen (Plzeň) und gehörte zu den Förderern des Österr. Mus. für Kunst und Ind. Er erhielt in- und ausländ. Ausz., 1902 wurde der Frh.stand seines Verwandten, des Admirals Hermann Frh. v. S. (s. d.), auf ihn übertragen. Sein ihm 1908 in der Firmenleitung nachfolgender Sohn, Max(imilian) Frh. v. S. (III.) (geb. 13. 9. 1883), der ein künstler. progressives, aber kommerziell problemat. Produktionsprogramm verfolgte, konnte – wie auch spätere Firmenleiter – an die wirtschaftl. Erfolge S.s nicht anschließen, sondern mußte 1911 den Konkurs anmelden.

L.: Bohemia, NFP, 1. 8. 1909; Großind. Österr. I/2, S. 178, II/2, S. 126; W. Neuwirth, Loetz Austria 1905–18, Linz 1986 (Kat., m. B.); Johann Lötz 1824–1939. Glas aus dem Böhmerwald, red. J. Lněničková, 1999, bes. S. 37ff. (m. B.); J. Mergl u. a., Lötz. Böhm. Glas 1880–1940, 2003, s. Reg. (auch zu den anderen Familienmitgl.; m. B.); AVA, KA, beide Wien; Archiv der Stadt Linz, Linz, OÖ.

(E. Lebensaft – J. Mentschl)

Spaur Friedrich Franz Joseph Gf. von, Schriftsteller und Domherr. Geb. Mainz, Erzbistum Mainz (Dtld.), 1. 2. 1756; gest. Wien, 6. 3. 1821; röm.-kath. – Aus altem Tiroler Geschlecht, Sohn des Präs. des Reichskammergerichts Franz Joseph Gf. v. S. (1725–1797). Bereits 1777 wurde S. Salzburger Domherr, wobei eine als „Spaur Messe" bezeichnete Komposition von Mozart wahrscheinl. für seine Konsekration geschrieben wurde; 1795 auch Domherr zu Passau. Einer Karriere innerhalb der Kirchenhierarchie nicht abgeneigt, stieg S. dennoch zu keinen höheren geistl. Ämtern auf, spielte jedoch im Salzburger Kultur- und Geistesleben seiner Zeit eine wichtige Rolle. Er war ein überzeugter Vertreter der kath. Aufklärung, 1777 trat er der Münchner Freimaurerloge „Zur Behutsamkeit", später auch anderen Logen bei. S.s Wirken manifestierte sich in vielen verschiedenen Bereichen, so setzte er sich etwa für Reformen in der Sozialpolitik und im Schulwesen ebenso ein wie für den Ausbau von Leihbibl. oder die Melioration von Grund und Boden. Zudem trat er als engagierter und origineller Schriftsteller hervor. Für seine programmat. Schrift „Ueber die Pflicht des Staates, die Arbeitsamkeit zu befördern, die Betteley abzustellen und die Armen zu versorgen" (1802) wurde er von der Bayer. Akad. der Wiss. zum Ehrenmitgl. ernannt. Seine Erfahrungen im Fürsorgebereich hatte er als Leiter der städt. Armenkomm. Salzburgs gesammelt. Seine „Reise durch Oberdeutschland. In Briefen an einen vertrauten Freund" (1800) setzte er mit den „Nachrichten ueber das Erzstift Salzburg nach der Säkularisation. In vertrauten Briefen" (2 Bde., 1805) fort. S. blieb auch nach der Säkularisation des Erzstifts und der 1806 erfolgten Auflösung des Domkapitels vorerst in Salzburg und wirkte u. a. als Präs. der 1811 gegr. Ges. „Museum", einem Lesezirkel und gesellschaftl.-intellektuellem Treffpunkt. 1819 übersiedelte er nach Wien.

W.: Gedanken über die Bildung der Gutsbesitzer und Bauern zu ihrem Berufe, dem Landbau, 1813; etc.

L.: Wurzbach (s. u. Franz Joseph Gf. v. S.); K. O. Wagner, in: Mitt. der Ges. für Sbg. Landeskde. 74, 1934, S. 145ff.; U. Salzmann, in: F. S., Reise durch Oberdtld. ..., Reprint 1985, S. 3ff.; H. Schuller, Mozarts Salzburger Freunde und Bekannte (= Taschenbücher zur Musikwiss. 119), 1998, S. 88; Sbg. Mozart-Lex., red. G. Ammerer – R. Angermüller, 2005.

(G. Ammerer)

Spaur Marie Gfn. von, geb. Mösner, Harfenistin. Geb. Leopoldskron (Salzburg, Sbg.), 14. 2. 1838; gest. Salzburg (Sbg.), 24. 1. 1884. – Tochter von Christian Mösner d. Ä. (1800–1838), Violinist am Stift St. Peter in Salzburg und Organist, ab 1830 Regenschori an der Kollegienkirche; ab 1865 verehel. mit Philipp Gf. v. S. (s. u.). Nach einem Klavierstud. bei Martin Werkmann 1847–49 besuchte S. das Münchner Konservatorium und begann gleichzeitig auch mit dem Harfespiel bei Louise Finke. Ab 1852 in Wien, wurde sie hier Schülerin des Harfenvirtuosen Antonio Zamara und absolv. i. d. F. ihre ersten öff. Auftritte (1852 gem. mit ihrem Bruder, dem Violinisten Christian Mösner d. J. in Salzburg, 1853 in Wien) und Konzertreisen. 1855–57 setzte sie ihre Ausbildung am Pariser Conservatoire bei Antoine Prumier und privat bei Felix Godefroid fort (1857 1. Preis für Harfe am Conservatoire) und war gleichzeitig in Straßburg (Strasbourg) als Harfenistin im Theaterorchester und Prof. am Konservatorium tätig. 1857–64 unternahm sie eine Reihe von Konzerttourneen durch fast ganz Europa, wobei ihr Wohnsitz jedoch in Salzburg blieb. Nach ihrer Verehelichung trat sie nur mehr selten auf. In ihrem Nachlaß fanden sich u. a. 172 Kompositionen von sämtl. bedeutenden Harfenkomponisten ihrer Zeit, sie selbst schuf einige Transkriptionen (v. a. von Opernmelodien) für ihr Instrument. Die als „größte Tochter Salzburgs" bezeichnete Harfenvirtuosin war u. a. Ehrenmitgl. der Salzburger Liedertafel und des Dom-Musikver. und Mozarteums und wurde 1861 zur k. k. Kammervirtuosin ernannt. Ihr Bruder, der Violinist Christian Mösner d. J. (1835–1854), stud. 1846–48 am KdM in Wien bei Joseph Böhm (s. d.), wurde 1851 Solospieler im Orchester der Wr. Hofoper und unternahm in den Jahren bis zu seinem plötzl. Tod mehrere Konzertreisen durch die Monarchie, tw. gem. mit seiner Schwester. Ihr Gatte, **Philipp Gf. v. S.** (geb. Innsbruck, Tirol, 16. 10. 1816; gest. Salzburg, 19. 12. 1884), stud. 1840–41 an der Bergakad. in Schemnitz (Banská Štiavnica) und an der Montanlehranstalt für Berg- und Hüttenwesen in Vordernberg (Stmk.). Er pachtete u. a. das Kohlenbergwerk Sagor (Zagorje ob Savi), konnte dessen Erträge auf mehrere Millionen Zentner im Jahr steigern und errichtete dort fünf Glasöfen (Exporte in die Levante), ein Schmelzwerk und eine Zementfabrik. 1850 ließ er sich in Salzburg nieder.

L. (s. u. Mösner): oeml (online-Ausg.); Wurzbach; MS für Theater und Musik 3, 1857, S. 568, 4, 1858, S. 106, 115, 221, 223; Dt. Musik-Ztg. 1, 1860, Nr. 7ff., 11, 43, 2, 1861, Nr. 8, 11, 13f.; J. E. Engl, in: 4. Jahresber. der ... Internationalen Stiftung: Mozarteum in Salzburg, 1884, S. 18ff.; G. Steiner, Salzburg für Frauen, 1997, S. 25f. (m. B.); Sbg. Kulturlex., ed. A. Haslinger – P. Mittermayr, 2. Aufl. 2001. – Philipp Gf. v. S.: Mitth. der Ges. für Sbg. Landeskde. 25, 1885, S. 113f.

(Ch. Fastl)

Spech Johann (János), Komponist. Geb. Preßburg, Ungarn (Bratislava, Slowakei), 18. 12. 1767; gest. Oberlimbach, Ungarn (Grad, Slowenien), 24. 11. 1836. – S. kam nach jurid. und wahrscheinl. auch musikal. Ausbildung in Preßburg 1792 nach Pest (Budapest) und trat dort in den Staatsdienst, den er jedoch zugunsten einer Laufbahn als Musiker aufgab. Er war Kompositionsschüler J. Haydns, der ihm 1800 in Eisenstadt ein sehr ehrenvolles Zeugnis ausstellte. 1804 wieder in Pest, gab S. dort Klavierunterricht, wurde 1809 Hauskomponist von J. Baron Podmaniczky v. Aszód und Podmanin (s. d.) und war 1812–15 Kapellmeister am dt. Theater in Pest. Für dieses schrieb er u. a. die große romant. Oper „Ines und Pedro" (Urauff. 1814), deren Libretto auf eine Sage von S. Kisfaludy (s. d.) zurückgeht. Wahrscheinl. war S. auch der Dirigent der von Beethoven (s. d.) zur Eröffnung dieser Bühne geschriebenen Bühnenmusik zu August v. Kotzebues „Die Ruinen von Athen" und „König Stephan". 1816–18 hielt sich S. in Paris auf, 1821 ist er wieder in Pest nachweisbar (Urauff. seiner kom. Oper „Der Vogel des Bruders Philipp"); ab 1824 lebte er in Wien. Er war ein enger Freund von Leopold Gf. Nádasdy. S.s Kompositionen wurden in Wien und Pest gedruckt (43 Opuszahlen, u. a. Streichquartette, Klavierwerke, Lieder), unter den ungedruckten befinden sich Messen, das Oratorium „Die Befreiung von Jerusalem", mehrere Kantaten etc. Bemerkenswert sind seine mehr als 100, auf dt., italien. und französ. Texte komponierten Lieder. Er war auch der erste Komponist, der in größerer Anzahl Lieder auf Texte von ung. Dichtern (u. a. von Kisfaludy) vertonte. Unter dem starken Einfluß des Wr. spätklass. und frühromant. Stils (Mozart, Schubert, s. d.) stehend, nimmt er eine wichtige Position in der Anfangsphase des ung. Kunstlieds ein.

W.: s. u. Grove, 2001; MGG; Weinmann. – Publ.: Über den heutigen Zustand der Musik in Paris, und den Geschmack in derselben, in: Allg. musikal. Ztg. mit bes. Rücksicht auf den österr. K.staat 6, 1822, Sp. 169ff., 177ff., 185ff., 193ff.

L.: Grove, 2001 (m. W.); MGG (m. W.); oeml (online-Ausg.) (m. W.); Schilling; Szinnyei; Wurzbach; Zenei Lex. II; Theater-Ztg. 7, 1814, Nr. 41ff.; I. Bartalus, Magyar Orpheus, 1867, S. 16; R. Federhofer-Königs, in: Die Musikforschung 18, 1965, S. 414f.; J. Haydn. Gesammelte Briefe und Aufzeichnungen, ed. D. Bartha, 1965, S. 351f.; A. Weinmann, Verlagsverzeichnis P. Mechetti quondam Carlo (= Beitrr. zur Geschichte des Alt-Wr. Musikverlages 2/10), 1966, s. Reg.; W. Binal, Dt.-sprachiges Theater in Budapest (= Theatergeschichte Österr. X/1), 1972, S. 99, 119; H. C. Robbins Landon, Haydn: Chronicle and Works 4, 1977, S. 336, 556f.; G. Elberfeld, Das ung. Kunstlied zur Zeit der Wr. Klassik (= Europ. Hochschulschriften XXXVI/179), 1998, S. 120ff., 144ff., 187ff., 235; Dt. Theater in Pest und Ofen 1770–1850, ed. H. Belitska-Scholtz – O. Somorjai, 1–2, o. J., s. Reg.; Archiv mesta Bratislavy, Bratislava, Slowakei.

(H. Reitterer)

Specht Josef Anton, Alpinist und Unternehmer. Geb. Lindenberg, Bayern (Lindenberg im Allgäu, Dtld.), 29. 2. 1828; gest. Wien, 14. 4. 1894; röm.-kath. – Sohn eines Landwirts. Nach dem Schulbesuch und Aufenthalten in der Schweiz und in Italien begann S. 1845 eine Kaufmannslehre in Nürnberg und trat 1849 in eine Wr. Exportfa. ein, die er 1854 als Teilhaber übernahm und unter dem Namen Luschka & Specht weiterführte. Bereits ab 1850 dürfte S. erste Bergtouren unternommen haben. 1857 gelang ihm, gem. mit dem Bozener Kaufmann Albert Wachtler, die Ersteigung des Großglockners und – ohne Führer – des Großvenedigers sowie kurz danach der Ötztaler Wildspitze. I. d. F. unternahm er, häufig gem. mit seinem langjährigen Bergführer, dem Montafoner Gemsenjäger Franz Pöll, zahlreiche tourist. Erstbesteigungen: 1861 Weißkugel und Similaun in den Ötztaler Alpen, 1862/63 Schaufelspitze und Zuckerhütl im Stubai, 1864 Hoher Riffler im Verwall, kurz darauf auf neuer Route die Königsspitze. 1865 bezwang S. den Piz Buin in der Silvretta, wenige Tage später als einer der ersten Ostalpentouristen die Crast'Agüzza in der Bernina. Die Erstbesteigung der Vesulspitze folgte 1866, 1869 führte eine Tour auf die Parseierspitze, 1874 stand S. als erster Tourist auf der Spitze des Pateriol in der Verwallgruppe. Seine letzten Gipfelerfolge erzielte er vermutl. 1878 ebendort auf dem Karkopf und dem Seekopf. S. beschränkte seine Expeditionen jedoch nicht nur auf das Alpengebiet, sondern suchte auch entferntere Regionen auf und bestieg etwa den Pico del Teide auf Teneriffa. 1869 war S. Mitbegründer des Dt. Alpenver. und ab 1873 Mitgl. der Sektion Austria des DÖAV, ferner war er Mitgl. des ÖAK. S. gilt als einer der wichtigsten Ostalpenpioniere seiner Zeit und war aufgrund seiner zahlreichen Erstbesteigungen bahnbrechend für die Erschließung der Ötztaler und Stubaier Alpen.

L.: Mitt. DÖAV 20, 1894, S. 112; Die Erschließung der Ostalpen, red. E. Richter, 1–3, 1893–94, s. Reg.; W. Lehner, Die Eroberung der Alpen, 1924, bes. S. 116f.; E. Pichl, Wiens Bergsteigertum, 1927, s. Reg.; Berge und Heimat 7, 1952, S. 437 (m. B.); P. Grimm, in: Berg '91, Alpenver.jb. 115, (1991), S. 49ff. (m. B.); WStLA, Wien.

(Ch. Mentschl)

Specht Richard, Schriftsteller und Journalist. Geb. Wien, 7. 12. 1870; gest. ebd., 18. 3. 1932; mos. – Sohn eines Textilkaufmanns; ab 1912 verehel. mit der Pianistin Vera Schapira (1891–1930), ab 1920 mit Wanda Maria Halban (1894–1986), der Nichte des Gynäkologen Josef v. Halban (s. d.), ab 1927 mit der Schauspielerin Alexandrine Pagin (1894–1953). S., der gem. mit seinen Brüdern von dem Anthroposophen Rudolf Steiner unterrichtet worden war, begann nach Absolv. der Realschule 1887 ein Architekturstud. an der TH Wien, das er aber bereits nach zwei Jahren abbrach, um einen kaufmänn. Beruf zu ergreifen. Sein Interesse galt jedoch – zumindest vorerst – der Literatur: Zum Kreis der Schriftsteller des „Jungen Wien" gehörend, trat S. früh als Lyriker und Dramatiker hervor; 1904 gab er eine Werkauswahl Hebbels (s. d.) heraus. Er war Mitarb. der „Arbeiter-Zeitung" in Wien, aber auch des „Berliner Börsen-Courier" und veröff. Gastbeitrr. in der „Neuen Freien Presse" und im „Pester Lloyd". Unter dem Einfluß von Brahms, Brüll (einem Verwandten mütterlicherseits) und Goldmark (alle s. d.) wandte er sich zunehmend der Musik zu, war Musikkritiker bei der „Wiener Allgemeinen Zeitung", dem „Illustrierten Wiener Extrablatt" und der „Zeit". Ab 1908 war er Mitarb. an der „Wiener Zeitschrift für Musik", 1909 gem. mit Batka (s. d.) Mitbegründer und i. d. F. für zehn Jahre Mithrsg. der einflußreichen Musikz. „Der Merker". 1914–20 war er Red. der Programmhe. der Abonnementkonzerte der Wr. Philharmoniker. Ab 1920 arbeitete S. als freier Schriftsteller, hielt zahlreiche Vorträge im Rundfunk und Vorlesungen über Literatur und Ästhetik am Neuen Wr. Konservatorium. Er veröff. 1905 die erste Monographie über Gustav Mahler (s. d.) (wesentl. erweiterte Fassung 1913), dessen leidenschaftl. Vorkämpfer er war, 1922 die erste Monographie über A. Schnitzler (s. d.), zu dessen Freundeskreis er zählte (er porträtiert darin Schnitzler als außerordentl. musikal. Autor und geschult an wiss. Ausdrucksweise). Weitere Monographien betrafen Johann Strauß Sohn (1909), Richard Strauss (1921), Julius Bittner (1921), Wilhelm Furtwängler (1922), Franz Werfel (1926), Brahms (1928), Beethoven (1930), Puccini (1931) etc. Daneben veröff. S. auch zahlreiche themat. Analysen zu Einzelwerken.

W.: Sündentraum, 1892; Ged., 1893; Das Gastmahl des Plato, 1893; Pierrot bossu, 1896; Zehn Jahre Burgtheater, 1899; Krit. Skizzenbuch, 1900; Mozart, 1914 (Ged.); Die Nase des Herrn Valentin Berger, 1929; Florestan Kestners Erfolg, 1929; etc.

L.: NFP, 19., 24. 3. 1932; WZ, 6. 12. 1970; Brümmer; Czeike; Hall–Renner; Jb. der Wr. Ges.; Killy; Kosch; MGG; oeml; A. Schnitzler, Briefe 1913–31, ed. P. M. Braunwarth u. a., 1984, s. Reg.; W. Obermaier, in: Österr. Musik – Musik in Österr., ed. E. Th. Hilscher (= Wr. Veröff. zur Musikwiss. 34), 1998, S. 477ff.; A. Schnitzler. Tagebuch 1931. Gesamtverzeichnisse 1879–1931, 2000, s. Reg., bes. Tagebuch 1917–19, 1985, S. 412ff.; R. Wiesinger, R. S. als Musikkritiker und Musikschriftsteller 1–3, phil. Diss Wien, 2005; Archiv der TU, WStLA, beide Wien; Mitt. Rainhard Wiesinger, Wien.

(P. M. Braunwarth)

Spechtenhauser Johann Bapt., Theologe. Geb. Unserfrau, Gmd. Schnals, Tirol (Madonna/Unser Frau, Italien), 27. 10. 1760; gest. Innsbruck (Tirol), 13. 7. 1820; röm.-kath. – Sohn eines Lehrers. S. absolv. nach

Besuch des Gymn. in Meran (Merano) ab 1778 die phil. Jgg. an der Univ. Innsbruck, stud. an dieser ab 1780 zunächst Theol., dann Med. und Jus und trat schließl. 1783 in das neueröffnete Innsbrucker Gen.seminar ein. Als dessen Zögling absolv. er die theol. Stud. an der Univ. sowie den prakt.-theol. Jg. am Gen.seminar in Wien; 1787 Priesterweihe in Wien. Danach Präfekt am Innsbrucker Gen.seminar, war S. 1792–1820 Prof. für Moraltheol. an der Univ. (bzw. am Lyzeum) Innsbruck, 1810–17 hielt er auch die Vorlesungen aus Pastoraltheol.; 1792 Dr. theol., 1801/02 Vorstand („Prorektor") der Univ., 1807–09 Rektor, mehrmals Dekan der theol. Fak. Ebenso wie etwa Johann Bapt. Anton Bertholdi und Feilmoser (s. d.) lehrte S. an der theol. Fak. im reformkath. Geist der Aufklärung, in deren Sinne er sich mehr der phil. Ethik (der Priester als „moralischer Volkslehrer") als der orthodoxen Dogmatik verpflichtet fühlte. Diese bes. unter der bayer. Regierung Tirols (1806–14) geförderte Ausrichtung führte während der im Verlauf des Freiheitskampfes von 1809 erfolgten zeitweisen Wiedervereinigung Tirols mit Österr. zur Deportation S.s (gem. mit Bertholdi und J. A. Schultes, s. d.) erst nach Ungarn, dann nach Böhmen und schließl. nach München, von wo er 1810 auf seine Professur am Innsbrucker Lyzeum zurückkehrte.

W.: Christl. Pastoral-Unterricht, als Leitfaden für die Vorlesungen am kgl. baier. Lyceum zu Innsbruck, 2 Tle., 1814–16.

L.: Bote für Tirol, 14. 8. 1820, Beilage 4; (J. A. Schultes – J. B. A. Bertholdi), Geschichte der Deportierung der kgl.-baier. Civilbeamten nach Ungarn und Böhmen ... 1–2, 1810, passim; F. J. Waitzenegger, Gelehrten- und Schriftsteller-Lex. der dt. kath. Geistlichkeit 2, 1820; J. Probst, Geschichte der Univ. in Innsbruck seit der Entstehung bis zum Jahre 1860, 1869, passim; F. Sissulak SJ, in: Z. für kath. Theol. 71, 1949, S. 64, 70ff.; H. Ewaldt, Das Innsbrucker Gen.seminar ..., phil. Diss. Innsbruck, 1951, S. 113ff.; L. Lentner, Katechetik und Religionsunterricht in Österr. 1, 1955, S. 264ff.; A. Mitterbacher, Der Einfluß der Aufklärung an der theol. Fak. der Univ. Innsbruck (1790–1823) (= Forschungen zur Innsbrucker Univ.geschichte 2), 1962, s. Reg.; E. Coreth SJ, Die Theol. Fak. Innsbruck (= Veröff. der Univ. Innsbruck 212), 1995, S. 53ff.

(H. Reitterer)

Speckbacher Andreas (Anderl), Montanist. Geb. Rinn (Tirol), 26. 2. 1798; gest. Hall (Hall in Tirol, Tirol), 25. 3. 1834. – Ältester Sohn von Josef S. (s. d.). S. nahm bereits mit elf Jahren an der Seite seines Vaters am Tiroler Freiheitskampf teil, wurde 1809 im Gefecht bei Melleck am Steinpaß gefangengenommen und auf Befehl von Kg. Max I. v. Bayern im kgl. baier. Erziehungsinst. in München ausgebildet. Erst 1816 durfte S. auf den väterl. Hof zurückkehren, wurde als Berg- und Salinenwesen-Praktikant in Hall in den österr. Staatsdienst aufgenommen und stud. 1817–19 mit einem k. Stipendium an der Bergakad. in Schemnitz (Banská Štiavnica). I. d. F. praktizierte S. in Ungarn, Ktn. und der Stmk. 1821 nach Tirol zurückgekehrt, war er in verschiedenen Stellungen im Tiroler Bergbau, zuletzt in Jenbach, tätig. Hier 1826–31 prov. Leiter, fungierte er ab 1831 als w. Kontrollor und darauf als Leiter der neu geschaffenen ärar.-mitgewerkschaftl. Berg-, Hütten- und Hammerwerkverwaltung, wobei seine Verbesserungen in der Eisengießerei und seine fortschrittl. Maschineneinrichtungen vorbildhaft waren. Von S. stammen u. a. mehrere aquarellierte Porträts seines Vaters. Das Andenken an S. und seinen Vater blieb in der Bevölkerung lebendig und fand künstler. Niederschlag in Romanen, Schauspielen und Ged., aber auch in Denkmälern und Gemälden.

L.: Wurzbach (s. u. Joseph S.); W. Kuk, Ein Tirolerbub, 1891, S. 180ff.; A. Troger, in: Programm des k. k. Franz Joseph Obergymn. zu Hall 1914/15, 1915, S. 8, 14f.; M. Mayr, in: Forschungen und Mitt. zur Geschichte Tirols und Vbg. 12, 1915, S. 172ff.; L. v. Neuner, in: Bergland (Innsbruck) 9, 1927, Nr. 5, S. 19ff. (m. B.); R. Granichstaedten-Czerva, A. Hofers alte Garde, 1932, s. Reg. (m. B.); L. v. Neuner, in: Tiroler Heimatbll. 11, 1933, S. 188ff.; R. Granichstaedten-Czerva, Beitrr. zur Familiengeschichte Tirols 1 (= Schlern-Schriften 131), 1954, s. Reg.; W. Pfaundler – W. Köfler, Der Tiroler Freiheitskampf 1809 unter A. Hofer, 1984, S. 213f.; G. Heilingsetzer, in: Tiroler Heimat 48, 1985, S. 55ff.; G. Pfaundler-Spat, Tirol-Lex., neubearb. Aufl. 2005 (s. u. Josef S.).

(M. Martischnig)

Speckbacher Caspar (Kaspar), Schriftsteller, Jurist und Politiker. Geb. Obermieming (Tirol), 3. 6. 1819; gest. ebd., 24. 9. 1899; röm.-kath. – Sohn des Postwirts Johann, Großneffe von Josef S. (s. d.). Nach Besuch des Gymn. in Innsbruck stud. S. ab 1837 drei Jahre Jus an der dortigen Univ., danach ein Jahr an der Univ. Padua und war danach Rechts-, dann Konzeptspraktikant bei verschiedenen Tiroler Landgerichten. Ab 1850 Staatsanwaltsstellv. am Landgericht Imst, 1854–68 Bez.vorsteher, 1868–83 Bez.richter in Imst. 1864–66 gehörte S. dem konservativen Klub im Tiroler LT an, in dem er die Interessen des Bauernstands vertrat. S., der 1883 als k. Rat i. d. R. trat, lebte danach, stark seh- und gehbehindert, abwechselnd in Obermieming und Imst. Bereits ab den 1840er Jahren trat S. mit Ged.veröff. hauptsächl. innerhalb Tirols hervor, die durch Vermittlung seines Freundes Pichler v.

Rautenkar (s. d.) zustande gekommen sein dürften. In späteren Jahren verf. er zahlreiche, zumeist hochsprachl. Ged. zu verschiedenen Anlässen in (vorwiegend eher konservativen) Tiroler Ztg. und Z. S.s bes. Leistung liegt auf dem Gebiet der Epigrammatik, eine Gattung, die er, wie etwa in seinen beiden Buchveröff., „Sprüchlein", 1859, und „Epitaphien", 1887, – Smlgg. äußerst qualitätvoller Epigramme allg. Natur und ohne aktuellen Bezug –, souverän beherrschte. Sein umfangreicher Nachlaß enthält viel Unveröffentlichtes. Kurz vor seinem Lebensende wurde S. von dt.nationaler Seite angegriffen; heute ist er in Tirol so gut wie unbekannt.

L.: Innsbrucker Nachrichten, 25., 26. 9. 1899, 8. 1. 1919; Tiroler Anzeiger, 25. 9. 1929; Tiroler Nachrichten, 31. 5. 1969; Brümmer; Hall–Renner; Kosch; Nagl–Zeidler–Castle 2–4, s. Reg.; Wurzbach (s. u. Joseph S.); Der Scherer 1, 1899, Nr. 3, S. 4; A. Pichler, Aus Tagebüchern 1850–99 (= ders., Gesammelte Werke 3), 1905, S. 364ff.; Tiroler Heimatbll. 7, 1929, S. 380 (m. B.); J. E. Tumler, Die Abg. zum Tiroler LT von 1861–1914, phil. Diss. Innsbruck, 1981; Ch. Schwaiger, Literar. Gruppen in Tirol, phil. Diss. Innsbruck, 1983, s. Reg.; G. Pfaundler-Spat, Tirol-Lex., neubearb. Aufl. 2005; K. Eigentler, K. S. Ein Tiroler Dichter des 19. Jh., DA Innsbruck, 2006; UA, Innsbruck, Tirol.

(S. P. Scheichl)

Speckbacher Josef, Landesverteidiger und Bauer. Geb. Gnadenwald (Tirol), 13. 7. 1767; gest. Hall (Hall in Tirol, Tirol), 28. 3. 1820. – Sohn eines Bauern, Vater von Andreas, Großonkel von Caspar S. (beide s. d.). Früh verwaist, erhielt S. nur zwei Jahre Schulunterricht und konnte sich erst später Kenntnisse im Lesen und Schreiben aneignen. Er mußte sich als Hirte verdingen, war daneben als Wilderer gefürchtet und wurde schließl. Arbeiter in der Haller Saline. 1794 ehel. er Maria Schmiederer, die den Schmiedererhof in Rinn besaß – weshalb er später „Mann von Rinn" genannt wurde –, war als Bauer tätig und wurde Ausschußmitgl. des Landgerichts Sonnenburg. Bereits 1797 und 1800 zog er mit den Tiroler Landesverteidigern ins Feld, 1805 diente er in der Milizkomp. der Stadt Innsbruck. Erst 1809 konnte S. seine Führungsqualitäten und strateg. Begabung beweisen, nachdem er, von Andreas Hofer mit einem Kmdo. betraut, zwischen April und Juli wesentl. Anteil an den Kämpfen im Unterinntal hatte. Im April eroberten S. und seine Schützen die Innbrücke bei Volders, erstürmten das dortige Kloster, nahmen die Stadt Hall ein und waren Ende Mai auch maßgebl. an der Besetzung Innsbrucks beteiligt. Als Ende Juli 1809 die österr. Truppen Tirol räumen mußten, wurde auch S. aufgefordert, das Land zu verlassen. Von Hofer jedoch neuerl. als Unterkmdt. im Unterinntal eingesetzt, kommandierte S. im August 1809 den rechten Flügel der Tiroler in der siegreichen (vierten) Schlacht am Berg Isel, in deren Folge die Bayern Innsbruck erneut räumen mußten. Danach eroberte er nochmals die Stadt Hall, drang bis Schwaz vor und zog in den Pinzgau, wo er gem. mit Haspinger (s. d.) die Bevölkerung ebenfalls zum Aufstand bewegen wollte. Im Oktober wurde er bei Melleck am Steinpaß vernichtend geschlagen; er verlor 300 Mann, wurde selbst verwundet und entging nur knapp der Gefangenschaft. S. verfolgte nun eine defensive Strategie im Zillertal, mußte aber bald erkennen, daß die Übermacht zu groß war. Nach der erneuten Besetzung Innsbrucks durch die Bayern im Oktober 1809 entließ S. seine Mannschaft, begann aber bald danach, diese auf Betreiben Hofers wieder zu sammeln. In der letzten Schlacht am Berg Isel Anfang November 1809 konnte auch er die Niederlage nicht mehr aufhalten. Da ein Kopfgeld auf ihn ausgesetzt wurde, mußte S. flüchten und sich monatelang in Tirol verstecken, ehe er im Sommer 1810 Wien erreichte, wo er vom K. ausgez. wurde, eine Ehrenpension von 1.000 fl. erhielt und zum Mjr. ernannt wurde. Da das bayer. Gen.kommissariat noch 1813 eine Kopfprämie auf ihn aussetzte, konnte er erst nach der Wiedervereinigung Tirols mit Österr. 1814 in die Heimat zurückkehren. Die Verwundung von Melleck hatte jedoch seine Gesundheit so stark erschüttert, daß S. das Gut in Rinn verkaufen mußte und sich in Hall ansiedelte, wo er vermutl. an den Folgen seiner Verletzung starb. Seine sterbl. Überreste wurden 1858 auf k. Anordnung in die Innsbrucker Hofkirche überführt. S.s Andenken ist bis heute im kollektiven Gedächtnis Tirols lebendig geblieben.

L.: Wurzbach; Taschenbuch für die vaterländ. Geschichte 3, 1844, S. 137ff.; J. G. Mayr, Der Mann von Rinn (J. S.) und die Kriegsereignisse in Tirol 1809, 1851 (m. B.); W. Kuk, J. S., 1885 (m. B.); H. Schletterer, J. S., der Mann von Rinn, 2. Aufl. 1885; H. Schmölzer, A. Hofer und seine Kampfgenossen, 1905, S. 37ff. (m. B.); E. Kiechl, J. S. (= Anno Neun 29–30), 1912 (m. B.); M. Mayr, in: Forschungen und Mitt. zur Geschichte Tirols und Vbg. 12, 1915, S. 166ff.; J. Metzler, in: Tiroler Heimatbll. 43, 1968, S. 57f.; G. Pfaundler-Spat, Tirol-Lex., neubearb. Aufl. 2005.

(R. Schober)

Speckmoser P. Ulrich (Alois), OSB, Schulmann und Botaniker. Geb. Wald-Stegmühl (Wald am Schoberpaß, Stmk.), 2. 4. 1781; gest. Marburg, Stmk. (Maribor, Slowenien),

4. 5. 1845; röm.-kath. – Sohn eines Hammerwerk-Verwalters des Benediktinerstiftes Admont. S. trat 1800 in das Stift Admont ein, legte 1803 die Gelübde ab und wurde 1805 zum Priester geweiht. Von Abt Kuglmayr (s. d.) zum Lehrberuf bestimmt, war er nach kurzer seelsorger. Tätigkeit 1806–37 Klassenlehrer zunächst an der ersten, ab 1819 abwechselnd an beiden Humanitätskl. am seit 1803 mit Lehrkräften aus dem Stift besetzten Gymn. in Graz, an dem er 1806–19 auch Griech. unterrichtete; 1808–12 war er überdies Prof. für griech. Sprache an der phil. Fak. des Grazer Lyzeums. Zusätzl. versah er 1806–13 das Amt des Präfekten am k. k. Konvikt in Graz. Von 1837 bis zu seinem Tod wirkte er als Präfekt (Dir.) am Gymn. in Marburg. S. publ. Ged. und Reden in Grazer Bll., hauptsächl. zu verschiedenen schul. und öff. Anlässen, scheint aber im philolog. Fach nicht wiss. tätig gewesen zu sein. Er war jedoch ein renommierter Botaniker und legte ein auf seinen Exkursionen in der Stmk. zusammengetragenes Herbarium mit angebl. mehr als 10.000 Exemplaren an (darunter auch durch Tausch erhaltene seltene ausländ. Pflanzen), das er zusammen mit seiner reichhaltigen Bibl. dem Stift Admont hinterließ, wo es allerdings beim Stiftsbrand 1865 vernichtet wurde.

W.: s. u. Goedeke; Scriptores OSB; Wallisch.

L.: *Stiria, 24. 6. 1845; ADB; Goedeke, s. Reg.bd. (m. W.); Scriptores OSB (m. W.); Wurzbach; Fest-Programm des k. k. Gymn. in Marburg …, 1858, S. 100; J. Wichner, Kloster Admont und seine Beziehung zu Wiss. und Unterricht, 1892, S. 155, 164, 172f., 179f.; F. A. Wallisch, in: Beitrr. und Materialien zur Geschichte der Wiss. in Österr., ed. W. Höflechner (= Publ. aus dem Archiv der Univ. Graz 11), 1981, s. Reg. (m. W.); Mitt. Johann Tomaschek, Admont, Stmk.*

(H. Reitterer)

Spécz von Ládháza Rudolf (Rudolph), Chemiker. Geb. Pest (Budapest, Ungarn), 27. 7. 1798; gest. Vöslau (Bad Vöslau, NÖ), 14. 8. 1855; röm.-kath. – Nach Absolv. seiner Schulausbildung und der phil. Jgg. stud. S. zunächst an der Univ. Pest Med. und wechselte i. d. F. an die Univ. Wien; 1823 Dr. med. Bereits ab 1814 als Ass. an der Lehrkanzel für Chemie an der Univ. Wien tätig, befaßte er sich auch mit Physik und Botanik und wurde 1824 als Prof. der Chemie an die Theresian. Akad. in Wien berufen. 1830 erforschte er gem. mit Carl (Karl) Rollett die Temperatur der Schwefelthermen von Baden und hielt zwei Jahre später beim Besuch der Versmlg. dt. Naturforscher und Ärzte in Baden einen Vortrag über seine Ergebnisse. Darüber hinaus befaßte er sich mit den Bestandteilen der Badener Quellen, analysierte im Detail die Römerquelle und schlüsselte ihre festen und gasförmigen Bestandteile bis in alle Einzelheiten auf.

W.: De febre intermittente, 1823 (Diss.); Grundriß der techn. Chemie …, 1837; etc.

L.: *WZ, 17. 8. 1855; Szinnyei; Ber. über die Versmlg. dt. Naturforscher und Aerzte in Wien, 1832, S. 89; C. Rollett, Baden in Österr., 1838, S. 66f.; H. Rollett, Neue Beitrr. zur Chronik der Stadt Baden 13, 1900, S. 18; M. v. Gemmel-Flischbach, Album der k. k. Theresian. Akad. (1746–1913), 1913, S. 82, 84; UA, Wien; Mitt. Agnes Lössl, Wien.*

(D. Angetter)

Speidel Ludwig, Journalist und Schriftsteller. Geb. Ulm, Württemberg (Dtld.), 11. 4. 1830; gest. Wien, 3. 2. 1906; röm.-kath. – Sohn des Sängers und Komponisten Konrad (geb. Söflingen, Bayern / Ulm, Dtld., 16. 9. 1804; gest. Ulm, 26. 1. 1880), Bruder des Komponisten und Musikdir. Wilhelm (geb. Ulm, 3. 9. 1826; gest. Stuttgart, Württemberg/Dtld., 13. 10. 1899), Onkel des Verlegers und Schriftstellers Felix S. S. absolv. das Gymn. in Ulm und übersiedelte 1852 auf Vorschlag seines in München als Klavierlehrer tätigen Bruders nach München, wo er als Gasthörer an der Univ. Phil. stud. Im Herbst desselben Jahres übernahm er das Musikreferat bei der „Augsburger Allgemeinen Zeitung" und wechselte 1853 auf Vermittlung von Johann Georg Frh. Cotta v. Cottendorf als Korrespondent dieses Bl. nach Wien, wo er i. d. F. auch als freier Mitarb. bei verschiedenen Ztg. und Z., u. a. „Morgen-Post", „Die Donau", „Fremden-Blatt", „Journal des Oesterreichischen Lloyd", „Wiener Zeitung" sowie „Das Vaterland", tätig war. S., der bereits 1853/54 lyr. Ged. in der Z. „Der Salon" publ. hatte, war ab 1864 als Theaterkritiker und Feuilletonist der „Neuen Freien Presse" einer der wichtigsten Mitarb. dieses Bl. und zählte darüber hinaus, etwa als Musikkritiker (ab 1861) des „Fremden-Blatts", zu den führenden Kritikerpersönlichkeiten Wiens. So erkannte er als einer der ersten die künstler. Bedeutung Bruckners (s. d.), für den er sich sowohl in der „Wiener Zeitung" als auch im „Fremden-Blatt" des öfteren vehement einsetzte. Aus seinen literar. brillanten Feuilletons ragen neben zahlreichen biograph. Essays seine Theaterberr. hervor, die von seinem permanenten Engagement für das Wr. Burgtheater Zeugnis ablegen; 1887 wurde ihm sogar der Posten des Burgtheaterdir. angeboten, den er jedoch ablehnte. Seine von Hugo Wittmann postum hrsg. literar. Essays, „Ludwig Speidels Schriften", (1910–11), 4 Bde., die weitgehend biograph. Natur sind, porträtieren vorwiegend Maler, Philosophen und Literaten. Bereits ab 1859 Mitgl. des Journalisten- und Schriftstellerver. Concordia, gehörte S. gem. mit Kürnberger und D. Spitzer (beide s. d.) zu den drei wichtigsten Repräsentanten des Wr. Feuilletons im 19. Jh., die diese Gattung begründet und den Grundstein für die nachfolgende Generation gelegt haben. Er war mit zahlreichen Künstlern befreundet, u. a. mit K. Rahl, Natter (beide s. d.), Anselm Feuerbach und Wittmann.

W. (auch s. u. Kosch): Das Wr. Schauspiel, in: Die österr.-ung. Monarchie in Wort und Bild 2, 1886; Theater, in: Wien 1848–88, Denkschrift … 2, 1888; Krit. Schriften, ausgewählt J. Rütsch (= Klassiker der Kritik 2), 1963 (m. biograph. Vorwort); Fanny Elßlers Fuß, ed. J. Schreck, 1989 (m. biograph. Nachwort); etc.

L.: FB, 8. 4. 1900, 4., 6. 2. 1906; NFP, 8., 11.–12., 18. 4. 1900, 4.–8., WZ, 4., 6. 2. 1906; Neues Österr., 29. 1. 1956; Czeike; Hall–Renner; Killy; Kosch (m. W. u. L.); oeml; Stern–Ehrlich, S. 23 (m. B.), 52; Wurzbach; L. Hevesi, L. S., 1910 (m. B.); W. Haacke, Hdb. des Feuilletons 1–3, 1951–53, s. Reg.; G. M. Deutscher, Die krit. Grundsätze bei L. S., phil. Diss. Innsbruck, 1969 (m. L.); A. Bruckner. Ein Hdb., ed. U. Harten, 1996; Ztg. im Wr. Fin de siècle, ed. S. P. Scheichl – W. Duchkowitsch, 1997, s. Reg.; H. Kernmayer, Judentum im Wr. Feuilleton (1848–1903), 1998, s. Reg.; Ein Stück Österr. 150 Jahre „Die Presse", ed. J. Kainz – A. Unterberger, 1998, s. Reg., bes. S. 168 (m. B.); Schubert-Enz., ed. E. Hilmar – M. Jestremski, 2 (= Veröff. des Internationalen F. Schubert-Inst. 14), 2004; V. Reitterervá – H. Reitterer, Vier Dutzend rothe Strümpfe … Zur Rezeptionsgeschichte der Verkauften Braut … (= Theatergeschichte Österr. 3/4), 2004, s. Reg.

(W. Obermaier)

Speidel-Haeberle Else (Elsa), Schauspielerin. Geb. Stuttgart, Württemberg (Dtld.), 11. 7. 1877; gest. Augustenfeld, Dt. Reich (Dachau, Dtld.), 21. 7. 1937; evang. AB. – Verehel. mit dem Verleger und Schriftsteller Felix Speidel (geb. Stuttgart, 2. 7. 1875; gest. Unterach am Attersee, 3. 10. 1952), einem Neffen Speidels (s. d.). S., Schülerin des kgl. württemberg. Hofschauspielers August Ellmenreich, debüt. 1893 mit großem Erfolg am Hoftheater Stuttgart in der Rolle der Luise in Schillers „Kabale und Liebe". Im Fach der sentimentalen Liebhaberin wirkte sie an dieser Bühne bis zu ihrem Wechsel an das Wr. Raimundtheater 1897. Von Paul Schlenther (s. d.) an das Wr. Hofburgtheater verpflichtet, debüt. sie dort 1898 als Beate in Oscar Blumenthals Lustspiel „Der Probepfeil". Zum Repertoire der 1912 zur Hofschauspielerin ernannten S. zählten Rollen wie die der Lorle (Charlotte Birch-Pfeiffer, „Dorf und Stadt"), Franziska (Lessing, „Minna von Barnhelm"), Lady Percy (Shakespeare, „Heinrich IV."), Hermia (ders., „Ein Sommernachtstraum"), Maria (Goethe, „Götz von Berlichingen") und Gabriele (Schnitzler, „Der einsame Weg"). Verbittert über mangelnde Beschäftigung, schied S. 1919 aus dem Verband des Burgtheaters und zog sich von der Bühne zurück. Ende 1935 scheint sie als Ges. der F. G. Speidel'schen Verlagsbuchhandlung auf, die sie gem. mit Walther Scheuermann bis Oktober 1936 führte.

L. (auch s. u. Haeberle): NFP, 24. 7. 1937; Alth, Burgtheater, s. Reg.bd., S. 244; Eisenberg, Bühne; Kosch, Theaterlex.; Neuer Theater-Almanach bzw. Dt. Bühnen-Jb. 5ff., 1894ff.; Der Humorist 17, 1897, Nr. 19 (m. B.); R. Lothar – J. Stern, 50 Jahre Hoftheater, 1900, S. V, 48; H. Terharen, Von der Schmierenkomödiantin zur Hofschauspielerin, phil. Diss. Wien, 1991, Anhang S. 156f. (m. B.); A. Schnitzler. Tagebuch 1931. Gesamtverzeichnisse 1879–1931, 2000, s. Reg.; A. Errath, Die F. G. Speidel'sche Verlagsbuchhandlung (1926–62) im Spiegel der Zeit, DA Wien, 2003, S. 103; HHStA, WStLA, beide Wien; Bez.gericht, Mondsee, OÖ.

(E. Offenthaler)

Speiser Paul, Politiker. Geb. St. Pölten (NÖ), 19. 7. 1877; gest. Wien, 8. 11. 1947. – Sohn eines Buchbindermeisters. Nach Absolv. der Lehrerbildungsanstalt wurde S. 1897 Unterlehrer in Obergrafendorf und Perschling, geriet jedoch wegen seines Antiklerikalismus in Konflikt mit den Schulbehörden und wurde – mittlerweile der Sozialdemokrat. Arbeiterpartei beigetreten – aus dem Schuldienst entlassen. S. fand 1901 ein neues Betätigungsfeld in der Eisenbahner-Unfallversicherungsanstalt und nahm engen Kontakt mit dem reformpädagog. Ver. Die Jungen um O. Glöckel und Seitz (beide s. d.) auf. S. übersiedelte dann nach Floridsdorf (Wien), wo er 1902 die Red. der sozialdemokrat. WS „Der Volksbote" übernahm, und wurde 1907 Gen.sekr. des linksliberalen Schulreformver. Freie Schule, den er zu einer Massenorganisation ausbaute. 1918 trat er in das neuformierte Reichsparteisekretariat der SDAP ein, wurde 1919 Stadtrat in Wien und übernahm 1920 das Ressort Personalangelegenheiten und Verwaltungsreform. In dieser Funktion vollzog er den Ausbau und die Restrukturierung der kommunalen Bürokratie des nunmehr „Roten Wien" mit strenger Überparteilichkeit. Ab 1918 war S. zudem Obmann der Wr. Landesorganisation des sozialdemokrat. Erziehungs- und Elternver. Kinderfreunde und trug 1922/23 wesentl. zur Fusion dieses Ver. mit dem Ver. Freie Schule bei. Am 12. Februar 1934 verhaftet, wurde er in Wien in Untersuchungshaft gehalten und Ende Mai 1934 in das Anhaltelager Wöllersdorf überstellt, aus dem er Ende Oktober entlassen wurde. S. zog sich i. d. F. merkl. zurück, beteiligte sich aber an Unterstützungsaktionen für die Familien polit. Verfolgter, entwarf Filmdrehbücher und verf. ein Buch über Bridge. In der NS-Zeit hielt er Kontakt zu K. Renners (s. d.) Bridge-Runden, wurde wenige Tage nach dem Attentat vom 20. Juli 1944 von der SS verhaftet, erlitt einen Herzinfarkt und stand in der Wr. Polizeiklinik sechs Monate unter Observation der SS. Noch rekonvaleszent, nahm S. Mitte April 1945 an den Sitzungen im Roten Salon des Wr. Rathauses teil, in denen sowohl die Sozialdemokratie als auch die Wr. Kommunalverwaltung neu begründet wurden. S. wurde zum Obmann der Wr. Parteiorganisation, zum Vizebgm., zum stellv. Bundesparteiobmann und in den Nationalrat gewählt. Sein Sohn, Dr. jur. Wolfgang S. (geb. Wien, 20. 9. 1909; gest. ebd., 27. 9. 1994), war vor 1938 Rechtsanwalt und mußte dann über Frankreich ins austral. Exil flüchten. Nach seiner Rückkehr 1946 in der Erwachsenenbildung tätig, u. a. ab 1947 als Dir. der Wr. Urania, hatte er auch auf internationaler Ebene führende Positionen in diesem Bereich inne.

L.: *AZ, 9., 11. 11. 1947 (m. B.); Bourdet; Czeike (auch zu Wolfgang S.); Hdb. der Emigration, s. Reg.bd. (zu Wolfgang S.); Werk und Widerhall, ed. N. Leser, 1964, S. 397ff. (m. B. nach S. 352); W. Speiser, P. S. und das Rote Wien, 1979.*

(W. Maderthaner)

Spendou Joseph, Priester und Pädagoge. Geb. Möschnach, Krain (Mošnje, Slowenien), 24. 1. 1757; gest. Kirnberg (Kirnberg an der Mank, NÖ), 16. 1. 1840; röm.-kath. – Bruder des Domherrn beim Metropolitankapitel zu St. Stephan in Wien (1797) und Rektors der Univ. Wien Anton S. (1739–1813), auf dessen Anregung er nach dem Tod der Eltern 1769 nach Wien kam. Hier schloß S. seine in Laibach begonnenen Gymn.stud. am Akad. Gymn. ab und stud. an der Univ. zunächst Jus, dann Theol. (1783 Priesterweihe; 1795 Dr. theol.), wobei er von dem Kirchenhistoriker Ferdinand Stöger ideell und materiell gefördert wurde. Daneben auch an der Religionspädagogik interessiert, stud. er die einschlägigen Schriften u. a. des Pädagogen und Schulreformers Johann Ignaz v. Felbiger. 1782 wurde S. Katechet an der Wr. Normalschule, als welcher er auch für die pädagog. Ausbildung der angehenden Religionslehrer in Wien und NÖ zuständig war. Im Unterschied zur „Normalmethode" Felbigers forcierte er nach dem Vorbild der dt. Aufklärungspädagogik das freie Lehrer-Schüler-Gespräch (sokrat., resp. katechet. Methode) und stellte damit die Verstandesbildung in den Mittelpunkt des (Religions-)Unterrichts. Ab 1785 fungierte S. als Vizedir. des für die Priesterausbildung zuständigen Wr. Gen.-seminars und wurde 1788 als Nachfolger des zum Bischof von Linz ernannten Joseph Anton Gall Oberaufseher der „deutschen Schulen" (Elementarschulen) in den österr. Ländern, ein Amt, das er bis 1816 erfolgreich ausüben sollte. Er setzte die von Gall begonnene method.-didakt. Reform des Volksschulunterrichts fort. Auf seine Initiative hin gelangte die sokrat. Methode nicht nur im Religionsunterricht, sondern auch in den übrigen an den dt. Schulen gelehrten Fächern zur Anwendung, er gab neue Lehrbücher in Auftrag, deren schrittweise Einführung das Ende der Felbigerschen Normalmethode zur Folge hatte. Die von ihm red. „Politische Verfassung der deutschen Schulen in den k. auch k. k. deutschen Erbstaaten" (1805) blieb 1806–69 in Geltung. Die Schulaufsicht auf unterer und mittlerer Ebene wurde wiederum der kath. Amtskirche übertragen, doch sollte diese ihr Schulamt im Sinne des aufgeklärten Reformkatholizismus (Josephinismus), zu dessen Exponenten S. gehörte, als landesfürstl.-staatl. Aufsichtsorgan ausüben. Er vertrat durchaus fortschrittl. Ansichten (z. B. Abschaffung der körperl. Züchtigung, Einführung des Musikunterrichts, Initiative zur Gründung eines Fonds zur Versorgung der Lehrerswitwen und -waisen). S. wurde 1788 zum Domherrn, 1816 zum Dompropst beim Metropolitankapitel zu St. Stephan (als solcher Dechant in Kirnberg), 1807 zum w. nö. Reg.Rat ernannt und 1838 mit dem Ritterkreuz des Leopold-Ordens ausgez.

W.: Lesebuch für Wiederholungsschulen, oder Inbegriff des Nothwendigsten, was ein Jeder als Mitgl. der bürgerl. Ges. wissen soll, 1825 (gem. m. A. Hye); etc.

L.: *Portheim-Kat.; SBL; Wurzbach; Oesterr. Biedermannskronik, 1784, S. 188; G. Strakosch-Graßmann, Geschichte des österr. Unterrichtswesens, 1905, S. 159; I. Fried, Das Metropolitankapitel zu St. Stephan in Wien, phil. Diss. Wien, 1951; F. Maaß, Der Josephinismus ... 1760–1850, 5, 1961, S. 184, 291f.; R. Gönner, Die österr. Lehrerbildung von der Normalschule zur Pädagog. Akad., 1967, S. 45, 65, 85, 97; P. Hersche, Der Spätjansenismus in Österr., 1977, S. 321f.; E. Wangermann, Aufklärung und staatsbürgerl. Erziehung, 1978, S. 63ff.; H. Engelbrecht, Geschichte des österr. Bildungswesens 3, 1984, S. 125; Schubert- Enz., ed. E. Hilmar – M. Jestremski (= Veröff. des Internationalen F. Schubert-Inst. 14), 2, 2004; Diözesanarchiv, UA, beide Wien.*

(G. Grimm)

Spens von Booden Alois Frh., Jurist und Politiker. Geb. Teschen, Schlesien (Cieszyn,

Polen / Český Těšín, Tschechien), 7. 7. 1835; gest. Wien, 2. 4. 1919; röm.-kath. – Aus einer schott. Adelsfamilie stammend, die um 1650 nach Schlesien eingewandert war. Sohn des Gutsbesitzers Emanuel Frh. S. v. B. d. Ä., Bruder von Emanuel Frh. S. v. B. d. J. (s. u.), ab 1862 verehel. mit Antonie Gfn. v. Kuenburg, Schwager von G. Gf. v. Kuenburg (s. d.). Nach Absolv. der jurist. Stud. an den Univ. Olmütz, Prag und Wien (1853–57; Absolutorium 1857) war S. 1860–64 Bez.gerichtsaktuar in Böhmen, danach bis 1872 beim Landesgericht für Strafsachen sowie beim Oberlandesgericht in Prag tätig. Ab 1872 Rat beim Prager Landesgericht für Zivilsachen, war S. ab 1877 OLGR beim böhm. Oberlandesgericht sowie 1884–90 Kreisgerichtspräs. in Eger (Cheb). Daneben fungierte er ab 1875 auch als Assistenzrat des adeligen Damenstifts in der Prager Neustadt. Sicherl. auch durch seine familiären Verbindungen gefördert, wurde S. 1890 als HR an den Obersten Gerichtshof nach Wien berufen, schon 1891 folgte er Emil Steinbach als Sektionschef im Justizmin. nach. Im Herbst 1893, als bereits Konflikte zwischen den Nationalitäten um das Amt des mähr. Statthalters bestanden, wurde S. als weitgehend unbekannter Kompromißkandidat mit diesem Posten betraut, auch weil er u. a. beider Landessprachen mächtig war. Er dürfte es aber dabei weitgehend geschafft haben, seinem Ruf als unparteiischer Vertreter der Staatsgewalt gerecht zu werden. Entsprechend gering war auch das polit. Aufsehen, als S. im Jänner 1900 als Justizminister nach Wien berufen wurde, auch wenn er inzwischen als der dt. Linken nahe stehend galt. Umgekehrt spricht es aber für sein Ansehen als Streitvermittler in Mähren, daß er als Mittelsmann zum grossen Bergarbeiterstreik ins Ostrauer Revier entsandt wurde. Als Justizminister hatte S. die Aufhebung der Baden. Sprachenreformen weiter durchzusetzen, ferner gab er einen Erlaß bezügl. der Rechte der Strafverteidiger vor Gericht heraus und versuchte, die Richterausbildung zu modernisieren. S. erwies sich schließl. als zu schwach, um die nationalpolit. Konflikte steuern zu können, zumal er bald schwer erkrankte und deshalb im Oktober 1902, dekoriert mit dem Großkreuz des Leopold-Ordens, i. d. R. trat. 1905 lebenslängl. Mitgl. des HH. Sein Bruder **Emanuel Frh. S. v. B. d. J.** (geb. Teschen, 18. 11. 1831; gest. 1926) stud. ebenfalls Jus und war in den 1850er Jahren bei verschiedenen polit. Behörden in Mähren tätig. Ab 1862 Gutsbesitzer in Roppitz (Ropice), war er 1873–1907 Abg. im RR sowie ab 1866 Mitgl. des schles. LT.

L. (auch s. u. Spens-Booden): NFP, 24., 27. 9., 3. (A.), 4. 10. 1893, 20. 1. 1900, 17. 10. 1902, 18. 8. 1905, 5. 4. 1919 (A.); Tagesbote aus Mähren und Schlesien, 3., 4. 10. 1893, 20. 1. 1900; Egerer Jb. 24, 1894, S. 155ff.; Jurist. Bll. 37, 1908, S. 303; G. Kolmer, Das HH des österr. RR, 1907; E. Rutkowski, Briefe und Dokumente zur Geschichte der österr.-ung. Monarchie ... 1–2 (= Veröff. des Collegium Carolinum 51/1–2), 1983–91, s. Reg. (auch zu Emanuel Frh. S. v. B. d. J.); Mitt. William D. Godsey jr., Wien, Herbert Patzelt, München, Dtld. – Emanuel Frh. S. v. B. d. J.: Anhang zu der Smlg. der „Beschlüsse des schlesischen Landtages ... 1861–1902“, 1905; UA, Wien.

(H. P. Hye)

Sperber Hugo, Rechtsanwalt. Geb. Wien, 26. 11. 1885; gest. KZ Dachau, Dt. Reich (Dtld.), 16. 10. 1938 (ermordet); mos. – Sohn des Fabrikanten Jacob S. S. stud. nach der Matura am Gymn. Baden (NÖ) 1904–09 an der Univ. Wien u. a. bei E. Bernatzik und E. Frh. v. Schwind (beide s. d.) Jus, hörte aber auch Vorlesungen über Geschichte, Kunstgeschichte, klass. Philol. und Phil.; 1909 Dr. jur. Nach der Gerichtspraxis bei den Landesgerichten für Strafsachen bzw. für Zivilrechtssachen und beim Handelsgericht absolv. S. die Anwaltspraxis bei verschiedenen Wr. Rechtsanwälten (1913 Advokatenprüfung) und wurde nach Kriegsdienstleistung (ab 1915; 1916 verwundet, Karl Truppenkreuz und Verwundetenabzeichen; zuletzt Oblt.) 1916 Rechtsanwalt in Wien. Er war ein bekannter Strafverteidiger, auch in polit. (z. B. im Wr. Schutzbundprozeß 1935) und Standgerichtsverfahren. S.s vielseitige Stud. waren die Grundlage für seine umfassende Bildung, die dann in seinen witzigen Plädoyers, noch mehr aber in den geistreichen Unterhaltungen mit seinen Wr. intellektuellen Freunden im Café Herrenhof (Wien 1) zum Ausdruck kam. Seit dem 18. Lebensjahr Mitgl. der SDAP, war er in der Parteivolksbildung tätig und hielt Kurse u. a. über Strafverfahren und Rechtsfragen des tägl. Lebens ab. Seine 1930 in Buchform erschienene Schrift „Todesgedanke und Lebensgestaltung“ ist aus seiner Befassung mit der Individualpsychol. A. Adlers (s. d.) entstanden. Nach dem „Anschluß“ 1938 wurde S. mit einem der ersten Transporte nach Dachau deportiert. Friedrich Torberg hat diesem heiter-spött., geistreichen Lebenskünstler, der seinen Beruf mit Eifer und großem sozialen Engagement ausübte, ein literar. Denkmal gesetzt.

W.: Die Lüge im Strafrecht, 1927; etc.

L.: WZ, 17., 19. 4. 1935; Der Sozialist. Kampf (Paris), 5. 11. 1938; F. Torberg, Die Tante Jolesch oder Der

Untergang des Abendlandes in Anekdoten, 1975, S. 185f., 189, 207ff.; ders., Die Erben der Tante Jolesch, 1978, S. 62ff.; M. Marschalek, in: Sozialistenprozesse, ed. K. R. Stadler, 1986, S. 413, 420; P. Wrabetz, Österr. Rechtsanwälte in Vergangenheit und Gegenwart, 2002, S. 131ff., 333; ders., in: Österr. Anwaltsbl. 67, 2005, S. 69ff.; B. Kreisky, Zwischen den Zeiten, o. J., S. 243; DÖW, IKG, KA, UA, Rechtsanwaltskammer Wien, alle Wien.

(P. Wrabetz)

Sperk Bernhard, Tierarzt. Geb. Wilenz, Böhmen (Bílenec, Tschechien), 1839; gest. Wien, 2. 2. 1912. – Sohn eines Schneiders. Nach seiner schul. Ausbildung zunächst in seinem Heimatort, dann in der Realschule in Prag sowie tw. als Privatschüler stud. S. 1857/58 als ao. Hörer Tierheilkde. an der Univ. Prag sowie Landwirtschaftslehre, Botanik und Physik am polytechn. Inst. in Prag. 1858/59 stud. er als Militärzögling am Militär-Tierarzneі-Inst. Wien und erhielt 1861 das tierärztl. Diplom. Danach trat er in den Militärdienst ein und nahm 1866 am Feldzug in Böhmen teil. Nach seiner Rückkehr zunächst als Ass. an der Lehrkanzel für Tierseuchenlehre der Univ. Prag tätig, wurde S. später nö. Landestierarzt in Amstetten, 1871 Landestierarzt von Tirol und Vbg. Hier förderte er bes. die Pferde- und Rinderzucht und forcierte den Export der Oberinntaler Rinderrasse. 1888 Fachreferent für Veterinärwesen im Min. des Innern, war er der erste, der diese Stelle mit einem einfachen Tierarztdiplom bekleidete. Die energ. Durchführung der Maßnahmen zur Tilgung der Tierseuchen, speziell der Lungenseuchen, zählt zu seinen Verdiensten. S. gelang es, diese im ausgehenden 19. Jh. in Österr. vollständig auszurotten, als sie in den Nachbarländern noch grassierte. Als Delegierter des Min. legte er ein strenges Augenmerk auf die Prüfungen am Militär-Tierarznei-Inst. und der nachmaligen Tierärztl. Hochschule und war 1899 bis zu seiner 1902 als Min.rat erfolgten Pensionierung auch als erster Hon.-Doz. für Veterinärpolizei tätig. 1909 erhielt S. das Ehrendoktorat der Tierärztl. Hochschule in Wien, war Ehrenmitgl. des Ver. der Tierärzte in Österr. sowie Obersan.rat.

W.: Projekt für die Einführung einer obligator. Landes-Vieh-Versicherung in Tirol, 1872; Begründung der projektirten obligator. Landes-Vieh-Versicherungsbank für Tirol, 1874; Veterinärber. Nach amtl. ... Berr. ... bearb., 1890.

L.: Egerländer Biograf. Lex. 2; W. Rott, Der polit. Bez. Podersam ..., 1902, S. 884ff. (m. B.); Tierärztl. Zentralbl., 1909, Nr. 24, S. 550, Nr. 34, S. 384, 1912, Nr. 5, S. 64; G. Günther, Die Tierärztl. Hochschule in Wien ..., 1930, S. 6, 28, 59, 72f., 77 (m. B.); 200 Jahre Tierärztl. Hochschule in Wien, 1968, s. Reg.; Hist. Archiv der Veterinärmed. Univ., Wien.

(Ch. Mache)

Spetzger Carl (Georg Johann), s. **Spe(t)zger** Carl (Georg Johann)

Speyer(-Ulmann) Agnes, Malerin, Graphikerin und Bildhauerin. Geb. Wien, 23. 12. 1875; gest. New York, N. Y. (USA), 1. 4. 1942; mos. – Tochter des Textilfabrikanten und ersten jüd. Laienrichters in Wien, Albert Speyer (geb. Breslau, Preußen / Wrocław, Polen, 8. 4. 1836; gest. Abbazia, Istrien / Opatija, Kroatien, 25. 3. 1905), ab 1910 mit dem Richter und späteren Oberlandesgerichtsrat Emil Ulmann (geb. Fürth, Bayern/Dtld., 23. 3. 1870; gest. New York, 8. 12. 1947) verehel. Nach Absolv. der Wr. Allg. Zeichenschule von F. Pönninger (s. d.) und Malunterricht im Atelier von Imre Révész besuchte S. 1901–03 in Paris – wo sie Rilke (s. d.) kennenlernte – die Acad. Julian, die Acad. Ranson sowie die Ateliers der Bildhauer Aristide Maillol und Auguste Rodin. 1901–07 stud. sie an der Wr. Kunstgewerbeschule Bildhauerei bei Franz Metzner und Malerei bei Koloman Moser (s. d.). In diesem Zeitraum veröff. S. künstler. Beitrr. in der Kunstz. „Die Fläche", lieferte 1906 Illustrationen zu J. A. Lux' (s. d.) „3 Puppenspiele" und entwarf im selben Jahr einen Kal. sowie 1907 Postkarten für die Wr. Werkstätte. 1910 übersiedelte sie mit ihrem Mann nach München, wo ihr Haus zu einem kulturellen Mittelpunkt wurde. Nach der Zwangspensionierung ihres Mannes durch die Nationalsozialisten lebte das Ehepaar ab 1933 in Partenkirchen (Garmisch-Partenkirchen), im Februar 1939 mußten beide in die USA emigrieren. In S.s von der Gebrauchsgraphik dominiertem Œuvre (Entwürfe für Plakate, Kalender, Postkarten, Bucheinbände, Buchschmuck etc.) findet der „Flächenstil" der Wr. Secession um 1900 eine originelle Fortsetzung zwischen floralem Ornament und frühen Abstraktionstendenzen der perspektivelos in die Fläche gesetzten Figuren. S. beteiligte sich an zahlreichen in- und ausländ. Ausst., war Mitgl. des Reichsverbands bildender Künstler und der Künstlergruppe Freie Bewegung und unterhielt freundschaftl. Kontakte zu A. Schnitzler (den sie auch porträtierte), H. Hofmann v. Hofmannsthal (beide s. d.) und Thomas Mann.

W.: Familiengruft Speyer, um 1905 (Döblinger Friedhof, Wien); etc.

L. (auch s. u. Ulmann): Dresslers Kunsthdb., ed. W. O. Dressler, 9, 1930; W. J. Schweiger, Wr. Werkstaette Kunst und Handwerk 1903–32, 1982, S. 268; ders., Aufbruch und Erfüllung. Gebrauchsgraphik der Wr. Moder-

ne 1897–1918, 1988, S. 95; ders., Meisterwerke der Wr. Werkstätte, 1990, S. 125; A. Schnitzler. Tagebuch 1931. Gesamtverzeichnisse 1879–1931, 2000, s. Reg.; A. Schwarzmüller, Beitrr. zur Geschichte des Marktes Garmisch-Partenkirchen im 20. Jh., 2005 (Internetausg.); Archiv der Univ. für angewandte Kunst, IKG, WStLA, alle Wien; Mitt. Peter Michael Braunwarth, Wien.

(W. J. Schweiger)

Spe(t)zger Carl (Georg Johann), Maler. Geb. Gries, Tirol (Bolzano/Bozen, Italien), 13. 3. 1801; gest. Innsbruck (Tirol), 20. 7. 1856; röm.-kath. – Sohn eines Fuhrmanns. S. erhielt seinen ersten Malunterricht bei dem Porträt- und Historienmaler Johann Anton Völser in Bozen und stud. 1820–21 an der ABK in Wien, ab 1822 an der Akad. in München Historienmalerei. Nach Abschluß seiner Stud. übersiedelte er vorerst nach Hall (Hall in Tirol), dann nach Innsbruck. Hier spezialisierte er sich auf „nach dem Leben" angefertigte Porträts, die u. a. von Johann Martin Benz und Josef Puschkin lithographiert und von Josef Schöpf in Innsbruck gedruckt wurden, und avancierte mit diesen – in Bleistift, Öl oder Pastell ausgeführten – Arbeiten zu einem gefragten Künstler. Als Besonderheit setzte er oftmals entweder den autographen Namenszug oder das jeweilige gedruckte Lebensmotto des Dargestellten unter seine repräsentativen Porträts; noch heute finden sich Originale in privaten Nachlässen. Daneben trat S. auch mit Landschaftsdarstellungen in Erscheinung, in die er typ. biedermeierl. Staffagefiguren integrierte.

L.: Bénézit; Fuchs, 19. Jh.; Thieme–Becker; Wurzbach; Andreas Hofer. Wochenbl. für das Tyroler Volk 2, 1879, S. 335; L. Schidlof, Die Bildnisminiatur in Frankreich im 17., 18. und 19. Jh., 1911, S. 359; L. Kramar, in: Der Schlern 18, 1937, S. 6ff.; H. Fuchs, Die österr. Bildnisminiatur von den Anfängen bis zur Gegenwart 2, 1982.

(E. Hastaba)

Špidlen František, Geigenbauer. Geb. Glasersdorf, Böhmen (Sklenařice, Tschechien), 31. 3. 1867; gest. Prag, Böhmen (Praha, Tschechien), 16. 2. 1916. – Š., der Begründer einer bis heute bestehenden Geigenbauer-Dynastie, ging nach Beendigung seiner Lehrzeit bei dem Geigenbauer Vincenc Metelka in Pasek (Paseky nad Jizerou) 1886 nach Kiew, wo er 1895 seine eigene Werkstatt eröffnete. 1897 wurde er am Moskauer Musikkonservatorium als Geigenbauer und -berater angestellt, kehrte 1907 in seine Heimat zurück und gründete 1910 in Prag eine Werkstatt, die nach seinem Tod von seinem Sohn Otakar František Š. (geb. Kiew, Rußland / Kyïv, Ukraine, 9. 12. 1896; gest. Praha, 24. 5. 1958) übernommen wurde. Die Familientradition setzen dessen Sohn Přemysl Otakar Š. (geb. Praha, 18. 6. 1920) bzw. Enkel Jan Bapt. Š. (geb. Praha, 12. 11. 1967) fort. Die nach dem Muster der von Stradivari und Guarneri gearbeiteten Violinen (aber auch Bratschen und Violoncelli) zeichnen sich durch die Qualität von Holz und Lackierung aus und wurden mehrfach ausgez.

L.: ČHS; J. Herold, in: Výroční zpráva Pražské konzervatoře 1928/29, 1929, S. 12ff.; České hudební nástroje minulosti 1950, Praha 1950, S. 74ff. (Kat.); K. Jalovec, Čeští houslaři, 1959, s. Reg.; V. Pilař – F. Šrámek, Umění houslařů, 1986, s. Reg.; J. Tomeš u. a., Český biografický slovník XX. století 3, 1999; L. Hubičková u. a., Špidlenové – čeští mistři houslaři, 2003; M. Kulijevyčová, in: Harmonie 2004, Nr. 3, S. 16ff.; www.spidlen.housle.cz (Stand August 2006).

(V. Reittererová)

Spiegel Frigyes, Architekt, Kunstgewerbler und Designer. Geb. Pest (Budapest, Ungarn), 24. 4. 1866; gest. Budapest (Ungarn), 26. 2. 1933. – Nach Beendigung seines Architekturstud. an der Techn. Univ. in Budapest 1887 begann S. seine Tätigkeit vorerst im Büro des Architekten Vilmos Freund, um 1895 arbeitete er mit dem Architekten Fülöp Weinréb zusammen. Gem. mit diesem zählt er zu den ersten Architekten, die bei Wohnbauten eine symbolhafte Jugendstilornamentik verwendeten. Nach 1899 eröffnete S. ein eigenes Atelier, arbeitete aber immer wieder gem. mit anderen Architekten, so 1902–10 mit Géza Márkus und 1912–19 mit Károly Englerth. Daneben befaßte sich S. auch mit Innenarchitektur und publ. in diversen Fachztg. seine Auffassungen über neue Dekoration, Wohnstil und Wohnungseinrichtungen, erste Bekenntnisse eines modernen, für das Bürgertum charakterist. baukünstler. Geschmacks. S., der mit seinen Möbelentwürfen auch international reüssierte, eröffnete 1903 in Budapest – inspiriert durch die Wr. Werkstätte – das Geschäft „La Maison Moderne", wo er Möbel nicht nur verkaufte, sondern auch u. a. für die Sparkassen Magyar Általános Takarékpénztár und Belvárosi Takarékpénztár entwarf; ab 1912 führte er zusätzl. ein Schmuckgeschäft. Nach dem 1. Weltkrieg übersiedelte er – wegen seiner Teilnahme am Wohnungsbaurat der Räterepublik 1919 – nach Nagyvárad (Oradea), um 1923 kehrte er wieder nach Budapest zurück und plante hier (gem. mit Endre Kovács) moderne Villen. Zu seinen zahlreichen Künstlerfreunden zählten u. a. der Architekt Bruno Taut, der Kunsthistoriker Meier-Graefe (s. d.), Käthe Kruse, für die er Puppen entwarf, und der Filmschaffende Alexander Korda, für den er Filmkulissen zeichnete. S., der in seinen frühen Arbeiten dem Jugendstil, später dem Eklektizismus zuzuordnen ist, zählte 1902 zu den Mitbegründern des Verbands Ung. Architekten und war 1914–17 dessen Präs.

W.: Standuhr, 1900; Sommertheater, 1908–10 (Cluj-Napoca); Stadttheater, 1909–12 (Szolnok); Rathaus, 1927–28 (Mezőtúr); etc. – Publ.: Modern díszítő művészet az építészetben, in: Magyar Iparművészet 1897/98, 1898; A modern építészet és a budapesti bérházak, in: Művészet 1, 1902; Művészet a munkás életében, in: Magyar Iparművészet, 1906; etc.

L.: *Pester Lloyd, 28. 2. 1933; M. Életr. Lex.; M. Zsidó Lex.; Művészeti Lex. I, II; Révai; Thieme–Becker; K. Lyka, in: Magyar Művészet, 1933; Magyar művészet 1890–1919, 1, ed. L. Németh (= A magyarországi művészet története 6/1), 1981, s. Reg.; Á. Moravánszky, Die Architektur der Donaumonarchie, 1988, s. Reg.; J. Gerle u. a., A századforduló magyar építészete, 1990; The Dictionary of Art 29, 1994.*

(J. Gerle)

Spiegel Käthe, Historikerin. Geb. Prag, Böhmen (Praha, Tschechien), 19. 11. 1898; gest. Polen, nach 1941 (ermordet); mos. – Tochter von Ludwig S. (s. d.), Nichte von Emil S. (s. u. Ludwig S.). S. legte 1915 die Reifeprüfung am Prager Dt. Mädchenlyzeum mit ausgez. Erfolg ab und bestand 1917 eine Ergänzungsreifeprüfung am dt. Staats-Realgymn. Prag-Altstadt. Im Herbst 1917 begann S. an der Dt. Univ. Prag mit dem Geschichtsstud. und prom. als Schülerin von Samuel Steinherz 1921 zum Dr. phil. Bis zum Tod ihres Vaters arbeitete sie als dessen Sekr., war aber auch selbst als Historikerin wiss. tätig. Sie nahm an den Internationalen Hochschulkursen in Wien 1924 und an den Sommerkursen der Cooperation Intellectuelle in Genf 1926 teil, 1927–29 war sie als Fellow der Rockefeller-Foundation in den USA, forschte u. a. in Washington über die amerikan. Kolonialzeit und verschaffte sich durch den Besuch mehrerer Univ. und Hist. Ges. einen guten Überblick über die US-amerikan. Geschichtswiss.; ihr Hauptwerk befaßte sich daher mit den kulturgeschichtl. Grundlagen der amerikan. Revolution. Im Sommersemester 1933 besuchte S., die auch an der Osteurop. Bibliographie mitgearbeitet hatte, Seminare bei Heinrich v. Srbik und Wilhelm Bauer in Wien. Zwei von ihr eingereichte Habil.bewerbungen aus Neuerer Geschichte (1931/32, 1936/37) wurden an der Dt. Univ. in Prag offenbar aufgrund antifeminist. und antisemit. Vorurteile abgelehnt. S. engagierte sich im dt. Ver. Frauenfortschritt und veröff. Beitrr. in der Z. „Die Sudetendeutsche Frau“. Ab Oktober 1935 war S. Bibliothekarin an der Prager Univ.-bibl., verlor jedoch nach der dt. Besetzung Anfang 1940 ihre Stelle. Ihre durch die American Association of University Women bereits arrangierte Ausreise nach Kuba scheiterte. Im Oktober 1941 wurde sie von Prag nach Litzmannstadt (Łódź) deportiert.

W.: Die Prager Univ.union (1618–54), in: Mitt. des Ver. für Geschichte der Dt. in Böhmen 62, 1924; Amerikan. Geschichtsprobleme (= Smlg. Gemeinnütziger Vorträge 614), 1930; Das Rechtsleben der amerikan. Kolonialzeit (= ebd. 615), 1930; Kulturgeschichtl. Grundlagen der amerikan. Revolution (= Hist. Z., Beih. 21), 1931; Charakterzüge der amerikan. Geschichte, in: Hist. Vjs. 28, 1934; W. E. v. Fürstenbergs Gefangenschaft und ihre Bedeutung für die Friedensfrage 1674–79 (= Rhein. Archiv 29), 1936; etc.

L.: *Hdb. jüd. AutorInnen; G. Kisch, in: Historia iudaica 9, 1947, S. 193f.; R. M. Wlaschek, Biographia Judaica Bohemiae 1 (= Veröff. der Forschungsstelle Ostmitteleuropa an der Univ. Dortmund R. B, 52), 1995; Ch. v. Oertzen, in: German Historical Inst. Bulletin 27, 2000, Anmerkung 32 (Internetausg.); Alfred Klahr Ges. Mitt. 11, 2004, Nr. 4, S. 4ff.; G. Oberkofler, K. S. ..., 2005; Materialiensmlg. ÖBL, Wien; Národní knihovna České republiki, Praha, Stud.zentrum Terezín, Terezín, beide Tschechien; Homepage der Alfred Klahr Ges.*

(G. Oberkofler)

Spiegel Ludwig, Jurist. Geb. Reichenau an der Kněžna, Böhmen (Rychnov nad Kněžnou, Tschechien), 31. 3. 1864; gest. Mariánské Lázně, Tschechoslowakei (Tschechien), 14. 8. 1926; mos. – Sohn eines Anwalts und Notars, Bruder von Emil (s. u.), Vater von Käthe S. (s. d.). S. kam mit seinen Eltern 1868 nach Prag, absolv. 1882 das dt. Staats-Obergymn. in Prag-Neustadt, stud. bis 1886 an der Dt. Univ. Prag Jus (1887 Dr. jur.) und war dann bis 1905 bei der böhm. Finanzprokuratur (zuletzt als Sekr.) beschäftigt. Bes. am österr. Staatsrecht (und den mit diesem verwandten Disziplinen) interessiert, habil. er sich für dieses Fach 1893 mit einer Arbeit über das österr. Notverordnungsrecht; seine Venia wurde 1898 aufgrund seiner Arbeit über die heimatrechtl. Ersitzung auf das Gebiet der Verwaltungslehre und des österr. Verwaltungsrechts ausgedehnt. 1905 ao. Prof. (1910 mit Titel und Charakter eines o. Prof.), wurde er 1911 zum o. Prof. des Staats- und Verwaltungsrechts an der Dt. Univ. Prag ernannt; 1914/15 Dekan, 1926/27 Rektor; 1925 Dr. rer. pol. h. c. der Univ. Bonn. S.s wiss. Stärke lag in der Heranziehung der materiellen Voraussetzungen, die den positiven Rechtsnormen zu Grunde liegen. Da sich das Recht seiner Auffassung nach aus den gesellschaftl. Bedürfnissen heraus entwickelte, war es sein Anliegen, den Zusammenhang mit der Vergangenheit, insbes. dem 18. und beginnenden 19. Jh., zu wahren. Seine Beitrr. zum „Österreichischen Staatswörterbuch“ förderten die Rezeption der einschlägigen tschech. Literatur, v. a. der Arbeiten J. Pražáks (s. d.). S. war Mitorganisator der Deutschen Juristentage in der Tschechoslowakei, ab 1923 aktives Mitgl. in vielen dt. kulturellen Institutionen und Organisationen in Prag, insbes. in der Dt. Ges. der Wiss. und Künste. Als Senator der Nationalversmlg. der Tschechoslowak. Republik (1920–25) gehörte er dem Klub der dt.demokrat. Freiheitspartei an und vertrat in Auseinandersetzung mit Th. Masaryk (s. d.) die Ansprüche der sudetendt. Minderheit. Sein Bruder **Emil S.** (geb. Prag, Böhmen / Praha, Tschechien, 17. 2. 1869; gest. ebd., 15. 8. 1923), Dr. jur., zunächst Finanzbeamter, dann Privatmann, stand als Schriftsteller unter dem Einfluß des Neukantianers Hermann Cohen. In seinen postum veröff. Ged. setzte er sich mit den vielfältigen Facetten des Judentums seiner Zeit ebenso wie mit Literatur und Kunst sowie – meist in satir.-parodist. Form – dem Juristentum auseinander.

W. (auch s. u. Prager Jurist. Z.): Die k. Verordnungen mit prov. Gesetzeskraft nach österr. Staatsrechte, 1893; Die heimatrechtl. Ersitzung, 1898; Die geschichtl. Entwicklung des österr. Staatsrechtes, 1905; Beitrr. in: Österr. Staatswörterbuch, ed. E. Mischler – J. Ulbrich, 1–4, 2. Aufl. 1905–09; Verfassungs- und Verwaltungsorganisation der Städte, 1907; Die Verwaltungsrechtswiss., 1909; Gesetz und Recht (= Prager Staatswiss. Untersuchungen 1), 1913; Republikan. Staatsrecht I-II, 1919–20; Verfassungsoktroi und Sprachengesetz, 1920; Die Entstehung des tschechoslowak. Staates, 1921; Das Tschechoslowak. Staatsproblem, 1922; zahlreiche rechtspolit. und zeitkrit. Artikel in Dt. Ztg. Bohemia, NFP; etc. – Emil S.: Einkehr und Abwehr. Ged. aus dem Nachlaß, 1925; etc.

L.: Die Presse, 22. 8. 1926; Prager Jurist. Z. 4, 1924, H. 2/3, Sp. 35ff., 6, 1926, Sp. 145ff. (m. W.); Dt. Hochschulwarte 6, 1926, H. 3/4, S. 1ff.; Juristen-Ztg. für das Gebiet der Tschechoslowak. Republik 7, 1926, S. 137ff.; H. Slapnicka, in: Lebensbilder zur Geschichte der böhm. Länder 4, 1981, S. 243ff.; G. Oberkofler, Käthe S. ..., 2005, bes. S. 9ff. – Emil S.: Hdb. jüd. AutorInnen; Wininger; F. Thieberger, in: E. S., Einkehr und Abwehr, 1925 (m. B.); R. M. Wlaschek, Biographia Judaica Bohemiae 1 (= Veröff. der Forschungsstelle Ostmitteleuropa an der Univ. Dortmund R. B, 52), 1995; G. Oberkofler, Käthe S. ..., 2005, S. 16.

(G. Oberkofler)

Spiegel Magda (Magdalena), Sängerin. Geb. Prag, Böhmen (Praha, Tschechien), 3. 11. 1887; gest. KZ Auschwitz, Dt. Reich (Polen), nach dem 19. 10. 1944 (ermordet). – Tochter eines Kaufmanns. S. fiel bereits 1903 bei den Konzerten der Gesangschule Betty Frank in Prag auf. 1907 wurde sie von Angelo Neumann (s. d.) ans Neue dt. Theater verpflichtet, an dem sie als Amneris (G. Verdi, Aida) debüt. Nach Abschluß ihres Stud. bei Aglaja Orgeni in Dresden war S. 1909–16 am Stadttheater in Düsseldorf, 1917–35 als Erste dramatische Altistin am Frankfurter Opernhaus engag. Sehr bald begründeten die herausragenden Interpretationen der Wagner- und Verdi-Rollen ihren europaweiten Ruf. Mit dem weichen Timbre ihrer Altstimme, die bis in klangvolle Höhe reichte, war sie auch als Gaststar gefragt. S. wurde von zeitgenöss. Komponisten geschätzt, so von Schreker (s. d.), Richard Strauss und Paul Hindemith. 1924 sang sie in der dt. Erstauff. von Modest Mussorgskis „Chowanschtschina“ die Rolle der Marfa. Sie war auch als Konzert- und Liedsängerin angesehen. Schon 1930 bei der Frankfurter Erstauff. von „Der Aufstieg und Fall der Stadt Mahagonny“ mit nationalsozialist. Protesten konfrontiert, wurde S. ab 1933 aufgrund ihrer jüd. Herkunft zunehmend mit Anfängerrollen besetzt und von der nationalsozialist. Presse sowie durch Intrigen von Kollegen desavouiert. 1935 ließ sie sich, um ihrer Entlassung zuvorzukommen, vorzeitig pensionieren und lebte fortan von einer sehr kleinen Rente in Frankfurt am Main, tw. auch bei ihrer Mutter in Prag. Im September 1942 in das Lager Theresienstadt (Terezín) deportiert, sang sie dort bei Opernarienabenden. Am 19. 10. 1944 wurde sie nach Auschwitz transportiert und vermutl. sofort ermordet.

Weitere Rollen: Azucena (G. Verdi, Der Troubadour); Eboli (ders., Don Carlos); Amneris (ders., Aida); Ortrud (R. Wagner, Lohengrin); Erda (ders., Das Rheingold bzw. Siegfried); Brangäne (ders., Tristan und Isolde); Klytemnästra (R. Strauss, Elektra); Amme (ders., Die Frau ohne Schatten); Klementia (P. Hindemith, Sancta Susanna); Witwe Begbick (B. Brecht – K. Weill, Aufstieg und Fall der Stadt Mahagonny); etc.

L.: Kosch, Theaterlex.; Kutsch–Riemens, 4. Aufl. 2003; Ulrich; Th. W. Adorno, Musikal. Schriften 6 (= Gesammelte Schriften 19), 1984, S. 233; J. M. Fischer, Große Stimmen, 1993, S. 521; Frankfurter Biographie. Personengeschichtl. Lex. 2, 1996; Hdb. des dt.sprachigen Exiltheaters 1933–45, ed. F. Trapp u. a., 2/2, 1999; C. Becker, M. S. (1887–1944) ..., 2003.

(C. Becker)

Spiegelfeld Markus Gf. von, eigentl. Matz von Spiegelfeld Markus Gf., Beamter. Geb. Innsbruck (Tirol), 16. 2. 1858; gest. ebd., 6. 5. 1943. – Sohn des späteren Statthalters von OÖ, Franz (Matz) Frh. v. S. (1802–1885) und der Maria, geb. Gfn. Bussy-Mignot (1831–1902), ab 1888 verehel. mit Albertine Freiin v. Tschiderer zu Gleifheim, ab 1939 mit Leonarda Freiin v. Bianchi. S. stud. 1876/77 in Paris, 1877–79 in Wien und 1879/80 in Innsbruck Jus (abs. jur. 1880) und trat im selben Jahr bei der Statthalterei in Innsbruck in den Staatsdienst. Danach 1893–97 bei der Bez.hauptmannschaft Trient und der Statthaltereiabt. in Trient, stand er 1888–91 bei der Bez.hauptmannschaft in Kitzbühel in Verwendung. 1897–1901 war S. Bez.hptm. von Meran, 1901 wurde er mit der Leitung des Präsidialbüros der Statthalterei betraut und bald darauf dem Min. des Innern dienstzugeteilt, 1904 zum Statthaltereirat extra statum der Statthalterei für Tirol und Vbg. ernannt. 1906 Vizepräs. der Statthalterei, wurde er noch im selben Jahr mit deren Leitung betraut und 1907 Statthalter. Seine Amtszeit war von Konflikten um die Wahlrechtsreform, die Radikalisierung der Nationalitätenfrage durch das Auftreten des dt.nationalen Volksbunds (ab 1905) sowie die Affäre um den umstrittenen Prof. für Kirchenrecht Ludwig Wahrmund überschattet. Dabei geriet S. zwischen die Fronten der Wahrmund bekämpfenden Konservativen und der Regierung, die ihm die Verantwortung für diesen Konflikt zuschob. Erfolg hatte S. mit seinen hartnäckigen Bemühungen, trotz der zeitweise unnachgiebigen Gegnerschaft der Dt.nationalen und Altkonservativen 1910 die Schulgesetze im Landtag durchzubringen. In der Wahlrechtsreformfrage setzte er sich im selben Jahr auch durch eigene Anträge für einen Kompromiß ein, da er befürchtete, mit der Forderung nach dem allg. Wahlrecht auf Landesebene konfrontiert zu werden. Schließl. scheiterte S. – wie schon mehrere seiner Vorgänger – an einer nationalpolit. Frage, der Erbauung der Fleimstalbahn, in der er alle polit. Parteien gegen sich aufbrachte. Da Ministerpräs. Karl Gf. Stürgkh v. a. eine Kraftprobe mit den Italienern vermeiden wollte, wurde S. Ende März 1913 i. d. R. versetzt. Während des 1. Weltkriegs betätigte sich S. im Rahmen des Roten Kreuzes in der Kriegsgefangenenfürsorge und wurde 1917 in den Gf.-stand erhoben.

L.: Habsburgermonarchie 7, s. Reg.; A. Bundsmann, Die Landeschefs von Tirol und Vbg. in der Zeit von 1815–1913 (= Schlern-Schriften 117), 1954, S. 204ff.; P. Wiesflecker, Nobilitierungen K. Karls I. v. Österr., phil. Diss. Wien, 1992, S. 125; UA, Wien.

(R. Schober)

Spiegl von Thurnsee Edgar d. Ä., Journalist. Geb. Steingrub, Böhmen (Lomnička, Tschechien), 1. 5. 1839; gest. Sanatorium Gainfarn (NÖ), 29. 6. 1908; bis 1871 mos., danach röm.-kath. – Vater von Edgar S. v. T. d. J. (s. d.). Nach Absolv. des Gymn. wandte sich S. der journalist. Laufbahn zu und wurde Mitarb. der Theaterz. „Zwischenakt“ in Budapest. Hier trat er in Kontakt mit Schauspielern des Wr. Burgtheaters und übersiedelte auf deren Anregung hin Mitte der 60er Jahre nach Wien. Er begann zunächst als Theaterkritiker und Lokalberichterstatter beim „Neuen Fremden-Blatt“, später bei der „Deutschen Zeitung“, und wechselte anschließend zum „Illustrirten Wiener Extrablatt“, wo er 1881 die Chefred. übernahm – die er mehr als fünfzehn Jahre lang ausübte – und 1883–97 als Hrsg. fungierte. Unter F. I. v. Singers (s. d.) organisator. und S.s redaktioneller Leitung stieg das Bl., das seine Leser v. a. in kleinbürgerl. und Arbeiterkreisen fand, zur populärsten Ztg. Wiens auf (Aufl. bis 80.000 Stück) und wirkte mit seiner Aufmachung als Vorbild für viele ähnl. Ztg., insbes. für die Jahre später gegr. „Österreichische Kronen-Zeitung“ später „Illustrierte Kronen-Zeitung“. Eine Zeitlang arbeitete S. auch für Moriz Szeps' „Wiener Tagblatt“. Wie Singer trat S. ab Mitte der 80er Jahre an der Seite von Fürstin Metternich-Sándor (s. d.) in der adeligen Ges. mit großem Engagement als Organisator unzähliger Wohltätigkeitsveranstaltungen (Blumenkorsos, Konzerte, Matineen) in Erscheinung, bei denen über eine Mio. Gulden an Spenden gesammelt wurden. Er unterstützte auch zahlreiche Institutionen, wie die Wr. Poliklinik, die Wr. Freiwillige Rettungsges., das Rudolfiner-Haus und zahlreiche Komités (z. B. jenes für die Errichtung des Goethe-Denkmals). S. erhielt eine Reihe in- und ausländ. Ausz. und wurde 1886 mit dem Prädikat von Thurnsee nob. Ab 1870 Mitgl. des Schriftsteller- und Journalistenver. Concordia (1894 Vize-, 1899 Präs.), wirkte er gem. mit S. Ehrlich (s. d.) bis zu seinem Tod unermüdl. für die soziale Besserstellung und Alterssicherung seiner Standeskollegen sowie als Organisator der „Concordia“-Bälle und Matineen.

L.: NFP, Illustrirtes Wr. Extrabl., 30. 6. – 3. 7. (auch A.), FB, 1. 7. 1908; Egerländer Biograf. Lex. 2; Eisenberg 1; Kosel 1; Stern–Ehrlich, bes. S. 145f.; Th. Wassilko, Fürstin P. Metternich, 1959, S. 194ff., 230ff.; K.-H. Kossdorff, Die Wr. liberale Lokalpresse im 19. Jh., phil. Diss. Wien, 1969, S. 268; P. Eppel, „Concordia soll ihr Name sein ... “, 1984, s. Reg.; AVA, HHStA, IKG, alle Wien.

(Th. Venus)

Spiegl von Thurnsee Edgar d. J., ab 1917 auch Spiegl-Bonyhay, Sammler und Diplomat. Geb. Wien, 9. 5. 1876; gest. Bad Ischl (OÖ), 2. 10. 1931; röm.-kath. – Sohn von Edgar S. v. T. d. Ä. (s. d.), ab 1917 verehel. mit Lucia, der Tochter des Bankiers und k. u. k. Gen.konsuls in Frankfurt Maximilian Frh. v. Goldschmidt-Rothschild. Nach Besuch des Theresianums in Wien trat S. in die Konsularakad. ein, war 1901–03 im diplomat. Probedienst am Konsulat Kairo, absolv. 1903 die Konsularattachéprüfung, wurde 1904 zur judiziellen Praxis der Gerichtsbehörde in Triest zugeteilt und war i. d. F. Konsularattaché und 1907–08 Vizekonsul am Gen.konsulat London, 1908–10 am Gen.konsulat Berlin, hierauf in Disponibilität. Zu Beginn des 1. Weltkriegs war er dem Kriegsmin. zugeteilt, 1916–17 im Min. des Äußern und hierauf wiederum in Disponibilität. Zwar erhielt er 1918 den Titel eines Konsuls, doch bedeutete der Zusammenbruch der Monarchie das Ende seiner diplomat. Laufbahn. S. interessierte sich für Literatur, Musik und Theater und stand in freundschaftl. Kontakt u. a. mit Rilke, Girardi, H. Hofmann v. Hofmannsthal, M. Reinhardt (alle s. d.), Jakob Wassermann und Clemens Frh. v. u. z. Franckenstein, dem Gen.intendanten der Münchner Hofoper. Ab der Jh.wende hielt er sich immer wieder im Salzkammergut auf, wo er K. Mautner (s. d.) besuchte. 1918 erwarb er eine Gutswirtschaft auf der Engleithen bei Bad Ischl, wohin er 1920 übersiedelte, kleidete sich ländl.-erlesen und wirkte dadurch stilbildend und vorbildgebend. Während Mautner die geistige Volkskultur sammelte, sie im Schöpfer. nachempfand und wiss. erforschte, tendierte S. zu Erhaltung und Bewahrung der letzten Zeugnisse und Dokumente des traditionellen Lebens. I. d. F. wurde S. zum bedeutendsten Sammler von Objekten des gesamten Salzkammerguts als einer bes. wichtigen volkskulturellen Landschaft, stellte eine funktionelle Betrachtungsweise der Dinge vor die werkstoffl. Gliederung und begann im sog. Riedlerhäusl die Aufstellung seiner Smlg., erlebte aber deren Vollendung 1933 nicht mehr. Dieses – nach Viktor v. Geramb – „kleinste, aber feinste Volkskundemuseum Europas“ ging 1961 an das Land OÖ und wurde 1968 als wichtigster Tl. einer eigenen volkskundl. Abt. im Oö. Landesmus. präsentiert. Den spezif. Wert der Smlg. machen einerseits die geschlossenen Objektreihen aus, andererseits die Häufung von gut- und frühdatierten (16. Jh.) Stücken.

L.: NFP, 3. 10. 1931; Illustrierte Wochenschau, 8. 5. 1960; Salzkammergut-Ztg., 4. 10. 1984; Jb. des k. u. k. Auswärtigen Dienstes ... 21, 1917, bes. S. 422f.; Österr. Z. für Volkskde. 71 (NR 22), 1968, S. 250ff., 100 (NR 51), 1997, S. 75ff.; F. C. Lipp, Erlesenes Volksgut der Alpenländer ... Smlg. E. v. S. (= Kat. des Oö. Landesmus. 58), Linz 1968 (Kat., m. B.); ders., in: Jb. des Oö. Musealver. 128 (= FS 150 Jahre Oö. Musealver., Ges. für Landeskde.), 2, 1983, S. 102, 104, 107ff.; ders., in: Oö. Kulturber. 43, 1989, F. 17, S. 1ff.; AdR, AVA, HHStA, MA 35, alle Wien; Mitt. Rudolf Agstner, Wien.

(M. Martischnig)

Spiegler Eduard, Dermatologe. Geb. Wien, 14. 8. 1860; gest. ebd., 20. 7. 1908; mos. – Sohn eines Textilindustriellen. Nach Absolv. des Gymn. stud. S. ab 1880 Chemie an den Univ. Wien, Straßburg, Jena (1882/83), Zürich (1883/84) und Graz; 1885 Dr. phil. an der Univ. Graz. Kurzfristig wandte er sein Interesse der Technik zu, ehe er sein Med.-stud., das er 1881 an der Univ. Wien begonnen hatte, an den Univ. Graz und Wien (ab 1887) weiterführte; 1888 Dr. med. an der Univ. Graz. Zunächst Aspirant und bald Sekundararzt im AKH Wien, sammelte S. gleichzeitig Erfahrungen im chem. Labor der Patholog.-anatom. Abt. bei E. Ludwig und im Hygieneinst. bei M. v. Gruber (beide s. d.). 1892 Ass. an der Dermatolog. Klinik bei Kaposi (s. d.), begann er sich mit der Stellung der sarkoiden Geschwülste gegenüber den echten Sarkomen zu befassen. 1897 Priv.Doz. für Dermatol. und Syphilis an der Univ. Wien. I. d. F. wechselte S. als Abt.vorstand an das dermatolog. Ambulatorium des K.-Franz-Josef-Spitals in Wien und wurde 1900 als Nachfolger Johann Heinrich Rilles Vorstand der Dermatolog. Abt. der Wr. Poliklinik, die er bis zu seinem Tod leitete; 1903 ao. Prof. Wiss. befaßte sich S. insbes. mit den Verhältnissen der Albumine und Globuline im Serum der Luetiker sowie mit laborchem. Aspekten verschiedener Dermatosen. So forschte er über perniziöse Dermatosen, über das Pigment von Haut und Haaren und über wiss. Grundlagen der Kosmetik. Seine hochempfindl. Eiweißproben im Harn und das „Spiegler’-sche Reagenz“ sichern ihm einen bleibenden Platz in der med. Wiss., der „Spiegler-Tumor“, ein familiär gehäuft auftretender gutartiger Tumor v. a. der Kopfhaut, fand Eingang in die med. Nomenklatur. 1904 gründete S. eine Stiftung, die unter der Leitung von S. Fraenkel (s. d.) ein Laboratorium für experimentelle Chemie mit zehn Arbeitsplätzen und hervorragenden Arbeitsbehelfen unterhielt.

W.: Eine empfindl. Reaction auf Eiweiss im Harne, in: WKW 5, 1892, Nr. 2; Allg. Ätiol. und Therapie der Hautkrankheiten, in: Hdb. der Hautkrankheiten, 1902; zahlreiche Beitrr. in Wr. med. Presse; etc.

L.: NFP, 22. 7. 1908; DBE; Fischer; Inauguration Univ. Wien 1908/09, 1908, S. 40ff.; Lesky, S. 349; Jahresber. der Allg. Poliklinik in Wien für 1908, 1909, S. 9; G. Nobl, in: WKW 21, 1909, S. 1128f.; A. Kernbauer, Das Fach Chemie an der Phil. Fak. der Univ. Graz (= Publ. aus dem Archiv der Univ. Graz 17), 1985, S. 531f.; E. Deimer, Chronik der Allg. Poliklinik in Wien, 1989, s. Reg.; E. Ortner, Dermatol. und Venerol. an der Univ. Graz (= Publ. aus dem Archiv der Univ. Graz 37), 1998, s. Reg.; AVA, IGM, IKG, UA, Materialiensmlg. ÖBL, alle Wien; UA, Graz, Stmk.

(D. Angetter – R. Feikes)

Spielmann Alois, Schulmann und klassischer Philologe. Geb. Obsteig (Tirol), 2. 3. 1841; gest. Bressanone/Brixen (Italien), 1. 1. 1928. – Sohn des Bauern, Gastwirts und Gmd.vorstehers Joseph S. (1800–1867), Bruder von Ferdinand S. (s. u.). S. maturierte 1861 am Gymn. in Innsbruck, stud. dann Theol. in Brixen, erhielt 1865 die Priesterweihe und wirkte dannach als Hilfspriester in Fügen und Wenns. 1867–73 stud. er Phil. an der Univ. Innsbruck (1872 Lehramtsprüfung aus klass. Philol.); 1873 Dr. phil. 1872 wurde er von V. F Gasser (s. d.) zum Stud.dir. und Subregens des Diözesan-Knabenseminars Vincentinum in Brixen ernannt. S. unterrichtete dort alle Fächer, übernahm 1880 zunächst prov. die Gesamtleitung des Inst. und stand diesem ab 1886 (fürstbischöfl. Rat) als Regens vor. Er modernisierte das Vincentinum durch wirtschaftl. Einrichtungen (Kunstmühle, Sägewerk, Elektrizitätswerk) und ließ den Theatersaal mit den Bildern des sog. Parzival-Zyklus (von Edmund und August Wörndle v. Adelsfried) ausschmücken. 1919 trat S. altersbedingt, aber auch wegen der durch die Annexion Südtirols durch Italien geänderten Verhältnisse von seiner Stelle zurück. Er übte auch verschiedene Funktionen außerhalb der Anstalt aus (u. a. ab 1892 Mitgl. des Landesschulrats von Tirol) und gründete 1901 gem. mit Alfred Kirchberger den den „Alttiroler“ (alt)konservativen und bischofstreuen Standpunkt vertretenden Kath.-patriot. Ver. Brixen und Umgebung. S. wurde 1897 zum Päpstl. Hausprälaten ernannt, 1898 Ritter des Franz Joseph-Ordens, 1912 Ehrenbürger der Stadt Brixen und 1915 Ehrendomherr des Kathedralkapitels von Brixen. Sein Bruder **Ferdinand S.** (geb. Obsteig, 14. 7. 1845; gest. Bressanone/Brixen, 17. 5. 1920) erhielt 1869 die Priesterweihe (1879 Dr. phil.) und unterrichtete ab 1874 am Vincentinum u. a. klass. Philol. Er war auch publizist. und in verschiedenen Ver. tätig.

W.: Die Echtheit des Platon. Dialoges Charmides mit Beziehung auf die „Platonische Frage“, 1875; Platon's Pantheismus, in: 2. Programm des F. B. Knaben-Seminars der Dioecese Brixen ... 1877, 1877; Die Aristotel. Stellen vom tritos anthropos, in: 16. Jahresber. des F. B. Privat-Gymn. am Seminarium Vincentinum ... 1891, 1891; Rückschau auf die ersten 25 Jahre der Anstalt, in: FS zur Feier des 25jährigen Bestandes des f.b. Diöcesan-Knabenseminars ... in Brixen 1872–97, ed. gem. m. H. Falbesoner, 1897; J. Greuter, in: Tiroler Ehrenkranz, ed. A. Lanner, 1925; etc.

L.: Tiroler Anzeiger, 2., Dolomiten, Innsbrucker Nachrichten, 3., Kath. Sonntagsbl., 8. 1. 1928; Kath. Litteraturkal. 1, 1894, S. 199; J. Lercher, in: Der Schlern 47, 1973, S. 233f., (B.) nach S. 244; P. Rainer, in: Vinzentinum. Jahresber. 1998, 1998, S. 17f. – Ferdinand S.: Kath. Litteraturkal. 4, 1894, S. 200; J. Lercher, in: Der Schlern 47, 1973, S. 235.

(Ch. Roilo)

Spielmann Emmerich (Ernst), Architekt. Geb. Wien, 23. 6. 1873; gest. nach 1939; mos. – Sohn eines Kaufmanns. Nach Absolv. des Gymn. stud. S. 1892–99 (2. Staatsprüfung) an der Wr. Techn. Hochschule bei Karl König und K. Mayreder (beide s. d.) und war anschließend bis 1903 bei Wihelm Stiassny und Friedrich Ohmann (s. d.), 1904 im Atelier von Gotthilf-Miskolczy (s. d.) tätig. Ab 1905 selbständig, arbeitete S. vorerst mit Ernst Lindner, ab ca. 1908 in einer Bürogemeinschaft mit Alfred Teller zusammen. Bis zum 1. Weltkrieg bauten diese mehrere Fabriksanlagen sowie in Wien eine Reihe von repräsentativen Wohn- und Geschäftshäusern, die sich tw. durch phantasievoll gestaltete Mansardengeschosse und die Verwendung von keram. Fliesen bei der Fassadengestaltung auszeichneten. Bes. der 1912 errichtete Tuchlaubenhof in Wien 1 wurde von Fachleuten als ein „interessantes und charakteristisches Stück großstädtischer Architektur“ bezeichnet. In den darauffolgenden Jahren sank die Auftragslage aufgrund der schlechten wirtschaftl. Situation zusehends, was Mitte der 1930er Jahre zu einer Auflösung des gemeinsamen Ateliers führte. S. war ab 1904 Mitgl. des Österr. Ing.- und Architektenver., ab 1909 der Zentralvereinigung der Architekten Österr. 1939 ging er – vermutl. nach England – ins Exil.

L.: F. Achleitner, Österr. Architektur im 20. Jh. 3/1, 1990, s. Reg., 3/2, 1995, s. Reg.; N. Nemetschke – G. J. Kugler, Lex. der Wr. Kunst und Kultur, 1990, S. 394; U. Prokop, Wien. Aufbruch zur Moderne, 1994, S. 176f.; dies., in: Architektenlex. Wien 1880–1945, 2006 (Internetausg.).

(Ch. Gruber)

Spielmann Johann, Arzt und Psychiater. Geb. Gabel, Böhmen (Jablonné v Podještědí, Tschechien), 25. 7. 1820; gest. Karlsbad, Böhmen (Karlovy Vary, Tschechien), 21. 10. 1882. – Aus der Familie eines Brauereipächters stammend. S. absolv. die Gymn. in Böhm. Leipa (Česká Lípa), Jungbunzlau (Mladá Boleslav) und Prag und stud. ab 1841 Phil. und Med. an der Univ. Prag; 1846 Dr. med., 1847 Dr. chir. Zunächst an der Abt. für innere Med. im AKH Prag unter J. v. Oppolzer (s. d.) tätig, führte ihn sein Interesse für Psychiatrie bereits 1847 in die Irrenanstalt in Prag, wo er ab 1852 mit der Funktion des Ersten Sekundararztes betraut wurde. In dieser Zeit sammelte S.

intensiv Aufzeichnungen über den Behandlungsverlauf seiner Patienten und wurde alsbald zum Bahnbrecher der neuen Wiss. der Psychiatrie. Bereits im April 1853 verließ er das Inst. wieder, möglicherweise aus polit. Gründen, da er sich aktiv an der Revolutionsbewegung im Jahre 1848 beteiligt hatte. Aber auch Meinungsverschiedenheiten mit dem neuen Dir. sprachen für ein frühzeitiges Ausscheiden. Von 1855 bis zu seinem Tod arbeitete S. als prakt. Arzt in Tetschen (Děčín), wo er v. a. psych. erkrankte Patienten betreute, ab 1864 war er auch Gmd.- und Bez.arzt. Im selben Jahr wurde S. in die Komm. für Reorganisation der Irrenanstalten in Böhmen berufen. Er vertrat die Ansicht, daß Geisteskranke am besten in der Familie gepflegt werden sollten und nur für absolut Hilflose oder abnorme Fälle die Aufnahme in eine Klinik gerechtfertigt sei. Bereits 1862 hatte er in Tetschen einen Turnver. gegr., in seiner Funktion als Mitgl. des Bez.schulrats (1871) unterstützte er mit seinen eigenen Mitteln kleine Landschulen und stellte Lehrmittel zur Verfügung. Seine einzige Monographie, „Diagnostik der Geisteskrankheiten. Für Ärzte und Richter“, 1855, richtete sich vornehml. an Ärzte, die keine Psychiater waren, und wurde ins Engl., Dän. und Russ. übers. In Rußland wurde sie sogar als Lehrbuch verwendet.

L.: Augsburger Allg. Ztg., 15. 11. 1882 (Beilage); Hirsch; Kreuter (m. L.); Wurzbach; Prager med. WS 7, 1882, S. 431; A. Meissner, Geschichte meines Lebens 2, 1884, S. 27; J. Bresler, in: Dt. Irrenärzte, ed. T. Kirchhoff, 2, 1924, S. 29ff.; UA, Praha, Státní oblastní archiv, Děčín, beide Tschechien.

(L. Hlaváčková)

Spielmann Julius, Sänger. Geb. Prag, Böhmen (Praha, Tschechien), 21. 7. 1866; gest. Berlin, Dt. Reich (Dtld.), 12. 6. 1920. – Sohn eines Kaufmanns. S. begann 1885 als Chorist am Prager Nationaltheater. Sein Talent wurde von Angelo Neumann (s. d.) entdeckt und gefördert. Als Tenorsänger trat er 1887–89 an mehreren kleinen Theatern Böhmens auf, 1890 erhielt er ein Engagement in Graz. 1891 wurde er an das Friedrich Wilhelmstädter-Theater in Berlin verpflichtet, wo er sich als Operettensänger große Popularität erwarb; im folgenden Jahr trat er am Bellevuetheater Stettin (Szczecin) auf und gehörte ab 1893 für zwei Jahre dem Ensemble des Theaters an der Wien an. 1895 wurde er von Dir. Bernhard Pollini an das Hamburger Opernhaus verpflichtet, wo er als Opernsänger namentl. in Wagner-Rollen verwendet wurde. Am Wr. Carltheater wirkte er ab 1896 wieder als Operettensänger, 1898/99 gehörte er der Wr. Hofoper an, wo er unter Mahlers (s. d.) Dion. in Rollen wie David, Mime („Siegfried“), Canio und Turiddu auftrat. S. setzte seine Karriere vorwiegend als Operettensänger fort, u. a. sang er 1899 am Carltheater den Gf. Zedlau in der Urauff. von Johann Strauß’ „Wiener Blut“. Als Leiter und Hauptdarsteller eines Wr. Operettenensembles bereiste er (ab 1896) mehrmals Rußland und Rumänien. 1900–02 in St. Petersburg engag., sang er danach bis 1915 an dt. Bühnen (München, Berlin, Hamburg) sowie 1909–10 in Amsterdam. S. erwarb sich Verdienste um die Verbreitung der Operetten von Johann Strauß Sohn, Millöcker (s. d.), Franz v. Suppé und Karl Zeller. Seine Stimme ist durch zahlreiche Schallplattenaufnahmen erhalten.

Hauptrollen: David (R. Wagner, Die Meistersinger von Nürnberg); Loge (ders., Das Rheingold); Canio (R. Leoncavallo, Der Bajazzo); Turiddu (P. Mascagni, Cavalleria rusticana); etc.

L.: Eisenberg, Bühne; Kosch, Theaterlex.; Kutsch–Riemens, 4. Aufl. 2003; Ulrich; V. Reittererová – H. Reitterer, Vier Dutzend rothe Strümpfe ... Zur Rezeptionsgeschichte der „Verkauften Braut“ ... (= Theatergeschichte Österr. 3/4), 2004, S. 402f.

(C. Höslinger)

Spielmann Julius, Journalist und Politiker. Geb. Wien, 5. 3. 1872; gest. Innsbruck (Tirol), 13. 1. 1925. – Sohn eines Privatbeamten. Nach Besuch der Volks- und Bürgerschule in Wien absolv. S. eine Buchdruckerlehre – wo er bereits mit sozialist. Ideen in Berührung kam – und bildete sich daneben autodidakt. weiter. Ab 1892 war er bei der Druckerei Wimmer in Linz beschäftigt und arbeitete danach einige Zeit in Ischl (Bad Ischl). 1896 kehrte er nach Linz zurück und trat in die Buchdruckerei Kollnhofer als Setzer ein. Ab 1897 war S. Red. und Setzer der neugegr. sozialdemokrat. Z. „Wahrheit!“, die sich unter seinem Einfluß zu einem der wichtigsten sozialdemokrat. Provinzbll. entwickeln sollte und bald auch vorbildhaft für die sozialdemokrat. Presseorgane in den übrigen Bundesländern wurde. S. setzte um 1910 auch die Gründung einer eigenen Parteidruckerei, der Druckerei Gutenberg, durch. Außerdem war er Mitbegründer der Linzer Naturfreunde. 1905–11 fungierte S. als Gmd.rat in Linz und gehörte ab 1907 als einer der drei ersten sozialdemokrat. Mandatare dem Abg.-haus des RR an. 1911 kandidierte er aufgrund eines lokalen innerparteil. Konflikts nicht mehr, sondern übersiedelte im selben

Jahr nach Innsbruck, wo er zunächst Red. der „Volks-Zeitung" sowie Obmann der Innsbrucker Bez.krankenkasse wurde. Während des 1. Weltkriegs übernahm S. den Posten des Sekr. der Krankenkasse, war danach als Korrektor in einer Innsbrucker Druckerei tätig, ehe er ab 1923 wieder als Red. der „Volks-Zeitung" wirkte. Nach 1918 gehörte S. auch dem Innsbrucker Gmd.rat an.

L.: *AZ, Volks-Ztg. (Innsbruck), 14. 1. 1925; Wahrheit! Wochenbl. für die oö. Arbeiterschaft, 18., 25. 1. 1925 (B.); Bourdet; Freund, 1907 (m. B.); Die Gmd.vertretung der Stadt Linz vom Jahre 1848 bis zur Gegenwart, bearb. R. Bart – E. Puffer, 1968, S. 248f.; H. Slapnicka, OÖ – Die polit. Führungsschicht 1861–1918 (= Beitrr. zur Zeitgeschichte OÖ 9), 1983, S. 199f.*

(Ch. Mentschl – H. Slapnicka)

Spielmann Leopold (Poldi), Pianist und Dirigent. Geb. Wien, 5. 8. 1881; gest. KZ Theresienstadt, Protektorat Böhmen und Mähren (Tschechien), 10. 12. 1941 (ermordet); mos. – Sohn des Redakteurs und Literaturkritikers Moriz S. (geb. Nikolsburg, Mähren / Mikulov, Tschechien, 23. 8. 1849; gest. Wien, 20. 10. 1924; mos.), der in den 1870er Jahren nach Wien gekommen war und bei verschiedenen Bll., wie „Illustrirtes Wiener Extrablatt" und „Fremden-Blatt", Beschäftigung fand, Bruder von Rudolf (s. d.) und Melanie (s. u.) sowie der Schauspielerin Jenny S., verehel. Scharwenka (geb. Wien, 11. 7. 1889; gest. München, Dtld., 1964). S. verriet früh außergewöhnl. musikal. Begabung und galt bald als Wunderkind am Klavier, das, insbes. durch Erzhgn. Maria Valerie (s. d.) gefördert, u. a. auch mit eigenen kleinen Kompositionen sogar bei Hof auftrat. In Begleitung seiner Mutter ging er auf Tournee quer durch Europa bis nach Rußland, in späteren Jahren konzertierte er auch als Begleiter des Violinvirtuosen Huberman (s. d.). Seine Ausbildung erhielt S. am Konservatorium in Wien unter Prosniz (s. d.), dann an der Münchner Akad. unter Bernhard Stavenhagen, zuletzt perfektionierte er sich bei Ferruccio Busoni in Berlin, wo er dessen Klavierschülerin Gertrud Lüdtke ehel. Nach dem 1. Weltkrieg lebte S. mit seiner Familie in Göteborg, wo er ein Orchester leitete, 1928 kehrte er nach Berlin zurück. Aufgrund der nationalsozialist. Machtergreifung 1933 zur Emigration gezwungen, flüchtete die Familie 1934 nach Prag. S. erhielt jedoch kein Engagement mehr und konnte sich nur durch privaten Unterricht fortbringen. Der Plan, nach dem Einmarsch der Dt. Wehrmacht in Prag nach Toronto auszuwandern, scheiterte an der finanziellen Garantie für den Zwischenaufenthalt in England. Vorerst von seiner nichtjüd. Frau in Prag versteckt gehalten, wurde S. im Herbst 1939 von der SS verhaftet und deportiert. Seine Schwester **Melanie S.** (geb. Wien, 22. 8. 1885; gest. München, 1927; mos.) war mit dem Bankier Heinrich Eckert verehel., der sein Vermögen verlor. Sie wirkte als Schauspielerin in München und Dortmund und trat auch als Schriftstellerin hervor.

W.: Mimi, Leo und die anderen, 12 Duos (Klarinettenliteratur). – Melanie S.: Reinheit. Der Roman einer Schauspielerin, 1905; Kreuzzug der Liebe, 1918.

L.: *Illustrirtes Wr. Extrabl., 11. 8., 8. 11. (m. B.) 1891; The Times, 4. 3. 1996; Kosel 1; Rudolf S. Portrait des Schachmeisters in Texten und Partien, ed. M. Ehn, 1996, S. 79ff. (m. B.)(auch zu Moriz und Melanie S.). – Melanie S.: Brümmer; Giebisch–Gugitz; Kosch.*

(E. Lebensaft)

Spielmann Rudolf, Schachgroßmeister. Geb. Wien, 5. 5. 1883; gest. Stockholm (Schweden), 20. 8. 1942; mos. – Bruder von Leopold (s. d.) und Melanie S. (s. u. Leopold S.). S. absolv. nach dem Schulbesuch eine Kaufmannslehre. Bereits in der Kindheit hatte ihm der Vater ebenso wie seinem Bruder Leopold das Schachspielen nahegebracht, wobei sich beide als äußerst begabt erwiesen. S. galt als Schach-Wunderkind und wurde 1903 Berufsspieler. Um die Jh.-wende übersiedelte er nach München, wo seine beiden Schwestern lebten, im 1. Weltkrieg leistete er Kriegsdienst im österr. Heer, zuletzt als Landsturmlt. an der italien. Front, danach kehrte er nach Wien zurück. Obwohl er auch das Positionsspiel beherrschte, war er in erster Linie ein starker Angriffsspieler, der jedoch aufgrund seiner Angriffslust ungleichmäßige Turnierresultate erzielte. Er nahm an mehr als 100 Turnieren teil und bestritt 50 Wettkämpfe. Seine größten Erfolge waren die Siege bei den Turnieren 1912 in Abbazia (Opatija) – wo ihm der Ehrentitel des „letzten Ritters des Königsgambits" durch Savielly Tartakower verliehen wurde –, 1914 in Baden und v. a. 1926 am Semmering, wo er u. a. die Großmeister Alexander Aljechin, Milan Vidmar, Aaron Nimzowitsch und Akiba Rubinstein schlagen konnte. 1927 gewann er die Dt. Meisterschaft in Magdeburg. In seiner Glanzzeit in der zweiten Hälfte der 20er Jahre gehörte S. zu den stärksten Spielern der Welt, in den 1930er Jahren ließ seine Spielstärke allmähl. nach. Ab 1934 hielt er sich selten in Österr., sondern zumeist in Holland auf, nach dem „Anschluß" ging er zuerst zu seinem Bruder nach Prag, von wo er knapp vor dem Einmarsch der Dt. Wehrmacht nach Schweden entkommen konnte. In Stockholm lebte er mittellos und zuletzt deprimiert und vereinsamt, spielte Turniere, schrieb Kommentare für Schachztg. und arbeitete an seinen Memoiren, vergebl. auf eine Emigration in die USA hoffend. S. trat auch als Schachpublizist hervor, am bekanntesten ist wohl sein „Richtig opfern!“, 1935, das mehrfach aufgelegt und in verschiedene Sprachen übers. wurde.

W. (auch s. u. Ehn): K. Schlechter (= Stockholms schackförbunds bibl. 5), 1924; Ein Rundflug durch die Schachwelt (= Veits kleine Schachbücherei 13), 1929; Bad Sliač 1932. Smlg. der 91 Partien dieses Turniers, 1932; Abhh. zum Schachspiel, in: R. S. Portrait des Schachmeisters in Texten und Partien, ed. M. Ehn, 1996; etc.

L.: Hdb. jüd. AutorInnen; P. Feenstra Kuiper, 100 Jahre Schachturniere, 1964, S. 287, 305 (m. B.); H. C. Schonberg, Die Großmeister des Schach, 1974, s. Reg.; T. Schuster, Unvergessene Schachpartien 1, 1974, S. 65ff.; Wr. Schachnachrichten, Juni/Juli 1978; R. S. Portrait des Schachmeisters in Texten und Partien, ed. M. Ehn, 1996 (m. B., W. u. L.); Mitt. Egon Spitzenberger, Wien (gest.).

(E. Lebensaft – Ch. Mentschl)

Spies Hermann, Kapellmeister, Komponist und Musikforscher. Geb. Rommerskirchen, Preußen (Dtld.), 6. 6. 1865; gest. Salzburg (Sbg.), 29. 12. 1950; röm.-kath. – Sohn eines Lehrers. S. stud. 1882–87 Theol. an der Missionsschule Steyl, hierauf an der Univ. Eichstätt und wurde 1890 in Salzburg zum Priester geweiht. Da sich sein angestrebter Lebensweg eines Missionars aus gesundheitl. Gründen nicht verwirklichen ließ, kam er in die Salzburger Diözese. Für kurze Zeit wirkte er als Kaplan in Wörgl, ehe ihn J. F. Haller (s. d.) 1891 zur weiteren, auch kirchenmusikal. Ausbildung nach Aachen und Regensburg sandte. Nach deren Abschluß wurde S. 1892 zum Domchordir. in Salzburg berufen, womit ihm die Leitung des Domchors und der Kapellknaben anvertraut war. Deren Repertoire änderte er im Sinne des Cäcilianismus und führte v. a. Musik der Renaissance und des Frühbarocks auf. 1909 erhielt er den Ehrentitel Domkapellmeister. Ein Gehörleiden ließ ihn 1921 aus dem Amt scheiden. Von da an widmete er sich nahezu ausschließl. seiner seit längerem betriebenen kompositor. und wiss. Tätigkeit. Sein musikal. Schaffen umfaßt vornehml. Kirchenmusik: Neben Vokalkompositionen für den liturg. Gebrauch entstanden v. a. Werke für Orgel. Obwohl in Salzburg mit J. Bapt. Katschthaler (s. d.) seit 1900 ein Protagonist des strengen Cäcilianismus an vorderster Front stand, folgte S. nur selten dem Ideal des polyphonen A-cappella-Stils, sondern sah im Gefolge der in Österr. verbreiteten kirchenmusikal. Richtung häufig solist. Partien sowie ein groß besetztes Orchester vor. Zudem spartierte er zahlreiche Kompositionen bes. der Renaissance und des Barock aus dem Archiv der Salzburger Dommusik und gab einige davon in modernen Ed. heraus. S. betrieb archival. Stud. zur Salzburger Kirchen- und Musikgeschichte, deren grundlegende Ergebnisse (bes. jene über das Musikleben des Mittelalters und der Renaissance) er in einer Reihe von Publ. veröff., die durchwegs Pionierleistungen mit bleibendem Wert darstellen. S. wurde 1921 zum Geistl. Rat, 1946 zum Päpstl. Geheimen Kämmerer und 1949 zum Tit.-Prof. ernannt.

W. (auch s. u. Dawidowicz; Lauth): „Erwachen des Frühlings“ (Text J. v. Eichendorff), 1900; Lauretan. Litanei für Soli, Chor und Orchester, 1906; Messe in D-Dur, 2. Aufl. 1926; etc. – Ungedruckt: geistl. Chormusik und Lieder; ca. 50 Kompositionen für Orgel; weltl. Lieder; Einrichtungen, u. a. von Messen S. Bernardis und H. I. F. Bibers; Bearb. von 16 alten Weihnachtsliedern; etc. – Publ.: Die Salzburger großen Domorgeln, 1929; Abbé Vogler und die von ihm 1805 simplifizierte Orgel von St. Peter in Salzburg (= Orgel-Monographien 5), 1932; Geschichte der Domschule zu Salzburg, in: Mitt. der Ges. für Sbg. Landeskde. 78, 1938; Beitrr. zur Musikgeschichte Salzburgs im Spätmittelalter und zu Anfang der Renaissancezeit, ebd. 81, 1941, 90f., 1950f.; Über J. Mohr, den Dichter von „Stille Nacht, heilige Nacht“, ebd. 84/85, 1944/45; etc. – Nachlaß, Erzbischöfl. Konsistorialarchiv, LA, beide Salzburg, Sbg.

L.: C. Schneider, Geschichte der Musik in Salzburg ..., 1935, S. 199f.; A. Dawidowicz, in: Mitt. der Ges. für Sbg. Landeskde. 91, 1951, S. 207ff. (m. W.); C. Sangl, Der Cäcilianismus in Salzburg unter Erzbischof J. Kardinal Katschthaler (= Kirchenmusikal. Stud. 8), 2005, S. 246, 251; W. Lauth, in: Mitt. der Ges. für Sbg. Landeskde. 145, 2005, S. 299ff. (m. W., L. u. B.); C. Sangl, in: Sbg. Musikgeschichte ..., ed. J. Stenzl u. a., 2005, S. 436ff.

(Th. Hochradner)

Spiess Stanisław, s. **Spis** Stanisław

Spiess Friedrich Wilhelm (Bedřich Vilém), Literarhistoriker und Lehrer. Geb. Pisek, Böhmen (Písek, Tschechien), 2. 1. 1842; gest. Smichow, Böhmen (Praha, Tschechien), 17. 4. 1903. – Sohn eines Baumeisters. S. absolv. das Gymn. in seiner Heimatstadt und stud. 1861–64 slaw. und dt. Philol., Geschichte und Geographie an der Prager Univ. 1864 red. er die Z. „Prácheň“ in Pisek, 1865 wirkte er als Supplent am dortigen Gymn., 1866–67 als Sprachlehrer in einer Adelsfamilie, 1867–69 als Lehrer an der Realschule in Leitomischl (Litomyšl). 1870–99 lehrte S. Tschech. und Dt. an der Realschule in Königgrätz (Hradec Králové), wo er sich auch im Ver.- und Volksbildungswesen engagierte. Nach seiner Versetzung i. d. R., die auf sein Verlangen erfolgte, zog S. nach Prag. In seinen Arbeiten, die u. a. in den Z. „Beseda“, „Časopis musea království českého“, „Český lid“, „Hradečan“, „Květy“, „Otavan“, „Paedagogium“, „Ratibor“ und „Světozor“ erschienen, widmete sich S. v. a. der Stoffgeschichte und der Bibliographie der tschech. Belletristik des 16.–19. Jh. (wobei er einige Literaturdenkmäler auch selbst ed.), der Regionalgeschichte von Pisek und Königgrätz sowie der Onomastik. Mit S.' pädagog. Wirken hängen auch seine Abhh. über Schülerlektüre und die Lehre des Tschech. zusammen.

W.: Výbor z literatury české doby střední, 1876; Příspěvky k starému místopisu a dějinám Hradce Králové (= Pojednání historického a průmyslového mus. v Hradci Králové 2), 1895; etc. – Nachlaß, Státní okresní archiv, Hradec Králové, Tschechien.

L.: *Otto; Rieger; Wurzbach; Český lid 12, 1903, S. 397; Osvěta 33, 1903, S. 563f.; Ratibor 20, 1903, S. 249f.; J. K. Hraše, ebd., S. 267ff.; F. Kutnar – J. Marek, Přehledné dějiny českého a slovenského dějepisectví (= Česká historie 3), 1997, S. 337.*

(V. Petrbok)

Špillar Jaroslav, Maler. Geb. Pilsen, Böhmen (Plzeň, Tschechien), 11. 10. 1869; gest. Dobrzan, Böhmen (Dobřany, Tschechien), 30. 11. 1917. – Sohn eines Finanzbeamten, Bruder von Karel (s. d.) und des Malers Rudolf Voitěch Š. (geb. Pilsen, 11. 2. 1878; gest. Praha, Tschechoslowakei/Tschechien, 22. 3. 1949). Š. verbrachte seine Kindheit in Pilsen, übersiedelte 1882 mit der Familie nach Prag und stud. 1885–87 an der dortigen Kunstgewerbeschule u. a. bei František Ženíšek und J. Schikaneder (s. d.), anschließend bis 1892 an der ABK bei Pirner (s. d.). 1891 machte er sich in Hochofen (Pec pod Čerchovem) ansässig, wo er das Leben der Choden zu stud. und dokumentieren begann. I. d. F. trat Š. v. a. als Historien-, Genre- und Folkloremaler hervor, wobei bes. seine Szenen aus Märchen und regionalen Legenden großen Anklang fanden. Sein hauptsächl. Augenmerk galt aber der Darstellung des Chodenvolks: Als aufmerksamer Beobachter des Alltagslebens und der Natur schuf er zahlreiche Genrebilder, die auch in ethnograph. Hinsicht von Bedeutung sind. Ein weiterer Tl. seines Schaffens konzentrierte sich auf die Innengestaltung von Kirchen: So schuf er 1893 die figurale Dekoration für die Kirche von Jassy (Iaşi) und das Altarbild für die Kirche in Possigkau (Postřekov). Š., ein Vertreter des maler. Naturalismus, war 1896–1900 Mitgl. der Künstlervereinigung Mánes, unternahm 1900 eine Stud.reise durch Italien und nach Paris, mußte aber 1904 sein künstler. Schaffen wegen einer beginnenden Geisteskrankheit beenden. Ein Großtl. seiner Werke befindet sich in der Národní galerie in Prag und der Západočeská galerie in Plzeň.

W. s. u. Toman.

L.: *Prager Tagbl. (A.), Union (Mittagsausg.), 1. 12. 1917; Bénézit; Otto; Otto, Erg.Bd.; Thieme–Becker; Toman (m. tw. W.); J. Wenig, Malíř chodského lidu J. Š., 1960; P. Wittlich, Česká secese, 1982, S. 81; Nová enc. českého výtvarného umění, 1995; L. Růženecká, Z korespondence bratří Š. ..., 1997; (K. D. Mráz), Výstava obrazů z Chodska a Itálie J. Š., o. J.*

(Ch. Gruber – R. Prahl)

Špillar Karel, Maler, Graphiker und Lehrer. Geb. Pilsen, Böhmen (Plzeň, Tschechien), 21. 11. 1871; gest. Prag, Protektorat Böhmen und Mähren (Praha, Tschechien), 7. 4. 1939. – Bruder von Jaroslav Š. (s. d.). Nach Besuch des Gymn. in Prag stud. Š. 1885–93 dekorative Malerei bei František Ženíšek an der Prager Kunstgewerbeschule sowie 1887–92 an der ABK. Gem. mit seinem Freund Preisler (s. d.) unterhielt er in den Folgejahren ein Atelier und unternahm zahlreiche Stud.reisen, u. a. nach Italien, Spanien und London. 1902–08 hielt er sich in Frankreich auf, vornehml. in Paris, wo eine Vielzahl von Zeichnungen und Gemälden entstanden, deren Thematik vom gesellschaftl. Leben in den Pariser Straßen, Theatern, Ausst. und Cafés inspiriert war, sowie in Onival in der Normandie, wo sich während der Sommermonate eine tschech. Künstlerkolonie u. a. mit T. F. Šimon (s. d.), Hugo Boettinger und Otakar Španiel etabliert hatte. Bedingt durch den Tod seines Vaters und die Krankheit seines Bruders Jaroslav, kehrte Š. nach Prag zurück und betätigte sich hier hauptsächl. im dekorativen Fach, in dem er schon in früheren Jahren gearbeitet hatte. Ab 1910 hielt er sich während der Sommermonate in dem von seinem Bruder übernommenen Atelier in Hochofen (Pec pod Čerchovem) auf, 1930–31 in der Bretagne. Ab 1912 fungierte Š. als Nachfolger Preislers als Lehrer für Aktzeichnen an der Kunstgewerbeschule; 1925 o. Prof. Während seiner Hauptschaffensperiode, 1899–1910, zeichnete sich Š., ein Vertreter des Synthetismus, einerseits als Maler zeitgenöss. Großstadtlebens aus, andererseits galt er als ein Wegbereiter der modernen Wandmalerei in Prag. Daneben trat er auch als Illustrator (z. B. für die Z. „Volné směry“) und Exlibriskünstler – u. a. für den Musiker Jindřich Jindřich und den Schriftsteller Jan Vrba – in Erscheinung. Š. war ab 1896 Mitgl. der Künstlervereinigung

Mánes, für die er auch zahlreiche Plakate entwarf; Tle. seines Œuvres befinden sich in der Národní galerie in Prag und in der Západočeská galerie in Plzeň.

W.: Innendekorationen für den Pavillon der Prager HK auf der Weltausst. in Paris, 1900, Dekorationen für das Hotel Central, 1901 (Praha, beide gem. m. J. Preisler); Mosaiken für die Fassade, 1907, Wandmalereien im Smetana-Saal, 1910 (beide Obecní dům, Praha); Plakate; etc.

L.: *Bénézit; Hanzalová; Otto; Otto, Erg.Bd.; Thieme–Becker; Toman; Vollmer; V. Šuman, K. Š., 1926; Who's Who in Central and East-Europe 1933/34, ed. S. Taylor, 1935; P. Wittlich, Česká secese, 1982, s. Reg.; Tschech. Kunst 1878–1914 auf dem Weg in die Moderne, Darmstadt 1984, S. 332 (m. B.; Kat.); J. Hlušička, České moderní malířství v Moravské galerii v Brně 1, 1984, s. Reg.; Nová enc. českého výtvarného umění, 1995; L. Růženecká, Z korespondence bratří Š. ..., 1997; N. Řeháková, K. Š., Hlinsko 1997 (Kat.); J. Tomeš u. a., Český biografický slovník XX. století 3, 1999; N. Řeháková – P. Štembera, K. Š. 1871–1939, Praha 2000 (Kat.); S. Vencl, České exlibris, 2000, S. 114.*

(Ch. Gruber – R. Prahl)

Spiller Philipp, Physiker und Lehrer. Geb. Einsiedel, Böhmen (Mníšek, Tschechien), 26. 9. 1800; gest. Berlin, Preußen (Dtld.), 14. 1. 1879; röm.-kath. – Zunächst von seinem Onkel, einem Erzpriester, erzogen, besuchte S. das kath. Gymn. in Breslau (Wrocław) und im Anschluß daran verschiedenste Vorlesungen an der dortigen Hochschule. Daneben übernahm er eine Erzieherstelle, um sich in Pädagogik prakt. auszubilden. Als Mitgl. des Seminars für Gelehrtenschulen in Breslau (Wrocław) (1826) und Collaborator am dortigen kath. Matthiasgymn. (ab Herbst 1827) war S. ab 1828 Gymn.lehrer zunächst in Glogau (Głogów), dann in Posen (Poznań) und zuletzt in Berlin. Ab 1830 veröff. er eine Reihe von mathemat. und insbes. physikal. Arbeiten, in denen er sich bemühte, alle physikal. Erscheinungen aus einem gem. Prinzip abzuleiten. So veröff. er 1855 die Schrift „Gemeinschaftliche Principien für die Erscheinungen des Schalls, des Lichts, der Wärme, des Magnetismus und der Electricität“. Sein Hauptwerk ist die 1876 erschienene Arbeit „Die Urkraft des Weltalls“, zugleich Resultat 20jähriger Beschäftigung auf seinem Forschungsfeld. Darüber hinaus war S. Mitarb. des vom Österr. Lloyd hrsg. „Illustrirten Familienbuches zur Unterhaltung & Belehrung häuslicher Kreise“, in welchem er populärwiss. Artikel über verschiedene Teilbereiche u. a. der Physik publ. Auf dem Gebiet der Mathematik befaßte sich S. vorrangig mit den in der allg.-bürgerl. und kaufmänn. Praxis angewandten Rechnungsarten sowie mit arithmet. und geometr. Gleichungen.

W.: s. u. Wurzbach.

L.: *ADB; Eisler; Poggendorff 2; Wurzbach (m. W.); Schles. Schriftsteller-Lex. 6, 1843; F. Rosenberger, Die Geschichte der Physik in Grundzügen ... 3, 1887–90, S. 585.*

(Ch. Kopke)

Spina Anton, Musikverleger, Hofagent und Privatbeamter. Geb. Brünn, Mähren (Brno, Tschechien), 1790; gest. Wien, 8. 9. 1857. – Vater von Carl Anton S. (s. d.). S. stud. 1805–11 an der Univ. Wien Phil. und Jus; 1813 Dr. jur. Von 1826 bis zu seinem Tod war er in der Ersten österr. Spar-Casse tätig und brachte es dort bis zum Kanzleivorsteher. Parallel dazu betätigte er sich im Musikverlagswesen: 1821 trat er in einem Ges.vertrag der Fa. Cappi & Diabelli als Zeuge auf; als Pietro Cappi 1824 aus dem Verlag ausschied und in das Konkurrenzunternehmen seines Cousins Carlo Cappi eintrat, verkaufte er seine Anteile an S., der daraufhin mit Diabelli (s. d.) einen Ges.vertrag schloß und die kaufmänn. Leitung des nunmehr unter dem Namen „Diabelli & Cie.“ firmierenden Verlags übernahm. 1849 wurde der Ges.vertrag erneuert. Nachdem Diabelli im Jänner 1851 i. d. R. getreten war, führte S. die Fa. zunächst gem. mit seinem kurz zuvor eingetretenen Sohn Carl Anton weiter, ehe er diesem zum folgenden Jahreswechsel die alleinige Leitung überließ und sich aus dem Verlagsgeschäft zurückzog.

L.: *Czeike; Grove, 2001 (s. u. Diabelli); MGG; Riemann, 11. Aufl.; A. Weinmann, Verlagsverzeichnis A. Diabelli & Co. (1824–40) (= Beitrr. zur Geschichte des Alt-Wr. Musikverlages 2/24), 1985, S. 1ff.; F. Slezak, Beethovens Wr. Originalverleger (= Forschungen und Beitrr. zur Wr. Stadtgeschichte 17), 1987, s. Reg.; Schubert-Enz., ed. E. Hilmar – M. Jestremski, 2 (= Veröff. des Internationalen F. Schubert-Inst. 14), 2004; UA, Wien.*

(Th. Aigner)

Spina Arnold, Pathologe. Geb. Gewitsch, Mähren (Jevíčko, Tschechien), 15. 7. 1850; gest. ebd., 27. 8. 1918. – Sohn eines prakt. Arztes. Nach Absolv. des Gymn. in Brünn (Brno) stud. S. ab 1869 Med. an der Univ. Wien; 1877 Dr. med. Bereits während seines Stud. arbeitete er zunächst als Volontär (1874) und als Ass. von Salomon Stricker (ab 1875) am Inst. für allg. und experimentelle Pathol. 1883 wurde S. zum o. Prof. der allg. und experimentellen Pathol. an der neu errichteten med. Fak. der Tschech. Univ. Prag und zum Vorstand des Inst. für allg. und experimentelle Pathol. an derselben Univ. ernannt, wobei er vorübergehend auch am Lehrstuhl für Physiol. und Histol. suppl.; 1887/88, 1896/97 und 1901/02 Dekan der med. Fak., 1894/95 Rektor der Tschech. Univ. Prag. S. machte sich um die Errichtung des Patholog. Inst. verdient. Seine Abhh., meistens in Fachz. veröff., befaßten sich mit zahlreichen Aspekten der Histol., der normalen sowie patholog. Physiol., der Experimentalpathol. und Bakteriol. Von seinen Experimentalarbeiten sind insbes. die Publ. über Farbstoffversuche bei der Diagnostik hervorzuheben, aber auch seine Werke über innere Sekretion, Resorption und innere Atmung in Organen. Unabhängig von Charles Alexander MacMunn entdeckte er Zytochrome, in bakteriolog. Fragen der Tuberkulose polemisierte er gegen Robert Koch. S. veröff. auch Stud. über Pharmakol. und Toxikol. (z. B. biolog. Morphinnachweis). 1890 wurde er Mitgl. der Tschech. Akad. für Wiss. und Kunst, weiters war er Mitgl. des Landes-Gesundheitsrats für Böhmen und erhielt den Titel HR verliehen.

W.: Über Resorption und Sekretion, 1882; Stud. über Tuberculose, 1883; Beitrr. in Rozpravy České akad. věd a umění, Věstník česky akad. věd a umění, Allg. Wr. med. Z., Centralbl. für Bakteriol., Pflügers Archiv, Sbb. Wien, math.-nat. Kl., Wr. med. Bll., WKW, Wr. med. Presse; etc.

L.: Lesky, s. Reg.; Lišková; Otto; Otto, Erg.Bd.; Časopis lékařů českých 57, 1918, S. 629, 641, 649ff. (m. B.), 69, 1930, S. 1593ff. (m. B.); Biografický slovník pražské lékařské fak. 1348–1939, 2, 1993 (m. L.); Dějiny Univ. Karlovy 1348–1990, red. F. Kavka – J. Petráň, 3, 1997, s. Reg.; UA, Wien.

(F. Spurný – P. Svobodný)

Spina Carl Anton, Musikverleger. Geb. Wien, 23. 1. 1827; gest. ebd., 5. 7. 1906. – Sohn von Anton S. (s. d.). S. wurde im November 1850 neben Diabelli (s. d.) und seinem Vater dritter Teilhaber im Musikverlag Diabelli & Cie. 1851 gründete er mit Diabelli einen „Schubert-Salon" (Wien 1, Seilerstätte), der bis 1860 bestand. Nach dem Ausscheiden der beiden anderen Teilhaber aus dem Verlag wurde er Anfang 1852 dessen alleiniger Inhaber; die zum damaligen Zeitpunkt bei einer Verlagsnr. um 9.100 haltende Fa. führte seither den Namen C. A. Spina. Geschäftsführer wurde Joseph Doppler, ein Freund Schuberts (s. d.). 1856 übernahm S. den Verlag von Mechetti (s. d.), für dessen Produktion vermutl. die letztl. nie belegten Verlagsnr. 10.900 bis 16.000 reserviert wurden. Ab 1864 war er Hauptverleger von Johann Strauss Sohn sowie von dessen Brüdern Josef und Eduard. 1872 kaufte S. den Verlag Adolf Bösendorfer auf; im selben Jahr ging jedoch die gesamte Fa., welche inzwischen die Verlagsnr. 24.670 erreicht hatte, an Friedrich Schreiber über.

L.: Grove, 2001 (s. u. Diabelli); MGG; Riemann, 11. Aufl.; Schubert. Die Erinnerungen seiner Freunde, ed. O. E. Deutsch, 1957, s. Reg.; A. Weinmann, Verlagsverzeichnis A. Diabelli & Co. (1824–40) (= Beitrr. zur Geschichte des Alt-Wr. Musikverlages 2/24), 1985, S. 1ff.; P. Clive, Schubert and his world. A biographical dictionary, 1997; Schubert-Enz., ed. E. Hilmar – M. Jestremski, 2 (= Veröff. des Internationalen F. Schubert-Inst. 14), 2004; R. W. Lenk, in: Vienna Music. Journal of the J. Strauss Society of Great Britain, 2006; P. Clive, Brahms and his world. A biographical dictionary, 2006.

(Th. Aigner)

Spina Franz, Slawist und Politiker. Geb. Türnau, Mähren (Městečko Trnávka, Tschechien), 5. 10. 1868; gest. Praha, Tschechoslowakei (Tschechien), 17. 9. 1938. – Sohn eines Fleischhauermeisters, Schwiegersohn von F. Peschka (s. d.). S. stud. 1879–87 am Piaristengymn. in Mähr. Trübau (Moravská Třebová), 1887–88 an der phil. Fak. der Univ. Wien und 1888–92 Germanistik und klass. Philol. an der Dt. Univ. Prag u. a. bei A. Sauer (s. d.). Nach Ablegung der Lehramtsprüfung unterrichtete er 1892–96 als Supplent am Benediktiner Stiftsgymn. in Braunau (Broumov), 1896–1901 als Prof. am dt. Gymn. in Mähr. Neustadt (Uničov), 1901–05 in Mähr. Trübau, ab 1905 am dt. Staats-Gymn. in Prag. 1906 schied er aus dem Schuldienst aus und lehrte bis 1909 als Lektor für tschech. Sprache an der Dt. Univ. Prag. 1909–17 Doz., war er 1917–21 ao., 1921–38 o. Prof. für tschech. Sprache und Literatur sowie 1924/25 Dekan der phil. Fak. Schon während seiner Gymn.zeit war S. Red. der Studentenz. „Das Kränzchen". In Mähr. Trübau war er Mitgl. des Ausschusses zur Smlg. und Hrsg. des dt. Volkslieds in Österr. und 1905 Mitbegründer der „Mitteilungen zur Volks- und Heimatkunde des Schönhengster Landes". S. war auch Obmann der Dt. Pestalozziges. und Mitgl. mehrerer wiss. und kultureller Ges. und Ver. Ab 1914 bewirtschaftete er als Vormund seines Neffen das Gut der Familie Peschka in Abtsdorf (Opatov) und stieg nach dem 1. Weltkrieg als Bauernvertreter in die Politik ein. 1920 wurde S. vom Bund der Landwirte (BdL), dessen Obmannstellv. er war, ins tschechoslowak. Parlament entsandt. Ab 1925 war er Obmann des BdL sowie Obmann der dt. Aktivisten im polit. System der ČSR und zugleich Obmann des dt. parlamentar. Schulausschusses. 1926–29 fungierte er als Minister für öff. Arbeiten, 1929–35 als Minister für das öff. Gesundheitswesen und 1935–38 als

Minister ohne Portefeuille. Ein Gegner der Sudetendt. Partei Konrad Henleins, schied S. 1938 aus dem BdL aus. Als Bahnbrecher der Slawistik an der Dt. Univ. Prag, aber auch auf polit. Gebiet erwarb sich S. bes. Verdienste als Brückenbauer zwischen der dt. und der tschech. Geisteswelt.

W.: Tschech. Buchdruck in Nürnberg am Beginn des 16. Jh., in: Untersuchungen und Quellen zur german. und roman. Philol. 2 (= Prager Dt. Stud. 9), 1908; Beitrr. zu dt.-slaw. Literaturbeziehungen: Die alttschech. Schelmenzunft „Frantová práva", 1909; Die altčech. Katharinenlegende der Stockholm-Brünner Hs., 1913; Die Bedrohung der dt. Hochschulen in der Tschechoslowak. Republik, 1926; Beitrr. in Z. und Ztg.; etc. – (Mit)Red.: Veröff. der slavist. Arbeitsgemeinschaft an der Dt. Univ. Prag, 1926–32; Slavist. Rundschau, 1929–31. – Mited.: Germanoslavica, 1931–37.

L.: *Otto, Erg.Bd.; H. Scholz, F. S. als Politiker, Wissenschaftler und Mensch, 1928; A. Knauer, in: Stifter-Jb. 5, 1957, S. 47ff.; K. Strauss, Prof. F. S. 90 Jahre, 1958; J. César – B. Černý, Politika německých buržoazných stran v Československu ... 1918–38, 1–2, 1962, s. Reg.; Bauerntum und Landbau der Sudetendt., ed. K. Hübl, 1963, s. Reg.; H. Bachmann, in: Lebensbilder zur Geschichte der böhm. Länder 2, 1976, S. 169ff. (m. B.); N. Linz, Der Bund der Landwirte in der Ersten Tschechoslowak. Republik (= Veröff. des Collegium Carolinum 39), 1982, s. Reg.; Politická elita meziválečného Československa 1918–38, 1998 (m. B.); UA, Wien.*

(F. Spurný)

Špindler Ervin, Ps. Jaroslav Květenský, Politiker, Schriftsteller und Journalist. Geb. Chotzen, Böhmen (Choceň, Tschechien), 29. 8. 1843; gest. Roudnice nad Labem, Tschechoslowakei (Tschechien), 17. 12. 1918. – Sohn eines Gärtners. Š. besuchte die Realschule in Mähr. Trübau (Moravská Třebová) und Prag und absolv. danach einen zweijährigen Kurs für Realschullehrer. Zu Beginn seiner journalist. Tätigkeit verf. er Beitrr. für die jungtschech. Tagesztg. „Národní listy" und die Z. „Svoboda" und „Obrana". 1863–66 war er Korrespondent für die in Wien erscheinende Z. „Wanderer" sowie 1864–67 Red.mitgl. der „Národní listy". Bald machte sich Š. als Autor hist. Aufsätze und Übers. literar. Werke u. a. von Heine, A. v. Meissner (s. d.) und Adolf v. Wilbrandt einen Namen. Ab 1868 gehörte er zu den aktivsten Organisatoren der Taborbewegung. Die von ihm 1870 gegr. und red. demokrat. Z. „Říp" und „Podřipan" unterstützten die preuß. Politik in Dtld. und widmeten ihre bes. Aufmerksamkeit den Auslandstschechen. Ab 1868 Sekr. der Bez.-vertretung in Raudnitz (Roudnice nad Labem), erkannte er bald die Bedeutung der Selbstverwaltung in den ländl. Gebieten für den Aufstieg der jungtschech. Opposition. Unter seiner Führung wurde die reiche Elbegegend um Raudnitz und Melnik (Mělník) ab 1874 zu einem der wichtigsten Stützpunkte der jungtschech. Nationalen Freisinnigen Partei, in der er zu jenen führenden Liberalen zählte, die radikale Tendenzen ablehnten. Allerdings geriet er in heftigen polit. Gegensatz zu den Vertretern der Alttschechen, die 1885 seine Absetzung als Bez.sekr. durchsetzten. Š. trat außerdem als Förderer tschech. Unternehmungen im Bereich der Ind. und des Verkehrswesens im Raudnitzer Bez. hervor. Ab Ende der 1880er Jahre hatte er zahlreiche polit. Ämter inne. 1889–1907 Abg. des böhm. LT, wurde er 1890 in den RR gewählt (bis 1906) und fungierte 1891–1911 als Bgm. von Raudnitz.

W.: Básně, 1866; Historické povídky, 2 Bde., 1874–75; O významu českého Sokolstva v národě našem, 1886; Nejnovější a nejúplnější tajemník lásky a dvorný společník, o. J.; Beitrr. in Z.; etc. – Nachlaß, Literární archiv PNP, Praha, Státní okresní archiv, Litoměřice, beide Tschechien.

L.: *Národní listy, 18. 12. 1918; Hahn, 1891; Lišková; Otto; Otto, Erg.Bd.; Rieger; Wurzbach; M. Navrátil, Almanach sněmu království Českého 1895–1901, 1896 (m. B.); G. Kolmer, Das neue Parlament (= Parlamentar. Jb. 5), 1897; H. Siebenschein, in: Česká revue 20, 1926/27, S. 9ff.; J. Kořalka, in: Archiv für Sozialgeschichte 5, 1965, bes. S. 333; B. M. Garver, The Young Czech Party 1874–1901 and the emergence of a multi-party system, 1978, s. Reg.; J. Marek, J. Goll, 1991, S. 65ff.; M. Pokorná, in: J. Goll a jeho žáci, 2005, S. 635ff.; M. Hlavačka, Zlatý věk české samosprávy, 2006, S. 9.*

(J. Kořalka)

Spini Francesca, s. **Scanagatta** Francesca

Špinka Václav, Buchdrucker, Verleger und Übersetzer. Geb. Habern, Böhmen (Habry, Tschechien), 13. 9. 1796; gest. Prag, Böhmen (Praha, Tschechien), 7. 2. 1842. – Ab 1838 verehel. mit Anna, geb. Vlčková, später verehel. Vetterl (v. Wildenbrunn) (s. u.). Š. besuchte ab 1807 das Gymn. in Deutschbrod (Havlíčkův Brod), absolv. danach an der Univ. Prag die phil. Jgg. und begann ein Theol.stud., das er jedoch 1819 abbrach, um sich dem Buchdruck zu widmen. Er trat in die erzbischöfl. Buchdruckerei des verstorbenen Franz Vetterl v. Wildenbrunn in Prag ein, die von dessen Witwe Josefa weitergeführt wurde. Als Faktor und von 1838 bis zu seinem Tod Pächter dieser Druckerei trug Š. wesentl. zu deren Aufschwung bei. Neben der traditionellen Ausrichtung auf weltl. und geistl. Druckschriften, Gymn.programme, Diss. etc. konzentrierte sich Š. bes. auf die Ed. tschech. Original- und Übers.literatur, Belletristik und Dramen, aber auch Fachliteratur (etwa von Josef Jungmanns Wörterbuch „Slovník česko-německý", 1835, oder J. F. Smetanas

Weltgeschichte „Obraz starého swěta …“, 1832) und sorgte auch für die Hrsg. diverser Z. („Časopis pro katolické duchovenstvo“, „Časopis českého museum“, „Časopis technologický“) und Almanache („Kytka“). Seine eigenen, kleineren Prosaversuche und Ged. veröff. Š. in den Z. „Dobroslav“, „Hyllos“, „Rozmanitosti“, in Buchform erschienen u. a. seine Übers. der Lustspiele August v. Kotzebues. Aufgrund seines Interesses für die tschech. Literatur war Š. mit mehreren tschech. Literaten und Wissenschaftlern, wie F. L. Čelakovský, J. K. Chmelenský, Jakub Malý, J. S. Presl (alle s. d.), Jan Nep. Štěpánek und Norbert Vaněk, befreundet und veranstaltete in seinem Haus sog. Akad. Nach seinem Tod übernahm seine Witwe **Anna Š.** (gest. Detroit, Mich., USA, 6. 1. 1869) den Druckereibetrieb und heiratete einen Neffen Franz Vetterls v. Wildenbrunn, Karl Vetterl v. Wildenbrunn, der allerdings das Adelsprädikat ablegte. Die Druckerei war bald derart abgewirtschaftet, daß sie an die Fa. G. Haase Söhne abgetreten werden mußte. Nach dem Tod ihres zweiten Gatten 1853 wanderte Anna Š., die auch noch eine weitere Buchdruckerei erworben haben soll, gem. mit ihrem Sohn in die USA aus, wo sie sich in Detroit niederließ.

L.: Pražské noviny, 10. 2. 1842; Otto; Rieger; Wurzbach (s. Š. v. Trebnik); Česká včela 9, 1842, S. 67f.; K. A. Vinařického, Korespondence a spisy pamětní 2, 1909, s. Reg.; K. Nosovský, Knihopisná nauka a vývoj knihkupectví československého, 1927, S. 213; J. Volf, Geschichte des Buchdrucks in Böhmen und Mähren bis 1848, 1928, s. Reg.; J. B. Pichl, Vlastenecké vzpomínky (= Paměti 8), 1936, S. 50, 231; K. Chyba, Slovník knihtiskařů v Československu od nejstarších dob do r. 1860, 1984, s. Reg.; J. Barták – V. Kraus, Typografové 1468–1939, 1996, s. Reg. – Anna Š.: Wurzbach (s. u. Vetterl v. Wildenbrunn); J. Volf, Geschichte des Buchdrucks in Böhmen und Mähren bis 1848, 1928, s. Reg.

(V. Petrbok)

Spira Jacob Fritz, Schauspieler und Sänger. Geb. Wien, 1. 8. 1877; gest. im KZ, vermutl. 1943 (ermordet); mos. – Sohn eines Antiquitätenhändlers. S. besuchte gegen den Willen der Eltern 1894–96 die Schauspielschule des KdM in Wien und trat 1897 am Stadttheater Olmütz (Olomouc) als jugendl. Liebhaber sein erstes Engagement an. Dieser Rollentypus und der des Bonvivants verließen ihn in den folgenden Jahren nicht mehr, später wechselte er in das Fach des Charakterdarstellers und Père noble. Nach seinem Debüt trat S. in Troppau (Opava), 1899 wieder in Olmütz, 1900 in Breslau (Wrocław) v. a. in den großen Liebhaberrollen des klass. Repertoires auf (u. a. Leander in Grillparzers „Des Meeres und der Liebe Wellen“, Ferdinand in Goethes „Egmont“, Mortimer in Schillers „Maria Stuart“) und war 1901/02 am Wr. Theater in der Josefstadt (unter J. Jarno, s. d.) engag. Er spielte 1901 an M. Reinhardts (s. d.) Berliner Kleinkunstbühne „Schall und Rauch“, verkörperte – nach einem Engagement am Berliner Residenz-Theater 1902/03 – 1903 den Aljoschka in der dt. Erstauff. von Maxim Gorkis „Nachtasyl“ an Reinhardts Kleinem Theater in Berlin und trat 1904 auch an dessen Neuem Theater auf. 1905 kam S. ans Berliner Lustspielhaus, 1906 ans Dt. Schauspielhaus in Hamburg, 1908 ans Residenztheater in Frankfurt am Main, an dem er u. a. den Moritz in Frank Wedekinds „Frühlings Erwachen“ und den Oswald in Henrik Ibsens „Gespenster“ spielte. Nach weiteren Engagements in Berlin und Teilnahme am 1. Weltkrieg spielte er 1919 am Theater in Berndorf (NÖ), i. d. F. wieder in Berlin (1923 Kom. Oper, 1930–33 Metropol-Theater und „Rotterbühnen“). Seine letzte bedeutende Bühnenrolle hatte S. im Dezember 1933 in der Urauff. von Eduard Künnekes Operette „Die lockende Flamme“ am Berliner Theater des Westens. S. erzielte durch seinen österr. Sprachton, sein elegantes Auftreten und sein charmantes, wiener. Wesen auf der Bühne große Wirkung und war auch als Operettensänger erfolgreich. Noch vor dem 1. Weltkrieg war er beim Film tätig, große Filmrollen verkörperte er i. d. F. als Gouverneur Fuller in „Im Schatten des elektrischen Stuhls“ (1927) und als K. Franz Joseph in „Die dritte Eskadron“ (1926). Die selbe Rolle spielte er in „Das Schicksal derer von Habsburg“ (1928) und in „Kaiserwalzer“ (1932). 1930 wirkte er im ersten abendfüllenden Dokumentarfilm der Ufa, „Am Rande der Sahara“, mit, trat bald jedoch nur mehr in Nebenrollen auf. 1934 mußte er vor dem Naziregime nach Polen flüchten – 1935 Oberspielleiter am Stadttheater in Bielitz (Bielsko-Biała) und sich vermutl. 1936 von seiner nichtjüd. Frau, der Bühnen- und Filmschauspielerin Lotte S., geb. Andresen (1881–1943), scheiden lassen. Ab Mitte 1935 lebte S. wieder in Wien, wurde am 3. 3. 1941 im Rahmen der sog. „Polen-Aktion“ deportiert und – vermutl. 1943 – im KZ umgebracht. Seine Tochter Camilla S., verehel. Eisner, Schülerin der Schauspielschule Reinhardts, war eine erfolgreiche Bühnen- und Filmschauspielerin, mußte 1933 ihre Laufbahn aufgeben und 1938 nach Holland emigrieren. Ab 1947 war sie wieder auf Berliner Bühnen und in vielen Filmproduktionen tätig.

S.s zweite Tochter, Steffie S., verehel. Ruschin, spielte 1926–29 an Berliner Bühnen, war Mitgl. der kommunist. Agitprop-Truppe „Truppe 31“, mußte 1933 emigrieren und kam 1941 nach Mexico City. 1947 kehrte sie nach Dtld. zurück und spielte ab 1948 an Ostberliner Theatern zahlreiche große Rollen.

L. (tw. auch für die anderen Familienmitgl.): Kosch, Theaterlex.; Ulrich; Neuer Theater-Almanach (bzw. Dt. Bühnen-Jb.) 8ff., 1897ff.; A. Bauer, Dt. Spielfilm Almanach 1929–50, 1976; K. Wendtland, Geliebter Kintopp ... 1929/30ff., 1987ff.; G. Dahlke – G. Karl, Dt. Spielfilme von den Anfängen bis 1933, 1988, s. Reg.; U. J. Klaus, Dt. Tonfilme 1ff., 1988ff.; S. Spira, Rote Fahne mit Trauerflor. Tagebuch-Notizen, 1990; dies., Trab der Schaukelpferde, 1991 (Autobiographie); U. Liebe, Verehrt, Verfolgt, Vergessen. Schauspieler als Naziopfer, 1992, S. 247f.; K. Weniger, Das große Personenlex. des Films 7, 2001; Archiv des Theaters in der Josefstadt, Archiv der GdM, DÖW, WStLA, alle Wien.

(D. Loibl)

Spirk Antonín Ferdinand, Bibliothekar und Fachschriftsteller. Geb. Hodětitz, Böhmen (Hodětice, Tschechien), 15. 1. 1787; gest. Prag, Böhmen (Praha, Tschechien), 21. 5. 1847. – Vater von Antonín S. (s. u.). S. stud. Phil. und Theol. in der Schweiz und in Italien; Dr. phil. 1815 wurde er Prof. für italien. Sprache und Literatur an der Univ. Prag, 1828 vorläufiger Vorstand des k. k. Bücherrevisionsamts, im selben Jahr Erster Bibliothekar der Prager Univ.bibl., ein Amt, das er bis zu seinem Tod bekleidete. S. setzte wichtige bibliothekar.-organisator. Maßnahmen, u. a. durch die sorgfältige Revision der Buchbestände und Schaffung eines Grundkat., den Entwurf neuer Standort-Repertorien und die Einführung eines Sachkat., ließ aber auch baul. Veränderungen, etwa eine Erweiterung des Lesesaals, vornehmen. Während seiner Leitung konnte die Bibl. 1837 eine Kollektion von Mozarts Kompositionen erwerben. S., der als Mithrsg. der „Statuta Universitatis Pragensis“ (o. J.) fungierte, gab auch dt.-italien. Sprach- und Übungsbücher heraus. Seine bedeutendste Arbeit aber war die Geschichte und Beschreibung der Univ.bibl. in Prag, die bis in seine Zeit hinaufreicht. S.s Sohn, **Antonín S.** (geb. Prag, 31. 10. 1838; gest. Twer/Tver’, Rußland, 5. 8. 1872, ermordet), absolv. ein Chemiestud., das er in Paris beendete, und war dann als Chemiker dort und in Böhmen, u. a. als Farbenchemiker bei der Fa. Leitenberger in Josefsthal (Josefův Důl), tätig. 1865 habil. er sich am polytechn. Inst. in Prag. Seine Versuche, sich mit eigenen Unternehmungen selbständig zu machen, waren wenig erfolgreich, sodaß er eine Anstellung als Chemiker in einer Kottonfabrik in Twer annahm. Antonín S., der auch fachpublizist. hervortrat, wurde Opfer eines Raubmordes.

W.: Pros. und poet. Leseübungen aus bewährten italien. Schriftstellern, 1820; Geschichte und Beschreibung der k. k. Univ.bibl. zu Prag, in: Oesterr. Bll. für Literatur und Kunst 1, 1844, Beibl. Nr. 1–5; etc. – Antonín S.: Barwy anilinové jich vyřabení a upotřebení technické i průmyslové, 1866; etc. – Ed.: Prakt. Hdb. der gesam(m)ten Faerberei und Druckerei, 1869, 2. Aufl. 1874.

L.: Otto; Wurzbach; J. A. Hanslik, Geschichte und Beschreibung der Prager Univ.bibl., 1851, S. 135, 168f.; Osvěta 12, 1882, Tl. 1, S. 813; Z. Tobolka, Národní a univerzitní knihovna v Praze, její vznik a vývoj 1, 1959, S. 12f. – Antonín S.: Bohemia, 8. 8., 29. 11., NFP, 30. 11. 1872; Otto; Poggendorff 3; Wurzbach.

(J. Brabencová – E. Lebensaft)

Spiro Ede (Eduard), Maler. Geb. Preßburg, Ungarn (Bratislava, Slowakei), 9. 3. 1805; gest. Wien, 28. 10. 1856. – S., der bereits in frühen Jahren Talent für Malerei zeigte, stud., unterstützt durch Gf. Anton Apponyi, 1821–22 in Mailand und 1822–29 in Rom, wo er zahlreiche Kopien nach alten italien. Meistern malte, anschließend war er wieder in Preßburg tätig. 1831 erhielt S. den Auftrag für die Gestaltung von Fresken im Dom zu Esztergom, eine Arbeit, die jedoch aufgrund des Ablebens von Erzbischof Rudnay v. Rudna und Divékujfalu (s. d.) und der damit verbundenen Bauunterbrechung nicht realisiert werden konnte. Aufgrund der ungünstigen finanziellen Lage übersiedelte S. um 1834 nach Wien, wo er vorwiegend mit Porträts und Genrebildern bis 1843 an den Jahresausst. der ABK zu St. Anna teilnahm. Daneben schuf er auch Altarbilder sowie bibl. und hist. Kompositionen, von denen bes. sein 1843 präsentiertes Werk „Bischof Astricus übernimmt vom Papst die Königskrone für König Stefan“ von der zeitgenöss. Kritik sehr hoch eingeschätzt wurde.

W.: Einigung von Ungarn und Siebenbürgen, 1825; Betende Frau; Wandernde; etc.

L.: Bénézit; Fuchs, 19. Jh.; M. Zsidó Lex.; Művészeti Lex. I, II; Révai; Thieme–Becker; Wurzbach; Művészet 10, 1911, S. 46; F. Noack, Das Deutschtum in Rom 2, 1927, S. 567; G. Edvi Illés, Az esztergomi főszékesegyház, 1929, S. 43; D. Pataky, A magyar rézmetszés története a XVI. századtól 1850–ig, 1951, S. 72; A. Petrová, Umenie Bratislavy 1800–50, 1958, S. 37, 49, 56, 80; dies., Slovenské výtvarné umenie obdobia národného obrodenia, 1966, S. 51, 74; Portréty 18. a 19. storočia, Bratislava 1974 (Kat.); G. Prokopp, in: Művészettörténeti Értesítő 29, 1980, S. 160f.; K. Lyka, A táblabiró-világ művészete, 2. Aufl. 1981, s. Reg.; G. Seregélyi, Magyar festők és grafikusok adattára ..., 1988; Slovenský biografický slovník 5, 1992; WStLA, Wien.

(K. Beňová – E. Buzási)

Spiro Ignaz, Großindustrieller. Geb. Kalenitz, Böhmen (Kalinece, Tschechien), 21. 7.

1817; gest. Krumau, Böhmen (Český Krumlov, Tschechien), 24. 10. 1894; mos. – Schwiegervater von Otto Schwarz (s. d.). S. wuchs in ärml. Verhältnissen auf. Schon als Jugendl. handelten er und sein Bruder Jacob S. mit Hadern, wodurch die beiden mit der Papiererzeugung in Verbindung kamen. Gem. erwarben sie 1843 die Papiermühle in Rothřečitz (Červená Řečice) und erweiterten diese zu einer kleinen Fabrik. 1859 trennten sie sich jedoch: Während Jacob die Mühle in Rothřečitz weiterführte, kaufte S. eine Papiermühle in Krumau und baute sie zu einer Papierfabrik um. Da mit der Zeit nicht genügend Hadern zur Verfügung standen, verwendete er Sägemehl als Rohstoff und kaufte 1870 die Pötschmühle in Wettern (Větřní), um dort eine Holzschleiferei einzurichten. 1880 wurde auch die Papierproduktion von Krumau nach Wettern verlagert. Die Wirtschaftskrise von 1873 hatte auf das Unternehmen, das nicht nur zahlreiche Niederlagen unterhielt, sondern auch weltweit exportierte und dessen Erzeugnisse auf zahlreichen Ausst. ausgez. wurden, wenig Einfluß. In richtiger Einschätzung des durch das expandierende Pressewesen gestiegenen Papierbedarfs konzentrierte S. die Produktion v. a. auf Ztg.-, aber auch auf Packpapier. Als die Holzschleiferei den Rohstoffbedarf nicht mehr decken konnte, wurde auf dem Gelände der Pötschmühle 1883 eine größere Zellulosefabrik zur Herstellung von Sulfitzellstoff errichtet; 1891 und 1893 wurden weitere Papiermaschinen aufgestellt. 1873 bzw. 1876 betraute S. seine Söhne Ludwig (gest. 1926) und. Emanuel S. (gest. 1928) mit der kaufmänn. bzw. techn. Leitung des Unternehmen; beide wurden 1877 Ges. der nunmehrigen Fa. Ignaz S. & Söhne. Ein weiterer Sohn, Julius S. (1864–1937), der in Dtld. und den USA in der Papierind. tätig gewesen war, trat erst 1898 in den Betrieb ein, in dem Ludwig Spiros Schwiegersohn, Otto Schwarz, i. d. F. öff. Ges. wurde. S. engagierte sich auch im sozialen Bereich: 1884 gründete er eine Arbeiteraltersversorgungskasse, 1893 eine Stiftungskasse für sonstige Unterstützungen der Arbeiter; es gab mehrere Arbeiterhäuser und ein Arbeiterspital. Daneben förderte S. die jüd. Gmd. in Krumau, war auch in der Krumauer Gmd.- und Bez.vertretung tätig. 1938 wurde die Fa. von den Dt. als jüd. Vermögen „arisiert“ und 1941 mit der Papierfabrik Steyrermühl in OÖ fusioniert, 1945 wiederum wurde die Familie Spiro als „Deutsche“ von den Tschechen entschädigungslos enteignet, 1946 das Unternehmen in einen „volkseigenen“ Betrieb umgewandelt.

L.: NFP, 5. 12. 1937 (zu Julius S.); Großind. Österr. 1/5, S. 47f.; Centralbl. für die oesterr.-ung. Papierind. 11, 1893, S. 698ff., 12, 1894, S. 741f.; Die Juden und Judengmd. Böhmens in Vergangenheit und Gegenwart, ed. H. Gold, 1, 1934, S. 18, 50 (m. B. v. Ignaz, Ludwig und Emanuel S.); Köpfe der Politik ... Tschechoslowak. Republik, 1936 (zu Julius S., m. B.); G. Otruba – K. M. Brousek, in: Bohemia 23, 1982, S. 76; Der Kreis Krummau an der Moldau, ed. R. Essl, 1983, S. 327f., 423; Mühl a Waldviertel ..., 1992, S. 22, 142; Website der Papierfabrik in Větřní (Materialiensmlg. ÖBL, Wien).

(J. Mentschl)

Spis (Spiess, Spiss) Stanisław, Theologe. Geb. Radymno, Galizien (Polen), 8. 5. 1843; gest. Kraków (Polen), 20. 10. 1920; röm.-kath. – Sohn des Bgm. von Radymno, Jakub S. 1865 trat S. in das Priesterseminar in Przemyśl ein; 1868 Priesterweihe. 1869–71 besuchte er das Höhere Priesterbildungsinst. Frintaneum in Wien; 1871 Dr. theol. der Univ. Wien. Danach Stud.präfekt in Przemyśl und ab 1876 Propst in Świlcza, wurde S. 1879 als Prof. für Exegese des Neuen Testaments an die Univ. Krakau berufen, an der er eine Bibl. und Stiftung gründete und sechsmal als Dekan der theol. Fak. und 1887–88 als Rektor fungierte. 1880 vom Senat der Univ. als Kanoniker in das Krakauer Domkapitel entsandt, konnte er nach längerem Widerstand von seiten Bischof Dunajewskis (s. d.) erst 1881 installiert werden. Es gelang ihm i. d. F., gem. mit Pelczar (s. d.) die Abschaffung des Präsentationsrechts der Univ. Krakau auf zwei Kanonikerstellen zu verhindern. 1882 Dr. h. c., 1898 Ritter des Ordens der Eisernen Krone III. Kl., trat S. 1909 i. R. In seinen Schriften befaßte er sich vorwiegend mit aszet. und bibelhist. Fragen.

W.: O czci jaka Kościól oddaje św. Teresie od Jezusa we Mszy św. dnia 15 października, 1882, französ. 1884; Hermeneutica sacra, 1900; Święta Teresa od Jezusa reformatorka, 1900; Exegesis sublimior Epistolae S. Pauli apostoli ad Titum, o. J.; Predigten; etc.

L.: PSB (m. W. u. L.); Der oesterr.-k. Orden der eisernen Krone und seine Mitgl., 1912, S. 81 (m. B.); Elenchus venerabilis cleri ... dioeceseos Cracoviensis ... 1916, 1916, s. Reg.; W. Goldenits, Das höhere Priesterbildungsinst. für Weltpriester zum hl. Augustin in Wien ..., theol. Diss. Wien, 1969, S. 384; UA, Wien; Mitt. Eva-Maria Hüttl-Hubert, Wien.

(H. Reitterer – V. Reittererová)

Spiss P. Cassian (Franz Anton), OSB, Bischof und Missionar. Geb. St. Jakob (St. Jakob am Arlberg, Tirol), 12. 6. 1866; gest. Mikukuyumbu, Dt.-Ostafrika (Tansania), 14. 8. 1905 (ermordet); röm.-kath. – Aus bäuerl. Familie. S. besuchte ab 1877 das bischöfl. Gymn. in Brixen (Bressanone) und ab 1885 das dortige Priesterseminar; 1889 Priesterweihe. Nach zwei Jahren als Kooperator in Tirol trat er 1891 in die St. Benedictus Missionsges. von St. Ottilien (Bayern) ein. 1892 legte S. dort die Profeß ab und wurde 1893 in das Missionsgebiet des Ordens in Afrika, die Apostol. Präfektur Süd-Sansibar im Süden Dt.-Ostafrikas, geschickt. 1895 mußte er, an Malaria erkrankt, von seinem ersten Einsatzgebiet, der Missionsstation Kurasini, nach St. Ottilien zurückkehren. Nach einem Aufenthalt in Rom und einer Reise ins Hl. Land (1895–96) ab 1897 wieder in Dt.-Ostafrika, arbeitete S., obwohl wiederholt schwer erkrankt, in Waisenhäusern, Schulen und in der Seelsorge und gründete 1898 die Station Peramiho, die erste im Land der Wangoni. 1902 wurde er zum 1. Gen.kapitel der afrikan. Benediktinermissionare nach St. Ottilien entsandt und im selben Jahr zum Tit.-Bischof von Ostracine und zum Apostol. Vikar von Süd-Sansibar mit Sitz in Daressalam ernannt. Dort führte er den Bau der 1908 eingeweihten St. Josefs-Kathedrale zu Ende, bereiste sein fast die Hälfte Dt.-Ostafrikas umfassendes Gebiet und betrieb Sprachstud., die sich in Übers. ins Kisuaheli sowie in Wörterbüchern des Kihehe, Kingoni und Kisutu niederschlugen. S. wurde beim sog. Maji-Maji-Aufstand im Süden Dt.-Ostafrikas auf einer Visitationsreise nach Peramiho zusammen mit zwei Mitbrüdern und zwei geistl. Schwestern von Aufständ. überfallen und getötet. Er wurde in der Kathedrale in Daressalam beigesetzt.

W. (auch s. u. Streit – Dindinger): Kihehe-Wörter-Smlg., in: Mitth. des Seminars für Oriental. Sprachen 3, Abt. 3, 3, 1900; Katekismu Katoliki, 1901 (in Kisuaheli); (Bibl. Geschichte in Kisuaheli), 1901, 3. Aufl. 1923; Chuo cha sala, 1903, 4. Aufl. 1923 (Gebetbuch in Kisuaheli); Kingoni und Kisuto-Wörterbuch, 1904.

L.: Landbote von Vbg., 6., 13., 24. 12. 1902, 10., 17. 1. 1903; Neue Tiroler Stimmen, 22. 8., Vbg. Volksbl., 1., 8. 9. 1905; Dt. Kolonialbl. 16, 1905, S. 525; Gf. v. Götzen, Dt.-Ostafrika im Aufstand 1905/06, 1909, S. 70ff.; B. Danzer OSB, Die Benediktinerregel in der Übersee, 1929, S. 79; R. Streit OMI – J. Dindinger OMI, Bibl. Missionum 18, 1953, S. 582f., 990 (m. W. u. L.); H. Gundolf, Tiroler in aller Welt, 1972, S. 246ff.; ders., Maji-Maji. Blut für Afrika, 1984 (m. B. u. L.); H. Thöni, St. Anton am Arlberg, 2000, S. 174f.; G. Sieber, in: Beständigkeit und Sendung. FS St. Ottilien (= Ottilianer R. 2), 2004, S. 339ff. (m. B.); Mitt. David Gantner OSB, St. Ottilien, Dtld.

(H. Reitterer)

Spiss Stanisław, s. **Spis** Stanisław

Spitaler Rudolf (Ferdinand), Astronom, Geophysiker und Meteorologe. Geb. Bleiberg (Bleiberg-Kreuth, Ktn.), 7. 1. 1859; gest. Lübtheen, Sowjet. Besatzungszone (Dtld.), 16. 10. 1946. – Vater des Juristen, Finanzwiss. und Priv.Doz. an der Dt. Univ. Prag Armin S. (geb. Prag, Böhmen / Praha, Tschechien, 11. 6. 1898; gest. Saarbrücken, Dtld., 29. 10. 1963). Nach Absolv. des Gymn. in Villach stud. S. 1879–83 Phil., Mathematik, Physik, Astronomie und Meteorol. an der Univ. Wien; 1892 Dr. phil. Zunächst als Ass. am Observatorium in Wien tätig, wechselte S. noch 1892 als Adjunkt an die Sternwarte nach Prag, wo er sich auf die Untersuchung der phys. und chem. Eigenschaften der Sterne, Planeten und der interstellaren Materie konzentrierte. Später orientierte er sein Interesse auf die physikal. Eigenschaften der Erde im Allg., einschließl. der Wasser- und der Luftdecke. 1895 an der Prager Dt. Univ. für Astronomie und Meteorol. habil., wurde er 1901 zum ao. und 1909 zum o. Prof. ernannt. Ab 1895 war S. als Hon.-Doz. für Astronomie und Meteorol. auch am dt. polytechn. Inst. in Prag tätig. Darüber hinaus befaßte er sich am Inst. für kosm. Physik, dessen Vorstand er auch war, mit Himmelserscheinungen und ihrer Projektion auf die Sphäre, genauer Zeitbestimmung und Bestimmung der geograph. Koordinaten auf der Erdoberfläche, Feststellung der absoluten Lage ausgewählter Sterne, Positionsmessung von Planeten und Kometen und Fotografie des Sternenhimmels. S. war gleichzeitig Dir. des meteorolog. Univ.observatoriums auf dem Donnersberg/Milleschauer (Milešovka), zu dessen Errichtung er wesentl. beigetragen hatte. Hier widmete er sich meteorolog. und geophysikal. Messungen. Er beteiligte sich aktiv an der Errichtung eines Netzes meteorolog. Stationen und Zentralinst., die die Informationen über beobachtete Erscheinungen sammelten, bearb. und veröff. Zu den bekanntesten zählen u. a. das Signal Office in Washington, das Meteorological Office in London, das Bureau central météorologique in Paris sowie das Zentralnyj fisikalnyj Inst. in St. Petersburg. Ab 1929 i. R., konzentrierte sich S. auf seine fachl. literar. Tätigkeit. Zu seinen bedeutendsten Arbeiten zählen Stud. über den Einfluß der Luftmassen auf die Schwankung der Erdachse, über die Verteilung von Lufttemperatur und Luftdruck und Abhh. über die Ursachen der Eiszeiten. Bekannt wurde S. auch durch die Entdeckung des period. Kometen VII (1890), der nach ihm benannt ist. S. erhielt zahlreiche Anerkennungen, u. a. von der Wr. und der Berliner Akad. der Wiss., aber auch aus den USA und Rußland.

W. (auch s. u. Eisenberg): Meteorolog. Ergebnisse auf der Donnersbergwarte …, 1907–18; Das Klima des Eiszeitalters, 1921; Klimat. Kontinentalität und Ozeanität, 1922; Die Bestrahlung der Erde durch die Sonne und die Temperaturverhältnisse in der quartären Eiszeit, 1940; Chronol. des Eiszeitalters, 1941; etc.

L.: DBE; Eisenberg 2 (m. tw. W.); Kürschner, Gel.Kal., 1925–40/41; Poggendorff 4–6; Wer ist's?, 1935; Dtld., Österr.-Ungarns und der Schweiz Künstler, Gelehrte und Schriftsteller in Wort und Bild, 3. Ausg. 1911; L. W. Pollak, in: Donnersbergwarte – Sonderh., 1929, S. 3; A. Birk, Die Dt. TH in Prag 1806–1931, 1931, S. 106; Sudentendt. Jb. 1931 (= NF 1), 1930/31, S. 95; J. J. Boehm-Pilsen, Die Dt. TH in Prag und ihre Vorstufen …, 1991, S. 244; Československý biografický slovník, 1992; J. Tomeš u. a., Český biografický slovník XX. století 3, 1999; J. Stekl u. a., Klimatické poměry Milešovky, 1999, S. 38; K. Krška – F. Šamaj, Dějiny meteorologie v českých zemích a na Slovensku, 2001, S. 237; UA, Wien.

(J. Brabencová)

Spitz Albrecht, Geologe. Geb. Iglau, Mähren (Jihlava, Tschechien), 7. 7. 1883; gest. bei Sulden, Tirol (Solda/Sulden, Italien), 4. 9. 1918; evang. AB. – Sohn eines Advokaten. Nach Absolv. des Gymn. in Iglau stud. S. ab 1902 zunächst Geographie an der Univ. Wien bei Penck (s. d.). Unter dem Einfluß seiner akadem. Lehrer Viktor Uhlig, Diener und Friedrich Becke (beide s. d.) wandte er sich aber den Fächern Geol., Paläontol. und Mineral. zu. V. a. Uhlig erweckte in S. bes. Interesse für die komplexe Problematik der Alpengeol. Während einer 1903 unternommenen Exkursion in die Karn. Alpen faßte S. den Entschluß, die silur. und devon. Gastropodenfauna ebenso wie die Tektonik und Stratigraphie dieser Region genauer zu erforschen, ein Vorhaben, das er 1906 mit seiner Diss. „Zur Kenntnis des Karnischen Silur und Devon" realisierte. 1906 Dr. phil., beschäftigte sich S. zunächst mit geolog. Forschungen über den subalpinen Höllensteinzug bei Kaltenleutgeben, die er 1910 publ. Als Petrograph trat er 1909 mit einer Stud. über die bas. Eruptivgesteine der Kitzbühler Alpen hervor. Bes. Bedeutung erlangte S. durch die Erforschung der Engadiner Dolomiten, die er gem. mit seinem Freund Günter Dyrenfurth unternahm. In einer 1915 veröff. Stud. ordneten die beiden Wiss. die gesamte tekton. Bildungsweise dieses Gebietes einem von Osten nach Westen gerichteten Schub zu. In weiterer Folge dehnten sie ihre Stud. auf die Ducan- und Plessurgruppe aus, wo sie gegen Westen konvexe Faltenbögen, die rhät. Bögen, konstatieren zu können glaubten, wodurch sie in Widerspruch zu namhaften Schweizer Geologen gerieten. 1911 trat S. als Volontär in die Geolog. Reichsanstalt in Wien ein, wurde hier 1915 besoldeter Praktikant, ehe er 1918 zum Ass. avancierte. 1915 zum Militärdienst einberufen, kam er 1917 an die Ortlerfront und stieg bald zum Fähnrich auf. 1918 dürfte S. bei Feldforschungen, die er für die Fertigstellung einer kriegsgeolog. Karte der Ortlergruppe unternahm, einem alpinen Unfall zum Opfer gefallen sein.

W.: s. u. Ampferer; Dyrenfurth; Trauth.

L.: R. v. Klebelsberg, in: Mitt. des DÖAV 44, 1918, S. 127f.; O. Ampferer, in: Jb. der Geolog. Reichsanstalt 68, 1918, S. 161ff. (m. B. u. W.); G. Dyrenfurth, in: Monographie der Engadiner Dolomiten zwischen Schuls, Scanfs und dem Stilfserjoch (= Beitr. zur Geolog. Karte der Schweiz, Beilage zu Lfg. 44, NF), 1919 (m. B. u. W.); F. Trauth, in: Mitt. der Geolog. Ges. in Wien 11, 1918/19, S. 257ff. (m. W.); K. Lambrecht u. a., Palaeontologi. Cat. bio-bibliographicus (= Fossilium cat. 1, Animalia 72), 1938; H. Zapfe, Index Palaeontologicorum Austriae (= Cat. Fossilium Austriae 15), 1971; W. A. S. Sarjeant, Geologists and the History of Geol. 3, 1980; H. W. Flügel, in: Mitt. der Österr. Ges. für Geschichte der Naturwiss. 12, 1992, 3–4, S. 107f.; R. Trümpy – R. Oberhauser, in: Abhh. der Geolog. Bundesanstalt 56/1, 1999, S. 20; Archiv der Geolog. Bundesanstalt, KA, UA, alle Wien.

(J. Seidl)

Spitz Ernst, Journalist und Schriftsteller. Geb. Kronstadt, Siebenbürgen (Braşov, Rumänien), 27. 6. 1902; gest. KZ Buchenwald, Dt. Reich (Dtld.), 22. 6. 1940 (ermordet); mos., 1920 aus der IKG aus-, 1939 wieder eingetreten. – Sohn eines Bankdir. S. stud. 1921–23 Jus an der Univ. Wien und trat danach in die Red. des KPÖ-Zentralorgans „Die Rote Fahne" ein. Im April 1923 während Ausübung seiner berufl. Tätigkeit bei einer Arbeitslosen-Demonstration vor dem Wr. Parlament festgenommen, hatte der Prozeß gegen ihn im Justizausschuß des Nationalrats ein Nachspiel. Seine Eindrücke aus der zweimonatigen Haft veröff. er vorerst in der Ztg. „Der Abend", 1924 faßte er sie in der Broschüre „Du gehst vorbei. Bericht über die Verhältnisse in österreichischen Gefängnissen" zusammen. Im selben Jahr aus der KPÖ ausgeschlossen, arbeitete er danach als Gerichts- und Lokalred. bei der von Emmerich Békessy gegr. Wr. Boulevard-Tagesztg. „Die Stunde". Aufgrund seiner Anschuldigungen, daß Anzeigenakquisiteure der „Stunde" mit Andruckfahnen kompromittierender Artikel von den darin Betroffenen Inserate erpreßten, wurde er jedoch 1926 entlassen. 1926–27 veröff. S. zu diesem Thema die beiden Broschüren „Békessys Revolver", die zum Synonym für das Sensationsbl. wurden. In dem von Karl Kraus (s. d.) geführten Pressekrieg gegen Békessy, in welchen auf Seite der „Stunde" neben Anton Kuh und Karl Tschuppik auch deren Reporter, der spätere Hollywood-

Regisseur Billy Wilder, involviert waren, stellte sich S. dem „Fackel"-Hrsg. als Kronzeuge zur Verfügung. 1929 leitete S. kurz als verantwortl. Red. die Wr. Tagesztg. „Die Welt am Morgen", 1933 emigrierte er über Prag nach Paris. In den dortigen Emigranten-Kabaretts lernte er Leon Askin kennen, mit dem er nach seiner Rückkehr nach Wien 1935 im Kabarett „ABC" tätig war. Gem. mit seinem Freund Soyfer (s. d.) und Fritz Eckhardt schrieb S. i. d. F. zeitkrit. Programme für das „ABC" („Die Welt in 99 Jahren", 1936, „Florian sucht den gestrigen Tag", 1937) und das „Theater für 49" („Der Chef verbeugt sich", 1937). Sein gem. mit Philipp Zeska verf. Theaterstück „Am Schwarzen Meer" diente als Vorlage für den Hollywood-Film „The World and the Flesh". Von der Gestapo 1938 als Jude in „Schutzhaft" genommen, wurde er zuerst nach Dachau, dann in das KZ Buchenwald deportiert, wo er 1940 „auf der Flucht" erschossen wurde.

L.: P. Kirchweger, Inflations- und Revolverpresse in der Ersten Österr. Republik ..., phil. Diss. Wien, 1985, S. 206ff.; A. Hutter – K. Kamolz, B. Wilder. Eine europ. Karriere, 1998, s. Reg.; A. Hutter, Rasierklingen im Kopf. E. S. – Literat, Journalist, Aufklärer, 2005 (m. B. u. L.); ders., in: Illustrierte Neue Welt, Februar/März 2006, S. 14 (m. B.); IKG, UA, beide Wien.

(A. Hutter)

Spitz Heinrich Otto, Gewerbetreibender, Politiker und Widerstandskämpfer. Geb. Wien, 11. 1. 1885; gest. ebd., 10. 4. 1945 (ermordet). – S., der von Beruf Großfuhrwerksbesitzer und Holzhändler war, gehörte im „Ständestaat" von November 1934 bis Februar 1938 als Vertreter des Gewerbes dem Bundeswirtschaftsrat an. Er bekleidete zahlreiche leitende Funktionen in den Standesorganisationen der Gewerbetreibenden, u. a. war er Präsidiumsmitgl. des Gewerbebundes, Innungsmeister der Fuhrwerker, Präsidiumsmitgl. des Bundes österr. Gewerbetreibender sowie Obmannstellv. des Landesgewerbeverbandes für Wien; Ende 1935 HK-Rat. Im Februar 1938 wurde er als Ersatzmitgl. für Julius Raab in den Bundestag berufen. Nach dem „Anschluß" aller seiner Funktionen enthoben, blieb er zunächst unbehelligt und führte seinen Betrieb weiter. Gegen Ende des 2. Weltkriegs schloß sich S. der Widerstandsbewegung „O5" an und zählte zu den führenden Köpfen des im Dezember 1944 in seinem Haus in Wien-Heiligenstadt gegr. überparteil. Leitungsgremiums des österr. Widerstands, des Prov. Oesterr. Nationalkomitees (POEN). Im Rahmen der Pläne des POEN für eine polit. Nachkriegsordnung in Österr. galt S. als christlichsozialer Kandidat für eine prov. Bundesregierung. Neben S. waren auch seine Frau Stefanie, geb. Weinzinger, sowie seine Söhne Karl und Willi im Widerstand aktiv. Im Haus der Familie wurden nicht nur Widerstandskämpfer vorübergehend beherbergt, auch eine Frau jüd. Herkunft wurde über einen längeren Zeitraum versteckt. Als die Gestapo im März 1945 zahlreiche Führungsmitgl. des POEN festnahm, gelang es S. zunächst unterzutauchen. Aufgrund einer Denunziation wurde er jedoch kurz vor der Befreiung Wiens in der Nähe seines Hauses von der SS gestellt und erschossen.

L.: O. Molden, Der Ruf des Gewissens. Der österr. Freiheitskampf 1938–45, 1958, s. Reg. (m. B.); F. Molden, Die Feuer in der Nacht. Opfer und Sinn des österr. Widerstandes 1938–45, 1988, s. Reg. (m. B.); G. Enderle-Burcel, Christlich-ständisch-autoritär. Mandatare im Ständestaat 1934–38, 1991 (m. B.); DÖW, Wien.

(Ch. Kanzler)

Spitzeder (Johann) Josef, Sänger. Geb. Bonn, Erzbistum Köln (Dtld.), 2. 9. 1794; gest. München, Bayern (Dtld.), 13. 12. 1832. – Enkel des Salzburger Hoftenoristen Franz Anton S. (1725–1796), der mit Leopold und W. A. Mozart in Verbindung stand, Sohn des Bassisten Johann Bapt. (geb. Salzburg, Erzbistum Sbg./Sbg., 17. 4. 1767; gest. München, 22. 10. 1842), Gatte der hauptsächl. in Mozart-Rollen beliebten Sopranistin Henriette S., geb. Schüler (geb. Dessau, Anhalt-Dessau/Dtld., 18. 3. 1800; gest. Berlin, Preußen/Dtld., 30. 11. 1828), in zweiter Ehe ab 1831 der Sängerin Betty (Elisabeth) S., geb. Vio (geb. Lübeck, Reichsstadt/Dtld., 22. 6. 1806; gest. München, 15. 12. 1872). S. erfuhr seine musikal. Ausbildung bei Hofkapellmeister Joseph Weigl in Wien. 1819 wurde er gem. mit seiner ersten Frau an das Theater an der Wien engag., wo beide bis 1824 verblieben. S. zeichnete sich dort sowohl als Opernsänger (Baß) als auch als Schauspieler und Pantomime aus, große Erfolge erntete er als Papageno und Leporello in Mozarts Opern. 1820 wirkte er in der ersten Auff. von Schuberts „Die Zauberharfe" mit, 1822 auch bei der Auff. eines Vokal-Quartetts von Schubert. Einen seiner größten Erfolge erzielte er 1823 in I. v. Seyfrieds auf J. Haydns Musik beruhendem Singspiel „Die Ochsenmenuette", in der er den ung. Ochsenhändler Istók darstellte, eine Paraderolle, mit der er auch in Dtld. erfolgreich war. 1824 wurde er an das neu errichtete Königstädter Theater in Berlin engag., wo er namentl. in Buffo-Rollen große Beliebtheit erwarb. 1832 folgte er einem Ruf an die Münchener Hofoper, starb jedoch im selben Jahr.

L. *(meist auch für die anderen Familienmitgl.): Eisenberg, Bühne; Kat. der Portrait-Smlg., S. 356, 358f.; Kutsch–Riemens; oeml; Ulrich; Wurzbach; Schubert. Die Dokumente seines Lebens, ed. O. E. Deutsch, 1964, s. Reg.; H. Schuler, in: Jb. der Herald.-Genealog. Ges. „Adler", F. 3, Bd. 9, 1978, S. 27ff., ders., Mozarts Salzburger Freunde und Bekannte (= Taschenbücher zur Musikwiss. 119), 1998, S. 156ff.; M. Jahn, Die Wr. Hofoper von 1836 bis 1848, 2004, s. Reg.; Stadtarchiv, Bonn, kath. Dompfarramt St. Hedwig, Berlin, beide Dtld.*

(C. Höslinger – H. Reitterer)

Spitzer Alexander (Sándor), Anatom und Psychiater. Geb. Miskolcz (Miskolc, Ungarn), 22. 10. 1868; gest. Theresienstadt, Protektorat Böhmen und Mähren (Tschechien), 16. 1. 1943 (ermordet); mos. – Nach dem Besuch des Gymn. in seiner Heimatstadt stud. S. zunächst ein Semester Med. an der Univ. Heidelberg, ehe er 1886 an die Univ. Wien ging; 1892 Dr. med. Ab 1893 als Hospitant an der 2. Psychiatr. Univ.-klinik unter Krafft-Ebing (s. d.) tätig, wechselte S. 1901 an das Neurolog. Inst. der Univ. Wien. 1914–19 war er am Anatom. Inst. der Univ. Wien beschäftigt und habil. sich 1919 als Doz. für Anatomie. Noch 1919 kehrte er an das Neurolog. Inst. der Univ. Wien zurück, wo er 1924 zum ao. Prof. für Anatomie und Pathol. des Nervensystems ernannt wurde. 1933 i. R; 1942 wurde er in das Lager Theresienstadt deportiert. Sein med. Fachwissen, kombiniert mit umfangreichen Kenntnissen in Physik, Biol. und Mathematik, ließ schon in seinen frühen wiss. Arbeiten S.s Streben nach phil. Universalität deutl. werden. In seiner ersten Arbeit über einen Fall von Solitärtuberkel am Boden des 4. Hirnventrikels (Rautengrube) stellte er eine umfassende Theorie der Funktion des hinteren Längsbündels als eine zur räuml. Orientierung dienenden motor. Bahn auf, das als Spitzer'sches Bündel Eingang in die med. Nomenklatur fand. Darüber hinaus befaßte sich S. mit Migräne, mit abnormen Bündeln im Hirnstamm, mit der Genese der Pyramidenkreuzung, mit den Leitungsbahnen des Zentralnervensystems und mit der Funktion des Ohrlabyrinths und gilt als einer der besten Kenner der Hirnanatomie. Aber auch die Entwicklung der Herzkammerscheidewand, kardiale Mißbildungen und Problemstellungen aus verschiedensten Gebieten der Physiol. erweckten sein Interesse.

W. (auch s. u. Kreuter; Stober): zahlreiche Beitrr. in Arbeiten aus dem Neurolog. Inst. der Wr. Univ., Jbb. für Psychiatrie und Neurol., MS für Ohrenheilkde. und Laryngo-Rhinol., WMW; etc.

L.: *DBE; Fischer; Hdb. jüd. AutorInnen; Kreuter (m. tw. W.); Kürschner, Gel.Kal., 1926–35; H. Schur, in: WKW 58, 1946, S. 675; M. Stober, Personalbibl. ... Anatomie ... Univ. Wien 1845–1969, med. Diss. Erlangen-Nürnberg, 1971, S. 115ff. (m. W.); AVA, UA, beide Wien; Mitt. Valery Merlin, Yad Vashem, Jerusalem, Israel.*

(D. Angetter)

Spitzer Berthold, Zahnmediziner. Geb. Dt. Liebau, Mähren (Libina, Tschechien), 31. 8. 1878; gest. Wien, 4. 8. 1941; mos. – Sohn eines Bahnbediensteten. Nach Absolv. der Gymn. in Olmütz (Olomouc) und Mähr. Schönberg (Šumperk) stud. S. ab 1897 Med. an der Univ. Wien; 1903 Dr. med. Bereits während seines Stud. zeigte sich sein Interesse an der Zahnheilkde. Ab 1902 Demonstrator an der zahnmed. Klinik im AKH Wien, wurde S. 1903 Ass. am zahnärztl. Inst. der Univ. Wien und vervollkommnete seine Ausbildung auf mehreren Stud.reisen durch Dtld., England und Frankreich. 1911 Habil. als Priv.Doz. für Zahnheilkde. an der Univ. Wien. Während des 1. Weltkriegs als Rgt.arzt an der Front, führte S. danach eine Zahnarztpraxis in Wien und hielt Vorlesungen am Ambulatorium in Wien 6, wo er ab 1922 Vorstand der Zahnmed. Abt. war. Nach dem „Anschluß" 1938 wurde seine Venia legendi widerrufen und ihm die Ausübung seiner ärztl. Praxis nur mehr eingeschränkt und ausschließl. für jüd. Patienten erlaubt. Seinen Entschluß, gem. mit seiner Frau Paula, geb. Mamorek, in die USA zu emigrieren, konnte er nicht mehr verwirklichen. S.s Todesumstände liegen im Dunkeln, seine Frau wurde nach seinem Tod deportiert und kam 1944 im KZ Auschwitz ums Leben. Wiss. befaßte sich S. v. a. mit Problemen nach Zahnverlust und beim Durchbruch von Weisheitszähnen sowie deren Therapien, aber auch mit der Heilung von Extraktionswunden. Seine Untersuchungen veröff. er in rund 30 fachschriftsteller. Aufsätzen, insbes. in der WKW. 1920–37 war S. Präs. des zahnärztl. Ver. Österr.

W.: s. u. Kocher.

L.: *Hdb. jüd. AutorInnen; Jb. der Wr. Ges.; Kürschner, Gel.Kal., 1926–35; Österr. 1918–34, 1935 (m. B.); K. Kocher, Personalbibliographien ... Univ. Wien ... 1820–1940, med. Diss. Erlangen-Nürnberg, 1973, S. 129ff. (m. W.); J. Merinsky, Die Auswirkungen der Annexion Österr. durch das dt. Reich auf die med. Fak. der Univ. Wien im Jahre 1938, phil. Diss. Wien, 1980, S. 231; K. Mühlberger, Dokumentation „Vertriebene Intelligenz 1938", 2. Aufl. 1993, S. 32; P. Steines, Hunderttausend Steine ..., 1993, S. 192 (m. B.); AVA, IKG, UA, WStLA, alle Wien.*

(G. Winter)

Spitzer Daniel, Ps. Esau ben Naphtali, Itzig Kneipeles, Adele Silbergeld, Schriftsteller und Journalist. Geb. Wien, 3. 7. 1835; gest. Meran, Tirol (Merano/Meran, Italien), 11. 1. 1893; mos. – Sohn von Benjamin S. (gest. Wien, 5. 10. 1874), der, aus Nikolsburg (Mikulov) zugezogen, 1830 in Ober St. Veit (Wien) eine Fabrik für Musterdrucke gründete. S. besuchte 1845–53 das Wr. Akad. Gymn., stud. danach Jus an der Univ. Wien (1857 Absolutorium, 1860 3. Rigorosum) und arbeitete anschließend bis 1868 als Konz. in der Nö. HGK in Wien. Bereits seit der Gymn.zeit lieferte S. vereinzelt Beitrr. für die Münchner „Fliegenden Blätter“ und den Berliner „Kladderadatsch“, schrieb aber auch Ged., von denen einige 1858/59 in „Illustrirtes Familienbuch zur Unterhaltung …“ des Österr. Lloyd erschienen. Während seiner Beamtentätigkeit verf. S. sozial- und nationalökonom. Aufsätze, u. a. für die Z. „Wanderer“ sowie 1863 die gegen die hohen Frachtsätze der Bahn beim Kohlentransport gerichtete Broschüre „Ein Mahnruf an die österreichischen Eisenbahnverwaltungen“; die von S. 1864/65 zusammengestellten „Lieder eines Wiener Flaneurs“ blieben unvollendet. Seine humorist.-satir. Begabung zeigte sich früh: Ab 1857 Mitarb. des Wochenbl. „Figaro“, ließ er 1862–70 in diesem Bl. den jüd. Räsoneur Itzig Kneipeles aus Nikolsburg krit.-sarkast. Briefe an einen Freund in Tarnów schreiben. Im Juni 1865 erschien sein erstes satir. Wochenfeuilleton „Wiener Spaziergänge“ im Lokalanzeiger der „Presse“, bereits im August 1866 übersiedelte er damit ins Feuilleton des Hauptbl. Ende 1871 wechselte S. zur „Deutschen Zeitung“; von November 1873 bis April 1892 erschienen die „Wiener Spaziergänge“ fast wöchentl. in der „Neuen Freien Presse“, einige auch in der Berliner Z. „Die Gegenwart“. Anfangs eine literar.-satir. Wochenschau, wurden die Wr. Spaziergänge bald sprachl. und themat. präziser, wobei S. in einer assoziativen Verknüpfungstechnik polit., wirtschaftl. und kulturelle Ereignisse, Kuriositäten sowie Reiseerlebnisse behandelte. 1869–86 veröff. er ausgewählte „Wiener Spaziergänge“ in 6 Bde. (Neuausg. 1986–91). Seine satir. Novelle „Das Herrenrecht“ (1877) (die auch im Ausland großen Anklang fand) und die gegen den Wagnerkult gerichtete Veröff. „Verliebte Wagnerianer“ (1880) erlebten zahlreiche Aufl. S., u. a. mit Brahms, E. Kuh und Kürnberger (alle s. d.) befreundet, war ab 1865 Mitgl. des Journalisten- und Schriftsteller-Ver. Concordia und wurde von Karl Kraus (s. d.) – neben Speidel (s. d.) und Kürnberger – als bedeutendster Schriftsteller der Wr. Tagespresse gewürdigt. Anfang 1891 erkrankte S. schwer und übersiedelte im Oktober desselben Jahres nach Meran.

W.: s. u. Kosch.

L.: NFP, 12., 15. 1. 1893; Die Presse, 9. 1. 1993 (Beilage, m. B.); ADB; Czeike; Giebisch–Gugitz; Habsburgermonarchie 8/2, s. Reg.; Hall–Renner; Killy; Kosch; Stern–Ehrlich, bes. S. 181; Wurzbach; L. Kusche, R. Wagner und die Putzmacherin …, 1967, S. 11ff., 21f., 37f.; Sensationen des Alltags, ed. W. R. Langenbucher, 1992, S. 23ff., 301ff.; W. Obermaier, D. S. (1835–93). Wr. Spaziergänge (= Kat. der 227. Wechselausst. der WStLB), Wien 1993 (Kat., m. B.); M. Nöllke, D. S.s Wr. Spaziergänge (= Münchener Stud. zur literar. Kultur in Dtld. 20), 1994; H. Kernmayer, Judentum im Wr. Feuilleton (1848–1903), 1998; Ein Stück Österr. 150 Jahre „Die Presse“, ed. J. Kainz – A. Unterberger, 1998, s. Reg., bes. S. 158ff. (m. B.); U. Tanzer, in: Catholicism and Austrian Culture, ed. R. Robertson – J. Beniston (= Austrian Stud. 10), 1999, S. 65ff.; dies., in: Ambivalenz des kulturellen Erbes, ed. M. Csáky – K. Zeyringer (= Paradigma: Zentraleuropa 1), 2000, S. 135ff.; Metzler Lex. der dt.-jüd. Literatur, 2000 (m. B.); UA, Wien.

(W. Obermaier)

Spitzer Emanuel (Manó), Maler, Graphiker und Erfinder. Geb. Pápa (Ungarn), 30. 10. 1844; gest. Waging, Dt. Reich (Waging am See, Dtld.), 26. 8. 1919; evang. – Sohn eines Gutsbesitzers. Nach Absolv. seiner Schulausbildung in Wien hielt sich S. ab Mitte der 1860er Jahre in Paris auf, wo er – v. a. von Paul Gavarni und Honoré Daumier beeinflußt – für die Z. „L’art pour tous“ zahlreiche Illustrationen lieferte. Ab 1869 stud. er an der Münchner ABK (ab 1871 bei Wilhelm v. Diez), 1875–80 war er ständiger Mitarb. der Münchner Z. „Fliegende Blätter“. Beliebt waren S.s Genrebilder, die in der Motivwahl gelegentl. an Carl Spitzweg erinnern, in Z. („Münchner Bilderbogen“, „Über Land und Meer“), Jugendbüchern und Alben reproduziert wurden und seine Existenzgrundlage bildeten. Mit seinen maler. Ambitionen orientierte sich S. am französ. Impressionismus, fand jedoch nur wenig Anerkennung mit diesem künstler. bedeutsameren Tl. seines Œuvres, der sich durch subtile Farbgebung auszeichnet. Unzufrieden mit der Qualität der gängigen Reproduktionstechniken, wandte er sich um 1900 von der Malerei ab und phototechn. Experimenten zu; dies führte ihn zur Entwicklung der sog. Spitzertypie (Patent 1901, Zusatzpatent 1905), ein Verfahren zur drucktechn. Wiedergabe von Zeichnungen. I. d. F. gründete S. gem. mit Robert Defregger die Spitzertypie-Ges. in München. Obwohl er mit seiner Entwicklung gute Ergebnisse, 1907 auch vierfarbig, erzielte, konnte sich sein Verfahren nicht durchsetzen und verursachte 1909 seinen wirtschaftl. Ruin.

W.: s. u. Boetticher. – Nachlaß, Von Parish-Kostümbibl., Stadtmus., Dt. Mus., beide München, Dtld.

L.: *Münchner Neueste Nachrichten, 27. 8. 1919; Bénézit; DBE; M. Zsidó Lex.; Pallas; Révai; Vollmer; Wurzbach; F. v. Boetticher, Malerwerke des 19. Jh. 2, 1898 (m. W.); Photograph. Korrespondenz 56, 1919, S. 284f.; Gedächtnis-Ausst. E. S., München 1922 (Kat.); W. Hausenstein, in: Dt. Kunst und Dekoration 65, 1929/30, S. 366ff.; J. M. Eder, Geschichte der Photographie 2 (= Ausführl. Hdb. der Photographie 1/1/2), 4. Aufl. 1932, S. 925ff. (m. B.); P. Vajda, Hungarian Pioneers of Printing Art, 1972 (m. B.); H. Ebertshäuser, Malerei im 19. Jh., Münchner Schule, 1979, S. 264; H. Ludwig u. a., Münchner Maler im 19. Jh. 4, 1983; L. Balogh, Die ung. Facette der Münchner Schule, 1988, S. 40f., 170; H. Ries, Illustration und Illustratoren des Kinder- und Jugendbuchs im dt.sprachigen Raum 1871–1914, 1992, S. 894; K. Flemig, Karikaturisten-Lex., 1993; R. Ihme, Lex. alter Verfahren des Druckgewerbes (= Lex. der gesamten graf. Technik 7/1), 1994 (s. u. Spitzertypie); Mitt. Enikő Buzási, Budapest, Ungarn.*

(E. Chrambach)

Spitzer Frédéric (Sámuel), Kunsthändler, Antiquar und Sammler. Geb. vermutl. Wien, 15. 12. 1815; gest. Paris (Frankreich), 23. 4. 1890. – Sohn eines Totengräbers der jüd. Gmd. in Preßburg. S. begab sich nach Kriegsteilnahme in Italien 1848 auf Wanderschaft durch Dtld., England, Belgien und die Niederlande. Inspiriert durch Kontakte zu engl. Sammlern begann S. Kunstgegenstände zu erwerben, wobei er angebl. durch den Wiederverkauf eines für nur fünf Gulden erstandenen Dürer-Gemäldes den Grundstein zu seinem Vermögen legte. 1852 ließ sich S. in Paris nieder und avancierte i. d. F. zum führenden Antiquitätenhändler und -sammler für Objekte vom Mittelalter bis zur Spätrenaissance; 1855 etablierte er in Aachen die Niederlassung Spitzer: Kunst- und Antiquaten-Handlung. Die in seinem Pariser Palais als Gesamtkunstwerk inszenierte Smlg. wurde zum beliebten Treffpunkt für „le monde riche“ aus Aristokratie, Politik und Kunst (so zählte auch die Familie Rothschild zu seiner Klientel); Glanzstücke der Smlg. sorgten auf den Pariser Weltausst. 1878 und 1889 für großes Aufsehen. Das „Musée Spitzer“ umfaßte Waffen, Rüstungen, Tapisserien, Möbel, Fayencen, Reliquiare, Goldarbeiten, Uhren etc. und rivalisierte mit den aufkommenden Kunstgewerbemus. in England und Dtld.; der aufwendig hergestellte, tw. jedoch erst postum publ. Smlg.kat. „La Collection Spitzer: Antiquité – moyen-âge – renaissance“, 6 Bde., 1890–93 (mit farbigen Abb.), übertraf alle bisher erschienenen einschlägigen Kat. Für seine Verdienste erhielt S. 1875 den Franz Joseph-Orden, 1885 den Orden der Eisernen Krone III. Kl. und war Ritter bzw. Off. der französ. Ehrenlegion. Da auch drei Jahre nach S.s Tod kein Käufer für die einzigartige Smlg. gefunden werden konnte, wurde sie, wie in seinem Testament vorgesehen, 1893 versteigert. Von Vertretern der großen europ. Mus. und internationalen privaten Sammlern besucht, erzielte die „Auktion des Jahrhunderts“ mit ihren mehr als 3.000 Objekten 9,1 Mio. Francs. Spätere Forschungen ließen allerdings die Authentizität von Objekten der Provenienz S. mitunter fragl. erscheinen: So kombinierte S. nicht nur Originalfragmente von Kunstobjekten unterschiedl. Herkunft zu einem neuen Ganzen, sondern dürfte auch Fälschungen bei Kunsthandwerkern in Auftrag gegeben haben.

L.: *NFP, 25. 3. 1903; International Herald Tribune, 8. 7. 2000; Enc. Jud.; Jew. Enc.; M. Zsidó Lex.; Universal Jew. Enc.; E. Bonnaffé, Le musée S., 1890; Cat. des objets d'art et de haute curiosité antiques, du moyen-âge & de la renaissance ... collection S., 2 Bde., 1893; S. Beissel, Gefälschte Kunstwerke, 1909, s. Reg.; J. Hayward, in: The Burlington Magazine 112, 1970, S. 669ff.; The Dictionary of Art 29, 1996; IKG, Wien.*

(Ch. Huemer)

Spitzer Friedrich Viktor, Photograph und Industrieller. Geb. Butschowitz, Mähren (Bučovice, Tschechien), 5. 2. 1854; gest. Wien, 19. 2. 1922; konfessionslos. – Sohn eines Zuckerfabrikanten. S., der in Zürich aufwuchs, stud. hier 1869–71 Naturwiss. an der Chem.-techn. Schule der Eidgenöss. Polytechn. Schule, setzte danach in Leipzig, ab 1872 in Bonn, ab 1873 in Göttingen das Stud. der Chemie fort (1875 Dr. phil.) und soll danach angebl. als Ass. an einem der beiden Chem. Univ.laboratorien in Wien gearbeitet haben. 1895/96, 1897/98, 1904/05 besuchte er auch Kurse an der Graph. Lehr- und Versuchsanstalt. S. widmete sich – neben musikal. Stud. – als Amateur hauptsächl. der Kunstphotographie. Zu seinem Œuvre zählen v. a. Künstlerporträts, u. a. von Gustav Klimt, Koloman Moser und G. Mahler (alle s. d.), die zunächst in traditioneller Manier gehalten sind, ab der Jh.-wende jedoch zunehmend an Ausdrucksstärke gewinnen, sowie Aktstud. S. veröff. seine Arbeiten ab 1898 in den „Wiener Photographischen Blättern“, ab 1904 in der „Photographischen Rundschau“ sowie in diversen Anthol. Er arbeitete hauptsächl. mit dem Gummidruck, später auch mit dem Bromölverfahren und der Fotogravure und gilt neben dem „Trifolium“ (H. Henneberg, s. d., Heinrich Kühn und Hans Watzek) als bedeutendster Vertreter der kunstphotograph. Richtung im Wien seiner Zeit. S. war Mitgl. zahlreicher in- und ausländ.

Ver., ab ca. 1892 der renommierten Vereinigung von Kunstphotographen „Linked Ring“ in London, 1897 des Wr. Camera-Klub sowie 1904 Ehrenmitgl. des Wr. Photo-Clubs, und nahm an zahlreichen Ausst. im In- und Ausland teil. 1907 veranstaltete er gem. mit Kühn eine Ausst. in der Galerie Miethke.

W.: Über Parabromphenol und einige neue Derivate desselben, Inaugural-Diss. Göttingen, 1875; etc.

L.: *Lex. für Photographie und Reproduktionstechnik (Chemigraphie, Lichtdruck, Heliogravüre), bearb. und ed. G. H. Emmerich, 1910; Geschichte der Fotografie in Österr. 2, ed. O. Hochreiter – T. Starl, Bad Ischl 1983, s. Reg. (Kat.); W. Koschatzky, Die Kunst der Photographie, 1984, S. 457; Kunstphotographie um 1900 (= Dokumente der Photographie 3), Hamburg 1989, S. 286 (Kat.); FotoBibl. Biobibliografie zur Fotografie in Österr. 1839–1945, 2005 (Datenbank, Albertina, Wien); UA, Göttingen, Dtld.; ETH Zürich, Schweiz.*

(T. Starl)

Spitzer Hugo, Philosoph, Arzt und Soziologe. Geb. Einöde (?) (Stmk.), 7. 4. 1854; gest. Graz (Stmk.), 30. 12. 1936. – Sohn von Johann S., Dir. eines Sensenwerkes und Verf. hist. und polit. Schriften, Neffe von Johann Prettner (s. d.). Seine Kindheit verbrachte S. zunächst in Einöde, dann in Kleinglödnitz (Ktn.) und hierauf in der Obhut seines Onkels in Klagenfurt, wo er auch das Gymn. besuchte. Danach stud. S. ab 1871 Phil. v. a. bei Alois Adolf Riehl (s. d.) Med. und Naturwiss., insbes. Zool. bei Eduard Oskar Schmidt (s. d.) an der Univ. Graz; 1875 Dr. phil., 1881 Dr. med. Zunächst ein Jahr als Volontärarzt im AKH Graz tätig, habil. sich S. 1882 für Phil. an der Univ. Graz, 1893 wurde er zum unbesoldeten ao. Prof., 1897 zum besoldeten ao. Prof. und 1905 zum o. Prof. für Phil. ernannt. 1925 i. R., leitete S. noch einige Zeit das von ihm gegr. Seminar für phil. Soziol. Neben der Erkenntnistheorie, Logik und Metaphysik befaßte er sich v. a. mit Ästhetik. Als Hauptvertreter des Neukantianismus übte er großen Einfluß auf die phil. Lehre und Forschung aus. Darüber hinaus war er Mithrsg. der ersten österr. explizit soziolog. Schriftenr. „Zeitfragen aus dem Gebiete der Soziologie“.

W.: Nominalismus und Realismus in der neuesten dt. Phil. mit Berücksichtigung ihres Verhältnisses zu den Naturwiss. 1876; Über Ursprung und Bedeutung des Hylozoismus …, 1881; Über das Verhältnis der Phil. zu den organ. Naturwiss., 1883; Beitrr. zur Descendenztheorie und zur Methodol. der Naturwiss., 1886; Krit. Stud. zur Aesthetik der Gegenwart, 1897; Untersuchungen zur Theorie und Geschichte der Ästhetik 1, 1913; Die Stellung der Soziol. unter den Wiss., 1918/19; etc.

L.: *Tagespost (Graz), 4. 1. 1900, 5. 4. 1924, 6. 4. 1929, 8. 4. 1934; NFP, 23. 1., 10. 6. 1900, 7. 6. 1903, 29. 6., 24. 7. 1907, 21. 8. 1909, 8. 4. 1914; Hamburger Fremdenbl., 15., Köln. Volksztg., 30. 3. 1933; Münchner Neueste Nachrichten, 17. 3. 1933, 4. 1. 1937; NWT, 31. 12. 1936; Eisler; Kürschner, Gel.Kal., 1925–35; Wer ist's?, 1906, 1909; Österr. Rundschau 1, 1904/05, S. 386; Kunst und Künstler 20, 1922, S. 441; 100 Jahre Dt. Burschenschaft in Österr. 1859–1959, bearb. G. Berka, 1959, S. 64f.; A. Kernbauer, Das Fach Chemie an der phil. Fak. der Univ. Graz (= Publ. aus dem UA Graz 17), 1985, S. 383, 624; Biograph. Enz. dt.sprachiger Philosophen, 2001; Das Waldviertel 52, 2003, Nr. 4, S. 399; UA, Graz, Stmk.; Materialiensmlg. ÖBL, Wien.*

(D. Angetter)

Spitzer Josef Anton, Techniker. Geb. Wien, 15. 4. 1856; gest. ebd., 22. 7. 1922. – S. besuchte 1875–77 die Maschinenbauschule und 1877/78 die Ing.schule an der TH Wien. Als Konstrukteur zahlreicher Brücken avancierte er zum Dir. des Unternehmens von Gustav Adolf Wayß, eines Pioniers des Stahlbetonbaues. Ab 1892 führte S. unter Leitung von Brausewetter (s. d.) gem. mit Karl Haberkalt, Ludwig Paul Roth (von der Fa. Rella & Neffe) und in Zusammenarbeit mit dem Österr. Gewölbeausschuß Belastungsversuche an Stahlbetonkörpern durch, wobei wichtige Erkenntnisse für die Entwicklung der Stahlbetonbauweise gewonnen wurden. S. förderte das bautechn. Versuchswesen und die diesbezügl. wiss. Laboratorien, publ. die Ergebnisse in zahlreichen Fachartikeln, darunter die vom Österr. Ing.- und Architektenver. veranlaßte Berechnung des Purkersdorfer Eisenbeton-Versuchsgewölbes nach der Elastizitätstheorie (1892), lieferte aber auch grundlegende Beitrr. für den Stahlbetonbau, indem er u. a. die Gewölbeversuche des Österr. Ing.- und Architektenver. mit der Theorie der stat. unbestimmten Bogenträger, Versuche an Betonträgern und biegefesten Platten oder den Einfluß der Längsbewehrung auf die Säulenfestigkeit auswertete. Seine Erkenntnisse sind noch heute weltweit Allgemeingut der Stahlbetontechnik. Sie fanden etwa bei Brücken der Wr. Stadtbahn (1898/99) – darunter auch eine 2 km lange Überdeckung der Donaukanallinie durch Plattenbalken –, der Zeller Hochbrücke bei Waidhofen an der Ybbs (1898), der Brücke in Hollenstein an der Ybbs, der Bogenbrücke in Mostar und der Talsperre bei Komotau (Chomutov) Anwendung.

W.: Brückenbau und Eisenbahnbau. Anwendungen des Eisenbetons im Kriegsbau (= Hdb. für Eisenbetonbau 3), 1908; Versuche mit Eisenbetonsäulen, in: Mitth. über Versuche ausgeführt vom Eisenbeton-Ausschuss des Österr. Ing.- und Architektenver. 3, 1912; Beitrr. in Z. des Österr. Ing.- und Architekten-Ver.; etc.

L.: *R. Saliger, in: Bll. für Technikgeschichte, 1948, H. 10, S. 71f.; Österr. Naturforscher und Techniker, 1951, S. 183; 100 Jahre Dt. Burschenschaft in Österr. 1859–1959, bearb. G. Berka, 1959, S. 144; 150 Jahre TH*

Wien 1815–1965, ed. H. Sequenz, 1, 1965, S. 284; A. Pauser, Eisenbeton 1850–1950 ..., 1994, S. 175 (m. B.); T. Jürges, Die Entwicklung der Biege-, Schub- und Verformungsbemessung im Stahlbetonbau und ihre Anwendung in der Tragewerklehre, techn. Diss. Aachen, 2000, S. 44f., 62, 213; Archiv der TU, WStLA, beide Wien; Mitt. Alfred Lechner, Wien.

(D. Angetter – M. Martischnig)

Spitzer Leonie Adele, Schriftstellerin und Lehrerin. Geb. Wien, 17. 5. 1891; gest. Oxford (Großbritannien), 5. 6. 1940; mos. – Enkelin von Simon S. (s. d.), Tochter des Obermedizinalrats Franz S. (gest. 17. 6. 1929), der als Arzt der Schriftsteller- und Journalistenvereinigung Concordia wirkte, Zwillingsschwester von Fritz S. (geb. Wien, 17. 5. 1891; gest. ebd., November 1938, Selbstmord), ab 1919 prakt. Arzt und Krankenkassenarzt in Wien. S. wurde ursprüngl. gem. mit ihrem Bruder von Hauslehrern unterrichtet, besuchte eine zeitlang das Lyzeum Hanausek und erwarb 1912 die Lehrbefähigung für Französ. und Engl. Bereits 1911 erstmals in England, lebte sie 1912–13 in Oxford. Nach Wien zurückgekehrt, legte sie 1916 am Reformrealgymn. in Wien 3 die Matura ab und stud. danach bis 1920 an der Univ. Wien Phil., 1920 Dr. phil. mit einer stilkrit. Untersuchung über Rilkes (s. d.) Verskunst. 1921–22 Lektorin beim Rikola-Verlag, wandte sie sich i. d. F. dem Lehrberuf zu, legte 1923 die Lehramtsprüfung für Gymn. ab und war danach an verschiedenen Mittelschulen in Wien, zuletzt, ab 1929, am Floridsdorfer Gymn. tätig. Nach der nationalsozialist. Machtübernahme wurde sie 1938 i. d. R. versetzt und ging ins Exil nach Italien, von dort 1939 nach Oxford, wo sie vorerst eine Stellung am Cheltenham Ladies College, dann in Crofton Grange erhielt, jedoch bald darauf einem schweren Leiden erlag. Neben frühen Dramenversuchen verf. S. Ged. und Prosa, die tw. von ihrer Cousine Helene Adolf, die ihren Nachlaß betreute, hrsg. wurden.

W.: Wandlungen der Liebe, ed. H. Adolf, 1978; Die Familie Höchst, ed. dies., 1986; etc.

L.: Bolbecher–Kaiser; Hdb. jüd. AutorInnen; Jb. der Wr. Ges. (für Fritz S.); Kosch; Die Familie Höchst, ed. H. Adolf, 1986, S. 105ff. (m. B., auch für die anderen Familienmitgl.); R. Wall, Lex. dt.sprachiger Schriftstellerinnen im Exil 1933–45, 2, Neuaufl. 2004 (m. B.).

(E. Lebensaft)

Spitzer Rudolf Lothar, Ps. Rudolf Lothar, Angelo Cana, Luigi G. Battistini etc., Schriftsteller und Journalist. Geb. Budapest (Ungarn), 23. 2. 1865; gest. ebd., 2. 10. 1943. – Sohn eines Kaufmanns; nannte sich ab 1896 Rudolf Lothar. S. besuchte das Gymn. in Budapest und Wien, 1882–86 stud. er an der Univ. Wien Jus, bereiste dann Dtld., Italien und Frankreich, stud. an dortigen Bibl. und publ. in Ztg. wie „Neue Freie Presse", „Frankfurter Zeitung" etc. 1891 Dr. phil. der Univ. Heidelberg mit einer Diss. über „Beiträge zur Geschichte des Spiels in Altfrankreich". Bis 1907 war S. in Wien Feuilletonist der „Neuen Freien Presse", 1898–1902 gab er auch die neugegr. WS „Die Wage" heraus. Seine literaturwiss. Werke „Kritische Studien zur Psychologie der Litteratur" (1895), „Henrik Ibsen" (1902) und „Das deutsche Drama der Gegenwart" (1905) machten ihn bekannt. Gleich drei Mal widmete sich S. der Geschichte des Wr. Burgtheaters (1899, 1900, 1934), war aber v. a. auch selbst ein überaus produktiver Bühnenautor: Ab 1890 veröff. er (oft mit Co-Autoren) zahlreiche Dramen (hauptsächl. Lustspiele) und Libretti. Gerne verbarg er seine Autorenschaft hinter Ps., oft auch bloß als „Übersetzer" oder „Bearbeiter" auftretend, zudem übers. er tatsächl. einige engl. und französ. Bühnenwerke. Seinen ersten großen Bühnenerfolg feierte er mit dem Maskenspiel „König Harlekin" (1900), das in 14 Sprachen übers. wurde. Berühmt wurde er jedoch mit seinem Libretto zu Eugen d'Alberts Oper „Tiefland" (1907). Weniger Erfolg hatten seine Romane und Novellen (u. a. „Die Fahrt ins Blaue", 1908, oder „Kurfürstendamm", 1910). 1907 übersiedelte S. nach Berlin, wo er fünf Jahre für den „Berliner Lokal-Anzeiger" tätig war und sich 1912, erfolglos, auch als Theaterdir versuchte. Er übersiedelte nach Paris, zwei Jahre später nach Spanien und anschließend in die Schweiz. Erst 1920 kehrte er nach Berlin zurück, wo ihm mit seiner Komödie „Casanovas Sohn" (1921) wieder ein Erfolgsstück gelang. S. verf. auch einige Drehbücher, zumeist jedoch anonym. Sein Lustspiel „Die Republik befiehlt" (1927, gem. mit Fritz Gottwald) wurde 1930 unter dem Titel „Liebe auf Befehl" in Hollywood verfilmt. Zahlreiche Reisen, die ihn in viele Länder Europas, in die USA und den Vorderen Orient führten, spiegeln sich u. a. in den Werken „Die Seele Spaniens" (2. Aufl. 1916) und „Zwischen drei Welten" (1926) wider. S. war mit den berühmtesten Persönlichkeiten des Kulturlebens seiner Zeit befreundet (u. a. mit den Brüdern Goncourt, A. Schnitzler, s. d., Ibsen oder Zola); er war u. a. Ritter der Französ. Ehrenlegion. 1930–37 schrieb S. als Feuilletonist und Berliner Theaterkorrespondent für das „Neue Wiener Journal“ und erlebte auch in Wien noch einige Theatererfolge. Vor der Verfolgung durch das NS-Regime konnte er sich nach Budapest in Sicherheit bringen.

W.: s. u. Kosch.

L. (s. u. Lothar): Pester Lloyd, 2. 10. 1943 (A.); Bolbecher–Kaiser; Brümmer; Czeike; DBA; Hall–Renner; Hdb. der Emigration 2; Hdb. jüd. AutorInnen; Kosch (m. W. u. L.); Kosch, Theaterlex.; Nagl–Zeidler–Castle 3–4, s. Reg. (m. B.); Universal Jew. Enc.; Wininger; L. Smolle, in: Wr. Mitt. aus dem Gebiete der Literatur, Kunst ... 23, 1911, H. 2, S. 1ff. (m. B.); Neue Dt. Biographie 15, 1987 (m. L.); A. Schnitzler. Tagebuch 1931. Gesamtverzeichnisse 1879–1931, 2000, s. Reg.; Tagbl.Archiv, WStLA, beide Wien; UA, Heidelberg, Dtld.

(R. Müller)

Spitzer Salomon (Benjamin Solomon), genannt Reb Zalman Spitzer, Rabbiner. Geb. Altofen, Ungarn (Budapest), 16. 11. 1826; gest. Wien, 4. 12. 1893; mos. – Sohn des Leiters einer Talmudschule in Altofen, Schwiegersohn von Moses, Schwager von Abraham Samuel Benjamin Wolf und von Simon, Onkel von Bernhard Schreiber (alle s. d.). S. stud. den Talmud ab 1839 bei Schick (s. d.) in St. Georgen (Svätý Jur), 1842–43 bei Rabb. Meir Asch in Ungvár (Užhorod), hierauf in Preßburg. 1853 wurde er als Bethaus-Rabb. an die streng orthodoxe „Ankerschul“ in Wien, die Vorgängerin der 1864 neu erbauten „Schiffschul“, berufen. Da die Wr. israelit. Kultusgmd. dem wachsenden Zuzug von Orthodoxen aus Nordungarn Rechnung tragen mußte, wurde S. 1858 als Rabbinats-Substitut an die Seite von Lazar Horowitz (s. d.) berufen. Als jedoch 1871 unter dem neuen Präs. der Kultusgmd., I. Kuranda (s. d.), ein Vorstoß der liberal-fortschrittl. Kräfte zur Reform des Kultus erfolgte, machte sich S. im nun folgenden, mit großer Heftigkeit geführten „Kultusstreit“ zum Wortführer der orthodoxen Opposition und trat 1872 aus der Kultusgmd. aus. Trotz der Modifizierung der ursprüngl. Pläne der Reformer konzentrierte er sein weiteres Wirken i. d. F. auf die „Schiffschul“ und die mit ihr verbundenen Einrichtungen, die unter ihm zum geistigen und organisator. Zentrum des orthodoxen Judentums in Wien wurden.

W.: Rabbin. Gutachten betreffs der vom Vorstande der isr. Cultus-Gmd. in Wien, am 21. Jänner l. J. gefaßten ... Reformbeschlüsse, 1872; Tikkum Shelomo, 1892 (Predigten und Reden).

L.: Enc. Jud.; Habsburgermonarchie 4, S. 654; I. Gastfreund, Die Wr. Rabbinen ..., 1879, S. 115ff.; Oesterr. WS 10, 1893, S. 955; Die Neuzeit 33, 1893, S. 488f., 42, 1902, S. 524f.; Der Israelit 34, 1893, S. 1835f., 1859, 1879f.; Jüd. Presse 2, 1925, S. 251f.; W. Rosenmann, Dr. A. Jellinek, 1931, s. Reg.; W. Häusler, in: Studia Judaica Austriaca 6, 1978, S. 52f.; P. Landesmann, Rabb. in Wien, 1997, s. Reg.; Biograph. Hdb. der Rabb., ed. M. Brocke – J. Carlebach, 2, 2004 (m. L.); Mitt. Shira Singer, Wien.

(H. Reitterer)

Spitzer Sigmund (Ispiçel Bey), Anatom, Pathologe und Diplomat. Geb. Nikolsburg, Mähren (Mikulov, Tschechien), 21. 4. 1813; gest. Wien, 23. 12. 1894; mos. – Sohn eines Kaufmanns. Nach seiner Schulausbildung stud. S. an der Univ. Wien Med.; 1837 Dr. med. Anschließend ging er auf Aufforderung des osman. Geschäftsträgers der Hohen Pforte in Wien an die militär.-med. Schule in Galatasaray, wo er 1839 zum Prof. für Anatomie ernannt wurde und als einziger Zivilarzt unterrichtete. 1844–50 war er als Nachfolger K. A. Bernards (s. d.) Leiter dieser Schule. 1845 setzte S. eine Ausweitung des Stud. auf zehn Jahre mit einem zusätzl. Vorbereitungsjahr durch. Unter seiner Ägide wurden hier ab 1845 an der Schule Leichen zu Stud.zwecken seziert, auf seine Veranlassung hin wurde das Sezieren auch in anderen türk. Spitälern ohne Rücksicht auf Geschlecht und frühere Religionszugehörigkeit der Leichen durchgeführt. 1847 erwirkte S. beim Sultan die Erlaubnis, die vier besten Zöglinge in Wien prom. zu lassen, um die Qualität an der med. Schule von Galatasaray zu demonstrieren. Nachdem diese an der Univ. Wien mit ausgez. Erfolg zum Dr. med. prom. worden waren, wurde S. in Anerkennung dessen zum Dir. der med. Akad. ernannt. S. war auch außerschul. in seinem Fach engagiert: So gehörte er der 1842 geschaffenen San.-komm. an, die von Bernard geleitet wurde. Nachdem er Sultan Abdülmedjid von einer schweren chron. Erkrankung heilen konnte, wurde S. 1845 dessen Leibarzt und galt alsbald als enger Vertrauter des Sultans. Auf dessen ausdrückl. Wunsch trat er in den diplomat. Dienst ein und war 1850–56 Botschaftsrat in Wien. In dieser Funktion nahm er an allen Verhandlungen bezügl. des Krimkriegs teil. 1857 reiste er zur Behandlung des erkrankten Sultans nach Konstantinopel (İstanbul), kehrte aber bald nach Europa zurück, wo er 1857–60 osman. Geschäftsträger in Neapel war. Nach dem Tod des Sultans lebte S. als Privatmann in Paris und Italien und kehrte schließl. nach Wien zurück, wo er die letzten Lebensjahre verbrachte. Wiss. nicht tätig, spielte S. eine bedeutende Rolle in der med. Entwicklung des osman. Reichs. Sein Verdienst liegt nicht nur in der Durchsetzung des Sezierens in der Türkei, sondern auch in der Errichtung eines anatom. Mus. Die Präparate für dieses Mus. stammten teils von S. selbst, teils erhielt er sie von Josef Hyrtl (s. d.). Für seine Verdienste wurde ihm 1847 der osman. Orden (İmtiyaz nişanı) verliehen.

L.: ADB; DBE; Hdb. jüd. AutorInnen; Hirsch; Jew. Enc.; Pagel; Wininger; Wurzbach; B. Stern, Med., Aberglaube und Geschlechtsleben in der Türkei …, 1903, passim; A. Terzioğlu, in: Wien und die Weltmed., ed. E. Lesky, 1974, S. 136ff.; E. Kahya, in: 150. Yılında Tanzimat, ed. D. Y. Hakkı, 1992, S. 289ff.; A. Kernbauer, in: Mitt. Österr. Ges. für Wiss.geschichte 13, 1993, 1–2, S. 175ff.; P. Steines, Hunderttausend Steine …, 1993, S. 193; IKG, UA, WStLA, alle Wien.

(K. Tomenendal)

Spitzer Simon, Mathematiker. Geb. Wien, 3. 2. 1826; gest. ebd., 16. 3. 1887; mos. – Großvater von Leonie Adele S., Schwiegervater von Nawiasky (beide s. d.). Aus bescheidenen Verhältnissen stammend, stud. S. am Wr. polytechn. Inst. an der kommerziellen Abt. sowie u. a. Mathematik, Physik, Botanik, Mechanik, Chemie sowie an der Univ. Wien Physik, Astronomie und höhere Mathematik bei A. Frh. v. Ettingshausen (s. d.); 1850 Dr. phil. 1849–54 Ass. für elementare und höhere Mathematik am polytechn. Inst. in Wien, habil. sich S. 1850 über die Anwendung der Differential-, Integral- und Variationsrechnung auf die analyt. Geometrie. Nach dem Tod von Schulz v. Straßnitzki (s. d.) – für den S. mehrmals suppl. hatte – mißglückte seine Bewerbung für dessen Professur aufgrund von S.s Konfession und seiner in die Tagespresse gelangten Kontroverse mit J. M. Petzval (s. d.). 1854–56 Priv.Doz. für höhere Mathematik am polytechn. Inst., ab 1857 prov. Lehrer am Vorbereitungskurs an der Wr. Handelsakad., die damals ihren Schulbetrieb aufnahm, wurde S. 1858 zunächst def. Prof. für merkantiles Rechnen und Algebra, 1863 unbesoldeter ao. Prof. der höheren Mathematik am Wr. polytechn. Inst. und hielt ab 1866 auch Vorlesungen über analyt. Mechanik. 1868 besoldeter ao., 1870 o. Prof. für höhere Mathematik und analyt. Mechanik. 1871 war S. prov. Leiter der Handelsakad., nach deren Neuorganisation und Teilung in eine akadem. Handels-Mittelschule und eine Handels-Hochschule 1873/74 erster Rektor der Handels-Hochschule. Dort lehrte er als ao. Prof. für kaufmänn. und polit. Arithmetik bis 1877, als die Trennung rückgängig gemacht und erneut die Wr. Handelsakad. eingerichtet wurde. 1877–86 wieder Doz. an der Wr. Handelsakad. für kaufmänn. und polit. Arithmetik. I. d. F. widmete er sich ausschließl. der Wiss. S. war ab 1869/70 Mitgl. der k. k. Prüfungskomm. für Lehramtskandidaten an Handelsschulen, ab 1871 einer der Dir. der privaten Österr. Hypotheken-Bank sowie Vertrauensmann der Finanz- und Handelswelt. Er verf. neben einigen Monographien, die tw. ins Französ., Engl., Russ. und Italien. übers. wurden, eine große Zahl von wiss. Artikeln u. a. über Zahlengleichungen, Variationsrechnung, Differentialgleichungen sowie Wahrscheinlichkeitsrechung und Statistik, die bes. im Bereich der Versicherungsmathematik ihre kommerzielle Anwendung fanden. Hervorzuheben sind v. a. seine Leistungen im Bereich des österr. Finanz- und Versicherungswesens.

W. (auch s. u. Poggendorff; Wurzbach; Kleibel; Ottowitz): Vorlesungen über lineare Differential-Gleichungen, 1878; zahlreiche Beitrr. in W. Haidinger's Naturwiss. Abhh. und in den Sbb. Wien, math.-nat. Kl.

L.: NFP, 16. 3. 1887 (A.); ADB; DBE; Poggendorff 1–4 (m. W.); Sbb. Wien, math.-nat. Kl. 28, 1858, Nr. 4, S. 253ff.; Wininger; Wurzbach (m. W.); A. Kleibel, Fünfzig Jahre Wr. Handels-Akad., 1908, S. 30ff., 48, 60, 64ff., 91, 95, 105ff. (m. W.); A. Lechner, Geschichte der TH in Wien 1815–1940, 1942, s. Reg.; M. A. B. Deakin, in: Proceedings of the First Australian Conference on the History of Mathematics …, ed. J. N. Crossley, 1981, S. 32ff.; ders., in: Archive for History of Exact Sciences 25, 1981, S. 343ff.; L. Heinrich, in: Statistics 16, 1985, H. 2, S. 249ff.; G. Schmidt, in: Journal of applied probability 23, 1986, S. 1000ff.; N. Ottowitz, Der Mathematikunterricht an der TH in Wien 1815–1918 (= Diss. der TU Wien 52/1), 1992, S. 231ff. (m. W.); P. Steines, Hunderttausend Steine …, 1993, S. 195f.; H. K. Kaiser, in: Internationale Mathemat. Nachrichten 55, 2001, Nr. 188, S. 9ff.; AVA, Archiv der TU, beide Wien.

(M. Pesditschek)

Splény(i) von Miháldy Gabriel Frh., General. Geb. Ternye, Ungarn, (Terňa, Slowakei), 2. 10. 1734; gest. Szilvásújfalu, Ungarn (Slivník, Slowakei), 1. 4. 1818. – Aus altem ung. Adel, Sohn des Gen. der Kav. Gabriel (1690–1762), Vater von Ignaz Pankraz Galeaz und Franz Frh. S. v. M. (beide s. u.), Großvater von Ludwig (Lajos) Frh. S. v. M. (s. d.). Nach Erziehung im Jesuitengymn. in Kaschau (Košice) und der Theresian. Ritterakad. in Wien trat S. 1752 als Fähnrich in die Inf. ein, wurde 1756 zum IR 39 transferiert, bei dem er (1757 Hptm., 1760 Mjr.) den Siebenjährigen Krieg mitmachte. 1768 Obst., erhielt S. das Kmdo. über das Rgt., wurde 1773 zum GM befördert und im folgenden Jahr mit der Leitung der Militäradministration der neuerworbenen Bukowina betraut, wo er die Landesverwaltung reorganisierte und u. a. die Voraussetzungen für ein allg. Schulwesen schuf. Danach kehrte er wieder in den aktiven Dienst zurück, nahm am Bayr. Erbfolgekrieg (1778) teil und zeichnete sich – 1785 FML – v. a. im Türkenkrieg 1788–90 aus: Für sein Verhalten beim Treffen von

Adschud (Adjud) erhielt er 1789 das Ritterkreuz, nach der Schlacht bei Fokschan (Focşani) das Kommandeurkreuz des MMTO (1790). 1791 fungierte er als Obergespan des Szabolcser Kom., führte 1793 eine Div. in den Kämpfen gegen Frankreich und wurde 1794 Interimskmdt. der Festung Olmütz. 1795 trat er als Geh. Rat i. d. R., übernahm aber 1799 das Kmdo. der ung. adeligen Insurrektion jenseits der Theiß. S. war ab 1788 auch Inhaber des IR 51. Auch zwei von S.s Söhnen ergriffen die militär. Laufbahn: **Ignaz Pankraz Galeaz Frh. S. v. M.** (geb. Mailand, Hg.tum Mailand / Milano, Italien, 3. 4. 1772 oder Szilvásújfalu, 1768; gest. Miskolc, Ungarn, 20. 3. 1840) trat sehr früh in die Kav. ein, nahm bereits 1788 am Türkenkrieg und ab 1793 an den Feldzügen gegen Frankreich teil, wurde 1789 Rtm., 1797 Mjr. und zeichnete sich 1798 bei der Belagerung von Cuneo aus. 1804 Obst., 1809 GM und 1813 FML, tat er sich im Feldzug von 1813/14 hervor. Danach war er zunächst Divisionär in Pest (Budapest). 1830 Gen. der Kav. und Geh. Rat., fungierte er ab 1831 als Adlatus des kommandierenden Gen. in Ofen (Budapest) sowie ab 1833 als Kapitänlt. der ung. adeligen Leibgarde. Ein zweiter Sohn, **Franz Frh. S. v. M.** (geb. Casalmaggiore, Hg.tum Mailand/Italien, 17. 11. 1774 oder 1768; gest. Klausenburg, Siebenbürgen/Cluj-Napoca, Rumänien, 9. 1. 1829), diente ab 1786 bei der Inf., ab 1789 bei der Kav., wurde 1800 Mjr., 1806 Rgt.kmdt., 1809 GM und erstürmte 1809 das Dorf Aspern; 1815 FML, fungierte er als Divisionär in Hermannstadt (Sibiu). Er wurde 1823 2., 1825 1. Inhaber des IR 31 und trat 1828 i. d. R.

L.: ADB; Hirtenfeld; Wurzbach; F. Mayer, Geschichte des k. k. IR Nr. 39, 1875, S. 4, 39f., 43, 60, 66, 670; M. Maendl, Geschichte des k. u. k. IR Nr. 51, 1, 1897, S. 588ff.; J. J. Gudenus, A magyarországi főnemesség XX. századi genealógiája 3, 1998, S. 244ff.; KA, Wien. – Ignaz Pankraz Galeaz Frh. S. v. M.: Wurzbach; KA, Wien. – Franz Frh. S. v. M.: K. v. Blazekovic, Chronik des k .u .k. IR Nr. 31 ..., durchgesehen und ergänzt J. Pössl, 1–2, 2. Aufl. 1909, S. 263, 287ff., 356, 361f. (m. B.), 710, 712; KA, Wien.

(A. Schmidt-Brentano)

Splény(i) von Miháldy Ludwig (Lajos) Frh., Diplomat und Offizier. Geb. Pest (Budapest, Ungarn), 27. 9. 1817; gest. Konstantinopel, Osman. Reich (İstanbul, Türkei), 13. 1. 1860. – Enkel von Gabriel (s. d.), Sohn von Ignaz Pankraz Galeaz, Neffe von Franz Frh. S. v. M. (beide s. u. Gabriel Frh. S. v. M.). S. wurde 1832 beim Dragonerrgt. 4 als Kadett assentiert, 1833 zum Lt. avanciert, danach zum Husarenrgt. 3 und im selben Jahr wieder zum Dragonerrgt. 4 transferiert. 1836 Oblt. beim Husarenrgt. 6, wurde er 1839 2. Rtm. beim Husarenrgt. 2 und 1844 zum 1. Rtm. befördert. Wegen seiner Schulden 1846 für ein Jahr beurlaubt und in den supernumerären Stand versetzt, reiste er 1847 nach Wien, dann nach Baden-Baden sowie im Frühjahr 1848 in die Schweiz und nach Italien. Ende November wurde er von Ladislaus Gf. Teleki, dem Bevollmächtigten der ung. Revolutionsregierung in Paris, zum Gesandten in Sardinien-Piemont ernannt, wo er im Dezember 1848 die diplomat. Beglaubigung erhielt. S. rief die ung. Soldaten der k. k. Armee in Italien mehrfach zur Desertion auf und organisierte aus den Überläufern eine ung. Legion. Nach der Schlacht bei Novara (1849) wurde S. auf österr. Forderung von der sardin.-piemontes. Regierung des Landes verwiesen und kehrte Anfang Mai 1849 nach Paris zurück. Von Teleki nun zum ung. Repräsentanten in Konstantinopel bestellt, war S. ab Ende Mai als Sekr. des dortigen ung. Gesandten, Francis William Browne, tätig, wurde jedoch bald auf Betreiben des österr. Vertreters Bartholomäus v. Stürmer von der osman. Regierung ausgewiesen und ließ sich Mitte 1849 in Paris, später in London nieder. Nach Ausbruch des Krimkriegs begab er sich nach Damaskus, im September 1854 weiter nach Konstantinopel, wo er zum Islam konvertierte und später verarmt starb.

L.: M. Életr. Lex.; Wurzbach; B. Splény – M. Kendi, Splény B. emlékiratai 1–2, 1984; H. Steindl, Die internationalen Beziehungen der ung. Revolution 1848/49 bis zum Ausgleich, phil. DA Salzburg, 1998, S. 15ff., 26ff.; G. Bona, Tábornokok és törzstisztek az 1848/49. évi szabadságharcban, 3. Aufl. 2000; D. Kosáry, Hungary and International Politics in 1848–49 (= Atlantic Studies on Society in Change 112), 2003, s. Reg.; KA, Wien.

(R. Hermann)

Spörlin Michael, Industrieller und Wirtschaftsfunktionär. Geb. Mülhausen, Schweiz (Mulhouse, Frankreich), 1784; gest. Wien, 22. 6. 1857; evang. HB. – Aus angesehener Familie, Enkel eines Bgm., Sohn eines Pastors. S. lernte in der Tapetenfabrik seines Schwagers Jean Zuber in Rixheim und wurde von diesem ab 1802 (ab 1805 Teilhaber) auf Geschäftsreisen geschickt, wobei er große Tle. Europas kennen lernte und sich insbes. in Paris Anregungen für neue Tapetenmuster holte. 1808 übersiedelte er gem. mit einem anderen Schwager, Heinrich Rahn, nach Wien, wo er gute Voraussetzungen für die Tapetenerzeugung erkannte, zog sich aus dem Zuberschen Unternehmen zurück und begründete 1809 in Gumpendorf

(Wien 6) die Papiertapeten- und Buntpapierfabrik Spörlin & Rahn, in der erstmals in Österr. Tapeten in großem Umfang hergestellt und bald auch nach Dtld., Italien und Polen exportiert wurden. 1813 erhielt er den Titel eines k. k. Hofpapiertapetenfabrikanten. S. war ein äußerst innovativer Unternehmer, der sich auch selbst auf chem. und mechan. Sektor weiterbildete. 1816 stellte er die ersten Tapeten mit Iriseffekt her, der bei den Verwandten in Rixheim weiterentwickelt wurde und auch im Kattundruck Verwendung fand. Ab 1821 perfektionierte S. die Erzeugung von Iristapeten und erhielt 1822 und 1823 Privilegien (Patente) auf den sog. Irisdruck, durch den neue Farbeffekte erzielt werden konnten. Weiters wurden neue techn. und kostensparende Verfahren entwickelt, wie der Endlosdruck und eine Methode, Tapeten schnell und ohne Unterlage auf die Wand aufzuziehen. 1830 errichteten S. und Rahn eine Tapeten- und Buntpapierfabrik in Warschau. 1836 trat Heinrich Zimmermann an Stelle des verstorbenen Rahn als Ges. in die Wr. Fa. ein, die nun als Spörlin & Zimmermann firmierte, nach dessen Tod 1852 folgten S.s Tochter Katharina Zimmermann und danach S.s Enkel Gustav Zimmermann. S. spielte auch eine maßgebl. Rolle bei der Organisation von Gewerbeausst., die 1835, 1839 und 1845 in Wien stattfanden, sowie der Weltausst. in London 1851. Gem. mit Ch. G. Hornbostel, R. v. Arthaber (beide s. d.) u. a. war S. maßgebl. an der Gründung des Nö. Gewerbever. (1839/40) beteiligt, dessen Vizepräs. er 1843/44 war. Um die fachl. Fortbildung des Arbeiterstandes bemüht, initiierte er die Einrichtung einer dem Gewerbever. angeschlossenen Zeichen- und Webschule. S., erster Alterspräs. der neugegr. Wr. HK, wurde für sein Wirken mit in- und ausländ. Orden ausgez. Ab 1811 war er Mitgl. der reformierten evang. Gmd. in Wien.

L.: *Slokar; Wurzbach; W. F. Exner, Die Tapeten- und Buntpapier-Ind...., 1869, s. Reg.; 50 Jahre gewerbl. Bestrebungen, 1890, S. 2, 25, 31, 406f.; 100 Jahre österr. Wirtschaftsentwicklung 1848–1948, ed. H. Mayer, 1949, s. Reg.; Die evang. Gmd. H. B. in Wien, ed. P. Karner (= Forschungen und Beitrr. zur Wr. Stadtgeschichte 16), 1986, S. 86; G. Chaloupek u. a., Wien. Wirtschaftsgeschichte 1740–1938, 1 (= Geschichte der Stadt Wien 4), 1991, S. 195, 209; Ch. Witt-Dörring, in: Das k. k. National-Fabriksprodukten-Kabinett, ed. Th. Werner, 1995, S. 162ff. (m. L.); Evang. Oberkirchenrat HB, Wien; Materialiensmlg. ÖBL, Wien.*

(J. Mentschl)

Spörr Franz Xav., Maler. Geb. Hötting (Innsbruck, Tirol), 3. 12. 1821; gest. Telfs (Tirol), 22. 9. 1882. – S. besuchte angebl. die Wr. ABK, über seine weitere Ausbildung ist nichts bekannt; seine Arbeiten lassen sich erst ab den 60er Jahren nachweisen. 1860–74 arbeitete er gem. mit F. Plattner und Gheri (beide s. d.) an der im nazaren. Stil ausgeführten Neuausgestaltung der Pfarrkirche zum Hl. Kreuz in Zirl sowie mit Albrecht Steiner v. Felsburg und H. Kluibenschedl (s. d.), der S. als seinen Lehrer bezeichnete, an den Wandgemälden für die Pfarrkirche von Proveis (Provès). S.s Œuvre umfaßt hauptsächl. Wand- und Deckengemälde sowie Altarbll. – tw. nach Vorlagen alter Meister – für zahlreiche Nord- und Südtiroler Kirchen: u. a. imitierte er 1872 den Stil russ.-orthodoxer Ikonen für die Bilder in der St.-Bartholomäus-und-Ulrich-Kirche in Aberstückl (Sonvigo). Ebenso wirkte er an zahlreichen Kirchenrenovierungen mit, etwa gem. mit Clemens Raffeiner, F. Hellweger (s. d.) und Dominikus Trenkwalder in der Pfarrkirche von Pill (1878). S., der mit seinen vorzugsweise religiös bestimmten Arbeiten in zahlreichen Ausst. vertreten war, arbeitete auch für den weltl. Bereich und entwarf für die Tiroler Glasmalerei-Anstalt Glasfenster im spätgot. Stil.

W.: Hl. Sebastian, um 1864 (Pfarrkirche, Resia/Reschen); Stationsbilder (Friedhofsarkaden, Schwaz, gem. m. A. Steiner v. Felsburg und J. Ertl); Ausgestaltung des Betsaals des Johanneums (Bolzano/Bozen); etc.

L.: *Neue Tiroler Stimmen, 30. 9., Andreas Hofer. Wochenbl. für das Tyroler Volk, 5. 10. 1882; Blickpunkt. Ausg. Innsbruck-Land, 5. 8. 1982 (Sonderbeilage); Fuchs, 19. Jh.; Fuchs, Erg.Bd.; Thieme–Becker; Wurzbach; Der Kunstfreund, NF 3, 1887, S. 2; K. Atz – A. Schatz, Der dt. Antheil des Bisthums Trient 1, 1903, S. 81f., 3, 1905, S. 36; K. Atz, Kunstgeschichte von Tirol und Vbg., 2. vermehrte Aufl. 1909, S. 1024; Th. Hutter, in: Der Kunstfreund 30, 1914, H. 8/9, S. 19f.; K. Fischnaler, Innsbrucker Chronik 5, 1934, S. 219f.; L. Andergassen, Sarntaler Kirchenkunst, 1996, S. 184.*

(E. Hastaba)

Spörr Martin, Musiker und Pädagoge. Geb. Wilten (Innsbruck, Tirol), 16. 10. 1866; gest. Gallspach (OÖ), 2. 9. 1937; evang. – Sohn eines Schuhmachermeisters. S. erhielt ab 1875 Horn-Unterricht, 1878–83 weitere musikal. Ausbildung an der Schule des Innsbrucker Musikver. u. a. bei J. F. Hummel und J. Pembaur d. Ä. sowie am KdM in Wien bei R. Fuchs (alle s. d.). 1883–85 war er Hornist im Orchester des Innsbrucker Stadttheaters, 1885–88 Militärmusiker, 1888–99 unterrichtete er an der Musikver.-Schule Blechinstrumente und Kontrabaß. 1888–92 war er Kontrabassist am Stadttheater. 1893 stellte S. ein Orchester von fast 30 Mann zusammen (Stadtorchester Innsbruck), das er – inzwischen auch Kapellmeister am Stadttheater – bis 1899 leitete. Im selben Jahr wurde dieses Ensemble nach Graz berufen und spielte unter S.s Leitung als Grazer Symphonie-Orchester bis 1902. 1903–05 war er als Nachfolger von A. Labitzky (s. d.) in Karlsbad (Karlovy Vary) Musikdir. des Philharmon. Orchesters, das, auf seine Anregung personell erweitert, ab der Wintersaison 1903 „Philharmonische Konzerte“ veranstaltete. 1905 wurde er, u. a. neben F. Löwe (s. d.), ständiger Dirigent des Orchesters des Wr. Concertver. (der späteren Wr. Symphoniker), mit dem er im Wr. Musikver. und im Volksgarten, in den Sommermonaten 1906–18 auch bei den Kurkonzerten in Bad Kissingen auftrat. In Wien wirkte S. dann 1922–32 als administrativer Leiter des von ihm gegr. Ver. Wr. Symphonie-Orchester und dirigierte noch bis 1932 Sommerkonzerte im Burggarten. Als Besitzer der Konzertdion. „Vindobona“ und als Dir. der Burggarten-Konzertges. bewährte er sich als Organisator. Er galt auch als Meister auf der Zither und hat 1889 in Innsbruck eine Zitherschule gegr. S. wurde vielfach ausgez., u. a. mit dem Ehrenring der Stadt Innsbruck sowie 1926 mit dem Prof.titel und dem Bürgerrecht der Stadt Wien.

W.: Der Abt von Fiecht, Urauff. 1917 Nürnberg (Oper); Gevatter Tod, Urauff. 1926 Graz (Mysterienspiel); Symphonie e-Moll, Urauff. 1904 Karlsbad; Ein Sonntag in Tirol. Tongemälde über die beliebtesten Tiroler Lieder, Märsche und Tänze; kleine Orchesterstücke; Märsche (u. a. Tiroler Kaiserjäger-Marsch op. 19; Tiroler Bundesfestmarsch, 1896); Ländler; Walzer; Klaviermusik; Lieder (u. a. aus „Des Knaben Wunderhorn“).

L.: *Egerländer Biograf. Lex. 2; Jb. der Wr. Ges.; Kosch, Theaterlex.; Müller; oeml; Pazdírek; Riemann, 11. Aufl.; Karlovarský symfonický orchestr, 1974, s. Reg.; E. Kobau, Die Wr. Symphoniker, 1991, s. Reg.; Lex. zur Geschichte der dt. Musikkultur. Böhmen, Mähren, Sudetenschlesien 2, 2000 (m. L.); Dt. Biograph. Enz. der Musik, 2003; G. Pfaundler-Spat, Tirol-Lex., neubearb. Aufl. 2005; Smlg. Moißl, Komm. für Musikforschung, Österr. Akad. der Wiss., Wien; Mitt. Ingrid Schubert, Graz, Stmk.*

(U. Harten)

Sponer Andor von (György János Andor), Schriftsteller und Politiker. Geb. Großlomnitz, Ungarn (Veľká Lomnica, Slowakei), 4. 2. 1842; gest. ebd., 22. 11. 1917; evang. AB. – Nach Gymn.besuch in Käsmark (Kežmarok) stud. S. 1860–65 an der phil. und jurid. Fak. der Univ. in Pest (Budapest); 1865 Dr. jur. et rer. pol. Neben der Bewirtschaftung seiner Güter wirkte S. in leitenden Funktionen des Zipser Kom., so als Obernotar, Präs. des Waisenstuhls und Mitgl. des Munizipalausschusses. 1878–83 und 1887–92 war er Abg. des Ung. Parlaments für die Liberale Partei. Er war Insp. des Evang. Lyzeums in Käsmark, Verwaltungsratsmitgl. der Zipser wirtschaftl. Spiritusbrenner und -raffinerie A. G. und k. M. der Petőfi Társulat. Ab den 1860er Jahren veröff. S. in den Ztg. „Hölgyfutár“, „Nővilág“, „Pesti Napló“, „Budapesti Szemle“ etc. v. a. Abhh. über Wirtschaftsfragen. Seine Bedeutung liegt aber vorwiegend in der gegenseitigen Kulturvermittlung zwischen ung. und dt. bzw. engl. und französ. Dichtung: So übers. er Werke Aranys, Petőfis, Mikszáths oder Madachs (alle s. d.) in die dt. Sprache, übertrug aber auch Dichtungen von Lord Byron, Goethe, Heine, Emanuel Geibel, Ludwig Uhland, Viktor Hugo etc. ins Ung.

W.: s. u. Slovenský biografický slovník.

L.: *Szepesi Lapok, 27. 11. 1917; Das geistige Ungarn; Kosch; Révai; Szinnyei; R. Rudolf – E. Ulreich, Karpatendt. Biograph. Lex., 1988; Slovenský biografický slovník 5, 1992 (m. W. u. L.); Štátny oblastný archív, Levoča, Slowakei.*

(I. Chalupecký)

Sporschil(l) Johann Chrysostomus, Journalist und Fachschriftsteller. Geb. Brünn, Mähren (Brno, Tschechien), 23. 1. 1800; gest. Wien, 16. 12. 1863; röm.-kath. – S. absolv. das Gymn. in Brünn und stud. anschließend an der Univ. Wien Jus; 1823 Dr. jur. (nicht nachweisbar). 1827 übersiedelte er nach Leipzig, wo er bis 1831 als Journalist und hist. Fachschriftsteller wirkte und bes. mit seiner Abh. über die sächs. Verfassungsurkunde Aufmerksamkeit erregte. 1832–33 red. er in Braunschweig die literar. Beilage der „Deutschen Nationalzeitung aus Braunschweig und Hannover“, danach arbeitete er wieder in Leipzig für die „Leipziger Allgemeine Zeitung“. Als sich nach 1848 die Spannungen zwischen Österr. und Preußen verschärften, publ. S. auf Anregung des österr. Gen.konsuls in Leipzig Josef Sebastian v. Grüner seine tendenziell pro-österr. gehaltenen Broschüren und Aufsätze u. a. auch in den Ztg. „Rhein- und Moselzeitung“, „Rheinische Volkshalle“, „Deutsches Volksblatt“ und „Karlsruher Zeitung“. Daneben trat er als Verf. hist. Werke sowie als Übers. engl. und französ. Romane und Fachbücher hervor. Ende der 1850er Jahre ergriff er gegen die dt.-kath. Bewegung in Leipzig Partei und übersiedelte aufgrund der daraus resultierenden heftigen Kritik 1858 nach Wien, wo er seine publizist. Tätigkeit als Korrespondent für polit. Bll. fortsetzte. S. gehörte zum Bekanntenkreis Beethovens (s. d.), für den er 1823 das –

allerdings nicht vertonte – Libretto „Die Apotheose im Tempel des Jupiter Ammon" verf.

W.: s. u. Estermann, s. Reg.; Kosch; Wurzbach.

L.: WZ, 17., Die Glocke, 18., Bohemia, 19. 12. 1863 (A.); ADB; Goedeke, s. Reg.bd.; Kosch (m. W.); Wurzbach (m. W.); C. Glossy, in: Jb. der Grillparzer-Ges. 10, 1900, S. 321f.; J. Marhold, Oesterr. im Lichte der dt. Buch- und Broschürenliteratur der 40er Jahre 1840–48, phil. Diss. Wien, 1924, S. IXff.; K. Paupié, Hdb. der österr. Pressegeschichte 2, 1966, s. Reg.; R. Pečman, Beethovens Opernpläne, 1981, S. 87f., 90, 129; Lex. bedeutender Brünner Deutscher 1800–2000, ed. E. Pillwein – H. Schneider, 2000; P. Clive, Beethoven and his world. A biographical dictionary, 2001.

(W. Zuleger)

Špott (Spott, Špot) Jan (Johann), Mediziner und Naturheilkundler. Geb. Prag, Böhmen (Praha, Tschechien), 3. 1. 1813; gest. ebd., 8. 4. 1888. – Sohn eines Schatzmeisters, Bruder von Karel Š. (s. d.). Š. stud. nach Absolv. des Gymn. ab 1832 Med. an den Univ. Prag und Wien und unternahm Fortbildungsreisen nach Berlin, Paris und in die Schweiz; 1837 Dr. med. an der Univ. Prag, 1841 Dr. chir. Zunächst als prakt. Arzt in Prag, Jinetz (Jince) und Pilgram (Pelhřimov) tätig, machte sich Š. ab 1841 in Gräfenberg bei Freiwaldau (Jeseník) mit den Heilmethoden von Priessnitz (s. d.) vertraut und leitete in den Jahren 1842/43 im Inst. K. S. Amerlings (s. d.) Budeč in Prag gem. mit seinem Bruder ein Krankenhaus, welches sich auf natürl. Heilmethoden spezialisierte. 1843 gründete er zusammen mit Karel sein eigenes Inst. für Hydrotherapie und Orthopädie in seinem Geburtshaus in der Prager Neustadt, welches 1845 offiziell bestätigt, 1873 aber von ihm selbst wieder geschlossen wurde. Die von Š. hier angewendeten Heilmethoden basierten auf der Hydrotherapie von Priessnitz, der Diätetik Emanuel Schroths (s. d.) und dem orthopäd. Turnen Pehr Henrik Lings. Chron. Krankheiten therapierte er mit Kalt-, Warmwasser- und Sandbädern, Gymnastik und elektr. Strom. 1848 Priv.Doz. für Gesundheitslehre, Hydrotherapie und Orthopädie, hielt er seine Vorlesungen auch in tschech. Sprache. Im März 1870 beantragte er vergebl. die ao. Professur. Nach der Aufteilung der med. Fak. in Prag in die tschech. und die dt. 1883 verblieb Š. an der tschech. Fak., aber auch hier wurde ihm der Prof.-titel verwehrt. Š. gilt als Begründer der Orthopädie und der physikal. Heilkde. in Böhmen. Er war aktiver Teilnehmer an der tschech. Nationalbewegung, weshalb er 1848 verhaftet worden war, und erwarb sich Verdienste um die Schaffung der tschech. Fachterminol. 1862 beteiligte er sich an der Gründung der bis heute erscheinenden ersten tschech. med. Z. „Časopis lékařů českých". Seine wiss. Publ., insbes. über Homöopathie, Balneo- und Hydrotherapie, aber auch über orthopäd. Turnen und die Geschichte der Med. in Böhmen erschienen vorrangig in dieser Z. sowie in „Prager medicinische Monatsschrift für Homoeopathie, Balneotherapie und Hydropathie". Sein Nachlaß befindet sich im Literární archiv PNP in Prag.

W.: s. u. Werstler.

L.: Otto; Rieger; Wurzbach (s. u. Spoth Joseph Nikolaus); Prager med. WS 13, 1888, S. 133; Časopis lékařů českych 27, 1888, S. 225, 52, 1913, S. 29, 87, 1948, S. 638, 94, 1955, S. 1112; Osvěta 18, 1888, S. 1117f., 43, 1913, S. 265; V. Weiss, Dějiny chirurgie v Čechách, 1891, S. 124f.; O. Kukula, Rozvoj chirurgie české v letech 1848–98, 1899, S. 6f.; M. Navrátil, Almanach českých lékařů, 1913; Sborník pro chirurgii pohybového ústrojí 16, 1949, S. 2ff.; O. Matoušek, Lékaři a přírodovědci doby Purkyňovy, 1954, S. 135ff.; F. Werstler, Personalbibliographien ... der Med. Fak. zu Prag ... 1853–80, med. Diss. Erlangen-Nürnberg, 1972, S. 180ff. (m. W.); Průvodce po fondech Literárního archivu PNP 2, 1993; UA, Praha, Tschechien; AVA, Wien.

(L. Hlaváčková)

Špott (Spott, Špot) Karel, Arzt und Entomologe. Geb. Prag, Böhmen (Praha, Tschechien), 22. 11. 1811; gest. Jungferteinitz, Böhmen (Panenský Týnec, Tschechien), 11. 1. 1875. – Bruder von Jan Š. (s. d.). Nach Absolv. des Gymn. stud. Š. ab 1833 an der med. Fak. der Univ. Prag und 1835–37 an der Univ. Wien, wo er sich mit den damaligen modernen med. Methoden der sog. jüngeren Wr. med. Schule vertraut machte. 1836 absolv. Š. am Veterinärinst. der Univ. Wien prakt. Übungen und die Prüfung in Tierseuchen- und Tierheilkde.; 1842 Dr. med. an der Univ. Prag, 1859 Mag. der Geburtshilfe. Š.s berufl. Interesse galt der Naturheilkde., insbes. dem Wasserheilverfahren. 1842/43 errichtete er gem. mit seinem Bruder Jan und in Zusammenarbeit mit dem Arzt und Physiokraten K. S. Amerling (s. d.) in dessen Prager Heilanstalt Budeč ein Krankenhaus, welches sich auf natürl. Heilmethoden spezialisierte. 1843 verließen die Brüder Š. Budeč und errichteten ein privates Krankenhaus in ihrem Geburtshaus. Im Garten bauten sie zwei Pavillons für Wasser- und Elektroheilverfahren, orthopäd. Turnen und Diättherapie. Dank der guten Heilerfolge wurde das Krankenhaus von führenden Persönlichkeiten des damaligen öff. und kulturellen Lebens aufgesucht. Nach Meinungsverschiedenheiten mit seinem Bruder über Therapiemaßnahmen verließ Š. das Krankenhaus und übte mehrere Jahre lang seine Arztpraxis an verschiedenen Orten in Prag aus. Bes. Verdienste erwarb er sich in Zeiten der Choleraepidemie, ab 1859 fungierte er als Bez.arzt in Jungferteinitz, wo er die örtl. Heilwasserquelle für seine Therapien nutzte. Im Bereich Gesundheitspflege bemühte er sich, die Gesundheitslage der Landbewohner durch Aufklärung und vorbeugende Verfahren zu verbessern. In seiner Landarztpraxis stieß er oft auch auf die Veterinärproblematik, übte gelegentl. die tierärztl. Praxis aus und führte Fleischproben durch. Ab 1862 widmete sich Š. der wiss. und volksbildner. Arbeit und unterstützte nationalpatriot. Bestrebungen. Er veröff. zahlreiche Beitrr., ärztl. Gutachten sowie Erkenntnisse aus der Praxis in der Z. „Časopis lékařů českých". Gem. mit seinem Freund, dem Lexikographen Špatný (s. d.), versuchte Š. die tschech. med. Terminol. zu verbessern und zu modernisieren. 1863 und 1865 veröff. er in K. Lambls Ed. „Rolník nového věku" zwei umfangreiche Abhh., die als populäre Veterinärlehrbücher galten. Interessant sind seine detaillierten ärztl. Tagebücher mit allen von ihm behandelten Fällen aus den Jahren 1843–75. 1865 wurde Š. Mitgl. der zoolog. Abt. des Komitees für naturwiss. Forschung Böhmens. Im Bereich der Entomol. war er nicht nur literar., sondern auch als Sammler tätig. Seine Vorliebe galt den Käfern, mit denen er auch Smlgg. von örtl. Schulen bereicherte.

W.: s. u. Wurzbach.

L.: Otto; Rieger; Wurzbach (s. u. Spoth Joseph Nikolaus; m. W.); Vesmír 4, 1875, S. 105; M. Navrátil, Almanach českých lékařů, 1913; Praktický lékař 53, 1973, S. 318f.; J. Sajner, ebd. 55, 1975, S. 237f.; R. Böhm, in: Veterinářství 26, 1976, S. 379f.; L. Sklala, in: Naši předchůdci 2, 1993, S. 562; Z. Koleška, in: Klapalekiana 31, suppl. 1995, S. 583f.; UA, Wien.

(Z. Koleška)

Sprecher von Bernegg Arthur Heinrich, Offizier. Geb. Chur (Schweiz), 22. 8. 1852; gest. Preßburg, Ungarn (Bratislava, Slowakei), 2. 10. 1912; evang. HB. – Sohn des eidgenöss. Obst., Nationalrats und Bgm. von Chur Johann Andreas, Cousin des späteren Schweizer Gen.stabschefs Theophil S. v. B. S., der zeitlebens Schweizer Staatsbürger blieb, trat – nach Erziehung in Lausanne – 1868 als Gemeiner in das IR 4 der k. u. k. Armee ein und wechselte 1871 als Lt. zur Kav. 1874–75 besuchte er die Brig.-off.schule, diente 1876 als Oblt. in mehreren Garnisonen in Ungarn und wurde nach Absolv. der Kriegsschule (1877–79) dem Gen.stab zugeteilt. Nach Dienst bei Brig.- und Truppendiv.stäben, u. a. in Kroatien, Ungarn und Bosnien, war er 1883–86 im Telegraphenbüro des Gen.stabs in Wien tätig und wurde dann als Eskadronskmdt. in Siebenbürgen und i. d. F. bei der Kav.truppendiv. in Krakau (Kraków) verwendet. 1889 Mjr., wurde S. 1890 zur Militärkanzlei des K. kommandiert, den er (1895 Obst.) auch wiederholt auf Auslandsreisen begleitete. 1896 übernahm er die Führung eines Baon. im IR 71, 1897 wurde er mit der Führung des IR 99 in Znaim (Znojmo) betraut, womit er aus dem Gen.stabskorps endgültig ausschied. S., ab 1901 GM und Kmdt. der 28. Inf.brig. in Ödenburg (Sopron), wurde 1905 zum FML ernannt und führte die 2. Inf.truppendiv. in Jaroslau (Jarosław). 1907 kehrte er nach Wien zurück, wo er zunächst das Kmdo. der 47. Inf.truppendiv., 1909 der 49. Inf.truppendiv. übernahm. 1910 Geh. Rat. Im selben Jahr wurde S. zum Gen. der Inf. befördert und erhielt das Kmdo. des 5. Korps in Preßburg. Mehrfach dekoriert, u. a. mit dem Ritterkreuz des Leopold-Ordens (1896), wurde S. 1911 auch Inhaber des IR 48. Er war einer der letzten und profiliertesten jener Schweizer, die in der österr. Armee in den Gen.rang aufstiegen.

L.: Duschnitz–Hoffmann, Reichskriegsmin., S. 30 (m. B.); Hist.-biograph. Lex. der Schweiz 6, dt. Ausg., besorgt v. H. Tribolet, 1931; E. Putz, in: Allg. Schweizer. Militär-Z. 131, 1965, S. 79ff. (m. B.); KA, Wien.

(A. Schmidt-Brentano)

Spreng Anton, Maler. Geb. Schwechat (NÖ), 15. 3. 1770; gest. Wien, 18. 12. 1845; röm.-kath. – S. stud. 1786–1810 (mit Unterbrechungen) an der Wr. ABK u. a. bei Hubert Maurer, erhielt mehrmals den Gundel-Preis und beteiligte sich 1824–34 wiederholt mit Porträts und Historienbildern an den Akad.ausst. zu St. Anna. In der Übergangszeit vom Spätbarock zum Klassizismus ausgebildet, steht er mit seinen Arbeiten hauptsächl. unter dem Einfluß von Franz Anton Maulbertsch, so z. B. mit den von ihm ausgeführten Deckenfresken „Mariä Himmelfahrt", „Apotheose des Hl. Jakobus" und „Auferstehung Christi", 1806 (alle Pfarrkirche Reidling), die 1878 restauriert und tw. übermalt wurden. S.s Stil ist von einer starken Körperlichkeit geprägt, da er bes. Michelangelos Plastizität schätzte und diesen als sein Vorbild betrachtete. Ein bisher nicht belegbarer persönl. Kontakt mit Maulbertsch bzw. eine Mitarb. in dessen Werkstatt bei der Freskenausstattung des Doms von Steinamanger (Szombathely) muß angenommen werden, da S. 1808 den Auftrag erhielt, das Deckenfresko „Geburt Mariä" im Langhaus des Doms nach den Entwurfskizzen Maulbertschs zu vollenden; 1813 führte er hier noch einige Gemälde für Seitenaltäre (Hll. Sebastian, Johann Nepomuk, Josef) aus. 1815–18 Korrektor, fungierte S. 1818 bis zu seinem Tod als Adjunkt an der Schule der hist. Zeichnungsgründe (Elementarzeichnung) in der Wr. ABK bei Gsellhofer (s. d.).

W.: Hl. Leonhard (Pfarrkirche, Kalksburg, Wien 23); zahlreiche Aquarelle mit Motiven aus der Umgebung Wiens (Nö. Landesmus., St. Pölten); etc.

L.: *Bénézit; Fuchs, 19. Jh.; Thieme–Becker; Wurzbach; C. Bodenstein, Hundert Jahre Kunstgeschichte Wiens 1788–1888, 1888, S. 181; J. Kapossy, A szombathelyi székesegyház és mennyezetképei, 1922, S. 67ff.; M. Riesenhuber, Die kirchl. Barockkunst in Österr., 1924, s. Reg.; W. Buchowiecki, in: Geschichte der bildenden Kunst in Wien (= Geschichte der Stadt Wien, NR 7/2), 1955, S. 112; W. Wagner, Die Geschichte der ABK in Wien (= Veröff. der ABK in Wien, NF 1), 1967, s. Reg.; Archiv der ABK, Wien.*

(R. Keil)

Sprenger Aloys, Orientalist. Geb. Nassereith (Tirol), 3. 9. 1813; gest. Heidelberg, Baden (Dtld.), 19. 12. 1893; röm.-kath. – Sohn eines Zolleinnehmers und Magazineurs. S. besuchte das Gymn. in Innsbruck und stud. 1832–36 an der Univ. Wien u. a. oriental. Sprachen. Nachdem er trotz Förderung durch Hammer-Purgstall (s. d.) von der Oriental. Akad. in Wien abgewiesen worden war, ging er 1836 nach London und wurde 1838 brit. Staatsbürger. 1840 Dr. med. der Univ. Leiden mit einer Diss. über arab. Med.geschichte. Dies ermöglichte ihm eine Stellung in der East India Company, in deren Auftrag er mit seiner Familie 1843 nach Indien ging. S. bekleidete hohe Posten im ind. Erziehungswesen (u. a. Vorstand des Delhi College und der Madrasah von Kalkutta) und bemühte sich erfolgreich um die Förderung der einheim. Sprachen (u. a. des Urdu, der Staatssprache des heutigen Pakistan) sowie um die Erfassung arab., pers. und hindustan. Hss. Einige der von ihm besorgten Druckausgaben gelten weiterhin als Standarded. Nach einer zweijährigen Reise durch Arabien, Ägypten und Mesopotamien kehrte er 1856 nach Indien zurück, wurde aber aufgrund finanzieller Streitigkeiten seiner Posten enthoben und ließ sich darauf in Weinheim bei Heidelberg nieder. Seine systemat. erworbene Smlg. von ca. 2.000 oriental. Hss. verkaufte er 1858 an Kg. Friedrich Wilhelm IV. v. Preußen, da sich die Wr. Hofbibl. desinteressiert gezeigt hatte. Seine wiss. fruchtbarste Zeit verbrachte S. als Prof. fur oriental. Sprachen an der Univ. Bern (1858–81); 1863 erwarb er die Schweizer Staatsbürgerschaft. S.s außergewöhnl. Sprachentalent sowie seine intime persönl. Kenntnis der islam. Welt ermöglichten ihm eine über die reine Philol. hinausgehende Sicht auf sein Fachgebiet. Damit gelang es ihm, der zeitgenöss. Orientalistik viele neue Impulse zu geben. In einer Reihe von Artikeln und Büchern beschäftigte er sich u. a. mit arab. Geographie. In „Die alte Geographie Arabiens“ setzte er neue Standards, was die Kenntnis des vor-islam. Arabiens betraf. Sein Hauptinteresse galt der Gestalt des Propheten Muhammad und der Genese des Islams, in welcher er mehr ein Produkt des Zeitgeists als eine Leistung Muhammads, dessen Persönlichkeit er sehr krit. einschätzte, sehen wollte. Sein Werk „Das Leben und die Lehre des Mohammad“ (3 Bde., 1861–65) prägte über lange Zeit das Bild Muhammads im dt.sprachigen Raum und hatte auch maßgebl. Antl. an der weiteren Entwicklung der modernen westl. Islamwiss. Nach seiner Scheidung 1881 verließ S. Bern und lebte bis zu seinem Tod in Heidelberg. Er war Dr. h. c. der Univ. Oxford, Rom und Gießen, Ehrenmitgl. der Royal Asiatic Society und der Dt. Morgenländ. Ges. Obwohl er niemals in Österr. gewirkt hat, kann S. als ein Vertreter der traditionell auf ein besseres Verständnis der Völker des Ostens ausgerichteten österr. Orientalistik bezeichnet werden.

W. (auch s. u. Procházka, 1997): English-Hindustany grammar, 1845; A cat. of the Arabian, Persian and Hindústány manuscripts of the libraries of the King of Oudh, 1854; Die Post- und Reiserouten des Orients, 1864; Die alte Geographie Arabiens als Grundlage der Entwicklungsgeschichte des Semitismus, 1875; etc.

L.: *Wurzbach; Dictionary of National Biography 53, 1898; J. Fück, Die arab. Stud. in Europa bis in den Anfang des 20. Jh., 1955, S. 176ff.; M. H. Zaidi, in: Z. der Dt. Morgenländ. Ges., Suppl. 2, 1974, S. 259ff.; N. Mantl, A. S. …, 1993; S. Procházka, in: Tiroler Heimatbll. 69, 1994, S. 38ff.; ders., in: Austrian Scholarship in Pakistan – A Symposium Dedicated to the Memory of A. S., 1997, S. 34ff. (m. W. u. L.); G. Pfaundler-Spat, Tirol-Lex., neubearb. Aufl. 2005.*

(S. Procházka)

Sprenger Paul Eduard, Architekt. Geb. Schloß Sagan, Preußen (Żagań, Polen), 20. 8. 1798; gest. Wien, 29. 10. 1854; röm.-kath. – Sohn eines Schloßkastellans. S., dessen Familie zu Beginn des 19. Jh. nach Böhmen übersiedelt war, erhielt seinen ersten Unterricht im elterl. Haus und besuchte 1811–14 das Gymn. in Sagan, 1815 begann er das Stud. der städt. und ökonom. Baukunst, Feldmeß- und Wasserbaukunst an der kgl. Kunst- und Bauhandwerksschule zu Breslau (Wrocław). Finanziell unterstützt durch Hgn. (Katharina) Wilhelmine v. Sagan, wechselte er nach Wien, wo er 1817–21 am polytechn. Inst. sowie 1818–23 an der ABK stud. und daneben bereits für P. Nobile, K. Moreau und J. v. Kudriaffsky (alle s. d.) arbeitete. 1824–28 Ass. J. H. Purkyně (s. d.) für Land- und Wasserbaukunst am polytechn. Inst., wurde er 1827 prov., 1828 def. Prof. der Mathematik und Perspektive an der ABK; 1835 o. Rat der Akad. 1841 k. k. Rat, legte er 1842 seine Professur zurück und wurde Mitgl. des Hofbaurats (1842 w. k. k. Hofbaurat) und als solcher zuständig für die öff. Bauten. 1843–44 bereiste S. Istrien, Frankreich, England, Dtld., Belgien und die Niederlande und wurde 1844 einer der Dir. der ung. Central-Eisenbahnges., für die er i. d. F. Bahnhöfe in Pest (Budapest), Waitzen (Vác) und Szolnok plante. Nach der Reform des öff. Bauwesens und der Auflösung des Hofbaurats 1849 wechselte S. in das neugeschaffene Min. für Handel, Gewerbe und öff. Bauten; 1849 Sektionsrat, 1850 Vorsteher der Sektion Hochbau. Chron. erkrankt, hielt er sich zuletzt 1854 zur Kur in Karlsbad (Karlovy Vary) auf, verstarb jedoch kurz nach seiner Rückkehr nach Wien an der Cholera. S. gelang es, zur Zeit des Vormärz trotz aller gebotenen Sparsamkeit zweckmäßig und doch anspruchsvoll zu bauen: Zu seinen Hauptwerken zählen in Wien das Hauptmünzamt, 1835–37, die Finanzlandesdion., 1843–44, und der Umbau des Mariazellerhofs zum Hofkammerarchiv, 1843–44. Sein stilist. Spektrum reicht vom Barockklassizismus über den romant. Historismus bis hin zu Ansätzen eines strengen Historismus. Von den freien Architekten oft angefeindet und durch R. v. Eitelberger-Edelberg (s. d.) kritisiert, wurde S.s Œuvre zu seiner Zeit als geistloser Bürokratenstil abgetan; erst um die Mitte des 20. Jh. objektivierte sich die Beurteilung seiner Leistungen durch die Kunstgeschichtsschreibung. S. erhielt vielfache Ausz. (u. a. 1850 Komturkreuz des Franz Joseph-Ordens) und war Mitgl. zahlreicher in- und ausländ. Ver., so Ehrenmitgl. und k. M. des Royal Inst. of British Architects, Mitgl. der ABK in Wien und Mailand und der Central-Komm. zur Erforschung und Erhaltung der Baudenkmale in Österr.

W.: s. u. Cerny; Schmalhofer.

L.: Czeike; Die Wr. Ringstraße 4, 7–8; Thieme–Becker; Wurzbach; L. v. Köchel, in: Notizbl. der Allg. Bauztg. ... 3, 1855, S. 217ff. (m. B.); W. Cerny, P. S., phil. Diss. Wien, 1968 (m. tw. W.); R. Wagner-Rieger, Wiens Architektur im 19. Jh., 1970, s. Reg.; The Dictionary of Art 29, 1996; E. Schmalhofer, P. S., 1798–1854, Architekt im Dienste des Staates, phil. Diss. Wien, 2000 (m. W. u. L.); Th. Brückler – U. Nimeth, Personenlex. zur Österr. Denkmalpflege, 2001.

(E. Schmalhofer)

Springer Adalbert von, Widerstandskämpfer und Arzt. Geb. Rzeszów, Galizien (Polen), 28. 9. 1896; gest. Halle an der Saale, Dt. Reich (Dtld.), 17. 9. 1943 (hingerichtet). – Sohn des GM Anton v. S. (1845–1903). Nach Absolv. des Schottengymn. in Wien, 1914, begann S. ein Med.stud. an der Univ. Wien, trat jedoch 1915 als Einjährig-Freiwilliger in die Armee ein, in der er bis zum Ende des 1. Weltkriegs diente. 1921 Dr. med., war er danach als Sanatoriums- und Spitalsarzt in Baden tätig. 1935 ließ er sich zudem als Facharzt für Geburtshilfe und Frauenkrankheiten in Wien nieder. 1939 wurde S. zum Heeresdienst einberufen und war in der Sanitätsabt. Wien der Dt. Wehrmacht beschäftigt. 1940 wurde er zum Oberarzt, 1941 zum Stabsarzt der Res. befördert. Seit 1925 Mitgl. der SDAP, näherte sich S. der nationalsozialist. Bewegung an und trat 1933/34 der NSDAP bei, dürfte jedoch gleichzeitig Kontakt mit der illegalen Arbeiterbewegung gehalten haben. 1936 trat er aus berufl. Gründen aus der NSDAP wieder aus, führte allerdings nach dem „Anschluß" 1938 wieder Mitgl.beitrr. an die Partei ab. Äußerl. angepaßt, fand er im Herbst 1941 Anschluß an die Kommunist. Partei Österr. (KPÖ). Seine Wohnung in Wien-Mariahilf wurde zum Treffpunkt oppositionell gesinnter Ärzte und Intellektueller sowie führender Funktionäre der KPÖ. Er selbst betätigte sich als Verf. von Flugschriften, darunter eines Ende 1941 an Off. der Wehrmacht versandten Aufrufs, im Sinne einer Beendigung des Kriegs aktiv zu werden („Appell an das Gewissen"). Im Februar 1943 wurde S. gem. mit einigen Gesinnungsgenossen festgenommen und im Juli vom 2. Senat des Reichskriegsgerichts wegen Vorbereitung zum Hochverrat und Wehrkraftzersetzung zum Tod verurteilt.

W.: Bearb.: M. Kaatz, Engl.-dt. med. Wörterbuch (= J. R. Waller – M. Kaatz, English-German and German-English Medical Dictionary 1), 4.–5. Aufl. 1934–39.

L.: Ärztl. Jb. für Österr. ..., red. E. Fuhrmann, 13–16, 1922–28; Widerstand und Verfolgung in Wien 1934–45, bearb. W. Neugebauer, 1975, s. Reg.; Die Kommunist. Partei Österr. Beitrr. zu ihrer Geschichte und Politik, 2. Aufl. 1989, S. 303ff.; Nö. Ärztechronik ..., bearb. B. Weinrich, 1991; AdR, DÖW, UA, alle Wien.

(Ch. Kanzler)

Springer Anton Heinrich, Kunsthistoriker und Journalist. Geb. Prag, Böhmen (Praha, Tschechien), 13. 7. 1825; gest. Leipzig,

Sachsen (Dtld.), 31. 5. 1891; röm.-kath., später evang. – Sohn eines Bierbrauers im Prämonstratenserstift Strahov, Vater des Kunsthistorikers Jaro S. (geb. Prag, 8. 10. 1856; gest. 13. 8. 1915), Schwiegersohn von A. M. Pinkas (s. d.). Früh verwaist, stud. S. nach Besuch des Kleinseitner Gymn. 1841–46 Geschichte und Phil. an der Univ. Prag, wo er bes. von F. Ser. Exner und A. Smetana (beide s. d.) geprägt wurde, beschäftigte sich aber schon damals mit kunsthist. Stud., die er später in München und Berlin vertiefte; 1848 prom. er in Tübingen über Hegels Geschichtsphil. Wieder in Prag, publ. S. im liberalen „Constitutionellen Blatt aus Böhmen", für das er auch als Berichterstatter in Wien tätig war, u. a. seine Ideen für eine föderative Verfassung des Habsburgerreichs und forderte eine Sonderrolle der Slawen als Vermittler und Vollender der mitteleurop. Kultur. Seine als Priv.-Doz. im Wintersemester 1848/49 gehaltenen und 1849 in Buchform erschienenen Vorlesungen über die Geschichte des Revolutionszeitalters erregten bes. Aufsehen und wurden als staatsgefährdend eingestuft. Nach Stud.aufenthalten in den Niederlanden, Belgien und Großbritannien kehrte S. 1850 als Red. der Z. „Union" nach Prag zurück, übersiedelte 1851 nach Dtld. und habil. sich 1852 in Bonn für Kunstgeschichte., 1859 ao., 1860 o. Prof. 1872 Prorektor der Univ. Straßburg, folgte er 1873 einem Ruf nach Leipzig, wo er – trotz fortschreitender Schwindsucht – seiner Lehr- und Publ.tätigkeit bis zuletzt nachging. Neben seiner – vielfach unterschätzten – polit. und journalist. Tätigkeit, die er in Bonn u. a. als Mitarb. der „Kölnischen Zeitung" sowie der Z. „Im neuen Reich" unter Beweis stellte, liegt S.s Bedeutung darin, die Kunstgeschichte als eigenständige, von den Fächern Ästhetik und Geschichte losgelöste Disziplin an den Univ. mit etabliert zu haben. Dabei entwickelte sich S. von den ästhet. und idealist. Anschauungen seiner Anfänge weg hin zu einem „empirischen Positivismus": Ausgehend von der Arbeitsweise der Geschichte, als deren „Abkömmling" er sein Fach verstand, erstrebte er eine faktenreiche Methodik, frei von abstrakten ästhet. Kategorien und schemat. Konstruktionen. S. gilt als Begründer der ikonograph. Forschung in der dt. Kunstwiss., erfaßte die Bedeutung der Handzeichnung für die Erkenntnis des künstler. Schaffensprozesses und erkannte als einer der ersten das Nachwirken der Antike in der mittelalterl. Kunst. S.s Begabung als mitreißender Redner spiegelt sich in seinen lebendig geschriebenen Werken wider, von denen u. a. seine Veröff. über „Die Baukunst des christlichen Mittelalters" (1854) und das „Handbuch der Kunstgeschichte" (1855) zu Standardwerken wurden. Daneben wirkte S. auch als polit. Schriftsteller, dessen „Geschichte Österreichs seit dem Wiener Frieden 1809", 2 Bde., 1863–65, die erste krit.-hist. Darstellung des österr. Vormärz und der Revolution darstellt. In seiner persönl. Einstellung hatte er sich im Laufe der Jahre vom kath. tschech.sprachigen Österreicher zum überzeugten protestant. Deutschen gewandelt.

W.: s. u. Betthausen.

L.: ADB; Bautz; Habsburgermonarchie 8/2, S. 1982; Otto; Wurzbach; J. Jung, in: Dt. Arbeit 6, 1906/07, S. 6ff. (m. B.), 146ff.; J. Weichinger, A. S. als Historiker und seine polit. Haltung, phil. Diss. Wien, 1953; H. v. Srbik, Geist und Geschichte vom dt. Humanismus bis zur Gegenwart 2, 1964, s. Reg.; R. Pillep, in: Künstler. und kunstwiss. Erbe als Gegenwartsaufgabe, 1975; A. Horová, in: 100 Jahre Kunstgeschichte in Leipzig, 1975, S. 37ff.; dies., in: Umění 27, 1979, S. 273ff.; W. Häusler, in: Jb. des Inst. für dt. Geschichte 8, 1979, S. 175ff.; Th. Nipperdey, Dt. Geschichte 1866–1918, 1, 1990, S. 644f.; O. Urban, Die tschech. Ges. 1848–1918 (= A. Gindely-R. zur Geschichte der Donaumonarchie und Mitteleuropas 2), 1994, s. Reg.; U. Kultermann, Geschichte der Kunstgeschichte, 1996, s. Reg., bes. S. 116ff. (m. B.); P. Betthausen u. a., Metzler Kunsthistoriker Lex., 1999 (m. W.).

(E. Chrambach)

Springer Franz, CSsR, Ordensmann. Geb. Strass (Straß im Straßertale, NÖ), 4. 1. 1791; gest. Prag, Böhmen (Praha, Tschechien), 19. 9. 1827; röm.-kath. – Sohn des Müllermeisters Franz S., der Theol. stud. und die niederen Weihen empfangen hatte. S. stud. nach Besuch des Piaristengymn. in Krems 1812–16 an der Univ. Wien Jus. 1815/16 kam er mit seinem Freund J. Madlener (s. d.) in den Kreis um K. M. Hofbauer (s. d.), dessen Lieblingsschüler sie wurden. S. stud. dann an der Univ. Wien Theol. und wurde 1820 einer der sieben ersten Novizen der Wr. Redemptoristen-Kongregation; 1821 Ablegung der Gelübde und Priesterweihe. 1822 hielt S. die Fastenpredigten an der den Redemptoristen übertragenen Kirche Maria am Gestade (Wien 1). 1823 wurde er ins Generalatshaus in Nocera (Nocera Inferiore) entsandt, von wo er die bis dahin nördl. der Alpen unbekannte päpstl. Regel von 1749 und die Konstitutionen der Kongregation von 1764 nach Wien brachte. Ebenso lernte er die dort geübte Praxis der Volksmissionen kennen. 1824–26 Minister (Ökonom) der Wr. Kongregation, leitete er 1825 in Gallneukirchen, einem Zentrum der religiösen Erneuerungsbewegung der sog. Boosianer, eine große Mission, die unter diesen zwar erfolglos blieb, bei der kath. Bevölkerung aber großen Anklang fand. Seine diesbezügl. Erfahrungen veranlaßten S. zum Entwurf des „Katholischen Missions-Büchleins" (1826), das schließl. von Franz Kosmaček CSsR und Madlener verf. wurde und zahlreiche Aufl. erlebte. 1826 wurde S. nach Lissabon geschickt, um das dortige dt. Hospiz St. Johann als Superior zu leiten. Auf der Reise dorthin leitete er im elsäss. Hagenau (Haguenau) eine Volksmission. Seine erfolgreiche Seelsorge für die Auslandsdt. in Lissabon mußte S. jedoch 1827 aus gesundheitl. Gründen beenden; er starb auf der Rückreise nach Wien in Prag.

W. (auch s. u. Bautz; de Meulemeester): La pratica dell'osservanza regolare nel Collegio principale della Congregazione del Ss.mo Redentore in Nocera de'Pagani, ed. J. Löw (= Spicilegium historicum Congregationis Ss.mi Redemptoris 2), 1954; Mission in Nocera vom 9. 11. – 11. 12. 1823, ed. ders., ebd. 4, 1956; etc.

L.: Bautz (m. W.); LThK, 2. Aufl.; C. Mader CSsR, Die Congregation des Allerheiligsten Erlösers in Österr., 1887, S. 309ff.; Die Redemptoristen 1732–1932, ed. G. Brandhuber CSsR, 1932, s. Reg.; M. de Meulemeester CSsR, Bibliographie générale des écrivains Rédemptoristes 2, 1935 (m. W.); E. Hosp CSsR, Erbe des hl. Klemens Maria Hofbauer ..., 1953, s. Reg.; ders., in: Spicilegium historicum CSsR 4, 1956, S. 377ff.; J. M. d'Oliveira Valle, ebd. 13, 1965, S. 261ff., 274f.; E. Hosp CSsR, Kirche Österr. im Vormärz 1815–50 (= Forschungen zur Kirchengeschichte Österr. 9), 1971, S. 172f., 319; O. Weiss, Die Redemptoristen in Bayern ... 1–3, phil. Diss. München, 1977, S. 233, 253, 257, 294ff., 1744, 1795ff.; S. J. Boland, in: Spicilegium historicum CSsR 30, 1982, S. 414ff.; A. Schedl, ebd. 33, 1985, S. 229ff.; UA, Wien.

(H. Reitterer)

Springer Gustav Frh. von, Großindustrieller und Großgrundbesitzer. Geb. Wien, 29. 9. 1842; gest. ebd., 12. 4. 1920; mos. – Sohn von Max (s. d.), Bruder von Alfred und Hermann Frh. v. S. (beide s. u.), ab 1871 verehel. mit Helene, geb. Freiin v. Königswarter (gest. 2. 6. 1886). S. war ab Anfang der 1860er Jahre in der väterl. Wien-Reindorfer Spiritus- u. Preßhefefabrik tätig, in der er später gem. mit seinen Brüdern Hermann und Alfred Ges., ab 1904 Alleininhaber war, ehe sie mit den Vereinigten Mautner-Markhofschen Preßhefefabriken fusioniert wurde. Nach der Finanzkrise 1873 gewissermaßen zum Wiederaufbau des Hauses gezwungen, setzte er – anders als sein Vater – verstärkt auf die industriellen Unternehmungen, insbes. auf die Preßhefeind. mit ihren Nebenerzeugnissen. V. a. in Frankreich, wo diese mangels einer bedeutenden Brauind. kaum bekannt war, stießen die Brüder mit Fabriken in Maisons-Alfort und in Ris-Orangis bei Paris in eine Marktlücke. Neben Preßhefe wurden dort auch Malzmehlsorten erzeugt und nach Rußland, Serbien, Italien, Belgien und in die Türkei exportiert. S. besaß eine Reihe tw. von seinem Vater ererbter Beteiligungen an industriellen Unternehmungen, etwa in Elbogen (Loket) und Jaworzno, an den Braunkohlewerken in Zieditz (Citice) sowie Güter in Mähren und Ungarn, verfügte über einen umfangreichen Zinshausbesitz in Wien, aber auch über ein Ringstraßenpalais und die Springer-Villa in Meidling (Wien 12), in der häufig Persönlichkeiten des polit., künstler. und wirtschaftl. Lebens zu Gast waren. S. war ab 1870 Mitgl. des elitären Jockey-Clubs, besaß bis 1912 einen der größten Rennställe der Monarchie und war Stifter und Mitbegr. des Wr. Trabrennver. sowie Stifter des Trabrennver. zu Baden bei Wien. Zuletzt beschränkte sich seine Tätigkeit auf die Verwaltung des umfangreichen Vermögens und philanthrop. Aktivitäten. Seine Tochter, Maria Cäcilia Freiin v. S. (geb. 3. 5. 1886), war in erster Ehe mit Eugène Fould verheiratet, auf den S.s Frh.stand 1908 übertragen wurde. Von S.s Brüdern, **Alfred Frh. v. S.** (geb. Wien, 9. 9. 1843; gest. ebd., 11. 11. 1904; bis 1891 mos., dann röm.-kath.) und **Hermann Frh. v. S.** (geb. Wien, 6. 12. 1845; gest. Paris, Frankreich, 9. 2. 1895; mos.), war letzterer an der Verwaltung der Familienbetriebe aktiv beteiligt, insbes. an der Leitung des Bank- und Handelshauses sowie an den Spiritus- und Preßhefefabriken in Maisons-Alfort und in Ris-Orangis. Alfred hingegen absolv. die Ing.schule am Polytechnikum in Karlsruhe und trat 1870 als Lt. in die mähr.-schles. Landwehr-Dragoner-Escadron 3 ein, wo er bis 1875 diente. Auch er war öff. Ges. der Familienunternehmen und besaß Anteile an den diversen Grundstücken und Liegenschaften der Familie S. Mitgl. des Jockey Clubs Österr., war auch er Stifter und Mitbegr. des Wr. Trabrennver. und Stifter des Trabrennver. zu Baden bei Wien. Er war Mitgl. der sog. Lammges., in der auch prominente Künstler verkehrten.

L.: NFP, 13. (A.), 15. 4. 1920; Ch. Klusacek – K. Stimmer, Meidling, 1992, s. Reg.; G. Berger, Die Springer-Villa. Erbauer und Bewohner, 1992; H. W. Bousska, in: Wr. Geschichtsbll., Beih. 4, 2002, S. 35f.; AVA, IKG, WStLA, alle Wien; Materialiensmlg. ÖBL, Wien. – Alfred Frh. v. S.: NFP, 12. 11. 1904 (auch A.); IKG, WStLA, beide Wien. – Hermann Frh. v. S.: NFP, 9., 11. (beide A.), 12., 13. (A.) 2. 1895; IKG, WStLA, beide Wien.

(J. Mentschl)

Springer Hugo (Karl), OSB, Abt. Geb. Behamberg (NÖ), 9. 1. 1873; gest. Rom (Roma, Italien), 18. 6. 1920; röm.-kath. –

Bauernsohn. S. absolv. das Gymn. der Benediktiner zu Seitenstetten, trat 1892 in dieses Stift ein, legte 1893 die Profeß ab und wurde 1897 nach dem Stud. der Theol. in Rom (Benediktinerkolleg S. Anselmo) und an der Univ. Innsbruck (1895–97) zum Priester geweiht. Danach wirkte er bis 1899 als Kooperator in Allhartsberg und stud. hierauf an der Univ. Innsbruck Mathematik und Physik; 1903 Lehramtsprüfung und Dr. phil. 1903–08 unterrichtete S. diese Fächer sowie Französ. am Stiftsgymn. und wurde 1908 als Nachfolger von Hönigl (s. d.) zum Abt gewählt. Er ließ u. a. für das Gymn. einen Turn- und Zeichensaal erbauen, die Stiftskirche renovieren und im Stift selbst sowie in dessen inkorporierten Pfarren zahlreiche baul. Erneuerungen und Renovierungen durchführen. Während des 1. Weltkriegs erbrachte das Stift erhebl. karitative und finanzielle Leistungen. Nach einer Operation gesundheitl. noch schwer geschwächt, reiste S. 1920 als Vertreter der österr. Benediktinerkongregation in Ordensangelegenheiten nach Rom, wo er starb. Sein Bruder Theodor (Johann Bapt.) S., OSB, (geb. Behamberg, 19. 5. 1885; gest. Seitenstetten, NÖ, 26. 3. 1958) trat 1904 ebenfalls ins Stift Seitenstetten ein (1909 Priesterweihe, 1914 Dr. phil. an der Univ. Innsbruck), wurde 1920 sein Nachfolger als Abt und fungierte 1931–58 als Abtpräses der österr. Benediktiner-Kongregation.

W.: Die Lichttheorie in ihrer geschichtl. Entwicklung, in: 41. Programm des k. k. Obergymn. der Benediktiner zu Seitenstetten … 1907, 1907, 42. Programm … 1908, 1908.

L. (tw. auch für Th. Springer): St. Pöltner Ztg., 24. 6. 1920; Stud. und Mitt. zur Geschichte des Benediktiner-Ordens und seiner Zweige 40, 1920, S. 334f.; P. K. Habert, in: 54. Programm des Stiftsgymn. der Benediktiner zu Seitenstetten … 1920, 1920, S. 6ff.; P. P. Ortmayr – P. Ae. Decker, Das Benediktinerstift Seitenstetten, 1955, S. 328ff., 334ff.; Bibliographie der dt.sprachigen Benediktiner 1880–1980, 1 (= Stud. und Mitt. zur Geschichte des Benediktiner-Ordens und seiner Zweige, Erg.bd. 29/1), 1985, S. 345f.; E. Tisch, Abt Th. Springer (1920–58) und die monast. Reform in Seitenstetten, theol. DA Salzburg, 1995, S. 21f.; M. Wagner, Zwischen Nazizeit und Staatsvertrag: Das Stiftsgymn. Seitenstetten 1938–55, theol. DA Wien, 1998, S. 32ff. (für Th. Springer); Biograph. Album für den österr. kath. Klerus, o. J., S. 150f. (m. B.).

(H. Reitterer)

Springer Johann d. Ä., Fabrikant. Geb. Leutschau, Ungarn (Levoča, Slowakei), 18. 11. 1819; gest. Wien, 24. 2. 1875; evang. AB. – Sohn eines Büchsenschäfters, Vater von Gustav (s. u.) und Rudolf S. S. erlernte das väterl. Handwerk und ging 1840 nach Wien, wo er als Graveur – als seine Spezialität galten herald. Motive – und Büchsenmacher in den 1836 in der Josefstadt (Wien 8) gegr. Betrieb Mathias Nowotnys (mit Verkaufsniederlassung in Wien 1) eintrat und 1847 dessen Schwester Katharina (gest. 1857) ehel. Nach dem Selbstmord Nowotnys erwarb S. 1857 das Unternehmen, das er unter dem Firmennamen Johann Springer, vorm. Mathias Nowotny, weiterführte, im gleichen Jahr erhielt er die Befugnis zur fabriksmäßigen Erzeugung von Feuergewehren. 1863 erbaute er eine neue Gewehrfabrik in der Josefstadt, 1872 wurde ihm der Titel eines k. k. Kammerlieferanten verliehen. Nach S.s Tod führte seine Witwe, Leopoldine S., geb. Etzelt, den Betrieb weiter, 1889 übernahmen ihn deren Söhne, **Gustav S.** (geb. Wien, 7. 1. 1867; gest. ebd., 17. 3. 1944) und Rudolf S. (gest. 1901), die beide das Büchsenmacherhandwerk in Wien, Lüttich und Birmingham erlernt hatten, und führten ihn i. d. F. unter dem Namen Johann Springer's Erben. Unter Gustav S.s Leitung wurde die Gewehrfabrik, die sich nach wie vor eines ausgez. Rufs erfreute und neben Mitgl. des K.hauses v. a. die Aristokratie zu ihren Kunden zählte, 1908 durch einen Neubau vergrößert. 1912 wurde eine Filiale in Fiume (Rijeka) gegr. Gustav S., ein angesehener Unternehmer, der diverse Gen.vertretungen für Österr.-Ungarn sowie Funktionen und Ehrenstellen innehatte, wurde 1911 zum k. k. Hof- und Kammerlieferanten, 1912 KR. 1928 wurde die Fa. in eine OHG mit Johann S. d. J., dem Sohn Rudolfs, als Teilhaber umgewandelt. Das noch heute im Familienbesitz befindl. Unternehmen erlangte unter Gustav S.s Leitung auch internationalen Ruf, u. a. als Hoflieferant des Fürstentums Monaco.

L.: Jb. der Wr. Ges. (für Gustav S.); Hdb. der KR Österr., zusammengestellt und red. R. Kraft, 1933 (für Gustav S.); W. Filek-Wittinghausen, Aus der Schatz-Kammer der Wr. Kaufmannschaft, 1987, S. 87ff. (auch für die anderen Familienmitgl.); J. Kalmár – M. Waldstein, K. u. K. Hoflieferanten Wiens, 2001, S. 83ff. (auch für die anderen Familienmitgl.); Mitt. Ivan Chalupecký, Levoča, Slowakei.

(W. Filek-Wittinghausen)

Springer Johann, Statistiker. Geb. Reichenau, Böhmen (Rychnov, Tschechien), 28. 12. 1789; gest. Oberdöbling, NÖ (Wien), 4. 9. 1869. – Sohn eines Arztes. S. absolv. 1807 das Gymn. in seiner Heimatstadt und belegte danach die phil. Jgg. an der Univ. Prag. Nach einem Jusstud. an dieser Univ. (1811–15) und einer einjährigen Advokaturspraxis in Prag folgte er 1816 einem Ruf Heinrich Josef Watteroths nach Wien, wo er vorerst als Erzieher und Ass. tätig war.

Ab 1819 suppl. er Watteroth in den Fächern polit. Wiss. und österr. polit. Gesetzeskde. 1821 Dr. jur. der Univ. Wien, war S. 1822 dort Adjunkt der jurid.-polit. Stud. und wurde 1823 als Prof. der polit. Wiss., der polit. Gesetzeskde. und der Statistik an das Lyzeum in Graz berufen; 1824/25 Rektor. 1826 kehrte er als Prof. der Statistik an die Univ. Wien zurück, 1838 wurde seine Venia um die Finanzgesetzkde. erweitert. I. d. F. war er mehrmals Dekan der rechts- und staatswiss. Fak. sowie 1855/56 Rektor. U. a. gehörte S. auch dem 1845 eingesetzten Komitee an, das einen neuen Stud.plan für das jurid.-polit. Stud. erarbeiten sollte. Er war ab 1850 Präs. der staatsrechtl.-administrativen, ab 1853 der allg. Abt. der Staatsprüfungskomm., ab 1858 Vizepräs. der staatswiss. Staatsprüfungskomm. und ab 1863 ao. Mitgl. der neugegr. statist. Zentralkomm.; 1864 i. R. S. trat fachpublizist. v. a. durch Beitrr. in Fachz. hervor, als sein Hauptwerk gilt die zweibändige „Statistik des österreichischen Kaiserstaates“, 1840, in dem er die Verhältnisse im vormärzl. Österr. darstellt. Sein Wirken, das zur Verbreitung der statist. Wiss. in Österr. beitrug, wurde durch seine Berufung zum w. M. der Akad. der Wiss. in Wien (1849), die Verleihung des Ritterkreuzes des Franz Joseph-Ordens (1850) sowie die Titel Reg.Rat (1853) und HR (1863) gewürdigt.

W.: s. u. Almanach Wien 1, 1851; Wurzbach; Lebmann – Helczmanovszki.

L.: WZ, 22. 10. 1869; ADB (m. L.); Almanach Wien 1, 1851, S. 260ff. (W.), 20, 1870, S. 113f.; Wurzbach (m. W.); A. Ficker, in: Statist. MS 2, 1876, bes. S. 70f.; K. Ebert, Die Grazer Juristenfak. im Vormärz (= Grazer rechts- und staatswiss. Stud. 22), 1969, s. Reg.; H. Ibler, Nationalökonomie (= Publ. aus dem Archiv der Univ. Graz 9/2), 1985, s. Reg.; R. Lebmann – H. Helczmanovszki, Auf dem Gebiete der Bevölkerungsstatistik und Bevölkerungswiss. tätige Österreicher, 1986 (m. W.); UA, Wien.

(E. Lebensaft – Ch. Mentschl)

Springer Max Frh. von, Bankier und Industrieller. Geb. Ansbach, Bayern (Dtld.), 10. 11. 1808 (1807); gest. Wien, 13. 4. 1885; mos. – Aus einer reichen Frankfurter Familie, Vater von Gustav (s. d.), Alfred und Hermann Frh. v. S. (beide s. u. Gustav Frh. v. S.), ab 1840 verehel. mit Amalia, der Tochter des Bankiers Hermann Todesco. S. absolv. eine kaufmänn. Lehre in Frankfurt am Main und eignete sich daneben Französ.kenntnisse an. Ab 1836 war er in Paris im Geldgeschäft tätig, 1840 übersiedelte er nach Wien, wo er 1850 das Bankhaus Max Springer begründete. Aufgrund erfolgreicher Spekulationen sowie familiärer und persönl. Verbindungen zu Finanz- und Adelskreisen konnte er sein anfängl. bescheidenes Vermögen erhebl. vermehren und seine gesellschaftl. Stellung ausbauen. Es gelang ihm, die steuerfreie österr. Anleihe auf der Börse von Amsterdam einzuführen und 1868 eine ung. Anleihe zu emittieren, auch begründete er das erste ung. Salzverlagsgeschäft, wodurch der Staat Ämter auflassen und Ausgaben verringern konnte. Daneben war S. in einer Reihe industrieller Unternehmen beteiligt: So gründete er 1850 die Wien-Reindorfer Spiritus- u. Preßhefefabrik, später auch eine Preßhefefabrik in Maisons-Alfort bei Paris, war am Bau der Semmeringbahn und der Bahn Tyrnau-Preßburg finanziell beteiligt und konnte damit sowie mit Steinkohlebergwerken in Jaworzno und einer Porzellanfabrik in Elbogen (Loket) ein Mio.vermögen erarbeiten, erlitt jedoch durch die Wirtschaftskrise von 1873 starke Einbußen. S., der auch Verwaltungsrat der Boden-Credit-Anstalt und Kurator des Oesterr. Gresham, eines Zweigs der brit. Lebensversicherungsanstalt Gresham, sowie ab 1868 Dir. der Anglo-Oesterr. Bank war, wurden neben anderen Ausz. 1869 der Ritter-, 1872 der Frh.stand verliehen. Auch aufgrund seines gemeinnützigen Wirkens angesehen, sah er noch in seinem Testament die Gründung einer Stiftung zur Errichtung eines Waisenhauses für jüd. Knaben in Wien vor, das 1888 realisiert wurde.

L.: NFP, 14. 4. 1885; Wininger; F. Echsel, Rudolfsheim, 1888, passim; S. Mayer, Die Wr. Juden … 1700–1900, 2. Aufl. 1918, s. Reg.; H. Jäger-Sunstenau, Die geadelten Judenfamilien im vormärzl. Wien, phil. Diss. Wien, 1950, s. Reg.; R. Granichstädten-Czerva u. a., Altösterr. Unternehmer, 1969; G. Berger, Die Springer-Villa. Erbauer und Bewohner, 1992; A. S. D. Jensen, Jüd. Gmd., Ver., Stiftungen und Fonds (= Veröff. der Österr. Historikerkomm. 21/2), 2002, passim, bes. S. 111; AVA, IKG, beide Wien.

(J. Mentschl)

Springer Sidonie, Malerin und Graphikerin. Geb. Buchwaldsdorf, Böhmen (Teplice nad Metují, Tschechien), 4. 5. 1878; gest. Pritzwalk, Dt. Reich (Dtld.), 7. 9. 1937. – Ab 1905 verehel. mit dem Maler und Graphiker Ferdinand Staeger (geb. Trebitsch, Mähren / Třebíč, Tschechien, 3. 3. 1880; gest. Waldkraiburg, Dtld., 11. 9. 1976), von dem sie sich jedoch später trennte. S. begann ihre Ausbildung an der Schule für angewandte Kunst in Gablonz an der Neiße (Jablonec nad Nisou) und wechselte 1897 an die Kunstgewerbeschule nach Prag, wo sie u. a. bei J. Schikaneder (s. d.) dekorative Malerei lernte. Nach dem Stud. hielt sie sich für kurze Zeit in der französ. Schweiz und in Wien, wo sie die Graph. Lehr- und Versuchsanstalt besuchte, später in Trautenau (Trutnov) auf, 1908–23 lebte sie gem. mit ihrem Mann in München. 1925–26 wieder in Prag, kehrte sie danach ins Riesengebirge zurück. S., die Mitgl. der Münchner Künstlergenossenschaft war, schuf hauptsächl. Landschaftsbilder und figurale Stud., die sie in Prager und Wr. Galerien präsentierte; Tle. ihres Œuvres wurden in Münchener und Berliner Fachz. reproduziert.

L.: Bénézit; Thieme–Becker; Toman; The Studio 43, 1908, S. 120; Das Braunauer Land. Ein Heimatbuch des Braunauer Ländchens ..., 1971; Mitt. Collegium Carolinum, München, Dtld.

(Ch. Gruber)

Springer Sigmund Frh. von, Bankier. Geb. Wien, 22. 11. 1875; gest. ebd., 4. 4. 1928; mos. – Sohn von Adolf S. (s. u.), Schwiegersohn von Albert Salomon Anselm Frh. v. Rothschild (s. d.). Nach Absolv. des Akadem. Gymn. in Wien stud. S. einige Semester an der Univ. Wien Jus, war 1894 Einjährig-Freiwilliger und wurde 1901 zum Lt. der Res. befördert. Er hielt sich längere Zeit in London auf, 1911 heiratete er Valerie Noemi Freiin v. Rothschild (geb. Wien, 25. 5. 1886; gest. Lunz am See, NÖ, 24. 7. 1969; mos.) und war ab 1912 Gen.rat der Anglo-Oesterr. Bank und Verwaltungsrat der im selben Jahr gegr. Oesterr. Immobiliarbank und der Lemberg-Czernowitz-Jassy-Eisenbahn-Ges., alle Wien. Im 1. Weltkrieg diente S., der 1913 für sein Wirken für die Österr. Ges. vom Roten Kreuz in den Frh.stand erhoben worden war, als Oblt. beim Landwehr-Platzkmdo. in Wien und machte sich u. a. als Schöpfer des Militär-Witwen- und Waisenfonds verdient. Nach dem Krieg erwarb S., ein Fachmann im internationalen und insbes. engl. Bankwesen, die brit. Staatsbürgerschaft, behielt aber seinen Hauptwohnsitz in Wien. Nach der Fusionierung der Anglo-Oesterr. Bank mit der Österr. Credit-Anstalt für Handel und Gewerbe 1926 wechselte er in den Verwaltungsrat der Anglo-International Bank Ltd., London, und wurde von diesem in den Verwaltungsrat der Credit-Anstalt delegiert. S.s Vater, **Adolf S.** (geb. Frankfurt am Main, Freie Stadt/Dtld., 1. 8. 1846; gest. Kaltenleutgeben, NÖ, 9. 10. 1896; mos.), Sohn des Bankiers Leopold S. (geb. Bamberg, Bayern/Dtld., 8. 11. 1817; gest. Wien, 16. 1. 1897; mos.), verehel. mit Ernestine, geb. Goldberger de Buda (geb. Pest-Buda / Budapest, Ungarn, 26. 12. 1852; gest. Firenze, Italien, 12. 12. 1928; mos.), wirkte gleichfalls als Bankier in Wien und war u. a. Gen.konsul des Fürstentums Monaco und Vizepräs. der Beamtenbauges. Er zeichnete sich bes. durch sein humanitäres Wirken, u. a. als Ausschußmitgl. des Weißen Kreuzes, aus.

L.: NFP, 5., Die Wahrheit, Jüd. WS, 18., 27. 4. 1928; A. Fessen., Der österr. Wirtschaftsadel von 1909–18, phil. Diss. Wien, 1974; AVA, IKG, KA, UA, alle Wien. – Adolf S.: NFP, 10. 10. 1896; IKG, Wien (auch zu Ernestine und Leopold S.).

(J. Mentschl)

Sprinzl Josef, Theologe. Geb. Linz (OÖ), 9. 3. 1839; gest. Prag, Böhmen (Praha, Tschechien), 8. 11. 1898; röm.-kath. – Sohn eines Zeugfabrikanten. S. stud. Theol. in Linz und Wien, erhielt 1861 die Priesterweihe und besuchte danach bis 1864 das Höhere Priesterbildungsinst. in Wien „Frintaneum“; 1864 Dr. theol. der Univ. Wien. Zunächst suppl. Prof. der Moraltheol., 1865 der Fundamentaltheol. und speziellen Dogmatik an der Linzer theol. Lehranstalt, wurde er 1867 an dieser w. Prof. der beiden letzteren Fächer. Während seiner Zeit in Linz red. S. gem. mit Plakolm (s. d.) die „Theologisch-praktische Quartal-Schrift“, in der er auch eine große Anzahl von Artikeln apologet., dogmat. und kirchenrechtl. Inhalts veröff. In diesen nahm er u. a. gegen die staatl. Kirchengesetze von 1868 Stellung und verteidigte das auf dem 1. Vatikanum verkündete Unfehlbarkeitsdogma des Papstes (1870). Der Absatz der Z. ging in seiner Zeit immer mehr zurück und stieg erst unter seinem Nachfolger, dem Priester Josef Schwarz (s. d.), wieder beträchtl. an. 1875 wurde S. als o. Prof. der Dogmatik an die Univ. Salzburg berufen (1877/78 Dekan) und 1883 zum o. Prof. dieses Faches an der neugegr. dt. Karl Ferdinands-Univ. in Prag ernannt; mehrmals Dekan, 1889/90 Rektor (als solcher auch Mitgl. des böhm. LT). In seiner Lehrtätigkeit ebenso wie in seinen Publ. vertrat S. die auf der Lehre des Thomas von Aquin fußende Richtung der Neuscholastik. 1892 wurde er zum Kanonikus des Kollegiatskapitels bei Allerheiligen in Prag, 1897 zum Reg.Rat ernannt. Er war auch ein aktives Vorstandsmitgl. des dt. Ver. für städt. Angelegenheiten in Prag.

W. (auch s. u. Guppenberger): Hdb. der Fundamental-Theol., als Grundlegung der kirchl. Theol. vom religionsphil. Standpunkte bearb., 1876; Die Theol. der apostol. Väter, 1880; Die Theol. des heil. Justinus des Martyr's, in: Theol.-prakt. Quartal-Schrift 37–39, 1884–1886; 56 Beitrr. in Theol.-prakt. Quartal-Schrift; etc. – Red. (gem. m. J. Plakolm): Theol.-prakt. Quartal-Schrift 18–28, 1865–75.

L.: Bohemia, 9., Linzer Volksbl., 15. 11. 1898; ADB; Lisková; Wurzbach; W. Dannerbauer, Hundertjähriger Gen.-

Schematismus des geistl. Personalstandes der Diöcese Linz ... 1, 1887, S. 670f.; L. Guppenberger, Bibliographie des Clerus der Diöcese Linz ... 1875–93, 1893 (m. W.); Theol.-prakt. Quartal-Schrift 52, 1899, S. 250f.; Die dt. Karl-Ferdinands-Univ. in Prag ..., 1899, s. Reg.; W. Goldenits, Das höhere Priesterbildungsinst. für Weltpriester zum hl. Augustin in Wien ..., theol. Diss. Wien, 1970, S. 385; F. Hermann OSB, Salzburgs hohe Schule zwischen den Volluniv. 1810–1962 (= Stud. und Mitt. zur Geschichte des Benediktiner-Ordens und seiner Zweige 83), 1972, S. 516f., 587; J. Lenzenweger, in: Theol.-prakt. Quartalschrift 125, 1977, S. 341ff.; K. A. Huber, in: Die Teilung der Prager Univ. 1882 ... (= Bad Wiesseer Tagungen des Collegium Carolinum 1982), 1984, S. 43f.; UA, Wien.

(H. Reitterer)

Sprung Franz von, Eisenhüttenfachmann und Montangeologe. Geb. Gradenberg-Krennhof (Stmk.), 16. 10. 1815; gest. Graz (Stmk.), 2. 4. 1890. – Schwiegervater von Fridolin Reiser (s. d.) und Schwager des Gewerken Peter Tunner (1809–1897). Nach dem Besuch des Gymn. stud. S. 1830–37 phil., naturwiss. und jurid. Fächer an der Univ. Graz, absolv. das Gerichtsjahr in Klagenfurt und legte 1837 die Richteramtsprüfung ab. 1837/38 sammelte er auch prakt. Erfahrungen in Bergbauen und Eisenhütten bei Gmünd (Ktn.). Ab 1838 stud. S. an der Bergakad. Schemnitz (Banská Štiavnica) und ab 1840 als einer der ersten Studenten an der neugegr. bergmänn. Lehranstalt in Vordernberg. Nach der Publ. zahlreicher Untersuchungen über Kohlenflöze in Ktn. und der Stmk. begann er 1842 als Berg- und Hüttenverwalter der Zois'schen Eisen- und Stahlwerke in Jauerburg (Javornik) und in der Wochein (Bohinj) in Krain. 1849 wurde er als prov. Prof. im Hüttenkurs an die Montan-Lehranstalt in Vordernberg, später in Leoben berufen; ein Jahr danach wurde er zum Sekr. der neugegr. HGK in Leoben ernannt. 1855 o. Prof. für Hüttenkde. an der Montan-Lehranstalt in Leoben, verließ er diese 1857 wieder und wurde Dir. der Hüttenwerke in Donawitz, die 1872 von der AG der Innerberger Hauptgewerkschaft übernommen wurden und 1881 an die Österr. Alpine Montanges. gingen. Daraufhin wurde S. i. d. R. versetzt, hatte jedoch 1880–90 noch das Amt des Dir. der Landes-Berg- und Hüttenschule in Leoben inne. S. veranlaßte in Donawitz Innovationen, so ließ er eine 300 PS starke Dampfmaschine für die Grobstrecke errichten, vervollkommnete und vermehrte die Schweiß- und Puddelöfen, baute die Walzwerke aus und führte 1878 das Siemens-Martin-Verfahren ein. S. erleichterte auch die soziale Situation der Arbeiter, indem er die Lebensmittelbeschaffung verbesserte, die Krankenpflege einführte und bes. den Ausbau von Arbeiterwohnungen und der Werksschule forcierte. S. war im Stmk. LT und im RR v. a. im Eisenbahnausschuß tätig, außerdem Mitgl. des Gmd.ausschusses von Leoben. 1881 wurde er in den Ritterstand erhoben.

W.: Ber. über die ... durch einen Theil von Stmk. und Ktn. besuchten Steinkohlenbergbaue, in: Jb. für den innerösterr. Berg- und Hüttenmann 1, 1842; Ueber das Köflach-Voitsberger Braunkohlenrevier, in: Österr. Z. für Berg- und Hüttenwesen 2, 1854; Über engl. Gezäheeinrichtungen, in: Berg- und Hüttenmänn. Jb. 22, 1874; etc.

L.: Berg- und Hüttenmänn. Jb. 6, 1856, S. 14; Beilage zur Oesterr. Z. für Berg- und Hüttenwesen 38, 1890, Nr. 7, S. 64; B. Brandstetter, Die HGK in Leoben 1850–1920, 1977, S. 33f.; L. Jontes, in: Berg- und hüttenmänn. Monatshe. 150, 2005, S. 15; Materialiensmlg. ÖBL (m. B.), Wien.

(L. Jontes – M. Martischnig)

Spurný P. Athanasius a S. Sophia (Johann, Jan), SP, Ordensgeistlicher, Priester und Lehrer. Geb. Ung. Brod, Mähren (Uherský Brod, Tschechien), 3. 2. 1744; gest. Zditz, Böhmen (Zdice, Tschechien), 4. 9. 1816; röm.-kath. – Sohn eines Stadtrats und späteren Bgm. S. trat 1760 in Leipnik (Lipník nad Bečvou) in den Piaristenorden ein, legte 1762 die Gelübde ab, unterrichtete zwei Jahre an Piaristenkollegien in Beneschau (Benešov) und Nikolsburg (Mikulov), nach der Priesterweihe und der Beendigung seines Theol.stud. in Auspitz (Hustopeče), Prag, Schlan (Slaný), Nikolsburg und Freiberg (Příbor). 1774 wurde er Präfekt der dt. und latein. Schule sowie dt. und tschech. Sonntagsprediger in Reichenau an der Kněžna (Rychnov nad Kněžnou), 1778 Insp. der dortigen Hauptschule. Anfang der 80er Jahre wurde S. an die Theresian. Militärakad. in Wr. Neustadt berufen, an der er 1781–91 eine Lehrstelle als Sprachmeister der böhm. Sprache bekleidete. 1791–93 war er am Piaristenkolleg in Nikolsburg tätig, 1794–98 Superior und Normalschuldir. in Beraun (Beroun), 1799–1800 Pfarradjutor in Nikolsburg, 1801–02 Kooperator in Drahnoaujezd (Drahoňův Újezd). 1803 säkularisiert, verwaltete er die Pfarrei in Zditz. Sein tschech. Lese- und Übungsbuch „České cvičení pro schovance cís. král. kadetního domu ...", der erste gedruckte Lehrbehelf an der Akad., stellt einen zu seiner Zeit innovativen und praxisgerechten Zugang zum Spracherwerb der Militärakademiker dar, den erst die neueste soziolinguist. Forschung würdigen konnte.

W.: Kniha k čtení a překládaní pro schovance cís. král. akad. ..., 1783, 2. Aufl.: České cvičení pro schovance cís. král. kadetního domu ..., 1786, Nachdruck 1793.

L.: M. Daňková, in: Časopis Národního muzea 116, 1947, S. 93f.; F. Horák, Knihopis českých a slovenských tiskü ..., 1965, S. 132; K. A. F. Fischer, Verzeichnis der Piaristen der dt. und böhm. Ordensprov. (= Veröff. des Collegium Carolinum 47), 1985; V. Petrbok, in: 250 Jahre Fremdsprachenausbildung im österr. Militär am Beispiel des Tschech. (= Schriftenr. der Landesverteidigungsakad. 8), ed. J. Ernst, 2003, S. 45ff.; S. M. Newerkla, ebd., S. 60ff.; Vídeňský podíl na počátcích českého národního obrození / Wr. Antl. an den Anfängen der tschech. nationalen Erneuerung, ed. J. Vintr – J. Pleskalová, 2004, s. Reg.

(V. Petrbok)

Spurzheim Karl, Neurologe. Geb. Wien, 7. (8.). 4. 1810; gest. ebd., 6. 10. 1872. – Aus gutbürgerl. Haus stammend, Neffe von Johann Christoph S. (s. u.). S. stud. ab 1828 Med. an der Univ. Wien; 1835 Dr. med. Nach Stud.aufenthalten in Dtld., Belgien und Frankreich, wo er v. a. Irrenanstalten besuchte, war S. ab 1837 als Konzeptspraktikant bei der Nö. Landesregierung sowie gleichzeitig im AKH Wien und in der Gebäranstalt tätig. 1840 Sekundararzt im „Lazareth", das seit 1803 dem Narrenturm als Filiale angegliedert war, wurde er 1841 prov. Primararzt einer Filiale des AKH im Versorgungshaus. 1842 zum prov. Primararzt der Irrenabt. des Versorgungshauses in Ybbs (Ybbs an der Donau) ernannt, übernahm er die Irrenanstalt 1858 als Dir. S.s Verdienst war es, aus der verwahrlosten Anstalt durch baul. Veränderungen und verbesserte Kost einen würdigen Pflegeort für Geisteskranke zu schaffen. Außerdem minderte er die Zwangsmaßnahmen durch Beschäftigungstherapie. Als kurzfristiges Mitgl. des Frankfurter Parlaments 1848 trat er dort für die Gleichberechtigung der Staatsbürger und die Achtung ihrer Rechte ein. 1869 als Nachfolger J. G. v. Riedels (s. d.) zum Dir. der Wr. Landes-Irrenanstalt berufen, konnte er an dieser sein Reformwerk fortsetzen. Unter seiner Ägide wurde das No-restraint-System eingeführt. S. war Mitgl. mehrerer wiss. Ver. und Präs. des Ver. für Psychiatrie und forens. Psychol. in Wien sowie Präs. des Landessan.rates. Aufgrund seines Einflusses wurde der psychiatr. Unterricht an der Univ. Wien forciert. Seine wenigen Publ. erschienen im „Jahrbuch" und im „Wochenblatt der k. k. Gesellschaft der Ärzte". Für seine Verdienste ausgez., erhielt er den Franz Joseph-Orden (1859). Sein Onkel **Johann Christoph S.** (eigentl. Johann Gaspar S.), Phrenologe, (geb. Longuich, Erzbistum Trier/Dtld., 31. 12. 1776; gest. Boston, Mass., USA, 10. 11. 1832) stud. ab 1791 Theol. in Trier, ehe er aufgrund der Kriegswirren nach Wien flüchtete und 1799 Med. an der Univ. Wien inskribierte; 1804 Dr. med. Mit seinem Lehrer, dem Phrenologen, Franz Joseph Gall, reiste er durch Europa und verf. zahlreiche Schriften. Ab 1813 kam es immer wieder zu Unstimmigkeiten zwischen Gall und Johann Ch. S., sodaß sich letzterer von Gall distanzierte und i. d. F. eigenständig publ. Weiters hielt er zunächst in Frankreich, Großbritannien und Irland phrenolog. Vorlesungen, ehe er 1832 als Vortragender nach Nordamerika ging, wo er an Typhus starb. Johann Ch. S. galt als Theoretiker, besaß aber große anatom. Geschicklichkeit. Innerhalb der Psychiatrie vertrat er die patholog.-anatom. Richtung, indem er in seinen Forschungen über die Anatomie des Gehirns und die Kranioskopie Seelenstörungen immer auch als Krankheiten des Gehirns auffaßte.

W.: s. u. Kreuter (auch für Johann Ch. S.).

L. (tw.auch für Johann Ch. S.): NFP, 12. 10. 1872; ADB; DBE; Hirsch; Kreuter (m. W. u. L.); Lesky, s. Reg.; Wurzbach; Allg. Wr. med. Ztg. 17, 1872, S. 499f.; WMW 22, 1872, Sp. 1162f.; J. Berze, in: Dt. Irrenärzte, ed. T. Kirchhoff, 1, 1921, S. 230ff.; Materialiensmlg. ÖBL, UA, beide Wien; Mitt. Gudrun Hammer, Ybbs, NÖ.

(D. Angetter)

Squarcina (Skvarčina) Giovanni (Ivan), Maler. Geb. Zara, Dalmatien (Zadar, Kroatien), 11. 9. 1825; gest. Venedig (Venezia, Italien), 29. 12. 1891. – Sohn eines Uhrmachers und Juweliers. S. stud. 1842–52 (mit Unterbrechung) Malerei und Architektur an der Accad. di Belle Arti in Venedig und kehrte 1853 nach Dalmatien zurück, wo er sich hauptsächl. in Spalato (Split) aufhielt und v. a. Porträts und Kirchenbilder malte. Befreundet mit Salghetti-Drioli (s. d.), erhielt er auf dessen Vermittlung 1857 ein dreijähriges Stipendium für eine Stud.reise durch Italien. 1860 ließ sich S. endgültig in Venedig nieder und begann, beeinflußt von Vincenzo Abbatis „Galileo trattenuto dagli inquisitori", mit den Arbeiten für sein Hauptwerk „L'abiura di Galileo Galilei davanti all'inquisizione romana", für dessen Vorarbeiten er zu Stud.zwecken nach Florenz, Rom und Bologna reiste. Nach achtjähriger Arbeit stellte er 1870 das Gemälde in seinem Atelier in Venedig aus und erregte damit, bedingt durch dessen enorme Größe (3,75 x 6,08 m) und die hist. Thematik, großes Interesse; Versuche, das Bild in London bzw. 1873 auf der Wr. Weltausst. zu präsentieren, scheiterten letzl. an dessen Dimensionen. I. d. F. beteiligte sich S. 1881–88 wiederholt an Ausst. in Mailand, Bologna und Venedig und erhielt aus dem niederen Klerus sowie dem Bürgertum zahlreiche Aufträge für Porträts. Danach zog sich S., schon seit seiner Stud.zeit an einer

Augenkrankheit leidend, völlig erblindet ins Privatleben zurück. Tle. seines Œuvres befinden sich im Hrvatski povijesni muzej in Zagreb.

L. (auch s. u. Skvarčina): Bénézit; Comanducci; Enc. Jug.; Enc. lik. umj.; Thieme–Becker; Wurzbach; L. C. de Pavissich, Del quadro „L'abiura di Galileo Galilei" e del suo autore G. S., 1892; V. Brunelli, G. S., 1912; A. M. Comanducci, I pittori italiani dell'ottocento, 1934; K. Prijatelj, I. S. (= Izdanje Galerije Umjetnina u Splitu 18), 1963; Dizionario enciclopedico Bolaffi dei pittori e degli incisori italiani 10, 1975; K. Prijatelj, Slikarstvo u Dalmaciji od 1784. do 1884. (= Bibl. znanstvenih djela 36), 1989, S. 51ff. (m. L.); ders., Kroz povijest umjetnosti u Dalmaciji (XII.–XIX st.) (= Spliski književni krug 13), 1995, s. Reg., bes. S. 458ff. (m. L.); Enc. Hrvatske Umjetnosti 2, 1996; C. H. Martelli, Dizionario degli artisti di Trieste, dell'Isontino, dell'Istria e della Dalmazia, 2001; La pittura nel Veneto. L'Ottocento 2, 2003, S. 826 (m. L.).

(E. Hüttl-Hubert – M. Lorber)

Šram, Šrám, s. auch **Schram, Schramm**

Šrámek Ivan Osipovič, s. **Schramek** Johann Josef

Sramko (Šramko, Šrámek, Schramke, Schramko) Paul (Pavol, Pavel, Pál), Pfarrer und Schriftsteller. Geb. Großrauschenbach, Ungarn (Revúca, Slowakei), 13. 2. 1743; gest. Klenócz, Ungarn (Klenovec, Slowakei), 25. 2. 1831; evang. AB. – S. war nach Stud. in Wien (1767) und Preßburg 1769–73 als Rektor der Schule von Nagypalugya (Paludza), 1773–83 als Pfarrer dieser Artikulargmd., deren berühmte, durch stilist. Geschlossenheit bestechende Holzkirche während seiner Wirkungszeit erbaut wurde, tätig. Anschließend wirkte er 1783–93 in Dt. Liptsch (Partizánska Ľupča) und zuletzt bis zum Übertritt i. d. R. in Klenócz (1793–1810). Seine Gelegenheitsdichtungen aus Anlaß von Jubiläen oder Hochzeiten zeichnen sich durch ihre poet. Verarbeitung geograph., hist. und bibl. Themen aus. Nach dem Tod seiner Gattin Katarína S. (1778), die ebenfalls als Dichterin hervorgetreten war, veröff. er eine in Ged.form gehaltene Lebensbeschreibung, die wegen erot. Akzente bei der Schilderung ihrer Schönheit zu Widerspruch und literar. Kontroversen führte. Der Tod Maria Theresias und Josephs II. veranlaßte ihn zu Erinnerungsged., wobei er deren Verdienste um die ökonom., gesellschaftl. und religiösen Reformen betonte. Als die josefin. Toleranz im Gefolge älterer Streitschriften in Zweifel gezogen wurde, regte S. anonym die Bildung eines interkonfessionellen Konsistoriums mit dem Primas Hungariae an der Spitze an, um solche Konflikte künftig zu verhindern. Als Linguist veröff. er 1805 eine tschecho-slowak. Grammatik, die als Lehrbuch an slowak. Schulen verwendet wurde. Er hinterließ auch ein dreibändiges Wörterbuch zum Neuen Testament.

W. (auch s. u. Slovenský biografický slovník): Česko-Slovenská Gramatyka ..., 1805; Žívota i smrti požehnaná památka ... K. Potoczky ..., o. J.; Běh života slavné paměti ... Marie Therezie ..., o. J.; Pamětný sloup ... Josefovi II., 1790 (Hs.); Řekco-Slovenský slovár na Nový záko, 3 Bde. (Hs.); etc.

L.: Rizner 5, S. 237f., 7, S. 271, 8, S. 160; Szinnyei; Slovenský biografický slovník 5, 1992 (m. W. u. L.); Evanjelici v dejinách Slovenskej kultúry 2, 1997, S. 107; E. Kowalská – M. Novacká, in: Acta Collegii Evangelici Presoviensis 7, 2000, S. 79ff.; E. Kowalská, Evanjelické a. v. spoločenstvo v 18. storočí, 2001, s. Reg.

(K. Schwarz)

Šrámková Emilie, s. **Schramek** Emilie von

Srb Adolf, Historiker und Journalist. Geb. Rokitzan, Böhmen (Rokycany, Tschechien), 27. 9. 1850; gest. ebd., 14. 4. 1933. – Nach Besuch der Gymn. in Prag und Pilsen (Plzeň) ergriff S. 1871 die journalist. Laufbahn bei der Prager Tagesztg. „Politik". Mehrmals wegen Preßdelikten angeklagt, wurde er 1876 zu vier Monaten Gefängnis verurteilt. 1876–79 fungierte S. als verantwortl. Red. der „Plzeňské listy". Ab 1879 war S., der in engem Kontakt zur alttschech. Parteileitung stand, Red. der Ztg. „Politik", „Pokrok", „Česká politika" und „Národní politika", wobei er für die Annäherung dieser alttschech. Bll. an die Gruppe der Realisten um Kaizl und Th. Masaryk (beide s. d.) mitverantwortl. war. Ab 1903 schrieb er regelmäßige Monatsberr. für die Prager Z. „Osvěta" über innen- und außenpolit. Themen. S. trat aber auch als Verf. historiograph. Werke hervor. Seine zeitgeschichtl. und biograph. Arbeiten wie auch seine Erinnerungen sind bes. als Materialsmlgg. wertvoll. V. a. die 1899 und 1901 erschienene zweibändige Geschichte der tschech. Politik in der 2. Hälfte des 19. Jh. „Politické dějiny národa českého od roku 1861", die auch eine Ed. wichtiger Dokumente enthält, ist für die hist. Forschung noch heute aktuell.

W.: Spisovatel J. V. Sedláček, 1879; Upomínka na slavnostní otevření Národního divadla, 1881; Prostonárodní spisy politické, 1883; Bohemica res. Zur Abwehr dt.nationaler Angriffe, 1884; Národní jednota severočeská, 1886; Královské svobodné město Rokycany, 1896; Politické myšlenky F. Palackého, 1898, 2. Aufl. 1926; Lev XIII., jeho život a působení ..., 1901; Konklave, 1903; K. Havlíček Borovský, 1906; Šedesát let politického zápasu o práva národa českého 1848–1908, 1908; F. Šimáček, jeho život a působení, 1910; Z půl století. Vzpomínky, 2 Bde., 1913–16; Politické dějiny národa českého od počátku doby konstituční, 2 Bde., 1926; etc.

L.: Národní politika, 24. 9. 1920, 15., Národní listy, 15. 4. 1933; Otto; Otto, Erg.Bd.; Česká politika 3, 1909,

S. 447; F. Kutnar, Přehledné dějiny českého a slovenského dějepisectví 2, 1977, S. 67; P. Cibulka, in: Politické strany 1, 2005, s. Reg.

(J. Kořalka)

Srb(-Debrnov) Josef, Ps. Debrnov, Musikpublizist und -organisator, Übersetzer und Komponist. Geb. Debrno, Böhmen (Tschechien), 18. 9. 1836; gest. Prag, Böhmen (Praha, Tschechien), 1. 9. 1904. – S. stud. nach Absolv. des Gymn. in Prag 1858–63 Geschichte und slaw. Philol. an der Univ. Prag und war dann bis 1866 Supplent am Akad. Gymn., 1867–75 Erzieher in der Familie Bondy, danach bis 1879 Beamter der Prager Sparkassa. 1861 Mitbegründer des Prager Gesangsver. Hlahol, war er in diesem bis 1865 sowie 1870–92 auch organisator. tätig und übers. für ihn Gesangstexte ins Tschech. S. stand mit vielen Musikern (Bendl, Dvořák, Z. Fibich, Klička, Laub, Nápravník, alle s. d.), v. a. aber mit Smetana (s. d.) in engem Kontakt, fungierte nach dessen Erkrankung als sein Berater und Begleiter und beriet ihn in kompositor., autoren- und aufführungsrechtl. Fragen. Ab den 70er Jahren schrieb er für die Musikz. „Dalibor" biograph. Artikel über Musiker (v. a. Smetana), über das Musikschulwesen etc. Von seinen Übers. aus dem Dt. ins Tschech. sind u. a. jene von Robert Schumanns „Das Paradies und die Peri" (1879), vom Tschech. ins Dt. Dvořáks „Moravské dvojzpěvy" zu nennen. S.s Übers. von Opernlibretti (Bendl, Dvořák, Smetana) waren nicht für Auff. bestimmt und sind nur vereinzelt im Druck erschienen, sie dienten vielmehr den Bearb. (u. a. M. Kalbeck, s. d., für die Rezitative von Smetanas „Die verkaufte Braut") als Vorlage. Sein biograph. Hauptwerk, ein Lex. der slaw. Tonkünstler, ist ungedruckt geblieben, seine eigenen kompositor. Versuche (u. a. Männerchöre, Lieder) sind unbedeutend.

W.: Stručné dějiny konservatoře pražské ... 1808–78, 1878; Instrumentace, 1883; Dějiny hudby v Čechách a na Moravě, 1891; Aus dem Leben F. Smetana's, in: Österr. Musik- und Theaterztg. 7–10, 1895–97; Z denníků B. Smetany, 1902; Slovník hudebních umělců slovanských, 5 Bde., Slovník životopisný skladatelů a umělců, beide Mss. (České muz. hudby, Praha); Nachlaß, Literární archiv PNP, Praha, Tschechien.

L.: ČHS; Grove, 2001; Otto; Dalibor 26, 1904, S. 258; A. Rublič, in: Věstník pěvecký 9, 1904, S. 257f.; Z. Nejedlý, in: Osvěta 34, 1904, S. 946f.; ders., in: Zvon 4, 1904, S. 716; J. Machač, B. Smetana a cizina, 1910, S. 133; V. Balthasar, B. Smetana, 1924 (Briefe Smetanas an S.); J. Plavec, F. Škroup, 1941, s. Reg.; J. Čeleda, Smetanův druh sděluje. Život a dílo J. S.-D., 1945 (m. Autobiographie S. 131ff.); P. Pražák, Smetanovy zpěvohry 1–4, 1948, s. Reg.; Korespondence A. Dvořáka 1–10, 1987–2004, s. Reg.; H. A. Houtchens, A Critical Study of A. Dvořák's Vanda, Diss. Univ. of California, Santa Barbara, 1987; Průvodce po fondech Literárního archivu PNP, 1993; Hudební divadlo v českých zemích – Osobnosti 19. století, ed. J. Ludvová u. a. (= Česká divadelní enc. 1), 2006.

(P. Petráněk – V. Reittererová)

Srb Vladimír, Politiker und Rechtsanwalt. Geb. Hořitz, Böhmen (Hořice, Tschechien), 19. 6. 1856; gest. Abbazia, Istrien (Opatija, Kroatien), 11. 5. 1916. – Sohn von Anna Srbová (s. d.). S. war während seines Jusstud. an der Prager utraquist. Univ. Vors. des Lesever. Akademický čtenářský spolek; 1880 Dr. jur. Nach Mitarb. in der Advokatur des Prager Oberbgm. Černý (s. d.) eröffnete er 1886 eine eigene Kanzlei. Als Mitgl. der alttschech. Partei wurde S. 1889 in die Prager Stadtverordnetenversmlg. gewählt und fungierte 1890–1900 als Stadtrat und ab 1894 zugleich als Zweiter, ab 1896 als Erster stellv. Bgm. 1900–06 Bgm. von Prag, fielen die Entscheidung über die Sanierung des jüd. Viertels Josefstadt (Josefov), der Neubau mehrerer Brücken sowie der Bau des tschech. Repräsentationshauses in seine Amtszeit. Als ranghöchster tschech. Politiker, der einer autonomen Körperschaft vorstand, betrieb S. eine nationaltschech. Quasi-Außenpolitik mit Besuchen der Pariser Weltausst. 1900 und von slaw. Festakten. Ab 1890 Mitgl. des Landesschulrats, gehörte er 1901–13 dem böhm. LT an und wurde zum Klubobmann der Alttschechen gewählt. Zudem war er 1907–09 RR-Abg. Nach dem Erlaß der sog. Annen-Patente im Juli 1913 vertrat er die durch diese abgesetzten böhm. Landesausschußmitgl. vor dem Verwaltungsgerichtshof. Ab 1893 im Vorstand der Stadtsparkasse Prag (1900–03 Präs.), wurde er 1907 Gründungspräs. der Česká banka in Prag. 1913 regte er die Gründung der Prager Filmges. Kinema an. Neben anderen Ausz. wurde S. 1901 das Komturkreuz mit Stern des Franz Joseph-Ordens verliehen.

L.: Národní listy, RP, WZ, 12. 5. 1916; Věstník obecní královského hlav. města Prahy 23, 1916, Nr. 10; Freund, 1907 (m. B.); Lišková; Otto; Otto, Erg.Bd.; M. Navrátil, Almanach československých právníků, 1930; P. Horská, in: Pražský sborník historický 20, 1987, S. 97ff.; G. Stourzh, in: Staatsrecht und Staatswiss. in Zeiten des Wandels, ed. B.-Ch. Funk u. a., 1992, S. 683ff.; T. Jelínková, in: Pražský sborník historický 26, 1993, S. 121f.; R. Luft, Parlamentar. Führungsgruppen und polit. Strukturen in der tschech. Ges. 1907–14, 2, phil. Diss. Mainz, 2001 (m. L.).

(R. Luft)

Srbecký J. B., s. **Bakalář** Johann M.

Srbik Robert von, Glaziologe und Offizier. Geb. Wien, 10. 11. 1878; gest. Innsbruck (Tirol), 26. 10. 1948. – Sohn des Finanzbeamten, Kunstexperten und Kupferstichsammlers Franz v. S. (1840–1910), Enkel von Grauert (s. d.), Zwillingsbruder des Historikers und Ministers Heinrich v. S. Nach Absolv. der Theresian. Akad. in Wien besuchte S. ab 1900 die Theresian. Militärakad. in Wr. Neustadt. Zum Lt. befördert, war er bis 1903 der Landwehr beim Feldjägerbaon. 21 (Tulln) zugeordnet. 1903–05 besuchte er den Gen.stabskurs, danach bis 1909 als Gen.stabsoff. in der 6. Gebirgsbrig. 1909/10 Truppendienst beim 3. Tiroler Kaiserjägerrgt. wechselte er 1910–12 als Lehrer an die Inf.kadettenschule nach Innsbruck, wo er bis 1914 in der Gen.stabsabt. des 14. Korps diente. Ab 1910 stud. S. auch Geschichte und Dt. Philol. an der Univ. Innsbruck, Dr. phil. 1914 als Hptm. des Gen.stabes; 1914/15 in der Gen.stabsabt. des 14. Korps in Galizien und Rußland, stand er nach Verwundung 1915/16 in der Gen.-stabsabt. in Tirol in Verwendung. 1916/17 fungierte er als Div.gen.stabschef der Gruppe Etschtal, danach als Chef der Organisationsgruppe des Armeeoberkmdo. Mit Ende des 1. Weltkriegs als Obst. des Gen.stabes i. R., lehnte er das Angebot, die türk. Armee zu reorganisieren, ab. S. widmete sich dem Stud. der Geol. und verschrieb sich der geolog., geograph. sowie ab 1925 in Zusammenarbeit mit dem Alpenver. insbes. der glaziolog. Forschung. Er erforschte und dokumentierte die Veränderungen der Gletscher, v. a. im Ötztal. 1928–38 hielt er an der Univ. Innsbruck Vorlesungen über angewandte Geol. und Geschichte der Geol. S. begleitete Raimund v. Klebelsberg zu Thumburg nach Spanien, Italien und Griechenland und unternahm eine Stud.reise nach Bornholm. Er publ. rund 150 Arbeiten aus verschiedenen Fachbereichen der Geschichte, Geol., Meteorol. und Geographie. Als sein Hauptwerk und bibliograph. Standardwerk gilt die dreibändige „Geologische Bibliographie der Ostalpen“, 1935–37. In Anerkennung seiner Verdienste um die Landeskde. Tirols und Ktn. wurde S. 1944 zum Ehrenmitgl. der Univ. Innsbruck ernannt, erhielt u. a. das Ritterkreuz des Leopold-Ordens mit Kriegsdekoration und Schwertern sowie den Titel Reg.Rat.

W.: Die Darstellung Tirols auf der Dtld.karte des Ch. Schrott (Sgrothenius) 1565, in: Mitt. der Geograph. Ges. in Wien 70, 1927; Überblick des Bergbaues von Tirol und Vbg. in Vergangenheit und Gegenwart, in: Berr. des Naturwiss.-Med. Ver. Innsbruck 41, 1924/25–1928/29, 1929; Goethe und die Geol. ..., in: Geolog. Rundschau 23, 1932; Glazialgeol. der Nordseite des Karn. Kammes, in: Carinthia II, 6, 1936; Die Margarita philosophica des G. Reisch († 1525) ..., in: Denkschriften Wien, math.-nat. Kl. 104, 1941; Bes. Verfallserscheinungen an einigen Ötztaler Gletschern 1932–45, in: Veröff. des Mus. Ferdinandeum 26/29, 1949; zahlreiche Beitrr. in Tiroler Heimatbll. und Z. für Gletscherkde., für Eiszeitforschung und Geschichte des Klimas; etc.

L.: *Innsbrucker Nachrichten, 11. 12. 1944; Tiroler Nachrichten, 28., Tiroler Tageszlg., 28., Dolomiten, 30./31., WZ, 31. 10., NFP, 3. 11. 1948; H. Wolf, in: Z. für Gletscherkde., für Eiszeitforschung und Geschichte des Klimas 14, 1926, S. 178ff.; R. v. Klebelsberg, Geol. von Tirol, 1935, S. 691; G. Mutschlechner, in: Der Schlern 22, 1948, H. 12, S. 439f.; ders., in: Tiroler Heimatbll. 9/10, 1949, S. 194f.; R. v. Klebelsberg, in: Berge und Heimat 2, 1949, S. 66f.; A. Tollmann, Geol. von Österr. 3, 1986, S. 2, 8, 42, 658; P. Goller – G. Oberkofler, Mineral. und Geol. an der Leopold-Franzens-Univ. Innsbruck ... (= Forschungen zur Innsbrucker Univ.geschichte 15), 1990, passim; G. Pfaundler-Spat, Tirol-Lex., neubearb. Aufl. 2005; UA, Innsbruck, Tirol; WStLA, Wien.*

(W. Neuner)

Srbová Anna, geb. Kubátová, Ps. Věnceslava Lužická, Schriftstellerin, Volksbildnerin, Frauenrechtlerin und Journalistin. Geb. Hořitz, Böhmen (Hořice, Tschechien), 6. 12. 1835; gest. Praha, Tschechoslowakei (Tschechien), 4. 5. 1920. – Tochter eines Kaufmanns und Stadtrats, Mutter von Vladimír Srb (s. d.), ab 1854 verehel. mit dem Grundbuchsbeamten Antonín Srb, 1867 verwitwet. Nach Besuch der Volksschule war S. 1846 in Braunau (Broumov) auf Austausch und bildete sich danach vorerst autodidakt. weiter; 1849 trat sie in das dt.-französ. Bildungsinst. für Mädchen in Prag ein. Nach ihrer Eheschließung lebte sie in ihrem Geburtsort, nach dem Tod ihres Mannes zog sie mit ihren Kindern nach Prag. Hier widmete sie sich der Volksbildung (v. a. durch rege Vortragstätigkeit) und engagierte sich aktiv in der Frauenbewegung: Sie war Mitbegründerin der Ver. Tělocvičný spolek paní a dívek pražských, Ženský výrobní spolek und První český penzionát pro dívky, eröffnete 1897 als Vors. den ersten Kongreß der tschechoslaw. Frauen und war bis 1914 Protektorin des Ver. Ústřední spolek českých žen. S. stud. die Einrichtungen der Frauenbildung auch in Dtld., Italien und der Schweiz. Gem. mit Eliška Krásnohorská (s. Pechová A.) und Ludmila Šimáčková beteiligte sie sich an der Red. der ersten Frauenz. „Ženské listy“ und übernahm später von Pavla Moudrá (s. d.) auch die Red. der Z. „Lada“. S. begründete zudem die Buchreihen für Frauenlektüre „Libuše“ (in der zahlreiche ihrer eigenen Werke erschienen), „Ženský světa“ sowie „Škola ženských prací“ und gab mehrere Sammelbde. und Kal. heraus. In ihren zahlreichen Romanen, Erz., Dramen und Übers., die u. a. in den Z. „Budečská zahrada“, „Česká včela“, „Květy“, „Otavan“, „Světozor“,

„Zábavné listy", „Zlaté klasy" und „Zlaté lístky" erschienen, stellte S. idealist. gefärbte Schicksale patriot. gesinnter Frauen und Mädchen aus verschiedenen sozialen Schichten in zeitgenöss. und hist. Milieu dar. Sie verf. auch populäre Fach- und Bildungsbücher für Frauen sowie Kinderliteratur.

W. (auch s. u. Lex. české literatury): Sebrané spisy 1–50, o. J.

L. *(auch s. u. Lužická): Otto; Otto, Erg.Bd.; Wurzbach; E. J. Šarapatka, Naše kniha 1, 1920, S. 48; Ženský světa 24, 1920, S. 160; J. F. Urban, in: České ženy 2, 1922, S. 16 (m. B.); Lex. české literatury 2/2, red. V. Forst, 1993 (m. W. u. L.); M. L. Neudorflová, in: České ženy v 19. století, 1999, s. Reg.*

(V. Petrbok)

Srčen, s. **Klekl** Jožef d. Ä.

Srdínko František, Priester, Pädagoge, Schriftsteller und Redakteur. Geb. Kuklena, Böhmen (Hradec Králové, Tschechien), 7. 2. 1830; gest. Altbunzlau, Böhmen (Brandýs nad Labem-Stará Boleslav, Tschechien), 9. 9. 1912. – S. besuchte bis 1846 das Gymn. in Königgrätz (Hradec Králové), an dem u. a. der Lexikograph und Übers. Joseph Chmela (1793–1847) sowie V. K. Klicpera (s. d.) seine Lehrer waren, und stud. 1848–49 an der Prager Univ. Jus, 1850–53 Theol. Nach der Priesterweihe 1853 war er bis 1855 Kaplan in Kwilitz (Kvílice), danach bekleidete er an den Prager theol. Stud.anstalten mehrere pädagog. Funktionen: 1856–58 Präfekt am erzbischöfl. Studentenkonvikt, 1858 Vizerektor des Klerikalseminars und Konvikts, 1860–65 Vizerektor, 1866 Dir. des erzbischöfl. Seminars; daneben lehrte er Exegetik der Hl. Schrift sowie Katechetik. 1876 wurde S. Ehren-, 1879 Residenzkanonikus, 1898 Dekan, 1908 Propst des Kollegiatsstifts in Altbunzlau. 1898 wurde er mit dem Orden der Eisernen Krone III. Kl. ausgez. und erhielt 1903 den Titel eines Päpstl. Hausprälaten. Er erwarb sich auch Verdienste um das Schul- und Gmd.wesen in Altbunzlau. S. verf. ein mehrmals (noch 1946) verlegtes kirchengeschichtl. Lehrbuch für Gmd.schulen, adaptierte und übers. einige Erbauungsschriften, gründete 1859 den Ver. für die Hrsg. von kath. Sitten- und Volkslektüre „Dědictví maličkých" (vornehml. für Kinder), in dem er auch als Red. tätig war, und war u. a. 1862–79 Red. bzw. Hrsg. und Verleger der Z. „Blahověst".

W.: Obrázek do vínku (= Dědictví maličkých 21), 1878; Stará Boleslav, nejstarší poutní místo v Čechách, 1880; Duchovní cvičení pro dospělé i pro mládež vzdělanější (= Dědictví Svatojanské 69), 1882; etc. – Bearb.: Úvahy pro jinochy, 1853 (nach I. A. Stelzig); Rozjímání pro panny, 1854 (nach dems.); Schusterův Biblický dějepis starého i nového zákona pro školy obecné s 52 obrázky a s mapkou Svaté Země, 1882 (nach I. Schuster).

L.: *Katolické listy 4, 1900, Nr. 36, 39; Otto; Rieger; Wurzbach; T. Škrdle, Zásluhy českého, moravského a slezského duchovenstva o zakládání knihoven ... 1888, S. 131f.; A. Podlaha, Bibliografie české katolické literatury náboženské ... 4, 1918, S. 1551, 2127; J. Benýšková – F. Vích, Literární Hradec Králové, 1994; E. Čáňová, Slovník představitelů katolické církevní správy v Čechách 1818–1918, 1995.*

(V. Petrbok)

Srdínko Otakar, Histologe, Embryologe und Politiker. Geb. Freihöfen, Böhmen (Svobodné Dvory, Tschechien), 1. 1. 1875; gest. Praha, Tschechoslowakei (Tschechien), 21. 12. 1930. – Sohn von Hynek S. (s. u.). Nach Absolv. des Gymn. in Königgrätz (Hradec Králové) stud. S. ab 1893 Med. an der Univ. Prag; 1899 Dr. med. Ab 1900 als Ass. am Inst. für Histol. und Embryol. tätig, vervollkommnete er 1901–11 seine Ausbildung auf mehreren kurzen Stud.aufenthalten im Ausland. Bereits 1901 konnte sich S. an der Tschech. Univ. in Prag für Histol. und Embryol. habil. 1906 ao. Prof., erhielt er 1908 die Venia legendi für mikroskop. Anatomie an der TH in Prag. 1912 Tit.Prof., wurde S. 1917 zum o. Prof. und gleichzeitig zum Vorstand des Inst. für Histol. und Embryol. ernannt; 1918/19 Dekan der med. Fak. Wiss. befaßte sich S. mit der Histol. und Entwicklung der Nebenniere sowie mit der Histol., Histogenesis und Funktionsarchitektur von Bindegewebe. Sein umfangreiches med. Œuvre umfaßt zahlreiche Fachstud., insbes. bereicherte er die med. Terminol. mit neuen Ausdrücken. International anerkannt, galt S. auch als guter Organisator und initiierte 1925 die Errichtung des heutigen Purkyně-Inst. an der Karlsuniv. Seit seiner Jugend war er überzeugter Anhänger und Theoretiker der Agrarbewegung und vertrat als erster die Idee, eine Organisation der Agrarpartei auch in Prag zu gründen. So beteiligte er sich an der Formulierung des Parteiprogramms und setzte sich für die wirtschaftl., nationalen, sozialen und kulturellen Forderungen der tschech. Bauern ein. 1907 gründete er die Vereinigung der Landakademiker, den späteren Zentralverband der Agrarakademiker, der die Interessen der vom Land kommenden Intelligenz vertrat. Von 1918 bis zu seinem Lebensende war er Mitgl. des Nationalkomitees in der Nationalversmlg. und widmete sich als Abg. v. a. Bildungs- und Kulturfragen. 1925–26 Minister für Schulwesen und Volkskultur, 1926–29 Minister für Landwirtschaft. Zu seinen Interessensgebieten gehörte auch die Ethnographie. 1897 gab er eine Studie über seinen Geburtsort heraus. Darüber hinaus veröff. er mehrere 100 Artikel über Schulwesen, Landwirtschaft und Volkskultur und schrieb Beitrr. über die tschech. Bevölkerung in „Národopisný věstník“. S. war Mitgl. der kgl. böhm. Ges. der Wiss. und der Böhm. Akad. der Wiss. und Kunst. Sein Vater, **Hynek S.** (geb. Freihofen, 3. [2.] 6. 1847; gest. ebd., 15. 1. 1932), absolv. die Handelsakad. in Prag, danach eine landwirtschaftl. Schule und übernahm 1873 das väterl. Gut. Er war ab 1880 Gmd.-vorsteher von Freihöfen, 1903–18 Bez.obmann von Königgrätz sowie Mitgl. des böhm. Landeskulturrats. Hynek S. engagierte sich als Mitgl. des böhm. LT (1901–07) und als Abg. im RR (1907–18) bes. für agrar. Interessen und spielte auch in der Tschech. Agrarierpartei eine führende Rolle.

W.: s. u. Volf.

L.: NWT, 23., WZ, 24. 12. 1930; Fischer; Otto; M. Navrátil, Almanach českých lékařů, 1913; Album representantů všech oborů veřejného života československého, 1927, S. 25, 1126 (m. B.); J. Volf, in: Almanach České akad. věd a umění 41, 1930, S. 957ff. (m. W.); Věstník Československého zemědělského mus., 1931, Nr. 1, S. 66f.; Biografický slovník pražské lékařské fak. 1348–1939, 2, 1993; Politická elita meziválečného Československa 1918–38 ..., 1998 (m. B.); J. Tomeš u. a., Český biografický slovník XX. století 3, 1999; A. Šlechtová – J. Levora, Členové České akad. věd a umění 1890–1952, 2004, S. 276. – Hynek S.: Freund, 1907, 1911 (m. B.); Lišková; R. Luft, Parlamentar. Führungsgruppen und polit. Strukturen in der tschech. Ges. 1907–14, 1–2, phil. Diss. Mainz, 2001 (m. W. u. L.).

(M. Makariusová – Ch. Mentschl)

Srna Carl (Charles), Photograph und Beamter. Geb. Brünn, Mähren (Brno, Tschechien), 12. 5. 1853; gest. nach 1917; röm.-kath. – S., von Beruf zunächst Lottoamtsoffizial in Wien, war ein begeisterter Amateurphotograph und engagierte sich 1886 bei der Gründung eines Amateurphotographenver., der im Frühjahr 1887 als Club der Amateur-Photographen in Wien (ab 1893 Camera-Club) ins Leben gerufen wurde; bis 1894 war er auch dessen erster Präs. In dieser Funktion gehörte S. zu den Initiatoren der ersten, 1888 in Wien stattfindenden Photoausst. für Amateure im dt.sprachigen Raum, die Vorläuferin für ähnl., dem Austausch von Bildideen dienende internationale Veranstaltungen war. 1887–88 fungierte er gem. mit Friedrich Mallmann, mit dem er gelegentl. photographierte, als Eigentümer und Hrsg. des Kluborgans „Photographische Rundschau“, in der v. a. Berr. zum Ver.leben und Artikel für Amateurphotographen veröff. wurden. Erstmals beteiligte sich S. 1886 an einer Ausst. in Oporto (Porto), wo er die goldene Medaille für die ausgest. Platinotypien und vergleichenden Versuche der verschiedenen neueren Positiv-Verfahren erhielt, weitere Ausst., u. a. in Frankfurt am Main (1890), Wien (1891), Salzburg (1893), Mailand und Paris (1894), folgten. S., dessen Œuvre hauptsächl. Moment- und Landschaftsaufnahmen (z. B. aus dem Salzkammergut) sowie Jagdbilder umfaßt, arbeitete mit dem Platindruck und konstruierte 1889 einen „Blitzlichtapparat“. Nach 1893 trat er als Bild- und Textautor nicht mehr in Erscheinung und wechselte in der zweiten Hälfte der 1890er Jahre als Lottoamts-Verwalter nach Brünn, wo er noch 1917 tätig war. S. war Mitgl. zahlreicher Ver., u. a. der Photograph. Ges. (ab 1885) und des Photograph. Ver. zu Berlin (ab 1887). Seine Bedeutung liegt weniger in der photograph. Produktion, die sich in Motiven wie Komposition nicht wesentl. vom Schaffen der Berufsphotographen unterscheidet; das Aufkommen einer piktorialist. Richtung, deren Vertreter die Unschärfe als Stilmittel einsetzten, die Aufnahmen überarbeiteten und als Edeldrucke wiedergaben, ging an ihm vorüber. Nennenswert ist dagegen sein Wirken für einen Zusammenschluß der Amateurphotographen in Wien, dessen Aktivitäten beispielhaft für den dt.sprachigen Raum wurden.

L.: Photograph. Rundschau, 1894, Nr. 3, S. 1f.; Geschichte der Fotografie in Österr. 2, ed. O. Hochreiter – T. Starl, Bad Ischl 1983, S. 181 (Kat.); FotoBibl. Biobibliografie zur Fotografie in Österr. 1839–1945, 2005 (Datenbank, Albertina, Wien); MA 35, Wien.

(T. Starl)

Šrobár Vavro, Ps. Andrej Bielik, Vavro Lieskovan etc., Politiker, Mediziner und Publizist. Geb. Liszkófalva, Ungarn (Lisková, Slowakei), 9. 8. 1867; gest. Olomouc, Tschechoslowakei (Tschechien), 6. 12. 1950. – Sohn eines Bauern. Š. stud. ab 1888 an der Univ. Prag Med. (1898 Dr. med.) und praktizierte 1899–1918 in Rosenberg (Ružomberok). Von Th. Masaryk (s. d.) beeinflußt, repräsentierte Š. während seines Stud. die tschechoslowak. orientierte national-liberale polit. Strömung um die Z. „Hlas“ (die er 1903–04 auch red. und hrsg.). 1906 wurde er aus polit. Gründen zu einer Gefängnisstrafe verurteilt und im Mai 1918 durch die ung. Regierung interniert. Danach hatte Š. bedeutenden Antl. an der Gründung der Tschechoslowakei. Im November 1918 Mitgl. des Präsidiums des Revolutionären Volksausschusses in Prag, war er danach kurze Zeit Präs. der prov. slowak. Regierung, 1918–20 Minister für die Verwaltung der Slowakei, 1919–20 auch Minister für Gesundheitswesen, 1921–22 für Schulwesen und Volksbildung. Als Minister trug er wesentl. zur Integration der Slowakei in den neuen Staat, zum Ausbau ihrer Verwaltung und des Schul- und Gesundheitswesens bei. Neben seinen polit. Aufgaben lehrte Š. ab 1923 als Doz. und ab 1935 als Prof. an der med. Fak. der Univ. Bratislava, wo er 1937 emer. wurde. Als Mitgl. der Agrarpartei war er 1918–25 Abg., 1925–35 Senator des tschechoslowak. Parlaments. Seine Idee eines einheitl. tschechoslowak. Volks stand im Widerspruch zur Politik der slowak. Nationalisten. 1944 gehörte Š. als Vertreter des bürgerl. Blocks und Befürworter der Tschechoslowak. Republik dem Präsidium und dem 2. Vorstand des aufständ. Slowak. Nationalausschusses an. Nach der Niederschlagung des Aufstands zog er sich in die UdSSR zurück, wo er im März 1945 Mitgl. der tschechoslowak. Delegation war, die über die Nachkriegsbeziehungen der Tschechoslowakei mit der UdSSR verhandelte. 1945–46 war Š. Finanzminister, 1948–50 Minister für Vereinheitlichung der Gesetze sowie Mitgl. des Zentralen Aktionskomitees der Nationalen Front. Š. veröff. einige Romane, Gesundheitshdbb. und neben mehreren polit. Werken auch seine Memoiren.

W.: Dedinské rozprávky, 1890; Ľudová zdravoveda, 1909; Moderný názor na život a svet, 1913; Boj o nový život, 1920; Vláda ľudu v demokracii, 4 Bde., 1920; Pamäti z vojny a z väzenia, 1922; Osvobozené Slovensko, 1928; Svetlo v temnotách, 1937; Z môjho života, 1946; etc.

L.: *Pravda, 7., Rudé právo, 9. 12. 1950; Enc. Slovenska; Otto, Erg.Bd.; Révai; Rizner 5, 8; Š. Janšák, in: Prúdy 11, 1927, S. 403ff.; Slovenský náučný slovník, 1932; Reprezentačný lex. Slovenska a Podkarpatskej Rusi, 1936; Š. zborník k sedemdesiatym narodeninám, 1938; Š. Janšák, in: Vlastivedný časopis 16, 1967, S. 185; M. Hronský, Slovensko na rázcestí 1918, 1976, S. 121ff., 157ff.; Enc. slovenských spisovateľov, 1984; M. Hronský, Slovensko pri zrode Československa, 1987, S. 122ff., 148ff.; J. Jablonický, Povstanie bez legiend, 1990, S. 154ff., 201ff., 338ff.; W. Venohr, Aufstand der Slowaken, 1992, s. Reg.; Slovenský biografický slovník 5, 1992 (m. W., L. u. B.); Politická elita meziválečného Československa 1918–38, 1998 (m. B.); Ottova všeobecná enc. v dvoch zväzkoch 2, 2005.*

(I. Chalupecký)

Šrom František von, Jurist und Politiker. Geb. Millenau, Mähren (Milenov, Tschechien), 20. 8. 1825; gest. Brünn, Mähren (Brno, Tschechien), 19. 5. 1899. – Sohn eines Kleinbauern, Schwager von Promber (s. d.). Š. besuchte 1838–46 das erzbischöfl. Gymn. in Kremsier (Kroměříž) und widmete sich kurze Zeit dem Stud. der Theol., ehe er bis 1852 Jus an der Univ. Olmütz stud.; 1852 Dr. jur. 1852–55 in Advokatenkanzleien, u. a. bei A. Frh. v. Pražák (s. d.) in Brünn, tätig, eröffnete er 1855 eine eigene Kanzlei in Ung. Hradisch (Uherské Hradiště), die er bis 1879 führte, um danach die Kanzlei Pražáks in Brünn zu übernehmen. 1861–87 war Š. Abg. des mähr. LT und mehrmals Mitgl. des Landesauschusses sowie 1884–87 LHptm.-Stellv. 1873–87 war er außerdem Abg. zum RR und ab 1887 lebenslängl. Mitgl. des HH. Š. gehörte der tschech. patriot. Partei (Alttschechen) an, in der er die gemäßigt nationale Richtung vertrat, und war nach dem Eintritt Pražáks in das Regierungskabinett Taaffe (1879) Führer der mähr. Tschechen im LT und im RR. Erst 1895 gab er die Führung der Partei aus gesundheitl. Gründen ab. Überdies war er ab 1879 Präs. der Staatsschuldenkontrollkomm. und ab 1880 Mitgl. des Reichsgerichts, ferner Vors. der Genossenschaft des tschech. Theaters in Brünn (ab 1881) sowie Mitgl. der Mähr.-schles. Ges. für Ackerbau, Natur- und Landeskde. in Brünn. 1881 wurde er in den Ritterstand erhoben.

L.: *Hahn, 1873, 1879, 1885, 1891; Heller 1; Otto; Jurist. Bll. 28, 1899, S. 260; M. Navrátil, Čechové na říšské radě 1879–1900, 1903; V. Bertovský, Vlastivěda moravská – Hranický okres, 1909, S. 237; M. Navrátil, Almanach československých právníků, 1930 (fälschl. Alois Š.); Malá československá enc. 6, 1987.*

(F. Spurný)

Šrůtek Josef Anton (Antonín), Priester, Schriftsteller und Volksbildner. Geb. Nachod, Böhmen (Náchod, Tschechien), 2. 9. 1822; gest. Königgrätz, Böhmen (Hradec Králové, Tschechien), 21. 6. 1901. – Neffe von Hurdálek (s. d.). Aus einer Familie mit ausgeprägter Priestertradition stammend, besuchte Š. das Gymn. in Braunau (Broumov), absolv. 1840–42 die phil. Jgg. in Prag und stud. dann in Königgrätz Theol.; 1846 Priesterweihe. Er blieb sein ganzes Leben in den Diensten der Königgrätzer Diözese: Ab 1846 Vikar an der Kathedrale, trat er 1847 in die Konsistorial-Kanzlei als Protokollist ein und stieg bis zum Konsistorialrat (1865) und -assessor auf. 1878 wurde er Mitgl., 1890 Archidiakon des Domkapitels. Daneben lehrte er 1851–54 Tschech. am Gymn. und an der Lehrerbildungsanstalt. 1848–49 red. Š. die Z. „Polabský Slovan“, 1852–70 „Školník“, 1859 gründete er die kath. Stiftung zur Hrsg. von Kinder- und Jugendbüchern „Dědictví maličkých“. Seine belletrist. Versuche (meistens Adaptationen von volksbildner. Prosa aus dem Dt. sowie patriot. Ged.) erschienen u. a. in den Z. „Blahověst“, „Časopis katolického duchovenstva“, „Čech“, „Památky archeologické a místopisné“, „Pražské noviny“, „Vlast“ und

„Zlaté lístky". Sehr umfangreich war Š.s seinerzeit geschätzte schriftsteller. Tätigkeit zur sprachl. (tschech.-dt. Konversationslehrbücher) und religiösen Erziehung (Liturgik, Gebetbücher etc.) sowie zur Ortskde., bes. der Diözese Königgrätz.

W.: Loterie a pověra aneb obrácení se hříšníka k Bohu ..., 1847; A. Liška's Elementar-Unterricht der böhm. Sprache nach den besten Sprachlehren entworfen, 1849; Německo-česká konverzační knížka ..., 1849; Náměstky se (sebe) a „svůj" osvětleny pravidly a příklady ..., 1850; Rukověť k farní instalaci, 1850, 3. Aufl. 1891; Seznam všech městností a obcí, 1851; Liturgika čili sv. obřady neb ceremonie ... (= Dědictví Svatojanské 36), 1852, 3. Aufl. 1859; Svatopostní epištoly a evangelia ..., 1853; Statist.-topograf. Hdb. der Königingräzer Diözes ..., 1857; Klič k náležitému vyslovování němčiny spolu s česko-německou konverzační knížkou, 1861; Německé podobnice. Německá slova, podobně a stejně vyslovovaná a psaná ..., 1878; Po dvacíti letech! Stručné děje Dědictví maličkých, 1879; etc. – Übers.: Pěvkyně, 1849 (nach W. Hauff); Dívka z českých hor, 1854 (nach A. Werfer); etc.

L.: Světozor 19, 1885, S. 664 (B.), 668ff.; Večerní noviny 9, 1896, Nr. 77, 84; Katolické listy 5, 1901, Nr. 177; Otto; Rieger; Wurzbach; J. Ježek, Zásluhy duchovenstva o řeč a literaturu českou, 1880, s. Reg.; T. Škrdle, Zásluhy českého, moravského a slezského duchovenstva o zakládání knihoven ..., 1888, S. 147f.; Cat. venerabilis cleri ... dioeceseos Reginae-Hradecensis ... (1901, 1902), 1901, 1902, s. Reg.; A. Podlaha, Bibliografie české katolické literatury náboženské ... 4, 1918, S. 1559, 2133; J. Benýšková – F. Vích, Literární Hradec Králové, 1994; L. Baštecká, in: Královéhradecko 1, 2004, S. 22ff.

(V. Petrbok)

Šrutka P. Mauritius Kanicensis (Franz), s. **Schrutka** P. Mauritius Kanicensis (Franz)

Stabinger Ferdinand, Bildhauer und Lehrer. Geb. Thaur (Tirol), 26. 5. 1866; gest. ebd., 23. 5. 1948; röm.-kath. – Sohn eines Oberlandesgerichtsdir. S. erhielt seinen ersten künstler. Unterricht durch den Krippenschnitzer Romed Riedmüller sowie durch den Historienmaler Pernlochner (s. d.) in Thaur und besuchte ab 1880 die Fachschule für Holzschnitzerei und Tischlerei in Hall in Tirol, 1884–92 stud. er an der Wr. Kunstgewerbeschule u. a. bei H. Klotz (s. d.) Holzbildhauerei und -schnitzerei und spezialisierte sich zu dieser Zeit hauptsächl. auf Altarfiguren. Nach vollendeter Ausbildung wechselte er ins Lehrfach und unterrichtete kurze Zeit in Hallstadt und Königsberg (Kaliningrad), 1891–1907 an der Fachschule für Holz- und Steinbearb. in Hallein, anschließend bis zu seiner Pensionierung 1929 an der Staatsgewerbeschule in Innsbruck das Fach Bildhauerei. S.s bes. Bedeutung lag in seiner Lehrtätigkeit, wofür er mit dem Titel Reg.Rat ausgez. wurde: Zu seinen Schülern zählten u. a. die Bildhauer Hans Andre und Franz Staud. Seine Werke – hauptsächl. figurale und dekorative Holzplastik sowie Bildnisbüsten – präsentierte er erfolgreich auf zahlreichen in- und ausländ. Ausst. (z. B. Erste Internationale Jagd-Ausst., Wien 1909).

W.: F. Pernlochner (Büste, Romedikirche, Thaur); etc.

L.: Tiroler Anzeiger, 4. 1., 26. 5., Innsbrucker Nachrichten, 26. 5. 1936; Bénézit; Thieme–Becker; Vollmer; FS zur Hundertjahrfeier der Höheren Techn. Lehranstalten in Innsbruck, 1984, S. 63, 93; Tirols Künstler 1927, ed. E. Hastaba (= Schlern-Schriften 319), 2002, S. 333f.; F. Frech, in: J. Bertsch, Dorfbuch Thaur, 2002, S. 191; Archiv der Univ. für angewandte Kunst, Wien.

(E. Hastaba)

Stach Friedrich von, Bautechniker und Politiker. Geb. Wien, 3. 3. 1830; gest. Schladming (Stmk.), 20. 8. 1906. – Sohn eines Fleischhauers. S. übte den Beruf eines behördl. beeideten Ziviling. aus und stand zur Zeit der Erbauung des Wr. Parlaments und Rathauses der Union-Bauges. als Dir., i. d. F. als Vizepräs. des Verwaltungsrates vor. 1863 in den Wr. Gmd.rat gewählt, hielt er bereits im ersten Funktionsjahr 20 Referate für die Bausektion, wurde ins Zentralmarkthallen-Komitee gewählt und zur Überwachung der Bauarbeiten am Kursalon berufen. Obwohl S. nur zwei Anträge stellte und sich an Debatten kaum beteiligte, polemisierte die Vorstadtztg. gegen seine Wiederwahl im Frühjahr 1864, vermutl. aufgrund parteipolit. Differenzen zwischen S. und diesem liberalen Journal; dennoch blieb S. bis 1873 im Gmd.rat tätig. Für seine Dienste ausgez. erhielt er den Titel eines k. k. Baurates und wurde 1884 in den Ritterstand erhoben. Als Mitgl. und Ehrenmitgl. zahlreicher fachwiss. Ver., u. a. Mitbegründer des elektrotechn. Ver. Wien, erwarb er sich bes. Verdienste um die Ges. für Gesundheitspflege, deren Präsidium er angehörte.

L.: Konstitutionelle Vorstadtztg., 23. 2. 1864; NFP, 22. (auch A.), 23. 8. 1908; Elektrotechnik und Maschinenbau 24, 1906, S. 698; G. M. Hahnkamper, Der Wr. Gmd.rat zwischen 1861 und 1864, phil. Diss. Wien, 1973, S. 552; WStLA, Wien.

(M. Martischnig)

Stach Václav, Ps. Petr Záchodský ze Slevízu, Podbělovský, Václav Petrýn etc., Priester, Dichter und Übersetzer. Geb. Přestitz, Böhmen (Přeštice, Tschechien), 16. 10. 1754; gest. Wien, 24. 5. 1831; röm.-kath. – Sohn eines Fleischhauers. S. besuchte das Jesuitengymn. in Klattau (Klatovy), wo er bis zur Auflösung des Ordens (1773) blieb, und stud. dann Phil. und Theol. an der Univ. Prag; 1776 Dr. phil., 1781 Priesterweihe. Angebl. wirkte er hierauf kurze Zeit als Erzieher und Kaplan in Prag, fungierte ab 1783 als Schloßkaplan in Slabetz (Slabce) und wurde 1786 auf die Lehrkanzel für böhm. Pastoraltheol. und Moral am neuerrichteten Gen.seminar in Olmütz (Olomouc) berufen. 1791 Prof. für dt. Pastoraltheol. am dortigen Lyzeum, wurde er 1799 aus heute unklaren Gründen pensioniert. Er blieb weiterhin in Olmütz, gab privaten Unterricht und predigte in der St.-Mauritz-Kirche; um 1820 übersiedelte er nach Wien. S. verf. (nach Klopstock, dessen Epos „Der Messias" er auch in tschech. Prosa übers.) Gelegenheitsged. mit patriot. Thematik in Odenform, ed. drei Sammelbde. und schrieb selbst etwa 400 geistl. Lieder. Als ein Gegner der syllaboton. Prosodie und Vertreter der Theorie von der Silbenzählung im Vers war S. in eine literar. Polemik mit Dobrovský (s. d.) verwickelt; u. a. schrieb er in diesem Zusammenhang das sarkast., über 13.000 Verse umfassende Ged. „Divný občinek potěhu" und Abhh. wie „Harmonie a dobrozvučnost českého jazyka" (beide Mss.). Mit seiner pädagog. Tätigkeit hängen die Übers. bzw. Adaptationen von Rojko (s. d.), Jakob Friedrich Feddersen, Franz Giftschütz und Abhh. aus der Pastoraltheol. und Dogmatik im Geiste des antiklerikal. rationalist. Josephinismus zusammen, in denen er auch an den religiösen Polemiken seiner Zeit eifrig teilnahm.

W.: Něco pro českou literaturu ..., 1782; Písně křesťanské pro slabeckou osadu ..., 1785; Psaní školního mistra P. Záchodskýho ze Slevízu k obraně evangelických učitelů ..., 1786; Příručka učitele lidu, 2 Bde., 1787; Nábožné písně pro katolického měšťana a sedláka ..., 1791; Píseň pro český národ k vítání a korunování krále českého Leopolda druhého ..., 1791; Píseň na slavnost Těla Kristového ..., 1799; Starý veršovec pro rozumnou kratochvíli, ed. K. I. Thám, 1805. – Nachlaß, Literární archiv PNP, Praha, Tschechien.

L.: DČL 2, s. Reg.; Otto; Portheim-Kat.; Rieger; Wurzbach; J. J. H. Czikann, Die lebenden Schriftsteller Mährens, 1812, S. 163f.; K. Sabina, V. S., jeho doba a spisy, 1870; V. Zelený, in: Osvěta 3, 1873, S. 482ff.; F. A. Slavík, in: Časopis Matice moravské 15, 1891, S. 155ff.; J. Král, in: Listy filologické 20, 1893, S. 418ff.; A. Novák, ebd. 30, 1903, S. 31ff.; M. Hýsek, in: Časopis Matice moravské 30, 1906, S. 27ff.; V. Řezníček, in: Časopis muz. království českého 80, 1906, S. 472ff.; F. Cinek, in: K národnímu probuzení moravského dorostu kněžského 1778–1870, 1934, S. 59ff.; R. Zimprich, Zur Geschichte des k. k. Lyzeums in Olmütz (1782–1827), 1965, S. 29; T. Měšťánek, in: Sborník prací filozofické fakulty Brněnské univ. 22, Řada filozofická (B), Nr. 20, 1973, S. 87ff.; R. Zimprich, Olmütz als dt. Hochschulstadt in Mähren, 1974, S. 116; A. Křišťan, in: Počátky pastorální teologie v českých zemích, 2004, S. 92ff.; Státní oblastní archiv, Plzeň, Tschechien.

(V. Petrbok)

Stache Friedrich August von, Architekt und Fachschriftsteller. Geb. Wien, 30. 7. 1814; gest. Graz (Stmk.), 17. 6. 1895; röm.-kath. – Onkel von H. Frh. v. Ferstel (s. d.). Nach Absolv. der Realschule (1829) stud. S. 1830–33 am Wr. polytechn. Inst. sowie ab 1832 an der ABK bei P. Nobile (s. d.) und trat 1836 als Praktikant in den Staatsdienst ein. Bereits 1837–40 wurde nach seinen Plänen der Seitzerhof (Wien 1) umgebaut und darin der erste Basar Wiens eingerichtet. 1842 erhielt S. ein dreijähriges Italienstipendium, weitere Stud.reisen nach Frankreich, England und Dtld. folgten. Nach seiner Rückkehr zum fürstl. Kinskyschen Architekten ernannt, führte er, großteils in Böhmen, zahlreiche Neu- und Umbauten von Schlössern, Kirchen, Wohn- und Wirtschaftsgebäuden durch, wobei er tw. gem. mit seinem Neffen Ferstel arbeitete. 1858 beteiligte sich S. an der Ausschreibung für den Wr. Stadterweiterungsplan und erhielt für seinen Entwurf neben Sicard v. Sicardsburg, van der Nüll und L. Ch. F. Förster (alle s. d.) den 1. Preis; ab 1859 Mitgl. der neugegr. Wr. Baukomm. Als Mitgl. und Obmann des Albrecht Dürer Ver. förderte S. die Idee eines großen gem. Künstlerhauses und war 1861 wesentl. an der Fusion mit der Künstlervereinigung Eintracht und der daraus resultierenden Gründung der Genossenschaft der bildenden Künstler Wiens beteiligt. 1862–63 war er als deren Vorstand tätig und entwarf den Finanzierungsplan zur Erbauung des Künstlerhauses, des ersten Ver.- und Ausst.hauses im gesamten dt.sprachigen Raum; für diese Verdienste als „Vater des Künstlerhauses" bezeichnet, fungierte er 1863 als Gründer, und wurde 1868 zu dessen Ehrenmitgl. ernannt. Im selben Jahr übersiedelte S. aus gesundheitl. Gründen nach Graz und war auch hier in zahlreichen Ver., u. a. im stmk. Ver. zur Förderung der Kunst-Ind., tätig; als Vizepräs. des Stadt-Verschönerungs-Ver. und Obmann von dessen techn. Sektion trug er wesentl. zum Zustandekommen der Grazer Parkanlagen bei. Ab 1875 war er als techn. Konsulent der k. k. priv. Riunione Adriatica di Sicurtà tätig. S., der v. a. durch seine organisator. Tätigkeit hervortrat, fungierte 1867 als Mitgl. der internationalen Jury bei der Weltausst. in Paris und war Mitgl. bzw. Ehrenmitgl. zahlreicher Institutionen, u. a. des Nö. Gewerbever., der Wr. ABK, der Accad. di San Luca und der Kunstgenossenschaft in München. Oberbaurat S. wurde u. a. 1846 mit der Großen Goldenen Medaille für Wiss. und Kunst, 1863 mit dem Ritterkreuz des Franz Joseph-Ordens, 1868 mit dem Orden der Eisernen Krone III. Kl. sowie 1869 durch die Erhebung in den Ritterstand ausgez.

W.: Marienaltar, 1854–55 (Stephansdom, Wien, gem. m. H. v. Ferstel); Großmarkthalle, 1865 (Wien, gem. m. C. Gabriel); etc. – Publ.: Denkschrift zu den Plänen für die Erweiterung und Verschönerung Wiens, 1858; Erinnerung an den 20. December 1862, 1862; Vorlesungen über die Bedeutung der Kunst im staatl. Leben, 1863; Das Wr. Künstlerhaus, 1866; Mein Schatzkästlein der Kunst ..., 1887; etc.

L.: Das Vaterland, NFP, WZ, 18., Grazer Morgenpost, 19., Tagespost (Graz), 19., 20. 6. 1895; Czeike; DBE; Die Wr. Ringstraße 4, s. Reg.; Thieme–Becker; Wurzbach; C. Bodenstein, Hundert Jahre Kunstgeschichte Wiens 1788–1888, 1888, S. 181f.; R. Schmidt, Das Wr. Künstlerhaus ..., 1951, passim; W. Wagner, Die Geschichte der ABK in Wien (= Veröff. der ABK in Wien, NF 1), 1967, s. Reg.; R. Wagner-Rieger, Wiens Architektur im 19. Jh., 1970, s. Reg.; Der Karlsplatz in Wien, red. E. Oliwa (= Beitrr. zur Stadtforschung, Stadtentwicklung und Stadtgestaltung 8), 1981, S. 21; B. Kriller – G. Kugler, Das kunsthist. Mus. Die Architektur und Ausstattung (= Führer 42), 1991, S. 16, 18; W. Aichelburg, Das Wr. Künstlerhaus 1861–2001, 1 (= Monographien zur Kunst Österr. im 20. Jh. 1/1), 2003, s. Reg.; Archiv der ABK, Archiv der TU, beide Wien.

(W. Aichelburg)

Stache Karl Heinrich Hector Guido, Geologe und Paläontologe. Geb. Namslau, Preußen (Namysłów, Polen), 28. 3. 1833; gest. Wien, 11. 4. 1921. – Nach Absolv. des Gymn. in Breslau (Wrocław) stud. S. ab 1851 an den Univ. Berlin und Breslau Phil., Physik, Chemie, Zool., vergleichende Anatomie, Botanik, Mineral., Geol. und Paläontol. Daneben als Hauslehrer tätig, erlernte er Latein, Griech., Französ., Engl. und Italien.; 1855 Dr. phil. an der Univ. Breslau. 1857 Lehramtsprüfung in Naturwiss. und dt. Literaturgeschichte. Ab 1857 Praktikant der Geolog. Reichsanstalt, war S. 1861–67 dort Hilfsgeologe. In dieser Zeit begann er mit der geolog. Bearb. von Siebenbürgen (1860), Dalmatien (1862) und der Westkarpaten (1863). Ab 1870 befaßte er sich mit geolog. Aufnahmearbeiten in den kristallinen Gesteinen der Zillertaler Alpen, 1872 in den Gailtaler Alpen, wo er einen bemerkenswerten Fund von Graptolithen (Silur) machte. 1873 Bergrat und Chefgeologe. 1875 reiste er nach Tunis, 1877 erhielt er den Titel eines Oberbergrats. 1880 begann er mit Stud. zur Trinkwasserversorgung des österr.-ung. Kriegshafens Pola (Pula), 1883 konnte er die geolog. Landesaufnahme Tirols abschließen. Hier machte S. bedeutende Fossilfunde und gewann neue Erkenntnisse über den tekton. Aufbau der Ostalpen. 1885 rangältester Chefgeologe mit dem Titel Vizedir., erfolgte 1892 seine Ernennung zum Dir. der Geolog. Reichsanstalt. Als solcher forcierte er die Neugestaltung des Mus. und sah in der Hrsg. der geolog. Spezialkarte der Monarchie 1:75.000, die erst nach dem 1. Weltkrieg vollendet wurde, seine wichtigste Aufgabe. 1902 i. R., setzte er seine geolog. Forschungen in den Südalpen fort und beschäftigte sich mit den Paläofaunen und -floren. S. war fast in der gesamten Monarchie als Aufnahmegeologe, aber auch petrograph. und paläontolog. tätig. Schwerpunkte seiner Forschungen waren das Paläozoikum, die Kreidezeit und das Alttertiär der südwestl. Tle. der Monarchie einschließl. deren Paläofaunen. Er erkannte die Bedeutung der Liburn. Stufe für die geolog. Geschichte der Karstländer. Unter S.s Leitung entstand 1898 ein einheitl. Farben- und Legendenschema für die geolog. Spezialkarte 1:75.000. Darüber hinaus befaßte er sich mit Problemen der angewandten Geol., bearb. Aufsmlgg. von österr. Expeditionen und verf. über 160 Publ. inklusive geolog. Karten. Er erhielt u. a. 1891 den Orden der Eisernen Krone III. Kl. und war Ehrenmitgl. u. a. der Ung. Geolog. Ges., des Francisco Carolinums in Linz, k. M. der Isis und Mitgl. der Dt. Akad. der Naturforscher Leopoldina (1885). 1896 HR.

W. (auch s. u. Kerner-Marilaun): Geolog. Übersichts-Karte der Küstenländer von Oesterr.-Ungarn und der angrenzenden Gebiete von Krain, Stmk. u. Kroatien ... 1:1,008.000 ..., 1878; Übersicht der geolog. Verhältnisse der Küstenländer von Österr.-Ungarn (geolog. Karte), 1889; etc.

L.: Poggendorff 3, 4; SBL; Wurzbach; F. Kerner-Marilaun, in: Jb. der Geolog. Staatsanstalt 71, 1921, S. 85ff. (m. B. u. W.); E. Tietze, in: Verhh. der Geolog. Staatsanstalt, 1921, S. 59ff.; F. Schafarzik, in: Földtani Közlöny 54, 1924, S. 13ff.; I. A. Maxim, in: Studia Univ. Babęs – Bolyai, ser. geologica-geographia, 1964, S. 57ff.; ders., in: Revue roumaine de géologie, géophysique, géographie 12, 1968, S. 113ff.; H. Zapfe, Index Palaeontologicorum Austriae (= Cat. Fossilium Austriae 15), 1971; W. A. S. Sarjeant, Geologists and the History of Geol. 3, 1980; H.-B. Hubert, Matthesiana 58, 1992, S. 26ff. (m. B.); Enc. Slovenije 12, 1998; F. Forti, Alpie Giulie 94, 2000, S. 15ff.; Biograph. Enz. dt.sprachiger Naturwiss. 2, ed. D. v. Engelhardt, 2003; R. Pavlovec, Krajevna imena v raszpravi G. S. izpred poldrugega stoletja, Bistriški zapisi 6, 2005, S. 50ff. (m. B.); ders., in: Annals for Istrian and Mediterranean Studies, ser. historia naturalis 15, 2005, S. 131ff. (m. B.); ders., in: 2nd scientific Symposium on the natural history research of the Rijeka Region, 2006; Archiv der Geolog. Bundesanstalt, Wien; Mitt. Sascha Nolden, Auckland, Neuseeland.

(T. Cernajsek)

Stacherski (Stachurski) Antoni Władysław, Architekt, Restaurator und Beamter. Geb. Krakau, Freie Stadt (Kraków, Polen), 11. 6. 1831; gest. ebd., 11. 11. 1861; röm.-kath. – S. stud. 1842–47 am Techn. Inst. in Krakau Architektur bei F. Radwański (s. d.) und absolv. anschließend sein Baupraktikum in Warschau. Ab 1851 hielt er sich wieder in Krakau auf, wo er in der Landesbaudion. als Baupraktikant seine Arbeit aufnahm, 1853 Privatbaumeister und 1856 Bau-Ass. im Stadt-Bauamt wurde. In dieser Funktion an zahlreichen Bau- und Restaurationsvorhaben beteiligt, arbeitete er u. a.

gem. mit Tomasz Majewski an Restaurationsentwürfen für das Krakauer Collegium Maius (1852) sowie am Ausbau des Astronom. Observatoriums (1853). 1851 begann er gem. mit dem Dir. des Bauamtes K. R. Kremer (s. d.) die Restaurierung der 1850 durch einen Brand zerstörten Franziskanerkirche und verwendete diese Erfahrungen sowie Einflüsse der Krakauer Gotik und des sog. Krakauer Konstruktionssystems für sein bedeutendstes Werk, die 1854–64 entstandene neugot. Backsteinbasilika in Rzepiennik Biskupi. S., dessen Arbeiten und Entwürfe eine große Mannigfaltigkeit von Stilen aufweisen, trat daneben auch als Autor des Lex. „O budowniczych krakowskich czasów naszych i stawianych przez nich budynkach", 1861, hervor, in dem er die 1830–60 in Krakau tätig gewesenen Architekten und Baumeister behandelte.

W. (auch s. u. PSB): Restaurationsentwurf für das Stadtzeughaus, 1860 (Kraków); Badeanstalt der Przeździeckis, 1860 (Ojców); Entwurf für das jüd. Krankenhaus, 1860 (Kraków); etc.

L.: PSB (m. W. u. L.); J. Purchla, in: Rocznik Krakowski 53, 1987, S. 97ff.; W. Balus, in: Die sakrale Architektur Krakaus vom vorroman. Beginn bis zur heutigen Zeit, red. Z. Kowalska, 1993, S. 110f.; Z. Białkiewicz, Przemiany architektury Krakowskiej w połowie XIX wieku, 1994; K. Klimala, in: Rocznik Krakowski 68, 2002, S. 183ff.; W. Balus, Krakau zwischen Traditionen und Wegen in die Moderne (= Forschungen zur Geschichte und Kultur des östl. Mitteleuropa 18), 2003, s. Reg.; Archiwum Pánstwowe, Muz. Narodowe, beide Kraków, Polen.

(U. Beczkowska)

Stachiewicz Piotr, Maler und Illustrator. Geb. Nowosiółki Gościnne, Galizien (Novosilky-Hostynni, Ukraine), 25. 10. 1858; gest. Kraków (Polen), 14. 4. 1938; röm.-kath. – Sohn eines Gutsbesitzers. S. stud. 1876–77 an der Techn. Akad. in Lemberg (L'viv), ab 1877 an der Krakauer Schule der Schönen Künste u. a. bei Łuszczkiewicz und L. Löffler (beide s. d.), 1882 wechselte er zu Otto Seitz an die Münchener ABK. Anschließend unternahm er mehrere Stud.-reisen nach Italien, Belgien und den Niederlanden, ab 1886 hielt er sich in Krakau auf. In seiner künstler. Tätigkeit legte S. den Schwerpunkt auf Illustrationen: Er lieferte Abb. für Z. (u. a. „Tygodnik Ilustrowany") und illustrierte Publ. verschiedener poln. Autoren, u. a. „Quo vadis?" von Henryk Sienkiewicz. Seine oft monochrom gehaltenen Zyklen, die tw. von der Volksreligiosität inspiriert waren („Gottesmutter-Legenden", 1894), erfreuten sich ebenso wie die Ölbilder religiösen Inhalts („Ein Pilger zu Füßen Christi"), Landschaften und typisierten Frauenporträts großer Popularität. 1894 entwarf er für die Landesausst. in Lemberg das erste poln. Kunstplakat. Daneben war S. in Krakau an den Wyższe Kursy dla kobiet und an der Szkoła Malarstwa i Rzeźby dla Kobiet von Teofila Certowiczówna als Lehrer tätig. S., der sich an zahlreichen in- und ausländ. Ausst. beteiligte, war u. a. Mitgl. des Powszechny Związek Artystów Polskich, Towarzystwo Przyjaciół Sztuk Pięknych und des Münchener Kunstver. (1905–08). Nach dem 1. Weltkrieg geriet S., trotz des früheren großen Erfolges, allmähl. in Vergessenheit; Tle. seines Œuvres befinden sich im Muz. Narodowe in Kraków.

W.: Bilderzyklen: Gespenster im Atelier, 1883–85, Wieliczka, 1892; Park in Tuhanowicze, 1906; etc.

L.: Bénézit; PSB (m. L.); Thieme–Becker; Vollmer; S. Kozakowska – B. Małkiewicz, Polish Painting from around 1890 to 1945 (= Modern Polish Painting 2), 1998, S. 403ff.; Archiv der ABK, München, Dtld.; Familienarchiv S., Kraków, Polen.

(T. Szybisty)

Stachowicz Michał Franciszek, Maler und Zeichner. Geb. Krakau (Kraków, Polen), 14. 8. 1768; gest. ebd., 26. 3. 1825; röm.-kath. – Sohn eines Buchdruckers und -händlers, Vater des Malers Teodor Baltazar S. (s. u.). S. erhielt 1783–86 seine künstler. Ausbildung in der Malerzunft in Krakau, 1792–93 und 1796 Zunftältester, 1817–25 wirkte er am Lyzeum zu St. Barbara als Zeichenlehrer. Im Auftrag des Domkapitels führte er 1814 eine Inventarisierung der Königsgräber in der Gruft des Krakauer Doms durch; die damals entstandenen Zeichnungen wurden später in den „Monumenta Regum Poloniae Cracoviensia" veröff. Einen wesentl. Tl. seines künstler. Schaffens bildete i. d. F. die Malerei mit hist.-nationaler Thematik. So gestaltete er 1816 im bischöfl. Auftrag die maler. Innenausstattung des Krakauer bischöfl. Palais, die Darstellungen der bedeutendsten Ereignisse der poln. Geschichte und Bildnisse poln. Kg., Wiss., Politiker und Bischöfe umfaßte. 1821 schuf er im Auftrag Sierakowskis (s. d.) die innere Ausgestaltung des Jagiellon. Saales im Kollegium Maius mit Bildern aus der Geschichte der Jagiellonenuniv. und Porträts verschiedener mit ihr verbundener Persönlichkeiten. S. zählte wegen des patriot. Charakters seiner Werke zu einem der beliebtesten Krakauer Maler: Sein Œuvre, das auch sakrale Gemälde und zahlreiche Porträts (v. a. von Tadeusz Kościuszko) sowie einige geograph. und strateg. Landkarten umfaßt, stellt – obwohl nicht von höchstem künstler. Niveau – einen bedeutenden Dokumentarwert dar, da es Krakauer Baudenkmäler, Volksbräuche und v. a. zeitgenöss. Geschehen (bes. den Kościuszko-Aufstand) festhält. Daneben illustrierte S. u. a. auch Bücher A. Grabowskis (s. d.) und Sierakowskis; ab 1822 Mitgl. des Towarzystwo Naukowe Krakowskie. Sein Sohn **Teodor Baltazar S.** (geb. Krakau, 6. 1. 1800; gest. ebd., 10. 7. 1873) erhielt seinen ersten künstler. Unterricht durch seinen Vater und stud. anschließend an der Krakauer Schule der Schönen Künste. Sein Werk umfaßt Landschaften und Stadtansichten, insbes. von Krakau.

W.: Eidschwur von T. Kościuszko auf dem Krakauer Marktplatz, 1816, Entwürfe von 15 Medaillen mit Bildnissen poln. Kg. und anderer berühmter Polen (alle Muz. Narodowe, Kraków); Bischof J. P. Woronicz (Muz. Narodowe, Warszawa); etc.

L. (tw. auch für Teodor Baltazar S.): Bénézit; PSB (m. L.); Thieme–Becker; Wurzbach; J. Dobrzycki, M. S. w setną rocznicę śmierci, 1925; St. Krzysztofowicz-Kozakowska – F. Stolot, Historia malarstwa polskiego, 2000, s. Reg.; H. Blak u. a., Polish Painting of the 19th Century (= Modern Polish Painting 1), 2001.

(U. Beczkowska)

Stadion-Thannhausen Emerich Reichsgf. von, Schriftsteller und Offizier. Geb. Radkersburg (Bad Radkersburg, Stmk.), 17. 2. 1838; gest. Wien, 3. 8. 1901; röm.-kath. – Sohn des Off. Damian Gf. v. S.-T. und von Katharina, geb. Gyika v. Desánfalvá, Neffe von Philipp Franz Gf. v. S.-T. (s. d.). S., der auf dem Heideschloß Bellatincz aufwuchs, zeigte früh künstler. Begabung: Er komponierte, war ein Virtuose am Klavier und schrieb sein erstes Theaterstück, das Zaubermärchen „Der Erdgeist“, mit nur elf Jahren. Als 18jähriger entschloß sich S. allerdings für die militär. Laufbahn beim IR 47, wurde 1857 Unterlt. und zum Kaiserjägerrgt. transferiert, 1859 Lt. Aufgrund seiner Leistungen in den Schlachten von Magenta und Solferino erhielt er die Allerhöchste belobende Anerkennung, quittierte jedoch 1862 den Dienst und zog nach Graz. Im selben Jahr erschienen einige seiner Kompositionen im Druck. S.s erste Schaffensperiode als Schriftsteller stand unter dem Einfluß des Kreises um Sacher-Masoch (s. d.), dem auch Emil Vacano angehörte, mit dem S. eine tiefe Freundschaft verband und mit dem er einige Werke veröff. Seinen ersten Bühnenerfolg feierte S. mit dem Salonlustspiel „Eine Ehe auf Pastell“, das 1863 in Graz uraufgef. wurde. Seine 1867 geschlossene Ehe mit der russ. Gfn. Marie Madelaine v. Gurjew wurde bald getrennt und S. zog i. d. F. zu Vacano nach St. Pölten. Hier lernte er den Schriftsteller Keim (s. d.) kennen, woraus sich eine Beziehung entwickelte, die in einem umfassenden Briefwechsel dokumentiert ist. Freundschaftl. Beziehungen pflegte S. auch zu anderen Schriftstellern seiner Zeit, wie Ham(m)erling, Marsano (beide s. d.), Ada Christen (s. Breden Ch. v.) oder Elise Polko. Ab 1876 lebte S. in Melk, Loosdorf, Znaim (Znojmo), Oberwaltersdorf, Perchtoldsdorf und Hainfeld, bis er schließl. 1900 nach Wien zog. Mit dem Tod seines Cousins, Karl Friedrich Reichsgf. v. S.-T., 1898, war S. in den Besitz des Majorats und großer Fideikommißherrschaften in Böhmen, Bayern und Württemberg gelangt, mußte jedoch aus Krankheitsgründen die Verwaltung seinem Bruder Philipp Reichsgf. v. S.-T. (1847–1908) übertragen, der nach S.s Tod letzter Majoratsherr wurde. S.s Dramen wie seine Prosa galten bereits zu seinen Lebzeiten als veraltet. Seine Stärke lag im lyr. Schaffen, doch war ihm auch dabei kein durchschlagender Erfolg beschieden. Nach seinem Tod geriet sein Werk bald völlig in Vergessenheit.

W.: s. u. Kosch; Wieser.

L.: Brümmer; Killy; Kosch (m. W.); Kosch, Theaterlex.; Wurzbach (s. u. Stadion-Warthausen Franz Ser.); A. Hinrichsen, Das literar. Dtld., 2. Aufl. 1891; L. Wieser, E. Gf. S., phil. Diss. Wien, 1949 (m. B. u. W.); WStLA, Wien.

(R. Müller)

Stadion-Thannhausen Philipp Franz Gf. von, Offizier. Geb. Kulmbach, Bayern (Dtld.), 9. 5. 1799; gest. Wien 19. 3. 1868; röm.-kath. – Sohn des Emerich Gf. v. S.-T. (1766–1817), Onkel von Emerich Reichsgf. v. S.-T. (s. d.). S. erhielt bereits 1814 von Karl I. Philipp Schwarzenberg (s. d.) eine Lt.stelle in dessen Ulanenrgt. 2, trat jedoch zunächst beim bayer. 1. Ulanenrgt. ein und kämpfte 1815 gegen Frankreich. 1816 zum Rgt. Garde du Corps übersetzt, wurde er 1820/21 zum Fachstud. in Würzburg beurlaubt und wechselte 1823 in österr. Dienste. Ab 1831 bei der Inf., war er Adj. beim IR 12 und kehrte 1834 als Rtm. und Eskadrons-Kmdt. zur Kav. zurück. Er begleitete GM Karl Prinz v. u. z. Liechtenstein nach St. Petersburg und Erzhg. Johann (s. d.) in das russ. Übungslager bei Wosnesensk (Voznesens'k) und bewies dabei so viel diplomat. Geschick, daß er 1839 als Mjr. zum Flügeladj. des K. ernannt wurde (1842 Obstlt., 1845 Obst.). Ende Mai 1848 wurde S. dem Hauptquartier Radetzkys (s. Radetzky v. Radetz) zugeteilt, machte den Feldzug gegen Piemont (u. a. die Schlacht von Custoza) mit und erhielt Anfang 1849 als GM das

Kmdo. einer Brig., mit der er bei Novara focht, wo er schwer verwundet wurde. Er blieb dann als Brigadier in Italien, wurde aber 1852 aus gesundheitl. Gründen in Disponibilität versetzt. 1853 reaktiviert, wurde er FML beim 5. Armeekorps, nahm am Aufmarsch an der Una gegen Montenegro teil und tat dann wieder Dienst in Mailand, Parma und Bologna. 1857 erhielt S. das Kmdo. des 5. Korps, das er 1859 in Italien führte. Bei Magenta kam S.s Korps nur partiell ins Gefecht, bei Solferino dagegen hielt er lange Zeit die Schlüsselstellung, wofür er mit dem Ritterkreuz des MTO dekoriert wurde. 1864 trat er mit dem Charakter eines Gen. der Kav. i. d. R. S., der ab 1835 Ritter, ab 1857 Komtur des Dt. Ordens war, erhielt u. a. 1849 das Kommandeurkreuz des Leopold-Ordens sowie 1860 den Orden der Eisernen Krone I. Kl. 1857 Geh. Rat, wurde S. 1867 noch Landkomtur der Ballei Österr. des Dt. Ordens und war ab 1855 2., ab 1859 1. Inhaber des Dragonerrgt. 1 (das ab 1860 Kürassierrgt. 9, ab 1867 Dragonerrgt. 9 genannt wurde).

L.: Lukeš (m. B.); Wurzbach; Der Krieg in Italien 1859, 1–3, 1872–76, passim; G. Amon v. Treuenfest, Geschichte des k. und k. Bukowina'schen Dragoner-Rgt. ... Nr. 9, 1892, S. 350f.; H. v. Czeschka, Der Krieg Österr. gegen Italien im Jahre 1848 (= Behelf zum Stud. der Kriegsgeschichte 1), 1912, passim; KA, Wien.

(A. Schmidt-Brentano)

Stadion-Warthausen Franz Ser. Gf. von, Verwaltungsbeamter und Politiker. Geb. Wien, 27. 7. 1806; gest. ebd., 8. 6. 1853; röm.-kath. – Sohn von Johann Philipp Karl Gf. v. S.-W. (s. d.). Nach jurist.-phil. Stud. an der Univ. Wien trat S. 1827 als Konzeptspraktikant bei der nö. Regierung in den Staatsdienst, wo er rasch Karriere machte: 1828 nach Lemberg (L'viv), 1829 nach Stanislau (Ivano-Frankivs'k) versetzt, stieg S. 1830 zum Kreiskoär. in Rzeszów auf. 1832 wurde er Gubernialsekr. in Innsbruck, bereits 1834 w. HR bei der Allg. Hofkammer in Wien, 1841 avancierte er zum Gouverneur des Küstenlandes mit Sitz in Triest. Der Erfolg seiner dort umgesetzten Reformen, wie etwa der Einführung der Gmd.-selbstverwaltung oder des Ausbaus des Volksschulwesens, trug 1847 wesentl. zu seiner Ernennung zum Gouverneur von Galizien bei. S. gelang es, in dem durch die Bauernunruhen von 1846 krisengeschüttelten Land auch nach der Märzrevolution 1848 die Ordnung zu erhalten. Durch die Aufhebung der Robotverpflichtungen der zumeist ruthen. Bauern im April 1848 zog sich S. die Gegnerschaft des poln. Adels zu; sein Verbleiben in Galizien war damit unmögl. geworden. Im Juni 1848 folgte er einem Ruf an das Hoflager nach Innsbruck, lehnte aber sowohl das Angebot, selbst eine Regierung zu bilden, als auch den Eintritt in das Kabinett Pillersdorf ab. Stattdessen trat S. als galiz. Abg. in den österr. Reichstag ein. Die Ereignisse der Wr. Oktoberrevolution bewogen ihn zur Flucht zum Hoflager nach Olmütz (Olomouc), wo er in der im November 1848 gebildeten Regierung Schwarzenberg mit dem Innenmin. und – prov. – mit dem Unterrichtsmin. betraut wurde. S. trat hier im März 1849 insbes. durch den Entwurf der oktroyierten Verfassung und des prov. Gmd.gesetzes hervor. Infolge seines zunehmenden geistigen Verfalls wurde S., der zeitlebens an einer Sprachstörung gelitten hatte, auf eigenes Gesuch im Juli 1849 von den Regierungsgeschäften enthoben, blieb jedoch bis zu seinem Tod Minister ohne Portefeuille.

L.: ADB; NÖB 14, S. 62ff. (m. B.); Wurzbach; R. Hirsch, F. Gf. S., 1861; R. Till, in: Gestalter der Geschicke Österr., ed. H. Hantsch (= Stud. der Wr. Kath. Akad. 2), 1962, S. 379ff. (m. B.); R. Hoke, in: Persönlichkeiten der Verwaltung, ed. K. G. A. Jeserich – H. Neuhaus, 1991, s. Reg. (m. B. u. L.); A. Gottsmann, Der Reichstag von Kremsier und die Regierung Schwarzenberg, 1995, s. Reg.

(S. Lippert)

Stadion-Warthausen Johann Philipp Karl Gf. von, Diplomat und Politiker. Geb. Mainz, Erzbistum Mainz (Dtld.), 18. 6. 1763; gest. Baden (NÖ), 15. 5. 1824; röm.-kath. – Dem oberschwäb. Reichsadel entstammend, Sohn des kurmainz. HR Franz Conrad Gf. v. S.-W. und der Maria Ludovica, geb. Freiin Zobel v. Giebelstadt, Vater von Franz Ser. Gf. v. S.-W. (s. d.), verehel. mit Maria-Anna, geb. Gfn. v. Stadion-Thannhausen. S. trat nach jurist. Stud. in Nancy und Göttingen sowie einer Praktikantentätigkeit am Wr. Reichshofrat 1787 in den österr. diplomat. Dienst ein, avancierte rasch und übernahm 1790 bereits die Gesandtschaft in London, wo er das seit dem Türkenkrieg angespannte brit.-österr. Verhältnis wesentl. verbessern konnte. Aufgrund sachl. Differenzen mit der Wr. Politik quittierte S. 1793 den Dienst, zog sich auf die Besitzungen der Familie zurück und kehrte erst 1801 als Gesandter in Berlin in den diplomat. Dienst zurück. Als Botschafter in St. Petersburg (ab 1803) trug er 1805 wesentl. zum Abschluß des Bündnisses mit Rußland gegen die französ. Expansionsbestrebungen bei. Nach der Niederlage bei Austerlitz (Slavkov u Brna) wurde S. im Dezember 1805 zum Hof- und

Staatskanzler ernannt. Im Gegensatz zu seinen Vorgängern setzte er auf enge Zusammenarbeit mit Preußen, Rußland und anderen europ. Staaten. An die Stelle des 1806 aufgelösten Hl. Röm. Reichs sollte nach S.s Vorstellungen ein neuorganisierter dt. Staatenbund treten, in dem das 1804 neugeschaffene Kaisertum Österr. eine führende Rolle spielen sollte. Gegen den Widerstand in Bürokratie, Diplomatie und Militär, mitunter auch des K., leitete S. Reformen für Verwaltung und Armee ein. Im Gegensatz zur Verwaltungsreform, die mehr föderale Elemente vorsah, konnte die Armeereform, deren Kern die Einführung der Landwehr, des Landsturms und damit der allg. Wehrpflicht bildete, umgesetzt werden. Hinzu kam eine auf die jeweiligen Nationalitäten abgestimmte Pressepolitik, die die Begeisterung für den von S. geplanten Krieg gegen Frankreich schüren sollte. Da sowohl St. Petersburg als auch Berlin zurückhaltend auf S.s Offensivpolitik reagierten, die Armeeführung unter Erzhg. Karl (s. d.) trotz anfängl. Erfolge zudem resignierte, sah sich S. gezwungen, den Krieg von 1809 abzubrechen und Anfang Oktober zu demissionieren. Zunächst zog er sich auf seine Güter zurück, wurde jedoch 1813 reaktiviert und handelte als österr. Bevollmächtigter mit Rußland und Preußen den Reichenbacher Vertrag und damit den Beitritt Österr. zur großen Koalition aus. I. d. F. lehnte er eine Teilnahme als zweiter österr. Bevollmächtigter am Wr. Kongreß ab, war aber bereit, die Ämter des Präs. der Hofkammer (1814) bzw. des Finanzministers (1816) zu übernehmen. Infolge des Staatsbankrotts von 1811 leitete S. ein finanz- und wirtschaftspolit. Reformprogramm ein. 1816 initiierte er die Gründung der Österr. Nationalbank, 1816/17 konnte er die überfällige Reform des Grundsteuerwesens gegen erhebl. Widerstände in Gang setzen. Sein Nachlaß befindet sich im HHStA in Wien.

L.: ADB; Biograph. Lex. Südosteuropas; NÖB 15, S. 9ff. (m. B.); Wurzbach; H. Rössler, Gf. J. Ph. S. Napoleons dt. Gegenspieler 1–2, 1966 (m. B.); Biograph. Wörterbuch zur dt. Geschichte 3, 2. Aufl. 1975, Nachdruck 1995; K. O. Aretin, Das Alte Reich 1648–1806, 3, 1997, s. Reg.

(S. Lippert)

Stadl Josef von, Baumeister und Architekt. Geb. Steinach (Steinach am Brenner, Tirol), 26. 3. 1828; gest. Hall (Hall in Tirol, Tirol), 21. 12. 1893; röm.-kath. – Die Familie führte seit dem 17. Jh. den Namen „von Stadl“. Sohn des Gast- und Landwirts sowie mehrmaligen Gmd.vorstehers in Steinach Ignaz, der 1848 in den LT gewählt wurde, Vater von Peter v. S. (s. d.), ab 1867 verehel. mit der in München ausgebildeten Historienmalerin Maria, geb. Pfefferer (1839–1909), der Tochter eines Brunecker Arztes. S. besuchte die Volksschule in Steinach und Matrei am Brenner, ab 1841 die Normal-Musterhauptschule in Innsbruck und kehrte 1843 wieder nach Hause zurück, wo er – in seiner Ausbildung Autodidakt – Baupläne zeichnete und sich dem Drechseln, Schlossern etc. widmete. 1848 rückte S. bei der Steinacher freiwilligen Scharfschützenkomp. ein und lernte dort den Bildhauer Michael Stolz kennen, mit dem er Bozen (Bolzano) und Trient (Trento) besuchte. 1852 vermittelte ihn dieser als Mitarb. des Architekten Vinzenz Statz nach Köln, S. mußte allerdings krankheitsbedingt nach wenigen Monaten nach Steinach zurückkehren; 1865 übersiedelte er nach Innsbruck. Seinen ersten großen Auftrag – den Wiederaufbau von Kirche, Pfarr- und Schulhaus – erhielt S. nach dem Dorfbrand in Steinach (1853); weitere Aufträge v. a. für Neu-, Um- und Erweiterungsbauten für über 40 Kirchen (u. a. Landeck, Fritzens, Pfaffenhofen) in Nachahmung des von ihm bevorzugten roman., bisweilen frühgot. Stils, Planungen von Friedhofsanlagen sowie öff. und privaten Profanbauten folgten. Zu seinen bedeutendsten Werken zählen das Mutterhaus und die Kirche der Barmherzigen Schwestern in Zams, 1871–73, die Landesgebärklinik in Innsbruck (heute Landesarchiv), 1887/88, sowie 1873–78 das Knabenseminar Vinzentinum mit Kirche in Brixen (Bressanone), ein Hauptwerk der Neuromanik in Südtirol. Daneben fungierte S. auch als Bauleiter für Projekte anderer Künstler (z. B. St.-Nikolaus-Kirche, Innsbruck). Gem. mit A. Neuhauser und G. Mader (beide s. d.) begründete S. 1861 die Tiroler Glasmalerei-Anstalt, für die er nach deren Übersiedlung nach Wilten (Innsbruck) die Werksgebäude (1869/70) plante; 1881 schied er aus der Fa. aus. S. wurde 1878 von V. F. Gasser (s. d.) zum Diözesan-Architekten ernannt und mit dem Ritterkreuz des päpstl. St. Gregorius-Ordens ausgez. Er verstarb während der Planung zu einer neuen Pfarrkirche für Pradl (Innsbruck).

W.: s. u. Rainer.

L. (tw. auch unter Vonstadl): Innsbrucker Nachrichten, 5. 5. 1882; Bote für Tirol, 16., 18. 1. 1894; Thieme-Becker; P. J. M. Reiter, in: Programm des k. k. Ober-Gymn. der Franciscaner zu Hall ... 1894–95, 1895, S. 14f.; Tiroler Ehrenkranz, ed. A. Lanner, 1925, S. 119ff. (m. B.);

K. Fischnaler, Innsbrucker Chronik 5, 1934, S. 220; J. Weingartner, Die Kunstdenkmäler Südtirols 1–2, 7. Aufl., red. M. Hörmann-Weingartner, 1985–91, s. Reg.; M. L. Crosina, in: La Chiesa di Santa Maria Assunta ad Arco, Riva del Garda 1992, S. 241ff. (Kat.); E. Oberkofler, in: Südtirol in Wort und Bild 37, 1993, H. 4, S. 33f. (m. B.); P. Rainer, in: Der Schlern 75, 2001, S. 500ff. (m. W.); R. Rampold, 140 Jahre Tiroler Glasmalerei und Mosaik-Anstalt 1861–2001, 2002, S. 9f., 13, 18, 49; G. Pfaundler-Spat, Tirol-Lex., neubearb. Aufl. 2005; Dokumentation Tiroler Landesmus. Ferdinandeum, Innsbruck, Tirol.

(E. Hastaba)

Stadl Peter von, Baumeister und Architekt. Geb. Wilten (Innsbruck, Tirol), 29. 6. 1869; gest. Hall (Hall in Tirol, Tirol), 3. 10. 1919; röm.-kath. – Sohn von Josef v. S. (s. d.). Nach Besuch der Staatsgewerbeschule in Innsbruck stud. S. ab 1889 (nicht nachweisbar) an der Wr. Kunstgewerbeschule und 1892–95 bei V. Luntz (s. d.) an der Spezialschule für Architektur der Wr. ABK. Anschließend unternahm er eine Stud.reise nach Italien. Neben diversen Restaurierungsarbeiten spezialisierte er sich i. d. F. hauptsächl. auf kirchl. Kunst. So zeichnete er 1897 Pläne für die Innenausstattung der Lourdeskapelle in Flirsch und für einen neuen Friedhof in Hall. S., der von seinem Vater das Baumeistergeschäft übernommen hatte, war mit seinen Plänen, Entwürfen und Stud.bll. wiederholt auf Ausst. im Tiroler Landesmus. Ferdinandeum vertreten. Bes. Interesse erregte sein 1902 vorgelegter Plan für eine Landkirche, worin ihm die Synthese zwischen Errungenschaften der modernen Bautechnik, bewährten Erfahrungen und kanon. Vorschriften über die Anpassung des Kirchengebäudes an den kath. Gottesdienst gelang. Daneben setzte sich S. aber auch theoret. mit der Problematik beim Kirchenbau auseinander. 1910 legte er die Pläne für die Erweiterung der Pfarrkirche von Wörgl vor (Umbau 1911), die Umsetzung seines größten Planes – eine neue Pfarrkirche in Innsbruck-Pradl – wurde durch den Ausbruch des 1. Weltkriegs verhindert; in den Folgejahren entwarf er nur mehr kleine Objekte wie Grabkreuze etc.

L. (tw. auch unter Vonstadl): Neue Tiroler Stimmen, 4. 10. 1919; Thieme–Becker; Th. Hutter, in: Der Kunstfreund, NF 14, 1898, S. 29f.; A. Lanner, ebd., NF 18, 1902, Nr. 7, S. IXf. (Extrabeilage); M. Flunk, ebd., NF 19, 1903, S. 3ff.; K. Fischnaler, Innsbrucker Chronik 5, 1934, S. 220f.; J. Weingartner, Die Kunstdenkmäler Südtirols 1, 7. Aufl., red. M. Hörmann-Weingartner, 1985, S. 579; F. Caramelle, in: Tirol ... immer einen Urlaub wert 49, 1996/97, S. 23ff.; Archiv der ABK und der Univ. für angewandte Kunst, beide Wien.

(E. Hastaba)

Stadler Albert, Beamter, Komponist und Schriftsteller. Geb. Steyr (OÖ), 4. 4. 1794; gest. Wien, 5. 12. 1884. – Sohn eines Beamten. S. erhielt seinen ersten Musikunterricht (Klavier, Gesang, Theorie) an der Normalschule in Steyr. 1805–12 besuchte er das Gymn. und den Konvikt im Stift Kremsmünster, wo ihm der Stiftsorganist Wenzel Wawra eine solide Musikausbildung vermittelte. 1812–17 stud. S. an der Univ. Wien Jus und wohnte im Wr. Stadtkonvikt, wo er mit Schubert (s. d.) an den zahlreichen musikal. Übungen teilnahm; vermutl. war er dort auch Kompositionsschüler Salieris (s. d.). Ab 1817 im Staatsdienst, war er an den Kreisämtern in Steyr (bis 1821), Linz (bis 1833), Wels (bis 1838), Ried (bis 1842), wieder in Wels (bis 1844), Salzburg (bis 1848), 1848–49 wieder in Steyr, schließl. 1849–57 als Statthaltereibzw. Kreisrat in Salzburg tätig. 1858 i. R., übersiedelte er 1863 nach Wien. 1854 wurde er mit dem Ritterkreuz des Franz Joseph-Ordens ausgez. Von S.s vielfältigen musikal. Tätigkeiten sind – neben seinen eigenen, nur z. Tl. überlieferten Kompositionen – die zahlreichen (ca. 80 aus den Jahren 1820/21) Abschriften von Werken, die Schubert zum gem. Musizieren in den Stadtkonvikt mitgebracht hatte, von bes. Bedeutung. Diese sind heute, da Autographe fehlen, großteils deren älteste und zuverlässigste Überlieferung. Die Wertschätzung durch Schubert bezeugen die Vertonung einiger von S.s Dichtungen (D 220, 222, 666, 695) und die Widmung von zwei Werken (D 565, 685). In Steyr stand S. in engem Kontakt u. a. zu dem Vizefaktor der k. k. Hauptgewerkschaft und Musikliebhaber Sylvester Paumgartner und dem Advokaten Albert Schellmann, bei denen Schubert mehrmals zu Gast war. In Linz trat er der dortigen Ges. der Musikfreunde bei (bis 1833 deren Sekr., Ausschußmitgl. und Substitut des Violin-Dir.) und traf auch auf J. Frh. v. Spaun (s. d.), den Regierungsbeamten und Schriftsteller Anton Ottenwalt und die Familie des Reg.Rats Anton v. Hartmann, die zum Linzer Freundeskreis Schuberts gehörten.

W.: Kirchenwerke; 15 Lieder; 4 Chöre; Streichquartettsatz (D Anh. I, 4, früher Schubert zugeschrieben). – Publ.: Zustand der Musik in der landesfürstl. Stadt Steyr in Österr. ob der Enns, in: Allg. musikal. Ztg. 5, 1821, Sp. 444ff., Nachdruck in: Musicologica Austriaca 3, 1982, S. 74ff.

L.: Sbg. Volksbl., 4. 4. 1884; oeml; Wurzbach; Wr. allg. Musik-Ztg. 3, 1843, S. 369, 5, 1845, S. 149f.; F. Schubert. Ausst. der WStLB ..., Wien 1978, S. 42, 106, 156, 169, 178, 293, 310 (Kat.); S. Mühlhäuser, Die Hss. und Varia der Schubertiana-Smlg. Taussig in der Univ.bibl. Lund, 1981, s. Reg.; E. Hilmar, in: Schubert durch die Brille 5, 1990, S. 26ff.; P. Clive, Schubert and his world. A biographical dictionary, 1997; Schubert und seine

Freunde, ed. E. Badura-Skoda u. a., 1999, s. Reg.; R. Steblin, in: Schubert-Perspektiven 2, 2002, S. 57ff.; Schubert-Enz., ed. E. Hilmar – M. Jestremski, 2 (= Veröff. des Internationalen F. Schubert Inst. 14), 2004.

(K. Mitterschiffthaler)

Stadler Alfred, Dirigent, Chorleiter und Komponist. Geb. Stanislau, Galizien (Ivano-Frankivs'k, Ukraine), 1889; gest. Lemberg, Generalgouvernement (L'viv, Ukraine), 2. 11. 1944 (ermordet). – S. stud. in Lemberg an der Univ. sowie am Konservatorium des Galiz. Musikver. bei Moritz Wolfstahl Violine und bei Sołtys (s. d.) Komposition. Seine Dirigentenlaufbahn begann er 1912 als Leiter des Chores „Hejnał" und eines Dilettantenorchesters in Lemberg. Während des 1. Weltkriegs Operndirigent in Moskau, kehrte er 1919 nach Lemberg zurück, wurde dort Dirigent am Großen Theater und dirigierte auch Operetten am 1920 gegr. Neuen Theater. 1926–32 war er in Stanisławów (Stanislau) Dir. der Stanisław Moniuszko-Musikges., leitete deren 1929 gegr. Konservatorium, den Chor und die symphon. Konzerte der Ges. und machte sich auch als Dirigent am Moniuszko-Theater verdient. 1932 kehrte er nach Lemberg zurück und wirkte dort hauptsächl. als Leiter zahlreicher Chöre, v. a. des städt. Gesangsver. „Bard", der als einer der besten in Polen galt. S. schrieb eine symphon. Phantasie („Fantazja symfoniczna"), eine symphon. Dichtung „Sułkowski", die Oper „Warszawianka" (1920 am Großen Theater ohne Erfolg uraufgef.), v. a. aber sehr erfolgreiche Lieder und Chöre. Er wurde von den dt. Besatzern als Geisel genommen und auf offener Straße erschossen.

W.: s. u. PSB; Słownik muzyków.

L.: PSB; Grove's Dictionary of Music and Musicians, 5. Ausg., 8, 1954; L. T. Błaszczyk, Dyrygenci polski i obcy w Polske ..., 1964 (m. L.); Słownik muzyków polskich 2, 1967 (m. W.); Słownik biograficzny teatru polskiego 1900–80, 1994.

(H. Reitterer – V. Reittererová)

Stadler Alois Martin, Maler und Zeichner. Geb. Imst (Tirol), 12. 4. 1792; gest. Sterzing, Tirol (Vipiteno/Sterzing, Italien), 11. 3. 1841. – Sohn des oberinntal. Kreisamts-Koär. und Ing. Franz Xav. S. (gest. 1805), der auch als Modellbauer (z. B. das Modell der von ihm miterrichteten Scharnizer Schanze), Erfinder mehrerer Meßinstrumente sowie Maler und Radierer in Erscheinung trat. S. besuchte nach ersten zeichner. Anleitungen durch den Vater die Zeichenschule Peter Denifles in Innsbruck und nahm, durch Hormayr zu Hortenburg (s. d.) vermittelt, Malunterricht bei Josef Schöpf (s. d.), dem er 1810 bei der Ausmalung der Pfarrkirche in Wattens half und dessen Formensprache er in der Frühzeit auch nachempfand. Auf Vermittlung A. Frh. v. Dipaulis (s. d.) stud. S. 1812–19 an der Münchner ABK Historienmalerei und schuf bereits zu dieser Zeit vielbeachtete Werke (etwa Seitenaltarbild, Kirche in Axams, 1818). Gefördert u. a. durch Kronprinz Ludwig v. Bayern, unternahm S. gem. mit seinen Künstlerfreunden, dem Bildhauer Johann Haller und dem Bildhauer und Medailleur Johann Bapt. Stiglmaier, 1819–22 eine Stud.reise nach Neapel und Rom, wo er v. a. Raffaels Malweise und die Antike stud., aber auch von den Nazarenern beeinflußt wurde. Nach seiner Rückkehr nach München etablierte er sich hier als Maler und erhielt zahlreiche Aufträge durch den Kg. In seinem dem Spätklassizismus zugerechneten Œuvre, das er ab 1814 in zahlreichen Ausst. präsentierte, überwiegen v. a. religiöse Themen. Bedingt durch seine Auftragslage – er malte hauptsächl. Altarbilder in Kirchen Tirols und Südtirols – übersiedelte er wenige Jahre vor seinem Tod nach Bozen (Bolzano).

W.: Teilnachlaß, Tiroler Landesmus. Ferdinandeum, Innsbruck, Tirol.

L.: Bote für Tirol, 18. 3. 1841; ADB; Bénézit; Fuchs, 19. Jh.; Thieme–Becker; Wurzbach; K. Kugler, in: Imster Buch, ed. R. Klebelsberg (= Schlern-Schriften 110), 1954, S. 306; Österr. Künstler und Rom. Vom Barock zur Secession, Rom – Wien 1972, S. 219 (Kat.); G. Ammann, Das Tiroler Oberland. Die Bez. Imst, Landeck und Reutte (= Österr. Kunstmonographie 9), 1978, S. 78, 99f., 165, 167; ders., Klassizisten – Nazarener. Kunst im Oberland 1800–50, Landeck – Innsbruck 1982, S. 47ff. (Kat.); H. Ludwig u. a., Münchner Maler im 19. Jh. 4, 1983; J. Weingartner, Die Kunstdenkmäler Südtirols 1–2, 7. Aufl., red. M. Hörmann-Weingartner, 1985–91, s. Reg.; L. Andergassen, Sarntaler Kirchenkunst, 1996, S. 212ff.; G. Dankl, in: SammelLust. 175 Jahre Tiroler Landesmus. Ferdinandeum, red. G. Ammann – E. Hastaba, 1998, S. 54f.; G. Pfaundler-Spat, Tirol-Lex., neubearb. Aufl. 2005; Dokumentation Tiroler Landesmus. Ferdinandeum, Innsbruck, Tirol; Archiv der ABK, München, Dtld.

(E. Hastaba)

Stadler Arthur, Graphiker, Maler und Journalist. Geb. Wien, 23. 6. 1892; gest. ebd., 11. 4. 1937; mos. – S., der seine Kindheit in Kostel (Podivín) verbrachte, begann nach der Oberrealschule mit einer Ausbildung zum Schlosser und Maschinenbauer, wechselte aber 1910 an die Wr. Kunstgewerbeschule, wo er bis 1914 u. a. bei Bertold Löffler stud.; daneben nahm er auch Gesangunterricht. 1915 zum Kriegsdienst eingezogen, dokumentierte er das Frontgeschehen in zahlreichen Zeichnungen, die zum Großtl. vom Wr. Heeresmus. angekauft wurden. Nach Kriegsende verdiente S. seinen Lebensunterhalt als Sänger und Porträtzeichner und bereiste u. a. die Niederlande, Ungarn und die Tschechoslowakei. 1921–22 hielt er sich in Schweden auf, wo er im „Aftonbladet“ Zeichnungen von Politikern, Wiss., Künstlern, Schriftstellern und Sportlern veröff. und auch als Journalist arbeitete. Nach Wien zurückgekehrt, war S. bis 1930 als Karikaturist für die Ztg. „Der Abend“ tätig und arbeitete als Illustrator und Journalist für die „Moderne Welt“, die „Wiener Sonn- und Montagszeitung“ und die „Illustrierte Roman-Zeitung“. Daneben wirkte er auch als Gebrauchsgraphiker und illustrierte u. a. Werke von Selma Lagerlöf (mit der er befreundet war), Romain Rolland und Panait Istrati. 1930 veröff. er in Wien sein Mappenwerk „Gesichter“, eine radikale Anklage gegen den Krieg, das 1932 auch in Den Haag erschien. I. d. F. arbeitete S. als freier Journalist und Zeichner in Berlin und Amsterdam, ab 1932 erschienen seine Arbeiten u. a. in den Ztg. und Z. „Der Kämpfer“, „Bunte Woche“, „Die Politische Bühne“ und „Neuer Vorwärts“. 1932–33 veröff. er seine gegen Kriegsverbrechen, soziale Katastrophen und die Person Hitlers (s. d.) gerichteten Arbeiten – eine Kombination von Photo, Photomontage und Zeichnung – in der Wr. Z. „Der Kuckuck“. Ab Herbst 1933 hielt sich S. in Paris, Brüssel und Schweden auf, 1934 arbeitete er als Zeichner bei der tschech. satir. WS „Der Simplicius“, 1935 kehrte er nach Wien zurück. S., zu dessen Œuvre auch Wahlplakate gehören, zählt zu den bedeutendsten Zeichnern der sozialdemokrat. Presse der Zwischenkriegszeit.

W.: Masken. Schauspielerbildnisse, 1921; Österr. polit. und unpolit. Theater von damals in der Karikatur, 1946 (gem. m. Th. Zasche – N. Kóra); Entwürfe und Illustrationen zu Irgendwo und Irgendwann. Märchen aus allen Ländern, 7 Bde., 1922ff.; etc.

L.: WZ, 12., NFP, 13. 4. 1937; Fuchs, Geburtsjgg.; M. Valdesz, in: Vernissage 4, 1984, Nr. 7, S. 10f.; M. G. Hall, Österr. Verlagsgeschichte 1918–38, 2, 1985, s. Reg.; B. Denscher, Österr. Plakatkunst 1898–1938, 1992, S. 202; S. Riesenfellner – J. Seiter, Der Kuckuck. Die moderne Bild-Illustrierte des Roten Wien (= Stud. zur Ges.- und Kulturgeschichte 5), 1995, S. 37ff. (m. B.); Archiv der Univ. für angewandte Kunst, Wien.

(Ch. Gruber)

Stadler Dominik, Architekt und Kunstgewerbler. Geb. Virgen (Tirol), 22. 6. 1831; gest. Wien, 16. 10. 1885; röm.-kath. – Sohn eines Bauern. S., der aus ärml. Verhältnissen stammte, verließ bereits mit zwölf Jahren seine Heimat und arbeitete vorerst als Bildschnitzer, mußte diese Tätigkeit aber aus gesundheitl. Gründen aufgeben und wandte sich der Malerei und Architekturzeichnung zu. Nach dem Besuch der Akad. in Wien – wo er wahrscheinl. an der Ausführung von Entwürfen der Modellierschule F. Schönthalers (s. d.) arbeitete – war er 1853–59 in München bei dem Bildhauer Anselm Sickinger als Zeichner von Architektur, Altären und Kircheneinrichtungen tätig und stud. ab 1861 an der dortigen ABK Architektur. In den Folgejahren zeigte S. seine Entwürfe für Kircheneinrichtungen erfolgreich auf Kunstausst. und hielt sich mehrmals zu Stud.zwecken in Paris auf, wo er auch in Kontakt zu dem Architekten Emile Boeswillwald trat. Bereits zu dieser Zeit erhielt S. von Tiroler Auswanderern erste Aufträge für Arbeiten in Übersee, so 1862 für den Entwurf eines Altars für eine kath. Kirche in Cincinnati/Oh. S. gelangte als „Kirchengotiker“ zu hohem Ansehen; so zeichnete er u. a. die Einrichtungspläne für die Kirche Maria Schnee in Kalkstein (Innervillgraten), deren Umbau er auch leitete. Einer der Höhepunkte seines Schaffens war die Mitwirkung an der Innenausstattung der Wr. Votivkirche (1873–77) unter der Leitung H. Frh. v. Ferstels (s. d.), nach dessen Entwürfen er u. a. Details des Hochaltars, der Seitenaltäre, der Kanzel und von Paramenten zeichnete. S., der mit Defregger (s. d.) befreundet war, wurde u. a. mit dem goldenen Verdienstkreuz mit der Krone ausgez.

W.: Kanzel (Stadtpfarrkirche St. Andreas, Lienz); etc. – Teilnachlaß, Tiroler Landesmus. Ferdinandeum, Innsbruck, Tirol.

L.: Innsbrucker Nachrichten, 7. 11. 1885; Die Wr. Ringstraße 4, s. Reg.; Thieme–Becker; C. v. Lützow, in: Z. für Bildende Kunst 14, 1879, S. 169; M. Thausing, Die Votivkirche in Wien, 1879, S. 66; P. J. M. Reiter, in: Programm des k. k. Ober-Gymn. der Franciscaner zu Hall ... 1894–95, 1895, S. 15; Der Kunstfreund 19, 1909, Nr. 2, S. 16; H. Hochenegg, Die Kirchen Tirols, 1935, S. 258; M. Pizzinini, Osttirol. Der Bezirk Lienz (= Österr. Kunstmonographie 7), 1974, s. Reg.; Dokumentation Tiroler Landesmus. Ferdinandeum, Innsbruck, Tirol; Archiv der ABK, München, Dtld.

(E. Hastaba – R. Kurdiovsky)

Stadler Josef, Montanist. Geb. Schörfling (Schörfling am Attersee, OÖ), 18. 2. 1780; gest. Hall (Hall in Tirol, Tirol), 12. 12. 1847. – Sohn eines Salinen-Waldmeisters. S. absolv. das Gymn. und die Ing.schule in Linz, wurde 1801–04 von der k. k. Münz- und Bergwesen-Hofstelle als Salinenpraktikant zum Stud. an die Bergakad. in Schemnitz (Banská Štiavnica) entsandt und eignete sich Kenntnisse über Berg- und Hüttenwerke in preuß. Schlesien und Ungarn an. Da er wegen der französ. Besetzung 1805 seiner Berufung als Zinn-Oberwerkverwalter in Idria (Idrija) nicht nachkommen konnte, wurde er 1806 Leiter der k. k. Salmiak- und Schwefelsäurewerke in Nußdorf (Wien 19) und war 1806–08 Bergdir. in Salzburg. Ab 1810 bei der Silber-Einlösung, zuerst in Judenburg als Kontrollor, dann als selbständiger Einlöser in Marburg (Maribor), wurde S. 1816 zum Hofsekr. bei der montanist. Abt. der allg. Hofkammer ernannt. Als dirigierender Bergrat und Bergrichter ab 1819 beim Oberbergamt in Klagenfurt, ließ er bes. in Bleiberg (Bad Bleiberg) den Abbau im Haupterbstollen wieder aufnehmen. Mit dem Titel Gubernialrat 1823 zusätzl. zum Salzoberamtmann in Aussee (Bad Aussee) befördert, sicherte er 1824 durch einen rationellen Betriebsplan den Fortbestand der Werke in Idria gem. mit Hofsekr. August Gf. Breuner-Enckevoirth und Konzeptspraktikant Michael Layer (s. d.). Mit diesen verbesserte er 1825 auch die Verhältnisse der überalteten Salinen, Bergbaue und Hüttenwerke in Tirol und Sbg. und erstellte zeitgemäße Administrations- und Betriebsprogramme; solche enwarf er auch für die vormals frh. Baldaccischen Werke in St. Stefan und Eibiswald. 1827 zum Leiter der Hofkomm. avanciert, schlichtete S. die Differenzen bezügl. Abbaubegrenzungen am Erzberg und erwirkte 1839 den Vergleich in den Streitigkeiten über Waldbesitzungen zwischen dem Stift Admont und der Innerberger Hauptgewerkschaft. 1832 als Oberamtsdir. zur k. k. Berg- und Salinendion. nach Hall berufen, der 1834 auch die Sbg. Montanwerke unterstellt wurden, setzte S. den bereits in private Dienste übergetretenen K. Frh. v. Scheuchenstuel (s. d.) als Bergrat in Hall ein, um die tirol.-sbg. Eisenwerke auf zeitgemäßen Stand zu bringen. 1838 w. HR.

L.: Gedenkbuch zur 100jähr. Gründung der k. ung. Berg- und Forst-Akad. in Schemnitz, 1871, S. 276ff.; R. Granichstaedten-Czerva, Beitrr. zur Familiengeschichte Tirols (= Schlern-Schriften 131), 1954, S. 237; Pfarramt, Schörfling am Attersee, OÖ; Pfarramt, Hall in Tirol, Tirol.

(M. Martischnig)

Stadler Joseph, Musiker und Komponist. Geb. Wien, 14. (15.) 10. 1796; gest. ebd., 16. 11. 1859. – Enkel des Regenschori an der Kirche Am Hof (Wien 1) und Bassisten der Hofmusikkapelle Joseph S. (1724–1777), Sohn des 1. Kontrabassisten im Hoftheater-orchester Felix S. d. Ä. (geb. Wien, 13. 1. 1754; gest. Leopoldstadt, NÖ/Wien, 30. 9. 1824), Bruder des Musikers und Mitgl. der Domkapelle zu St. Stephan Felix S. d. J. (geb. Wien, ca. 1804; gest. Leopoldstadt, 13. 2. 1836). S. war ein Schüler seines Vaters und sammelte musikal. Erfahrung als Sängerknabe. Bereits 1810 oder 1812 erhielt er als 1. Violinist ein Engagement ans Theater in der Leopoldstadt, wo er 1818/19 zum Orchesterdir. aufstieg und 1827/28 drei Pantomimen mit seiner Musik und in der Choreographie von Rainoldi (s. d.) zur Urauff. gelangten. 1814 wurde er außerdem Mitgl. der Domkapelle zu St. Stephan, 1831–59 gehörte er der Hofmusikkapelle an. Als vielgefragter Lehrer unterrichtete S. nicht nur Violine, sondern auch zahlreiche andere Instrumente (Viola, Violoncello, Gitarre, Orgel). Er soll ein hervorragender Vom-Blatt-Spieler gewesen sein und außerdem ein ausgez. musikal. Gedächtnis gehabt haben. Gerühmt wurde seine Fähigkeit, Stücke nach nur einmaligem Hören nachspielen zu können.

W. (auch s. u. Wurzbach): Pantomimen: Die wunderbare Flasche, Die Zauberlilie, Die Vermählung im Blumenreiche; Violinkonzerte; Kammermusik; Symphonie; Tanzmusik für Violine und/oder Klavier; Lieder.

L.: Eitner; Kosch, Theaterlex.; Mendel–Reissmann 9; oeml; Portheim-Kat.; Wurzbach (m. W.); L. R. v. Köchel, Die k. Hof-Musikkapelle in Wien von 1543 bis 1867, 1869, s. Reg.; F. Stieger, Opernlex. 2/3, 1978; F. Schubert. Dokumente 1801–30, ed. E. Hilmar (= Veröff. des Internationalen F. Schubert Inst. 10/II), 2003; WStLA, Wien (für Felix S. d. Ä. und d. J.).

(Ch. Fastl)

Stadler Josip (Joseph), Erzbischof und Theologe. Geb. Brod (Slavonski Brod, Kroatien), 24. 1. 1843; gest. Sarajevo, Kg.reich der Serben, Kroaten und Slowenen (Bosnien und Herzegowina), 8. 12. 1918; röm.-kath. – Der früh verwaiste Sohn aus einer ursprüngl. aus OÖ stammenden kroatisierten Familie absolv. das Gymn. in Agram und stud. 1862–69 als Alumne des von den Jesuiten geführten Collegium germanicum et hungaricum in Rom Theol.; dort 1868 Priesterweihe, 1865 Dr. phil., 1869 Dr. theol. Danach Stud.präfekt am Diözesanseminar in Agram, war er 1874–81 Prof. für Fundamentaltheol. an der Univ. Agram. Als Papst Leo XIII. 1881 in Bosnien die kath. Hierarchie wiederherstellte und die Kirchenprov. Vrhbosna mit dem Erzbistum Sarajevo und den Suffraganbistümern Banja Luka und Mostar gründete, wurde S. im selben Jahr zum ersten Erzbischof dieser Prov. ernannt. Seine erste Sorge galt dem Priesternachwuchs, da es bis zu seiner Zeit im Lande prakt. keine Weltpriester gab und fast die ganze Pastoraltätigkeit vom Franziskanerorden ausgeübt wurde. S. gründete 1882 ein Knabenseminar in Travnik, 1892 in Sarajevo ein Priesterseminar – deren Leitung er den Jesuiten übertrug – ließ 1884–89 die Kathedrale von Sarajevo erbauen und ebenso eine Reihe von Pfarrkirchen sowie Armen- und Waisenhäusern errichten. Zur Betreuung von alten Menschen und Waisen gründete er 1890 – zunächst als weltl. Inst. – die Služavki Malogo Isusa (Dienerinnen des Jesuskindes), die 1912 def. als Ordenskongregation bestätigt wurden. Weiters sorgte er für die Gründung von kath. Bildungseinrichtungen und Publ.organen. So wurde er zum Begründer des Wiederaufbaus der kath. Kirche in Bosnien und Herzegowina. Als eine Schlüsselfigur nicht nur im kirchl., sondern auch im polit. Leben verfolgte S. eine streng kath. orientierte Linie, was ihn mit den kroat.-liberalen Kreisen und dem Franziskanerorden (die die kroat. Nationalbewegung als eine rein polit. ansahen) ebenso wie mit der serb. Orthodoxie und den Mohammedanern, aber auch mit den bosn. Landesbehörden und Wien wiederholt in schwere Konflikte brachte. Als Theologe verf. S. u. a. die erste in kroat. Sprache erschienene systemat. Darstellung der neuscholast. Phil. und eine Übers. der Evangelien und der Apostelgeschichte mit ausführl. Kommentar.

W.: Theologia fundamentalis, 2 Bde., 1880–84; Filosofija, 6 Bde., 1904–15, Bd. 3, Neuausg. 2004; Reden; Sendschreiben; Pastoralbriefe; etc. – Übers.: Sveto evangjelje po Mateju (... Marku, Luki, Ivanu), 4 Bde., 1895–1902; Djela Apostolska, 1907; Sveto evanđelje Gospodina našega Isusa Krista i Djela apostolska, 1912; etc.

L.: *NFP, 9., NWT, RP, 10. 12. 1918; Enc. Jug.; LThK, 3. Aufl.; Znam. Hrv. (m. B.); Archiv für Kath. Kirchenrecht 86, 1906, S. 319ff.; M. Gross, in: Historijski zbornik 19/20, 1966/67, S. 9ff.; A. Paradžik, Dr. J. S. ..., 1968; Opći šematizam kat. Crkve u Jugoslaviji, Cerkev v Jugoslaviji, 1974, S. 338; R. Ritzler – P. Sefrin, Hierarchia cath. medii et recentioris aevi ... 8, 1978, S. 596; P. Jurišić, Erzbischof J. S. auf den Spuren dreier Kulturen (= Stud. zur Prakt. Theol. 41), 1992 (m. L.); Ž. Pavić, in: Synthesis philosophica 2, 1993, S. 467ff.; J. S. – Život i djelo, ed. P. Jurišić (= Stud. Vrhbosnensia 11), 1999 (m. L.); V. Blažević, Bosanski franjevci i nadbiskup dr. J. S. (= Knjižnica „Baština" 8), 2000.*

(M. Benedik)

Stadler Maximilian (Johann Karl Dominik), genannt Abbé S., OSB, Abt, Komponist und Musikpublizist. Geb. Melk (NÖ), 4. 8. 1748; gest. Wien, 8. 11. 1833; röm.-kath. – Sohn des Bäckermeisters und Marktrichters von Melk Karl S. (1725–1801). S. wurde 1758 Sängerknabe im Stift Lilienfeld, wo er auch Orgel- und Generalbaßunterricht erhielt und bereits zu komponieren begann; ab 1762 besuchte er das Jesuitenkolleg in Wien. Dort vertrat er öfters den Organisten und knüpfte musikal. Kontakte mit den Komponisten Giuseppe Bonno, Florian Leopold Gassmann sowie mit J. Haydn. 1766 trat er in das Benediktinerstift Melk ein; 1767 Profeß, 1772 Priesterweihe. Nach Verwendung als Kooperator in Wullersdorf lehrte S. 1775–83 im Stift Theol., fungierte 1784–86 als dessen Prior und wurde 1786 von K. Joseph II., dessen Reformpolitik er aufgeschlossen gegenüberstand, zum Kommendatarabt für die weltl. Angelegenheiten von Lilienfeld, nach dessen Aufhebung 1789 des Stiftes Kremsmünster ernannt, wo er bis 1790 blieb. 1791–1803 lebte S. in Linz (bischöfl. Konsistorialrat; 1803 Ehrendomherr) und Wien. Hier arrangierte er verschiedene Opern, darunter Mozarts „Così fan tutte" und „Die Zauberflöte", für Streichsextett. Zudem wirkte er an der Ordnung von Mozarts musikal. Nachlaß mit und ergänzte eine Reihe von dessen unvollendet gebliebenen Werken. 1803 säkularisiert und Pfarrer der Wr. Vorstadtpfarre Altlerchenfeld, 1810 von Böhmischkrut (Großkrut), schrieb er dort 1813 sein wohl berühmtestes Werk, das Oratorium „Die Befreyung von Jerusalem". Ab 1815 bis zu seinem Tod lebte S. in Wien und sammelte Materialien für eine österr. Musikgeschichte, die jedoch zu seinen Lebzeiten nicht veröff. wurde. Er verkehrte im „Vaterländischen Kreis" um I. F. v. Mosel, Collin und M. Fürst Dietrichstein (alle s. d.) sowie in zahlreichen musikal. Zirkeln. Nicht zuletzt daraus resultierten seine zahlreichen guten Kontakte mit Komponisten und Musikliebhabern seiner Zeit, von Haydn über Mozart und Beethoven (s. d.) bis zu Eybler, R. Kiesewetter v. Wiesenbrunn und Schubert (alle s. d.). S. erhielt zahlreiche Ausz. und Diplome, u. a. 1829 eines des Schweizer Musikver. Zudem wurde er 1826 Ehrenmitgl. der Ges. der Musikfreunde in Wien.

W. (auch s. u. Grove): Die Befreyung von Jerusalem (Text H. J. und M. K. v. Collin), 1813 (Oratorium); Messen; 2 Requiems; 2 Pastoralmotetten; Psalmvertonungen und kleinere geistl. Werke; Bühnenmusik, Chöre, Kantaten, Lieder, Kammermusik, Orgelwerke, alle u. a. im Archiv der Ges. der Musikfreunde, Österr. Nationalbibl., Musiksmlg., beide Wien, Stift Melk, Musiksmlg. – Publ. (auch s. u. Grove): Vertheidigung der Echtheit des Mozart'schen Requiem, 1826; Nachtrag zur Vertheidigung ..., 1827; Zweyter und letzter Nachtrag zur Vertheidigung ..., 1827; etc.

L.: *Graeffer–Czikann; Grove, 2001 (m. W.); MGG; Schilling; Scriptores OSB; Wurzbach; Gelehrten- und Schriftsteller-Lex. der dt.-kath. Geistlichkeit, ed. F. J. Waitzenegger, 2, 1820; I. F. v. Mosel, in: Wr. Z. für Kunst, Literatur, Theater und Mode, 1833, S. 1213ff., 1221ff., auch selbständig: Nekrolog des großen Tonsetzers, Herrn Abbé M. S., 1864; H. Sabel, M. S.s weltl. Werke ..., phil. Diss. Köln, 1940; R. Haas, in: Mozart-Jb. 1957, 1958,*

S. 78ff.; Th. Antonicek, I. v. Mosel, phil. Diss. Wien, 1962; G. Croll, in: Mozart-Jb. 1964, 1965, S. 172ff.; K. Wagner, Abbé M. S., phil. Diss. Salzburg, 1969; W. Senn, in: Mozart-Jb. 1980–83, 1983, S. 287ff.; Ch. Wolff, Mozarts Requiem, 1991, s. Reg.; J. Weißensteiner, in: Beitr. zur Wr. Diözesangeschichte 32, 1991, S. 32f.; Mozart-Lex., ed. G. Gruber – J. Brügge, 2005; J. Prominczel, M. S. und seine Kirchenmusik, DA Wien, 2005 (m. L.).

(J. Prominczel)

Stadler Toni (Anton Hermann) von, Maler und Graphiker. Geb. Göllersdorf (NÖ), 9. 7. 1850; gest. München, Bayern (Dtld.), 17. 9. 1917; röm.-kath. – Sohn eines Wirtschaftsrats, Stiefbruder von W. Scherer (s. d.), Vater des Bildhauers Toni S. (geb. München, 5. 9. 1888; gest. ebd., 5. 4. 1982). S. stud. nach der Matura am Josefstädter Gymn. 1868–73 (mit Unterbrechung 1870/71) an der Univ. Wien Med., brach das Stud. aber – auch aus Gesundheitsgründen – ab und wechselte zu dem Maler Paul Meyerheim nach Berlin, 1878 nach München. Hier wurde der Autodidakt S., der sich auch an holländ. Malern des 17. Jh. orientierte, von Louis Neubert, Gustav Schönleber und v. a. von Adolf Stäbli beeinflußt, der die unmittelbarste Wirkung auf S.s Motivwahl und Darstellungsart ausübte und ihn mit der Schule von Barbizon vertraut machte. S., der allerdings nie pleinair malte, sondern die nach der Natur gezeichneten Skizzen im Atelier ausführte, wollte im Gegensatz zum Impressionismus nicht den momentanen Stimmungseindruck der Landschaft einfangen, sondern ihren Wesenskern; Tiere und Menschen finden sich nur als Staffagen in seinen Bildern. Bes. geschätzt wurden seine Zeichnungen und Lithographien, die als der qualitätvollste Tl. seines Œuvres gelten. S. entwickelte sich v. a. zum Maler des Voralpenlandes, wobei er häufig mit eindrucksvollen Wolkenformationen, die den Eindruck von Weite vermittelten, Spannung erzeugte. Seine stillen, meditativen Bilder in gedämpfter, oft toniger Farbigkeit stehen im Kontrast zu den um die Jh.wende aufkommenden modernen Kunstströmungen mit ihrem Primat der Farbe. S. gehörte 1893 zu den Gründungsmitgl. der Münchner Secession; 1913–14 fungierte er – nach dem plötzl. Tod Hugo v. Tschudis – als interimist. kommissar. Leiter („künstlerischer Beirat“) der Bayer. Staatsgemäldesmlgg. S., Ehrenmitgl. der Münchner ABK und ab 1876 o. Mitgl. der Genossenschaft der bildenden Künstler Wiens (Künstlerhaus), wurde für seine Verdienste vielfach ausgez., u. a. 1899 Prof.titel, 1914 Erhebung in den Ritterstand.

W.: s. u. H. Wichmann.

L.: Münchner Neueste Nachrichten, 9. 9. 1910, 22. 10. 1914, 20., 23. 9. 1917; WZ, 19., RP, 20. (Nachmittagsausg.) 9. 1917; Bénézit; DBE; Fuchs, 19. Jh.; Thieme–Becker; Geistiges und künstler. München in Selbstbiographien, ed. W. Zils, 1913; Die Kunst 19, 1918, S. 68 (m. B.), 225ff.; Kunst und Künstler 16, 1918, S. 74; R. Oldenbourg, in: Die bildenden Künste 2, 1919, S. 15ff.; P. F. Schmidt, in: Dt. Biograph. Jb., Überleitungsbd. 2, 1928, S. 156ff.; H. Wichmann, T. S., phil. Diss. München, 1955 (m. W.); H. Karlinger, München und die Kunst des 19. Jh., ed. H. Thoma, 1966, S. 77; H. Ludwig u. a., Münchner Maler im 19. Jh. 4, 1983; Lex. der Kunst 11, 1990; S. Wichmann, Münchner Maler des 19. Jh. und die Schule von Barbizon, München 1996 (Kat.); Kunst des 19. Jh. 4, bearb. C. Wöhrer, 2000; W. Scherer – Briefe und Dokumente aus den Jahren 1853–86, ed. M. Nottscheid – H.-H. Müller, 2005, passim; UA, Wien.

(E. Chrambach)

Stadlmayr Franz, Apotheker und Fachschriftsteller. Geb. Hadersdorf-Weidlingau, NÖ (Wien), 5. 9. 1872; gest. Darmstadt, Dt. Reich (Dtld.), 5. 12. 1932. – Nach Absolv. seiner Schulausbildung erlernte S. den Beruf eines Apothekers und stud. 1891–93 Pharmazie an der Univ. Wien; 1893 Mag. pharm. 1900–02 stud. er Pharmazie an der Univ. Freiburg im Breisgau und anschließend an der Univ. Straßburg; 1902 Dr. phil. Zunächst Ass. am Chem. Laboratorium von Remigius Fresenius in Wiesbaden, wechselte er 1903 als Leiter des Kontroll-Laboratoriums der Fa. Merck nach Darmstadt. Dort setzte sich S. für eine strenge Überwachung und Verbesserung der Erzeugnisse ein und erwarb sich internationales Ansehen auf dem Gebiet der chem. Analyse. Seine Erkenntnisse, insbes. die Untersuchungstechnik betreffend, publ. er in zahlreichen Werken. Darüber hinaus bearb. er die neueren Aufl. von Carl Krauchs „Die Prüfung der chemischen Reagentien auf Reinheit“, 2. Aufl. 1891, 3. Aufl. 1896, wirkte an der Neugestaltung und Erweiterung von Emanuel Mercks „Reagenzien-Verzeichnis“, 4. Aufl. 1916, mit und bearb. den bis heute gebräuchl. und vielfach aufgelegten „Merck-Index“. 1920–31 war S. auch Mitarb. an der „Zeitschrift für analytische Chemie“. Im Rahmen seiner Tätigkeit in Fachausschüssen überprüfte er im Auftrag des Reichsgesundheitsrats die Untersuchungsvorschriften für viele Präparate in der 6. Ausg. des Dt. Arzneibuchs.

W.: Über die Einwirkung von Natronlauge auf Bromphenylbutyrolacton, in: Justus Liebig’s Annalen der Chemie 334, 1902 (= phil. Diss. Straßburg); Chem. Präparate, in: Chem.-techn. Untersuchungsmethoden 3, ed. E. Berl – G. Lunge, 8. Aufl. 1931.

L.: Dt. Apotheker-Biographie 2; Poggendorff 6; Süddt. Apotheker-Ztg. 72, 1932, S. 753; Pharmazeut. Ztg. 77, 1932, S. 1372; UA, Wien.

(D. Angetter – C. Kopke)

Stadnicki Jan (Johann) Gf., Großgrundbesitzer, Politiker und Wirtschaftsfunktionär. Geb. Tarnów, Galizien (Polen), 31. 1. 1841; gest. Kraków, Polen, 20. 12. 1919. – S. entstammte dem jüngeren Zweig der gräfl. Familie S. Nach Absolv. des Gymn. in Krakau (Kraków) und einer Ing.schule in Paris arbeitete er einige Jahre als Ing., ehe er sich dem öff. Leben widmete. Als Großgrundbesitzer Mitgl. in der Bez.vertretung von Brzesko (ab 1868), führte ihn seine Tätigkeit über verschiedene vom Landadel dominierte galiz. Wirtschaftsorganisationen (wie Galiz. Boden-Credit-Anstalt, Galiz. Bodenparzellierungsver., Galiz. Versicherungsanstalt oder Galiz. Handels- und Gewerbebank) auch nach Wien, wo er Verwaltungsratsmitgl. der Österr. Länderbank (ab 1880), der Kolomeaer Localbahn sowie Verwaltungsratsvors. der Österr. Central-Boden-Credit-Bank (ab 1890 Verwaltungsratspräs.) war. Auch im Rahmen seiner parlamentar. Tätigkeit im LT (1877–95) und im Abg.-haus des RR (1882–84 und 1891–94) widmete sich S. als Führer der galiz. Agrarier vorwiegend Wirtschafts- und Steuerfragen und trat als vehementer Gegner der erstarkenden Volksparteien auf. Oftmals als möglicher galiz. Statthalter im Gespräch, wurde S. 1895 zum Mitgl. des HH auf Lebenszeit ernannt.

L.: Hahn, 1891; PSB (m. L.); G. Kolmer, Das HH des österr. RR, 1907; K. Chłędowski, Pamiętniki, ed. A. Knot, 1–2, 1951, s. Reg.; S. Grodziski, Sejm Krajowy Galicyjski 1861–1914, 2, 1993, s. Reg.; J. Buszko, Polacy w parlamencie wiedeńskim 1848–1918, 1996, s. Reg.

(H. Binder)

Stadnicki Kazimierz Gf., Historiker und Jurist. Geb. Żmigród, Galizien (Żmigród, Polen), 29. 6. 1808; gest. Lemberg, Galizien (L'viv, Ukraine), 10. 4. 1886. – Sohn des Großgrundbesitzers und Historikers Antoni Gf. S. und von Józefa, geb. Fürstin Jabłonowska. Nach Erziehung im Elternhaus stud. S. Jus an der Univ. Wien; 1831 Dr. jur. Anschließend übte er in der österr. und galiz. Zivilverwaltung vielfältige Ämter aus und schloß seine Laufbahn als Rat der galiz. Statthalterei in Lemberg ab. 1842–50 war er Mitgl. des Ständigen Ausschusses der Galiz. Stände, der kurz vor Beginn des „Völkerfrühlings“ 1848 Arbeiten zur Reorganisation des ständ. LT einleitete, um den Antl. der Vertreter des Bürgertums im Parlament zu vergrößern. Der Entwurf dazu, den S. im Auftrag des Ständeausschusses unter dem Titel „Projekt do tymczasowego prawa wyborczego dla zwołać się mającego zgromadzenia narodowego Królestwa Galicji i Lodomerii“ 1848 in Lemberg publ., konnte allerdings wegen des Ausbruchs der Revolution in Wien nicht in die Tat umgesetzt werden. 1848 trat S. in den von Gouverneur F. Ser. Gf. v. Stadion-Warthausen (s. d.) berufenen Beirat ein, wodurch er seiner gemäßigten Haltung gegenüber den damaligen polit. Ereignissen Ausdruck verlieh. Das wichtigste Betätigungsfeld in S.s Leben stellte jedoch die Geschichtswiss. dar. Als einer der bedeutendsten Erforscher der Geschichte Litauens und Rotreußens (Ostgaliziens) im 14. und 15. Jh. verf. er zahlreiche Arbeiten, u. a. über die ersten territorialen Erwerbungen der Waräger im Gebiet der Lachen, über die Dynastie des litau. Großfürsten Gedimin und seiner Söhne Olgierd und Kiejstut sowie zur Geschichte der Jagiellonen in Polen. S. verbrachte den Großtl. seines berufl. und wiss. Lebens auf seinen Familiengütern bzw. in Lemberg.

W. (auch s. u. PSB): O pierwszych zaborach Waregów na ziemi Lachów, 1842–44; Synowie Giedymina, 2 Bde., 1849–53; Bracia Władysława Jagiełły Olgierdowicza, 1867; Olgierd i Kiejstut, 1870; O tronie elekcyjnym domu Jagiellonów w Polsce, 1880; etc.

L.: PSB (m. W. u. L.); Wurzbach; UA, Wien.

(A. Dziadzio)

Stadnicki Stanislaw Jan Kanty Gf., Gutsbesitzer und Politiker. Geb. Lemberg, Galizien (L'viv Ukraine), 28. 2. 1848; gest. Wien, 16. 1. 1915. – Entstammte der polit. einflußreichen älteren Linie der Familie S., Sohn des HH-Mitgl. Edward Gf. S. (1817–1902). Nach Absolv. des Gymn. und der jurid. Fak. in Krakau (Kraków) begann S. seine öff. Tätigkeit in der Galiz. Landwirtschaftsges., als deren Präs. er 1901–03 fungierte. Er war viele Jahre Präses der Bez.-vertretung von Mościska (Mostys'ka), wo auch sein Gut lag. 1882–1907 und 1913–14 war S. Mitgl. des galiz. LT, in dem er sich v. a. in Wirtschafts- und Schulfragen engagierte. Als Gegner einer demokrat. Wahlreform, Exponent des poln. Zentralwahlkomitees und nach 1910 Opponent des westgaliz. Reformkonservatismus eines Bobrzyński (s. d.) gehörte S. zu den umstrittensten Konservativen Galiziens. Dank seiner guten Verbindungen zur K.familie (er beherbergte Franz Joseph I., s. d., während dessen Galizienreise 1880) gelangte er jedoch zu zahlreichen Ehrungen: Kämmerer, Orden der Eisernen Krone II. Kl. (1898), Mitgl. des HH auf Lebenszeit (1905), Geh. Rat (1908).

L.: PSB (m. L., auch zu Edward Gf. S.); G. Kolmer, Das HH des österr. RR, 1907; J. Buszko, Polacy w parla-

mencie wiedeńskim 1848–1918, 1996, s. Reg.; HHStA, WStLA, beide Wien.

(H. Binder)

Stählin Heinrich August, Theologe. Geb. Brünn, Mähren (Brno, Tschechien), 6. 10. 1812; gest. ebd., 10. 4. 1861; evang. AB. – Sohn des aus Lindau zugezogenen Kaufmanns Martin, Bruder von Gustav Adolf S. (s. u.). S., in der evang. Toleranzgmd. Brünn aufgewachsen, schlug nach Abschluß des evang. Gymn. in Teschen (Cieszyn) 1830 die Laufbahn eines Theologen ein. Nach dem Stud. an der evang.-theol. Lehranstalt in Wien wurde er 1834 in Brünn zum geistl. Amt ordiniert, wirkte dort zunächst als Vikar – neben J. G. Lumnitzer (s. d.) – und Lehrer, ab 1841 als zweiter Prediger ebenda und machte sich um den konfessionellen Ausgleich zwischen den Angehörigen des Augsburger und des Helvet. Bekenntnisses sehr verdient; 1839 Dr. phil. der Univ. Olmütz. Nach abgelegter Konkursprüfung wurde er 1845 zum Prof. für Systemat. Theol. AB an der evang.-theol. Lehranstalt in Wien ernannt, wo er 1846 seine Lehrtätigkeit aufnahm. Im selben Jahr wurde er als geistl. Rat in das Kollegium des Konsistoriums AB berufen. 1852/53 und 1853/54 Dekan der 1850 in den Rang einer Fak. erhobenen Lehranstalt, 1854–55 Prodekan. S. war auch Dr. theol. h. c. der Univ. Königsberg in Preußen. Sein Bruder **Gustav Adolf S.** (geb. Brünn, 17. 9. 1816; gest. ebd., 8. 9. 1905) übernahm die väterl. Fa. und übte im Rahmen der Evang. Kirche weltl. Funktionen aus: Als Kurator der evang. Pfarrgmd. Brünn hatte er wesentl. Antl. am Bau einer neuen Schule und an der Errichtung der von H. Frh. v. Ferstel (s. d.) geplanten Christuskirche; weiters wirkte er als Senioratskurator, ab 1863 als Kurator der Superintendenz Mähren-Schlesien AB, als Mitgl. der Gen.-synode AB (1864–95) und des Synodalausschusses (1889–95). Er wurde mit dem Titel eines k. Rates und dem Ritterkreuz des Franz Joseph-Ordens (1887) ausgez.

W.: Für den Frieden unter den Christen beim Unterschiede der Glaubensbekenntnisse, 1855; Gelegenheitsschriften; Predigten; etc.

L.: Bautz; Wurzbach (s. u. Karl S.); G. Trautenberger, Geschichte der evang. Kirche in den kgl. Städten Mährens, 1864, S. 41; Aus der evang. Kirchen-Gmd. in Brünn, 1866, bes. S. 189; M. Taufrath, Kurze Nachrichten über die k. k. evang.-theol. Fak. in Wien ..., 2. Aufl. 1871, S. 14f.; G. Frank, Die k. k. evang.-theol. Facultät in Wien ..., 1871, S. 34f. – Gustav Adolf S.: Tagesbote aus Mähren und Schlesien, 9. 9. 1905; Heller 4; Die 6. o. Gen.-synode der evang. Kirche AB (1895), ed. Th. Haase, 1898, S. 31f.

(K. Schwarz)

Stählin Karl Frh. von, Jurist und Fachschriftsteller. Geb. Wien, 5. 11. 1808; gest. ebd., 5. 9. 1881. – S. stammte aus einer im bayer. Memmingen ansässigen Kaufmannsfamilie. Nach Absolv. des Gymn. stud. er 1826–29 an der Univ. Wien Jus, trat 1830 in den österr. Staatsdienst und war ab 1850 Bez.hptm. in der Stmk., 1854–59 Kreisvorsteher in Graz. 1859 als Min.rat in das Innenmin. berufen, avancierte S. hier 1870 zum Sektionschef. 1876 Geh. Rat und Mitgl. des HH auf Lebenszeit, wo er sich der Verfassungspartei anschloß. Im selben Jahr wurde S. zum Präs. des neu gegr. österr. Verwaltungsgerichtshofs bestellt. Trotz verschiedener Anfeindungen konnte er dessen innere Organisation festigen und – bes. durch Unterstützung Fierlingers (s. d.) – seine Position halten. Während der ersten Dezennien seiner Beamtenlaufbahn war S. auch als Fachschriftsteller tätig und publ. zahlreiche Beitrr. in der „Oesterreichischen Zeitschrift für Rechts- und Staatswissenschaften“ und in „Der Jurist“, wobei er sich bes. mit Auslegungen des Strafgesetzbuchs auseinandersetzte. Für seine Verdienste ausgez., wurde S. 1855 in den Ritter-, 1874 in den Frh.stand erhoben.

W.: s. u. Wurzbach.

L.: FB, 10. 6. 1876; Die Presse, NFP, NWT, 6. 9. 1881; Wurzbach (m. W.); HHStA, UA, beide Wien.

(M. Martischnig)

Stätter Philipp, Schauspieler. Geb. Darmstadt, Hessen (Dtld.), 18. 10. 1843; gest. Brunn am Gebirge (NÖ), 12. 8. 1913. – Hieß eigentlich Achtelstätter. Sohn eines Leihbibliothekars. S. trat nach Schauspielunterricht bei August Haake sein erstes Engagement am Stadttheater Krefeld unter der Dion. von Johann Ferdinand Wenzel an. Dort debüt. er 1863 – seinem Rollenfach des Naturburschen entsprechend – als Schüler in Goethes „Faust“. Es folgten Engagements am Herzogl. Theater in Wiesbaden und am Aktien-Volks-Theater in München. 1868 debüt. S. am Wr. Hofburgtheater als Geffrey Fitz-Peter in Shakespeares „König Johann“, Didier in Charlotte Birch-Pfeiffers „Die Grille“ und Raoul in „Die Biedermänner“ von Th. Barrière und E. Capendu und wurde für das Fach des jugendl. Liebhabers und Naturburschen engag. Von 1868 bis zu seiner Pensionierung 1903 stand der k. u. k. Hofschauspieler (seit 1883) und Besitzer des goldenen Verdienstkreuzes mit der Krone (1894) in unzähligen Rollen (insgesamt 3.442 Auftritte) auf der Bühne. Er spielte in leichten Konversationsstücken ebenso wie in klass. Dramen (Shakespeare, Kleist, Goethe, Schiller), weiters z. B. den Cleanthe in „Der eingebildete Kranke“ (Molière), v. Pralling in „Der Verschwender“ (Raimund) und Gernot in „Die Nibelungen“ (Hebbel). S. galt auch als begabter Porträtist sowie Kopist der Werke Makarts (s. d.). Sein Sohn Paul S. (1882–1917) war 1910–17 ebenfalls Mitgl. des Wr. Hofburgtheaters.

Weitere Rollen: Fortinbras, Rosenkranz (W. Shakespeare, Hamlet); Lorenzo, Salarino (ders., Der Kaufmann von Venedig); Benvolio (ders., Romeo und Julia); Francisco (ders., Der Sturm); Flammberg, v. Nachtheim (H. v. Kleist, Das Käthchen von Heilbronn); Ferdinand (J. W. v. Goethe, Egmont); etc.

L.: WZ, 13., 14. (beides A.), FB, 14. 8. 1913; Alth, Burgtheater, s. Reg.bd.; Eisenberg, Bühne; Kat. der Portrait-Smlg., S. 329, 527; Kosch, Theaterlex.; Ulrich; Dt. Bühnen-Almanach 28–30, 1864–66; R. Lothar – J. Stern, 50 Jahre Hoftheater, 1900, S. X, 209; Spemanns goldenes Buch des Theaters, 1902, Nr. 1089 (m. B.); O. Rub, Das Burgtheater. Statist. Rückblick ... 1776–1913, 1913, S. 202, 229; 175 Jahre Burgtheater 1776–1951 ..., 1954, s. Reg.; HHStA, Wien.

(D. Loibl)

Staff Alois, Techniker. Geb. Buchau, Böhmen (Bochov, Tschechien), 19. 6. 1866; gest. ebd., 3. 9. 1931. – S. stud. ab 1885 an der Dt. TH Prag und war hier 1894–95 Ass. für Wasserbau. 1899 trat er in den österr. Staatsdienst, war zuerst leitender Ing. bei der Verbauung und tw. Überwölbung des Wienflusses innerhalb der Stadt Wien und dann bei der Rheinflußregulierung in Bregenz. Im Staatsbaudienst bei der Statthalterei Innsbruck leitete er 1902–08 als Ing. und 1908–12 als Obering. Trassierung und Bau der Verbindung Sterzing – Meran über den Jaufenpaß, sowie der Straßen im Ultental, Sarntal, Lechtal und über den Gaicht- und Brocon-Paß. 1912–14 Bauleiter von St. Leonhard in Passeier (San Leonardo in Passiria), errichtete er im 1. Weltkrieg als Baurat und Kmdt. der Straßenbaudion. Wolkenstein und Gadertal den Verkehrsweg über das Grödner- und Sellajoch und die Gadertalstraße. 1922 als Oberbaurat der Tiroler Landesregierung i. R. S. leitete i. d. F. in Buchau, wo er Gründungsmitgl. des Dt. Turnver. war, Grabungsarbeiten am Schloßberg und die Rekonstruktion der Ruine Hartenstein. Für seine vielfachen Verdienste erhielt S. u. a. das Ritterkreuz des Franz Joseph-Ordens.

L.: DBE; Egerländer Biograf. Lex. 2; Die k. k. Dt. TH in Prag 1806–1906, red. F. Stark, 1906, S. 260, 493; H. Leipold – W. Heinzl, in: Heimatbrief für den Kreis Luditz-Buchau und Dt. Manetin 16, 1964, S. 422; O. Vogel, Prager Techniker, 1976 (Typoskript, Materialiensmlg. ÖBL, Wien).

(M. Martischnig)

Staffler Johann Jakob, Topograph, Statistiker und Beamter. Geb. St. Leonhard in Passeier, Tirol (San Leonardo in Passiria, Italien), 8. 12. 1783; gest. Innsbruck (Tirol), 6. 12. 1868; röm.-kath. – Aus altem Ultener Geschlecht. Sohn des Pflegers und Gerichtsschreibers Franz Magnus S. (geb. Laa, Tirol / Lasa, Italien, 6. 9. 1741; gest. St. Leonhard in Passeier, 18. 1. 1791), verehel. mit Johanna Maria Rapp, der Schwester Josef Rapps (s. d.). Noch als Student des Gymn. der Marienberger Benediktiner in Meran (Merano) kämpfte S. 1799 in der Meraner Schützenkomp. gegen die Franzosen, beendete 1800 das Gymn., stud. Jus an der Univ. Innsbruck, 1806 Dr. jur. Bereits 1805 in den Staatsdienst beim Landgericht Meran eingetreten, 1807 Konzeptpraktikant bei der Kammerprokuratur Innsbruck und 1808 Landgerichtsaktuar von Bozen (Bolzano), war seine Stellung unter bayer. Herrschaft schwierig, doch gewann er 1809 das Vertrauen der Bevölkerung, als es ihm gelang, die französ. Forderung an Kriegskontributionsgeldern stark zu senken. S. fungierte 1810–12 als Landrichter der Talschaft Passeier, 1813–17 von Ried im Oberinntal, 1817 von Sonnenburg mit Sitz in Wilten, 1824/25 initiierte er die Regulierung der Sill zwischen Wilten und Pradl. 1825 wurde S. zum Gubernial-Sekr. in Innsbruck ernannt und erhielt 1826 den Auftrag zur Liquidation der Kriegskosten aus den Jahren 1806–21. 1830 vom Gubernium in Triest um statist. Nachweise über Tirol aufgefordert, erhob S. die erste umfassende Topographie von Tirol und Vbg. 1843 wurde S. zum Gubernialrat und Kreishptm. im Pustertal und am Eisack ernannt und setzte sich i. d. F. bes. für die Erneuerung und Förderung des Schützenwesens ein. 1847 i. R., übersiedelte S. i. d. F. nach Innsbruck, wurde 1848 Abg. zum Tiroler LT und konnte einen Unterstützungsfonds für kriegsinvalide Tiroler Kaiserjäger und Landesschützen verwirklichen. Seine Nominierung als Abg. zum Frankfurter Parlament 1849 lehnte er aus gesundheitl. Gründen ab. 1848–51 Vizepräs. des Kath. Ver., erhielt S. gem. mit Moy de Sons (s. d.) dessen polit.-religiöses „Volksblatt für Tirol und Vorarlberg“ ins Eigentum übertragen, das er 1850–58 ed. und red. S. war u. a. Ehrenmitgl. der Accad. degli Agiati zu Rovereto.

W.: Tirol und Vbg., statist. und topograph. ..., 2 Tle., 1839–46, 2. Aufl. 1847; Religiös-moral. Erz., 1855; Einhunderteine merkwürdige Geschichte aus den Kriegen des Jahres 1866, 1866; Selbstbiographie des tirol. Topographen und Statistikers J. J. S., ed. F. R. v. Wieser, in:

Z. des Ferdinandeums für Tirol und Vbg., F. 3, 1901, H. 45 (m. B.).

L.: Neue Tiroler Stimmen, 1. 2. 1862, 7. 12. 1868, 6., 8. 3. 1869; Die Heimat (Meran), 1. 10. 1915; ADB; Wurzbach; Der Schlern 1, 1920, S. 183ff.; Tiroler Ehrenkranz, ed. A. Lanner, 1925, S. 167f. (m. B.); Tiroler Heimatbll. 11, 1933, S. 441; R. Granichstaedten-Czerva, Beitr. zur Familiengeschichte Tirols 1 (= Schlern-Schriften 131), 1954, s. Reg.; H. Hochenegg, in: Der Schlern 31, 1957, S. 445ff. (m. B.); ders., in: Jb. des Vbg. Landesmus. 1963, 1964, S. 28f. (m. B.); R. Granichstaedten-Czerva, in: Der Schlern 40, 1966, S. 188; H. v. Wieser, ebd. 42, 1968, S. 503ff.; G. Wanner, in: Jb. des Vbg. Landesmus. 2000, 2000, S. 69; G. Pfaundler-Spat, Tirol-Lex., neubearb. Aufl. 2005; UA, Innsbruck, Tirol.

(M. Martischnig)

Staffler Josef, Bergbahnpionier und Gastwirt. Geb. Atzwang, Tirol (Campodazzo/Atzwang, Italien), 17. 3. 1846; gest. Bozen, Tirol (Bolzano/Bozen, Italien), 18. 1. 1919. – Sohn eines Wirtes aus einer bereits im 14. Jh. nachweisbaren Tiroler Bauernfamilie. Frühzeitig Vollwaise, erlernte S. das Gastgewerbe, übernahm 1868 das Bräuhaus in Gries und gestaltete Schloß Ried im Sarntal zum Ausflugsgasthaus um. Nach der Pacht von diversen Bahnhofsrestaurants Mitte der 1870er Jahre erwarb S. in Bozen Anfang der 80er Jahre den Gasthof „Zum Riesen", den er 1889/90 zum Hotel umwandelte. Nach Erwerb und Ausbau eines Gehöfts am Kohlererberg zum Berghotel plante er 1899 eine rasche Verbindung vom Bozener Talkessel nach Kohlern (Colle). Der pionierhafte Plan einer Einseil-Umlaufgondelbahn konnte wegen bürokrat. Schwierigkeiten, eine Standseilbahn hingegen wegen zu hoher Kosten nicht gebaut werden, so daß S. 1902 vorerst eine Materialseilbahn errichten und damit unbefugt Personen befördern ließ. Sein Projekt einer Seilschwebebahn für den eigentl. Personentransport konnte als erste Personenseilbahn der Welt ausgeführt und 1908 als „gewerbliche Transportanlage" behördl. kollaudiert werden. Nach Genehmigung des neuen Lokalbahngesetzes 1910, in das S.s bereits von der Schweiz vielbeachtete „Kleinbahn" aufgenommen wurde, stellte dieser jedoch angesichts neuer behördl. Auflagen den Betrieb nach unfallfreier Beförderung von über 105.000 Personen 1910 ein, auch deshalb, weil er aufgrund des großen Erfolges eine leistungsstärkere, modernere und längere Bahn plante. Diese, im Sommer 1912 errichtet, i. d. F. als behördl. Studienobjekt für künftige Vorschriften blockiert und erst im Mai des Folgejahres zum Betrieb freigegeben, war die zweite mit Konzession des Eisenbahnmin. in Betrieb gegangene österr. Personenseilschwebebahn.

L.: Tiroler Volksbl., 1., Der Tiroler (Bozen), 2. 7. 1908, 31. 8. 1912, 10. 5. 1913, 19., 21. 1. 1919; Dolomiten, 31. 7., 4. 8. 1958, 18. 1. 1969; H. Wettich, in: 1. Jahresber. des Ver. der Ing. für Tirol, 1913, S. 14ff.; K. Armbruster, Die Tiroler Bergbahnen, 1914, S. 166ff.; R. Hanker, in: Tiroler Wirtschaftsstud. 10, 1961, S. 119ff.; A. Rebuffel, in: Internationale Berg- und Seilbahn-Rundschau 6, 1963, H. 2, S. 50ff.; N. Mumelter, in: Der Schlern 39, 1965, S. 23ff. (m. B.); F. Staffler, in: Beitr. zur Techniker-Geschichte Tirols, 1970, H. 2, S. 13ff. (m. B.).

(M. Martischnig)

Šťáfl Otakar (Otokar), Maler, Graphiker und Filmpionier. Geb. Deutschbrod, Böhmen (Havlíčkův Brod, Tschechien), 30. 12. 1884; gest. Prag, Protektorat Böhmen und Mähren (Praha, Tschechien), 14. 2. 1945. – Sohn des Schnitzers Josef (1860–1938), verehel. mit der Schriftstellerin, Publizistin und Alpinistin Vlasta Š., geb. Košková, (geb. Prag, 1. 4. 1907; gest. ebd., 14. 2. 1945). Nach Absolv. des Gymn. begann Š. 1903 seine künstler. Ausbildung in der Privatschule Ferdinand Engelmüllers sowie an der staatl. Kunstgewerbeschule in Prag; 1907 fand seine erste selbständige Ausst. statt. Vorwiegend Landschafts- und Vedutenmaler (Tuschzeichnungen, Aquarelle, Ölgemälde), arbeitete er auch als Gebrauchsgraphiker – einige seiner Plakate zwischen 1910 und 1912 gehören zu den bedeutendsten in Böhmen. Bekannt wurde er aber v. a. durch seine zahlreichen Exlibris und Buchillustrationen, wobei er sich vorwiegend auf Flora- und Faunaillustrationen spezialisierte und u. a. Werke von Joe Hloucha und den sog. Insekten-Zyklus von Josef Hais-Týnecký illustrierte. Š., der ursprüngl. als Red. im Verlag Politika gearbeitet hatte, wirkte daneben auch bei der von Max Urban 1912 gegr. Filmges. ASUM als Regisseur und Kameramann und gehört zu den Bahnbrechern des Films in Böhmen. Einen weiteren Schwerpunkt seines Schaffens bildeten seine zahlreichen Landschaftsbilder aus der Slowakei, v. a. aus der Hohen Tatra, die er auch als Motiv für eine Briefmarke verwendete. In den 1920er Jahren richtete Š. beim Štrbské pleso sein Atelier ein und initiierte beim Popradské pleso den Bau des 1936–40 errichteten symbol. Friedhofs für die Gebirgsopfer. 1938 mußte Š. nach Prag zurückkehren, wo er 1945 bei einem Luftangriff ums Leben kam. Tle. seines Œuvres befinden sich im Uměleckoprůmyslové mus. in Prag sowie in der Galerie výtvarného umění in Havlíčkův Brod.

L.: Otto, Erg.Bd.; Toman; Vollmer; Österr. Exlibris-Ges. Jb. 10, 1912, S. 37ff.; Umění 16, 1945, S. 389; J. Vyhnalík, O. Š., 3. Aufl. 1971; W. v. Zur Westen, Exlibris (Bucheignerzeichen), reprint 1983, S. 158; H. Franck, Jugendstil-Exlibris, 1984, s. Reg.; Tschech. Kunst 1878–

1914 auf dem Weg in die Moderne, Darmstadt 1984, S. 335f. (Kat., m. B.); O. Š., Havlíčkův Brod 1990 (Kat.); 1909–25. Kubismus in Prag, ed. J. Svestka – T. Vlček, Düsseldorf 1991, S. 378 (Kat.); J. Tomeš u. a., Český biografický slovník XX. století 3, 1999; S. Vencl, České Exlibris, 2000, S. 114; V. Šplíchal – P. Pešek, Album Šťáflových exlibris, Deštné v Orlických horách, 2004.

(R. Prahl)

Stahl Ludwig, Schauspieler und Regisseur. Geb. Brünn, Mähren (Brno, Tschechien), 4. 4. 1856; gest. Blankenberghe (Blankenberge, Belgien), 24. 8. 1908; röm.-kath. Hieß eigentl. Beer. – Sohn eines Fabrikanten. S. war 1869–71 Zögling der Salzmannschule in Schnepfenthal bei Gotha. Nach Absolv. der Handelsakad. in Chemnitz wurde er Beamter der Creditanstalt in Brünn und machte 1878 den Okkupationsfeldzug in Bosnien und der Herzegowina als Lt. mit. Auf Anregung A. v. Sonnenthals (s. d.) wandte sich S. jedoch der Bühne zu, nahm Schauspielunterricht bei Maximilian Streben in Wien und debüt. 1879 am Sommertheater in Augsburg. Es folgten Engagements an den vereinigten Theatern Bozen und Meran, am Wr. Stadttheater (1880–84), am Carltheater (1884/85), am Stadtheater Leipzig (1885/86) und am Hoftheater St. Petersburg (1886–88). 1888 engag. ihn Barnay (s. d.) an sein neu gegr. Berliner Theater, wo S. in Schillers und Heinrich Laubes „Demetrius“ in der Rolle des Fürsten Schuisky debüt., als Bonvivant und Konversationsliebhaber zu den meistbeschäftigten Mitgl. zählte und auch Regie führte. Nach Stationen am Thalia-Theater Hamburg (1894/95) und am Lessing-Theater Berlin (1895–97) war S. neuerl. am Berliner Theater tätig, wechselte aber 1899 als 1. Bonvivant, Konversations- und Charakterliebhaber an das Dresdener Hoftheater. Hier wurde er 1907 auch zum Oberregisseur ernannt. Ab 1893 nahm S. jährl. an Ensemblegastspielen am St. Petersburger Alexandra-Theater teil und war 1899 neben Agnes Sorma am Pariser Théâtre de la Renaissance in der Rolle des Dr. Rank (Ibsen, „Nora oder Ein Puppenheim“) zu sehen. Seine Vielseitigkeit bewies der kgl. sächs. Hofschauspieler auch in Rollen des klass. Dramas (Shakespeare, Goethe) bis hin zum Wurzelsepp in Anzengrubers „Der Pfarrer von Kirchfeld“.

Weitere Rollen: Hamlet (W. Shakespeare, Hamlet), Jago (ders., Othello); Mephisto (J. W. v. Goethe, Faust); Bolz (G. Freytag, Die Journalisten); Solness (H. Ibsen, Baumeister Solness); etc. – Teilnachlaß, Hauptstaatsarchiv, Dresden, Dtld.

L.: Dresdner Anzeiger, 26., NFP, 27. 8., Illustrirte Ztg. (Leipzig), 3. 9. 1908; Biograph. Jb. 13, 1910, Sp. 90; Eisenberg, Bühne; Heller 1; Ulrich; Wer ist's?, 1908; Die Dt. Bühne in Wort und Bild, ed. J. Eckstein, F. 1, Lfg. 17, 1893 (m. B.); Das geistige Berlin, ed. R. Wrede – H. v. Reinfels, 1, 1897; Bühne und Welt 2, 1900, S. 315f. (m. B.), 9, 1907, S. 157ff. (m. B.), 10, 1908, S. 1052f. (m. B.); B. Wildberg, Das Dresdner Hoftheater in der Gegenwart, 1901, S. 101ff.; Spemanns goldenes Buch des Theaters, 1902, Nr. 1088 (m. B.); Neuer Theater Almanach 20, 1909, S. 172f. (m. B.); Salzmann-GutsMuths-Gedenkstätte, Schnepfenthal, Hauptstaatsarchiv, Dresden, beide Dtld.; Stadhuis, Blankenberge, Belgien; KA, Wien.

(E. Offenthaler)

Stahl Philipp von, Beamter. Geb. Bruchsal, Fürstbistum Speyer (Dtld.), 1760; gest. Wien, 26. 1. 1831. – Sohn eines Baumeisters und Architekten. S. besuchte die Lateinschule in Bruchsal und stud. ab 1778 an der Univ. Tübingen, ab 1781 an der Univ. Göttingen Jus. Da der Versuch, in seiner Heimat Fuß zu fassen, fehlschlug, wandte sich S. an den Wr. Hof und war 1788–91 der Botschaft in St. Petersburg zugeteilt. Er trat danach endgültig in den österr. Staatsdienst und wurde, nach Wien zurückgekehrt, 1792 Konz. in der Kanzlei des inländ. Staatsrats, machte rasch Karriere, wurde 1796 Hofsekr. und war ab 1798 in der böhm.-österr. Hofkanzlei mit böhm. Angelegenheiten befaßt. 1799 wurde S. Kreishptm. für den Elbogener Kreis und in den Ritterstand erhoben. 1802 kehrte er als w. HR nach Wien in die böhm.-österr. Hofkanzlei zurück. 1803 wurde er außerdem 1. Rat der Polizeihofstelle und erstattete als Vertrauensmann der Kabinettsministers Franz de Paula Gf. Colloredo-Wallsee K. Franz II. (I.) (s. d.) regelmäßig Bericht. S., der dadurch direkten Einfluß auf den K. gewann, wurde 1804 zum Staats- und Konferenzrat in inländ. Angelegenheiten ernannt. Auf Betreiben Erzhg. Karls (s. d.) wurde er vom K. jedoch seiner einflußreichen Ämter enthoben und als Vizepräs. zum böhm. Gubernium nach Prag versetzt, trat jedoch diese Stelle nicht an, sondern wurde 1806 in die Finanzkomm. berufen, die den Staatshaushalt sanieren sollte, und arbeitete nunmehr eng mit Erzhg. Rainer (s. Rainer Josef) in finanzpolit. Angelegenheiten zusammen. Als S. 1808 Vizepräs. des Hofkammerpräsidiums werden sollte, überwarf er sich erneut mit dem K. und wurde schließl. 1810 Vizepräs. des mähr.-schles. Guberniums in Brünn (Brno); 1812 Geh. Rat. Nach der Niederlage Frankreichs 1815 kurzfristig mit der Verwaltung eines französ. Gouvernements beauftragt, wurde S., der sich zunehmend liberalem Wirtschaftsdenken im Sinne von Adam Smith zugewandt hatte, 1816 zum Präs. der Hofkommerz-Komm. berufen, welche nach der langen Kriegszeit die Wirtschaft der österr. Monarchie durch Reformen neu beleben sollte. Intensive Förderung der Ind. und Einführung neuer Ind.zweige gehörten ebenso zu S.s Programm wie die Bestrebungen, die Verkehrsbehinderungen zu Wasser und zu Land zu beseitigen, oder der – nicht verwirklichte – Plan zur Einrichtungen von HK in den Landeshauptstädten. 1824 wurde die Komm. aufgelöst, womit S., obwohl zum Hofkanzler bei der Vereinigten Hofkanzlei avanciert, seinen persönl. Einfluß auf die Politik weitgehend verlor. 1830 trat er i. d. R.

L.: *Egerländer Biograf. Lex. 2; Gräffer-Czikann; Slokar, s. Reg.; Wurzbach (s. u. Ignaz S.); H. Rumpel, in: MÖStA 8, 1955, S. 79ff.*

(E. Lebensaft – Ch. Mentschl)

Stáhly Ignácz, Arzt und Chirurg. Geb. Pest (Budapest, Ungarn), 31. 7. 1787; gest. ebd., 29. 4. 1849. – Vater von György S. (s. u.). Nach Absolv. seiner Schulausbildung stud. S. Med. an der Univ. Pest, wo sich rasch seine bes. chirurg. Begabung und Geschicklichkeit zeigte; 1802 Mag. ophthalm., 1804 Dr. chir., Mag. obstet. 1806 Adjunkt am chirurg. Lehrstuhl, wurde er 1807 stellv., 1809 o. Prof. der Anatomie an der Univ. Pest und gleichzeitig Leibarzt der Erzhgn. Maria Dorothea (s. d.). 1826/27 war er Lehrbeauftragter der Chirurgie und wurde 1833 o. Prof. dieses Fachs. 1840 zum Protomedicus und Leiter der gesundheitl. Abt. des Statthalterrats ernannt, war S. ab 1843/44 auch Dir. der med. Fak. Nach der Märzrevolution 1848 und der Bildung einer ung. Regierung, legte er freiwillig beide Funktionen zurück. I. d. F. organisierte S. eine Verwaltungsordnung des nunmehr selbständigen ung. Gesundheitswesens. Zwei Monate später wurde er zum Leiter der im Rahmen des Min. für Landwirtschaft und Handelswesen ins Leben gerufenen Gesundheits-Abt. ernannt und spielte beim Aufbau der Gesundheitsverwaltung sowie bei der Formierung der Landesbehörden für die einzelnen Arbeitskreise eine bedeutende Rolle. Im Sommer 1848 stellte die militärpolit. Lage des Landes neue Forderungen, insbes. die Gründung eines selbständigen Militärgesundheitswesens betreffend. S. wurde auf Vorschlag von L. Kossuth v. Udvard und Kossut (s. d.) im Oktober 1848 als Feldoberarzt mit der Organisation des Arztkorps der Honvéd bzw. der Aufstellung der Gesundheitsabt. im Min. beauftragt. S. förderte die Organisation der Feldlazarette sowie des militär. Kurses an der Univ. Pest und legte den Arbeits- und Aufgabenbereich der Feldärzte und ihrer Untergebenen fest. Wichtige Maßnahmen verordnete er zur Infrastruktur der Militärlazarette und zur Ausbildung des Hilfspersonals, wofür die Verpfleger-Schulung v. a. für diejenigen Studenten der Chirurgie, die sich zum Militärdienst verpflichteten, ins Leben gerufen wurde. S. wurde 1834 zum kgl.-ung. Rat und 1839 und zum Mitgl. der Ung. Akad. der Wiss. ernannt. Sein Sohn **György S.** (geb. Pest, 26. 2. 1809; gest. ebd., 11. 4. 1846) stud. nach Absolv. seiner Schulausbildung Med. an der Univ. Pest; 1832 Dr. med. Zunächst im anatom. Inst. und später in der chirurg. Klinik tätig, wurde er 1841 Oberarzt im Kom. Fejér; 1855 ao. Prof. Publizist. tätig, erschienen seine Fachschriften in dt. und ung. Sprache, einige kleinere Mitt. im „Orvosi Tár“. Bemerkenswert sind seine Untersuchungen zur Epilepsie, mit der er sich schon in seiner Diss. befaßt hatte.

W.: György S.: De epilepsia, med. Diss. Budapest, 1832; Medica et epilepsia, 1832; Beschreibung einer Nachtwandlerin, 1835, ung. 1839; etc.

L.: *M. Életr. Lex. (m. B.); Pallas (s. u. Szemészet); Szinnyei (auch für György S.); Wurzbach (s. u. Georg S.); A. C. P. Callisen, Med. Schriftsteller-Lex. 18, 1834, 32, 1844; F. Toldy, in: Magyar Acad. Értesítő, 1851, S. 171ff.; Az orvostudományi kar története 1770–1935, ed. T. Győry (= A Királyi magyar pázmány péter-tudományegyetem története 3), 1936, s. Reg. (auch für György S.); G. Zétény, A magyar szabadságharc honvédorvosai, 1948, passim, bes. S. 2088; A. Szallasi, in: Orvosi Hetilap 115, 1974, S. 1778ff.; ders., ebd. 129, 1988, S. 508ff.; K. Kapronczay, ebd. 149, 1999, S. 2003f.*

(K. Kapronczay)

Stainer Karl, Arzt und Heimatforscher. Geb. Innsbruck (Tirol), 29. 7. 1868; gest. Wattens (Tirol), 18. 1. 1949. – Sohn des Gipsfigurengießers Engelbert S. (1841–1903) und der Malerin Knit(t)el-S. (s. d.). Nach Absolv. des Gymn. in Innsbruck stud. S. ab 1888 Med. an der Univ. Innsbruck, daneben Geol. bei Pichler v. Rautenkar (s. d.); 1893 Dr. med. Zunächst Ass. am physiolog. Inst. verließ S. die akad. Laufbahn und wird 1894 Gmd.- und Sprengelarzt in Wattens. Gem. mit Bgm. Franz Stricker unterstützte er die Niederlassung des Erfinders und Industriepioniers Daniel Swarovski in Wattens. 1908 gründete er den Gemeinnützigen Ver., dem er als Obmann bis zur Auflösung 1938 vorstand und dessen Ver.ztg. die erste Informationsztg. der Gmd. Wattens war. Aus hygien. Gründen ließ S. eine Hochquellenwasserleitung bauen, hielt San.kurse und Vorträge, errichtete eine Rot-Kreuz-Stelle und verbesserte die Infrastruktur. 1936 setzte er den Bau einer Arbeiter- und Angestelltensiedlung durch. Durch S.s Prospektion im Himmelreich-Steinbruch wurden um 1920 Zinkblende und Fahlerz bekannt; v. a. aber sind ihm wichtige archäolog. Entdeckungen zu verdanken. So entdeckte er im Himmelreich eine mittellatènezeitl. Höhensiedlung. Bei Steinbrucharbeiten nördl. der Hügelkuppe kamen urgeschichtl. Artefakte zutage. Neben wichtigen Funden für die Tiroler Numismatik (u. a. vindelik. Goldstater) entdeckte er auch die im Norden von Fritzens gelegene späthallstattzeitl. bis frühlatènezeitl. Siedlung, nach deren Fundobjekten Gero v. Merhart den Begriff der „Fritzner Keramik“ prägte. S. verwaltete die Funde und unterstützte die dortigen archäolog. Forschungen. Obwohl im Alter schwer leidend, widmete er sich bis zuletzt seinen ärztl. Verpflichtungen. Für seine Verdienste ausgez., erhielt S. den Berufstitel Med.rat.

W. (auch s. u. Auer): Typhuskontaktepidemie mit einer Hausepidemie von Paratyphus B., in: Das österr. San.wesen 24, 1911 (gem. m. F. Ballner – O. v. Wunschheim); Treue zum Betrieb. Treue zur Familie ..., in: Werkztg. der Swarovski-Werke in Wattens, Absam-Aichat und Schwaz/Tirol (Jubiläumsausg.) 14, 1962, Nr. 1, 2, 4; zahlreiche Beitrr. in Fundberr. aus Österr. 1, 1930–34, 2, 1935–38; etc.

L.: Tiroler Tageszig., 17. 7. 1948, 20. 1. 1949, 7. 6., 2. 12. 1952, 19. 10. 1953; Tiroler Nachrichten, 29. 7. 1948, 20. 10. 1953; Der Volksbote, 27. 1. 1949; F. Czermak, in: Veröff. des Mus. Ferdinandeum 11, 1931, S. 157ff.; L. Franz, in: Tiroler Heimat 12, 1948, S. 145ff.; K. Sinnhuber, Die Altertümer vom Himmelreich bei Wattens ... (= Schlern-Schriften 60), 1949, passim (m. B.); O. Menghin, in: Tiroler Heimatbll. 3/4, 1949, S. 41ff. (m. B.); L. Franz, in: Werkztg. der Fa. D. Swarovski 1, 1949, Nr. 9, S. 3ff.; ders., in: Tiroler Heimatbll. 1/2, 1950, S. 6f. (m. B.); Werkztg. der Swarovski-Werke in Wattens ... 8, 1956, Nr. 4, S. 14ff., Nr. 5, S. 18, Nr. 6, S. 9; K. Fichtl, Das „Himmelreich“ und seine Erforschung (= Schlern-Schriften 165), 1958, S. 63ff., 109ff., 121ff. (m. B.); K. Paulin, in: Werkztg. der Swarovski-Werke in Wattens ... (Jubiläumsausg.) 14, 1962, S. 10ff. (m. B.); H. J. Auer, Wattens von der Agrargmd. zum Arbeiterdorf, phil. Diss. Innsbruck, 1988, passim; A. Torggler, in: Heimatkundl. Bll. 8, 1999, S. 9ff.; J. Pöll, in: Archaeo Tirol, ed. G. Tomedi – J. Zeisler (= Kleine Schriften 3), 2001, S. 181ff.; E. Gäck-Marx, Hist. Streifzug durch Wattens, 2003, passim (m. B.); dies., 1900–2000 Wattens ..., o. J., passim (m. B.).

(M. Neuner)

Stainer-Knittel Anna, s. **Knit(t)el-Stainer** (Maria) Anna

Staininger Michael, Forstmann und Verwaltungsbeamter. Geb. St. Oswald bei Freistadt (OÖ), 20. 8. 1840; gest. Linz (OÖ), 16. 7. 1907. – Sohn eines Sensenfabrikanten. Nach Besuch der Realschule in Linz absolv. S. 1859/60 die Forstlehranstalt und -akad. Mariabrunn, trat als unbesoldeter Forstkandidat 1860 im Salzkammergut in den Staatsforstdienst, legte 1862 die Staatsprüfung ab und war ab 1863 in Borgo (Borgo Valsugana) und dann in Predazzo tätig. Ab 1871 Forstkoär. in Innsbruck, erhielt er nach der Reorganisation des österr. Staatsforstdienstes und der Ernennung zum Forstmeister 1873 die Inspektion der Kärntner Staats- und Fondsforste übertragen und nach Versetzung an die k. k. Forst- und Domänendion. in Wien als inspizierender Forstmeister den steir., böhm. und Wienerwald-Bereich überantwortet. Als Prüfungskoär. bei der forstl. Staatsprüfung, avancierte er 1884 zum Leiter, 1885 zum Oberforstrat und Vorstand der k. k. Forst- und Domänen-Dion. in Sbg., ließ dort die Erstellung der Wirtschaftspläne als Grundlage des forstl. Haushalts realisieren, verbesserte die techn. Möglichkeiten der Holzbringung und errichtete Quartiere für das Forstpersonal, wofür ihm das Off.kreuz des toskan. Zivilverdienstordens verliehen wurde. 1898 HR samt Berufung zum Vorstand der Forst- und Domänendion. Görz. Nach mehr als 40jähriger Dienstzeit erhielt er 1902 das Komturkreuz des Franz Joseph-Ordens verliehen und kehrte nach Linz zurück. Obwohl selbst kein Jäger, förderte er, mit dem Tiermaler Pausinger (s. d.) eng befreundet, das Waidwerk, initiierte 1895 die Gründung des Sbg. Jägerklubs, war dessen erster Präs. und i. d. F. Ehrenpräs.

L.: Sbg. Ztg., 23., 27. 7. 1907; Österr. Forst- und Jagd-Ztg. 18, 1900, S. 341; H. Killian, Mariabrunner Tril. 2/2 (= Mitt. der Forstl. Bundes-Versuchsanstalt Wien 80), 1968, S. 311; Mitt. Herbert Killian, Wien.

(M. Martischnig)

Stalmach Paul (Paweł), Theologe, Publizist und Politiker. Geb. Bazanowitz, Schlesien (Bażanowice, Polen), 13. 8. 1824; gest. Teschen, Schlesien (Cieszyn, Polen / Český Těšín, Tschechien), 13. 11. 1891; evang. AB, 1891 röm.-kath. – Sohn eines Kleinbauern. S. stud. nach der Matura am evang. Gymn. in Teschen 1843–45 am Evang. Lyzeum in Preßburg, wo er unter dem Einfluß von Ľudevit Štúr seine eigene slaw. Nationalität und die poln. Identität der Schlesier erkannte. Štúrs Leitbild des polit. Wirkens bestimmte den weiteren Lebensweg S.s. In Wien, wo er seine theol. Stud. 1845–48 fortsetzte, wurde er mit dem panslawist. gesinnten galiz. Fürsten J. Lubomirski (s. d.) bekannt. Dieser nahm ihn 1848 zum Slawenkongress nach Prag mit, wo S. der ruthen.-poln. Sektion beitrat und der Kongreßleitung zwei Memoranden übergab, in denen er eine Vereinigung des Teschener Hg.tums mit Polen (Galizien) forderte und tschech. Gebietsansprüche ablehnte. Der polit. Bruch mit den Tschechen und der Gegensatz zur dt. und schlonsakischen (westschles.-poln.) Bevölkerung des Landes, die zur gleichen Zeit ihre Abg. in die Frankfurter Nationalversmlg. entsandt hatte, war nicht mehr zu übersehen. An der Protestant.-theol. Lehranstalt hatte sich S. erfolgreich für eine stärkere sprachl. Rücksichtnahme auf die slaw. Studenten in den prakt.-theol. Disziplinen eingesetzt. Nach Abschluß seines Stud. ging er allerdings nicht ins geistl. Amt, sondern wurde Publizist, Begründer und Hrsg. der WS „Gwiazdka" bzw. „Gwiazdka Cieszyńska", die 1851–1939 erschien. Seine Bedeutung für den poln. Volkstums- und Nationalgedanken im Teschener Hg.tum ist bis heute unbestritten. Er trachtete, ihn mit dem Katholizismus als der poln. Nationalreligion zu verbinden. Seine Bemühung, unter der evang. Bevölkerung Einfluß zu gewinnen, hatte allerdings nur geringen Erfolg. Sie scheiterte an der Konfessionsgrenze und erlosch im österr. Kulturkampf, in dem die Führung der evang. Kirche im Ringen um konfessionelle Gleichberechtigung den mähr.-schles. Superintendenten C. S. Schneider und Th. K. Haase (beide s. d.) zugefallen war. 1873 hatte die „Gwiazdka Cieszyńska" den Charakter eines von der kath. Geistlichkeit Galiziens gestützten poln. klerikalen Blattes angenommen. Auf seinem Sterbelager ist S. auch offiziell der röm.-kath. Kirche beigetreten.

L.: Otto; PSB (m. L.); Rieger; Wurzbach; O. Wagner, Mutterkirche vieler Länder. Geschichte der Evang. Kirche im Hg.tum Teschen 1545–1918/20, 1978, s. Reg.; Biografický slovník Slezska a severní Moravy 1, 1993.

(K. Schwarz – O. Wagner)

Stalzer Hans (Johann), Maler. Geb. Wien, 8. 4. 1878; gest. Wien (Mödling, NÖ), 30. 6. 1940; röm.-kath. – Sohn eines Kaufmanns. S. stud. nach Besuch des Gymn. und privatem Kunstunterricht 1896–98 vorerst als Gasthörer, 1898–1905 (mit Unterbrechungen) als o. Schüler an der Wr. ABK Landschaftsmalerei bei E. Peithner v. Lichtenfels (s. d.) und Historienmalerei bei Kasimir Pochwalski. 1899 unternahm er eine Stud.-reise nach Oberitalien, in die Alpenländer und nach München, 1905–06 hielt er sich, finanziert durch ein Stipendium und den Rompreis, in Mittel- und Süditalien auf, 1907 besuchte er die Brion. Inseln, 1922–24 Schweden. Im Februar 1915 als Einjährig Freiwilliger eingerückt, war S. zuerst als techn. Zeichner bei der Befestigungsbaudion. beschäftigt, 1916–17 in Off.schulen sowie 1918 im Kriegs-Presse-Quartier als Kriegsmaler tätig. In dieser Funktion porträtierte er neben zahlreichen Off. auch die Teilnehmer der Friedenskonferenz von Brest-Litowsk. S.s Bedeutung liegt v. a. in seiner Tätigkeit als gefragter Porträtmaler: Sein Œuvre umfaßt die Porträts bedeutender Persönlichkeiten des In- und Auslands, Staatsmänner, Künstler, Vertreter des Adels, der Wiss. und Wirtschaft; Tle. seines Werks befinden sich im Wien Mus., in der Albertina und in der Ges. der Musikfreunde. S., der trotz seiner zahlreichen Arbeiten in bedürftigen Verhältnissen lebte, wurde 1909 Mitgl. der Genossenschaft der bildenden Künstler Wiens (Künstlerhaus).

W.: Der Domberg in Südtirol; Motive bei Schloß Freudenau; Die Königsgräber bei Uppsala; Motiv in Stockholm; Motiv bei Gothenburg; Erzhg. Franz Salvator; Gf. K. Esterházy; T. Wessely; Erzhg. Rainer; Kardinal F. X. Nagl; Gf. L. Berchtold; J. Meinl; K. Schuschnigg; A. Amon; Kardinal Th. Innitzer; etc. – Teilnachlaß, WStLA, Wien.

L.: DBE; Emődi; Fuchs, 19. Jh.; Jb. der Wr. Ges.; Thieme–Becker; Donauland 3, 1919/20, S. 651f.; Die geistige Elite Österr., red. M. Klang, 1936; R. Schmid, Das Wr. Künstlerhaus ..., 1951, S. 184, 206, 214, 295; Kunst des 20. Jh. 4, bearb. M. Pappernigg, 2001; W. Aichelburg, Das Wr. Künstlerhaus 1861–2001, 1 (= Monographien zur Kunst Österr. im 20. Jh. 1/1), 2003, s. Reg.; Archiv der ABK, Wien.

(W. Aichelburg)

Stalzer Josef, klassischer Philologe. Geb. Reichenau, Krain (Rajhenav, Slowenien), 29. 9. 1880; gest. am Paß Łupków (Polen, Slowakei), 21. 11. 1914 (gefallen). – Bauernsohn. S. besuchte das Gymn. in Gottschee (Kočevje), 1896–1900 das 2. Staatsgymn. in Graz, an dem u. a. Petschenig (s. d.) sein Lehrer war. 1900–05 stud. er – unterbrochen durch sein Einjährig-Freiwilligenjahr (1901–02) – an der Univ. Graz u. a. klass., dt. und roman. Philol.; 1905 Abschluß der Diss. in Romanistik über die „Reichenauer Glossen", 1906 Lehramtsprüfung aus Latein, Französ. und Griech. und Dr. phil. sub auspiciis imperatoris. Er unterrichtete danach am 2. Staatsgymn. (1906 Supplent, 1907 prov. Gymn.lehrer, 1910 Gymn.prof.), 1908–09 unterbrochen von einem Stud.aufenthalt in Paris und Göttingen (bei dem Mittellateiner Wilhelm Meyer). S., von Petschenig sowohl in der Wahl seines künftigen Arbeitsgebiets, des Lateins der Spätantike und des frühen Mittelalters, als auch bezügl. seiner grammat.-linguist. Ausrichtung beeinflußt, habil. sich 1911 (trotz des Widerstands eines Tl. der Komm. und der Fak.) an der Univ. Graz für klass. Philol. mit bes. Berücksichtigung des Spätlateins, eine Spezialisierung, die für seine Zeit als Ausnahme galt. In seinen Vorlesungen behandelte er hauptsächl. grammat. Fragen, alle seine Publ. betrafen die spätlatein. glossograph. Literatur, insbes. die Reichenauer Glossen.

W. (auch s. u. Egglmaier): Zu den Reichenauer Glossen, in: 39. Jahrsber. des k. k. 2. Staatsgymn. in Graz, 1908; Zu den Reichenauer Glossen, in: Z. für die österr. Gymn. 60, 1909; Die den Reichenauer Glossen zugrunde liegende Bibelversion, ebd. 63, 1912; Die Zusammensetzung des Glossars Ic des Codex Oxoniensis Jun. 25, ebd. 65, 1914; etc. – Ed.: Die Reichenauer Glossen der Hs. Karlsruhe 115, in: Sbb. Wien, phil.-hist. Kl. 152, 1906; Stücke der Disciplina Clericalis des Petrus Alfonsi in latein. Versen der Berliner Hs. Diez, B 28, in: 3. Jahrsber. des k. k. Staats-Realgymn. in Graz ... 1911/12, 1912.

L.: Grazer Tagbl., 30. 11. 1914 (A.); 6. Jahresber. des k. k. Staats-Realgymn. in Graz ... 1914/15, 1915, S. 2f.; H. H. Egglmaier, in: Beitrr. und Materialien zur Geschichte der Wiss. in Österr., ed. W. Höflechner (= Publ. aus dem Archiv der Univ. Graz 11), 1981, s. Reg. (m. W.).

(H. Reitterer)

Stamm Ferdinand, Schriftsteller, Journalist und Politiker, Ps. Fernand. Geb. Orpus (aufgelassen), Böhmen (Tschechien), 11. 5. 1813; gest. Pötzleinsdorf, NÖ (Wien), 30. 7. 1880. – Sohn eines früh verstorbenen Bergwerkseigentümers. S. besuchte ab 1826 das Piaristengymn. in Duppau, ab 1829 das Gymn. der Prämonstratenser in Saaz (Žatec). 1832 ging er nach Prag und stud. nach Absolv. der phil. Jgg. an der dortigen Univ. bis 1838 Jus. Daneben arbeitete er als Erzieher, veröff. aber auch erste Arbeiten in Prager literar. Bll. und in der „Wiener Zeitschrift für Kunst, Literatur, Theater und Mode". Nach Abschluß seines Stud. ging S. nach Wien, wo er zehn Jahre lang als Hofmeister in einer adeligen Familie wirkte; 1844 Dr. jur. In Wien kam S. in Kontakt mit Gelehrten und Schriftstellern und war auch selbst weiterhin literar. tätig. Neben Erz., humorist. Aufsätzen und Skizzen in Z. und Almanachen (wie „Aurora") oder dem humorist. Roman „Leben und Lieben, Dichten und Trachten des Amtsschreibers Michael Häderlein" (1845) veröff. S. auch zahlreiche Beitrr., etwa für die „Sonntagsblätter ...", für „Ost und West" und für die „Prager Zeitung". 1848–56 lebte S., der 1848/49 dem Kremsierer Reichstag angehörte, in Komotau (Chomoutov) und war dort u. a. im Kohlenbergbau und auf kommunalpolit. und Ver.ebene beschäftigt sowie eine Zeitlang Mitred. der „Deutschen Zeitung aus Böhmen". Für die „Constitutionelle Allgemeine Zeitung aus Böhmen" und die „Bohemia" verf. er Beitrr. über die Lebensbedingungen der Arbeiter im Erzgebirge. 1856 zog er wieder nach Wien, wo er einige, tw. kurzlebige, Periodika gründete, etwa 1857 die WS „Die neuesten Erfindungen ....", 1859 die Z. „Nährstand" und „Die Gewerbeschule". Daneben entfaltete S. eine äußerst wechselvolle Tätigkeit, v. a. im öff. Leben: So war er 1860 Verwaltungsrat der Graz-Köflacher Eisenbahn und Leiter der Bergwerke dieser Ges. und an der Gründung des Ver. der österr. Eisenindustriellen beteiligt, 1861 Mitgl. des österr. Zentralkomitees für die Weltausst. in London sowie 1867 in Paris und fungierte ab 1864 als Kurator des Österr. Mus. für Kunst und Ind. 1861 und 1867 wurde er in den böhm. LT und in den RR gewählt. Nachdem er 1874 den größten Tl. seines Vermögens verloren hatte, war S. vorwiegend publizist., insbes. auf nationalökonom. Gebiet, tätig, ab 1877 war er auch Hrsg. des „Österreichischen Jahrbuchs".

W.: s. u. Goedeke; Wurzbach.

L.: NFP, 31. 7. 1880 (A.); ADB; Brümmer; Estermann, s. Reg.; Goedeke, s. Reg.bd. (m. W.); Hahn, 1867; Kosch (s. u. Fernand); Lišková; Wurzbach (m. W.); Der RR. Biograph. Skizzen der Mitgl. des Herren- und Abg.hauses ... 1, 1861, S. 49.

(M. Jacob)

Stamm Theodor, s. **Heussenstamm zu Heißenstein und Gräfenhausen** Theodor Gf. von

Stammhammer Josef, Bibliograph und Bibliothekar. Geb. Wien, 13. 1. 1847; gest. ebd., 18. 8. 1922 (Selbstmord); röm.-kath. – Sohn eines Eisenhändlers. S. absolv. das Josefstädter Gymn. in Wien und stud. 1866–68 Med., 1868–69 Geschichte und Germanistik an der Univ. Wien. 1878 bis vermutl. 1904 wirkte er als Bibliothekar des Jurid.-polit. Lesever. in seiner Heimatstadt und trat – nach germanist. und hist. Untersuchungen – v. a. mit bibliograph. Arbeiten hervor, die z. Tl. noch in neuerer Zeit wieder aufgelegt wurden. S.s Hauptwerk, das er auf der Grundlage und mit Unterstützung der Bibl. von A. und C. Menger (v. Wolfensgrün) (beide s. d.) erarbeitete, ist seine Bibliographie des Sozialismus und Kommunismus, bis heute ein Standardwerk, das sich nicht nur durch die Kenntnis der Titel, sondern auch der Inhalte auszeichnet. Es folgten eine Bibliographie der Finanzwiss. sowie eine umfangreiche zweibändige Bibliographie der Sozialpolitik. Zudem steuerte S. für das von Johannes Conrad u. a. hrsg. „Handwörterbuch der Staatswissenschaften", 1890ff., eine Reihe biograph. Artikel bei. Zuletzt bearb. er den „Katalog der Bibliothek der Niederösterr. Advokatenkammer" (1911).

W.: Die Geschichte des Schlosses Leesdorf bei Baden, 1870; Die Nibelungen-Dramen seit 1850 und deren Verhältniß zu Lied und Sage, 1878; etc. – Bearb. und Ed.: Bibliographie des Socialismus und Communismus, 3 Bde., 1893–1909, Neudruck 1963–64; Bibliographie der Social-Politik, 2 Bde., 1896–1912; Bibliographie der Finanzwiss., 1903, Neudruck 2003; etc.

L.: Kosel 1; Dtld., Österr.-Ungarns und der Schweiz Gelehrte, Künstler und Schriftsteller in Wort und Bild, 2. Ausg. 1910 (m. B.); Bibliographie zur Geschichte der dt. Arbeiterschaft und Arbeiterbewegung 1863–1924, ed. K. Tenfelde – G. A. Ritter, 3 (= Archiv für Sozialgeschichte, Beih. 8), 1981, s. Reg.; W. Brauneder, Lesever. und Rechtskultur. Der Jurid.-polit. Lesever. zu Wien 1840–1990, 1992, s. Reg.; P. R. Frank, in: Aus dem Antiquariat 10, 1998, S. A 708f.; G. Oberkofler, in: Alfred Klahr Ges. Mitt. 11, 2004, Nr. 2, S. 1f.; UA, WStLA, beide Wien.

(P. R. Frank)

Stampfer P. Cölestin (Josef), OSB, Historiker und Ordensmann. Geb. Burgeis, Tirol (Burgusio/Burgeis, Italien), 3. 9. 1823; gest. Meran, Tirol (Merano/Meran, Italien), 19. 1. 1895; röm.-kath. – Sohn eines Kleinbauern und Maurers. S. absolv. das Benediktinergymn. in Meran und ab 1842 die phil. Jgg. in Innsbruck. 1844–46 gehörte er dem Servitenorden an, besuchte 1847 das Priesterseminar in Brixen (Bressanone), ehe er im selben Jahr in Marienberg (Monte Maria) in den Benediktinerorden eintrat. 1849 legte er die Profeß ab und wurde wenige Monate später zum Priester geweiht. Hierauf für zwei Jahre Kooperator in Platt (Plata), war er ab 1852 als Lehrer am Meraner Gymn. tätig, wo er Geschichte, Naturgeschichte sowie Latein und Dt. unterrichtete. Daneben trat S. v. a. als Historiker und Fachschriftsteller hervor, wobei sein Schwerpunkt bes. auf der Geschichte Merans lag. So verf. er 1872 eine „Geschichte der Stadt Meran in der neueren Zeit 1490–1872“, die eine Häuserchronik als Anhang beinhaltet, eine „Vorgeschichte von Meran“ (1884), eine „Geschichte der Stadtmauern von Meran“ (1887–88), und eine Stud. über „Schlösser und Burgen in Meran“ (1894, 3. Aufl. 1929). Aufgrund seiner intensiven historiograph. Tätigkeit wurde S. mit der Ehrenbürgerschaft Merans und dem goldenen Verdienstkreuz mit der Krone ausgez.

W.: s. u. Höck.

L.: Scriptores OSB; Wurzbach; Der Burggräfler, 23. 1. 1895; E. M. Höck, Tiroler Kleriker als Geschichtsforscher über die Geschichte Tirols (1870–1914), phil. Diss. Innsbruck, 1972, S. 185 (m. W. u. L.); O. Trapp, Tiroler Burgenbuch 2, 1973, s. Reg.; O. Parteli, in: Der Schlern 54, 1980, S. 374f. (m. L.); 900 Jahre Benediktinerabtei Marienberg 1096–1996, red. R. Loose, 1996, S. 536ff.

(M. Angerer – H. Vigl)

Stampfer Simon, Geodät, Mathematiker, Physiker und Astronom. Geb. Windischmatrei (Matrei in Osttirol, Tirol), 26. 10. 1790; gest. Wien, 10. 11. 1864. – Schwiegervater von Herr (s. d.). Aus einer Tagelöhnerfamilie stammend, erhielt er nach einem Unfall mit Dauerfolgen erst im Alter von elf Jahren Unterricht. S. besuchte das Franziskanergymn. in Lienz, 1807–14 das Gymn. und Lyzeum in Salzburg. 1814 Lehramtsprüfung in München u. a. in Mathematik und Naturwiss. Ohne bayer. Staatsbürgerschaft durfte er sein Lehramt aber nicht ausüben und erteilte zwei Jahre Nachhilfe in Mathematik. 1816 Supplent für Elementarmathematik und Physik, ab 1817 auch für angewandte Mathematik am Lyzeum in Salzburg; zugleich Supplent am Salzburger Gymn. 1819 öff. o. Prof. für reine Elementarmathematik am Lyzeum in Salzburg, wo er i. d. F. auch die Lehrkanzel für Physik suppl. 1825 an das Wr. polytechn. Inst. berufen, wurde S. 1826 Prof. für prakt. Geometrie. 1848 frühzeitig emer., vertrat er interimist. bis 1853 seinen Nachfolger Ch. Doppler (s. d.), als dessen Förderer er galt. Bereits ab 1815 befaßte sich S. mit Astronomie und forschte im Schloß Mirabell (bis 1818), das er zu einem astronom. Observatorium umfunktionierte, und ab 1817 an der Sternwarte des Stifts Kremsmünster. S. berechnete die Sonnenfinsternisse von 1842 und 1851 sowie die Durchmesser kleiner Planeten. 1816–19 nahm er an der Landvermessung im Gefolge der neuen Grenzziehung zwischen Bayern und Österr. teil und wirkte ab 1817 an Längengradmessungen mit. Gleichzeitig machte S. Versuche über die Schallgeschwindigkeit bei großem Höhenunterschied und entwickelte 1822 Logarithmentafeln. 1824 führte er Höhenmessungen durch. Gem. mit dem Mechaniker Christof Starke entwickelte S. zahlreiche geodät., astronom. und opt. Instrumente (u. a. Optometer 1832, Spärometer, opt. Entfernungsmesser, Planimeter), die aufgrund ihrer Präzision Weltruhm erlangten. 1836 erhielt er ein Patent für ein Nivelliergerät mit der Neuerung der S.schen Meßschraube. S. führte auch Maßvergleiche durch und setzte sich vorerst erfolgreich gegen die Einführung des metr. Maßsystems ein. Auf kartograph. Gebiet beschäftigte er sich mit Kegelprojektionen sowie mit der Abbildung der Kugel in der Ebene. 1833 erfand er die stroboskop. Scheibe, die dem Betrachter den Eindruck eines „laufenden Bildes“ vermittelt. Dieses Prinzip weiterentwickelnd, schuf er die ersten Grundlagen für den Film. Als Berater der Wr. Optiker Plössl (s. d.), Johann Friedrich und Peter Wilhelm Friedrich Voigtländer schuf er die theoret.

Grundlagen für deren prakt. Neuerungen. Selbst entwickelte S. das dialyt. Fernrohr und bewirkte die Errichtung der ersten Hütte für opt. Glas in Wien 1844, womit Österr. nicht mehr auf Importware angewiesen war. Auf physikal. Gebiet publ. S. über Eigenschaften von Wasser, über Alkoholmeter, die Ausliterung von Fässern (S.scher Weinvisierstab) und Zeitmessung. S. war Gründungsmitgl. der Akad. der Wiss. in Wien. 1950 wurde ein Kleinplanet nach ihm benannt.

W.: s. u. Almanach Wien; Wurzbach; Allmer; P. Schuster – Ch. Strasser.

L.: *Die Presse, 2./3. 3. 1991 (m. B.); Sbg. Nachrichten, 16. 11. 1994; ADB; Almanach Wien 15, 1865, S. 189ff. (m. W.); Poggendorff 2–4; Wurzbach (m. W.); A. Lechner, Geschichte der TH in Wien (1815–1940), 1942, s. Reg; 150 Jahre TH in Wien 1815–1965, ed. H. Sequenz, 1–2, 1965, passim (m. B.); W. Formann, Österr. Pioniere der Kinematographie (= Österr.-R. 326/327), 1966, S. 10ff. (m. B.); E. Attlmayr, in: Tiroler Pioniere der Technik ... (= Tiroler Wirtschaftsstud. 23), 1968, S. 73ff.; Ch. Hantschk, J. J. Prechtl und das Wr. Polytechn. Inst. (= Perspektiven der Wiss.geschichte 3), 1988, passim; Biograph. Enz. dt.sprachiger Naturwiss. 2, 1993; G. Füsslin, Opt. Spielzeug oder wie die Bilder laufen lernten, 1993, S. 26ff., 31, 37; P. Schuster, in: Technik – Politik – Identität ..., ed. K. Plitzner, 1995, S. 28ff., 32ff., 37; F. Allmer, S. S. 1790–1864 ... (= Mitt. der geodät. Inst. der TU Graz 82), 1996 (m. W.); P. Schuster – Ch. Strasser, S. S., 1790–1864 (= Schriftenr. des Landespressebüros, Ser. Sonderpubl. 142), (1998) (m. B. u. W.); FS zum S. v. S. Symposium, ed. J. Brückl – G. Navratil (= GeoInfo 29), 2004; G. Pfaundler-Spat, Tirol-Lex., neubearb. Aufl. 2005.; Archiv der TU, Materialiensmlg. ÖBL (m. B. u. W.), beide Wien.*

(M. Pesditschek)

Stampfl Josef, Buchdrucker, Journalist und Verleger. Geb. Braunau am Inn (OÖ), 20. 11. 1845; gest. ebd., 21. 4. 1912; röm.-kath. – Sohn eines Färbermeisters, Vater des Rechtsanwalts und Politikers Josef S. (geb. Braunau am Inn, 24. 12. 1884; gest. Linz, OÖ, 17. 5. 1962). Nach Absolv. seiner Lehre in der Weidingerschen Buchdruckerei in Braunau hielt sich S. ab 1861 u. a. in Bozen (Bolzano), Klagenfurt und Wien, ab 1866 in Dtld. auf, wo er zuletzt in München beschäftigt war. Ende 1880 nach Braunau zurückgekehrt, erwarb S. – finanziell unterstützt vom Oö. Volkscredit (dem Geldinst. des Kath. Volksver. für OÖ) – die Druckereikonzession Weidinger und fungierte bis Anfang 1909 als Geschäftsleiter der GmbH. Josef Stampfl & Comp. Buchdruckerei, Buchhandlung und Zeitungsverlag. In diesem Verlag erschienen in den Folgejahren u. a. der „Braunauer Kalender", der „Volksvereinskalender" und der „Apostelkalender", weiters die MS „Missionär" und „Manna" sowie der zweiwöchig erscheinende „Volksvereinsbote". Daneben fungierte S. bis 1908 als verantwortl. Red. der 1881 gegr. WS „Neue Warte am Inn", die in der Beurteilung der Statthalterei als konservatives, klerikales und antisemit. Bl. bezeichnet wurde. Er galt als Verfechter der christl. Presse und wurde mehrmals wegen seiner Artikel vor Gericht gestellt. S., der von weltl. und kirchl. Seite mehrfach ausgez. wurde, war u. a. auch Mitgl. des Gmd.-ausschusses und Vorstand der Genossenschaft der Handels- und Gewerbetreibenden im Bez. Braunau.

L.: *Linzer Volksbl., RP, Tages-Post (Linz), 23., Neue Warte am Inn, 27. 4. 1912 (m. B.); F. Kern, Oö. Landesverlag, 1951, S. 525ff., 537ff.; 90 Jahre Volkskreditbank 1873–1963, (1963), S. 79ff.; VKB Volkskreditbank 1873–1973, (1973), S. 16; A. Durstmüller d. J. – (N. Frank), 500 Jahre Druck in Österr. 2, 1985, S. 433, 3, 1988, s. Reg.*

(F. Kotanko)

Stand Adolf, Politiker und Journalist. Geb. Lemberg, Galizien (L'viv, Ukraine), 21. 5. 1870; gest. Wien, 20. 12. 1919; mos. – Sohn eines Hausbesitzers. S. absolv. das Gymn. in Lemberg und stud. ab 1889 an der dortigen Univ. Jus. Er schloß sich bereits als Student der zionist. Bewegung an und war Vorstandsmitgl. des Lemberger Ver. Zion, aus dem eine Reihe bedeutender galiz. Zionisten hervorging. S. war einer der wesentl. Exponenten der bes. in Galizien verankerten nationaljüd. Bewegung und 1893 Mitbegründer sowie ab 1894 Vorstandsmitgl. der jüd.-nationalen Partei Galiziens. Er sprach sich wiederholt für eine „Landespolitik" aus, die in Konkurrenz zu der von den Wr. Zionisten vertretenen „Kolonisationspolitik" stand. Zu seinen zionist. Aktivitäten zählte auch seine Funktion als Hrsg. der poln.sprachigen Z. „Przyszłość" und später des ebenfalls auf poln. erscheinenden zionist. Jb. „Rocnik Żydowsky". Daneben publ. er in verschiedenen Medien, u. a. auch gem. mit Intellektuellen wie Martin Buber und N. Birnbaum (s. d.). Mit dem Auftritt von Th. Herzl (s. d.) auf der zionist. Bühne wurde die Kluft zwischen Kolonial- und Landespolitik zu überbrücken versucht. S. wurde ein Anhänger und Unterstützer Herzls, wandte sich aber in der „Uganda-Frage" gegen eine Kolonisation in Ostafrika. Er wurde 1907 in den RR gewählt, dem er bis 1911 angehörte, und bildete dort mit drei weiteren jüd. Abg. den Jüd. Klub, konnte jedoch die in ihn gesetzten Erwartungen nicht erfüllen. 1909–18 war S. Präs. des Zentral-Komitees der galiz. Zionisten. Ferner fungierte er als Verwaltungsrat der jüd. Volksbank Kredit-Union und wurde 1910 Vorstandsmitgl. des Jüd. Nationalver. 1914 mußte S. infolge der Kriegswirren nach Wien fliehen. Obwohl er dort noch in verschiedenen zionist. Funktionen, u. a. als Vizepräs. des 1915 gegr. gesamtösterr. zionist. Exekutivkomitees sowie ab 1918 als Präs. des Nationalrats für Ostgalizien, tätig war, hatte er bereits viel von seiner ursprüngl. Popularität eingebüßt.

L.: Wr. Morgenztg., 21., 23. 12. 1919; Jüd. Volksstimme, 1. 1. 1920; Enc. Jud. (m. B.); Freund, 1907 (m. B.); PSB; Wininger; Dr. Bloch's WS 37, 1920, Nr. 1, S. 10; Z. F. Finkelstein, Stürmer des Ghetto, 1924, S. 73ff. (m. B.); J. Fraenkel, The Jews of Austria, 1967, s. Reg.; A. Gaisbauer, Davidstern und Doppeladler (= Veröff. der Komm. für Neuere Geschichte Österr. 78), 1988, s. Reg., bes. S. 507; H. Binder, Polen, Ruthenen, Juden. Politik und Politiker in Galizien 1897–1918, 2, phil. Diss. Bern, 1997, S. 222; ders., Galizien in Wien (= Stud. zur Geschichte der österr.-ung. Monarchie 29), 2005, s. Reg.

(K. Hödl – Ch. Mentschl)

Standfest Franz, Lehrer und Paläobotaniker. Geb. Lembach (Lembach im Mühlkreis, OÖ), 16. 9. 1848; gest. Graz (Stmk.), 4. 2. 1916. – Früh verwaist, stud. S. nach Absolv des Gymn. in Linz ab 1867 Mathematik, Physik und Naturwiss. an der Univ. Graz; 1871 Lehramtsprüfung. Ab 1871 Supplent am Gymn. in Marburg (Maribor), wirkte er ab 1872 ebendort als w. Lehrer. Daneben vollendete er seine Stud. an der Univ. Graz u. a. bei K. F. Peters und C. Frh. v. Ettingshausen (beide s. d), dessen späterer Mitarb. er wurde; 1873 Dr. phil. I. d. F. hatte S. von 1873–1902 den Lehrstuhl für Naturgeschichte an der Staatsoberrealschule inne, später am 1. Staatsgymn. in Graz. 1884 habil. er sich für Paläontol. an der TH in Graz. 1885–95 war er dort Priv.Doz. für Zoopaläontol. 1902 trat er i. d. R. Wiss. befaßte sich S. mit den vielfältigsten paläobotan. und zoopaläontol. bzw. stratigraph. Themen.

W.: Einige Beziehungen zwischen dem Boden der Stmk. und dem Leben ihrer Bewohner, in: Zweiter Jahresber. der k. k. Staats-Oberrealschule in Graz, 1874; Die Fukoiden der Grazer Devonbildungen, in: Mitt. des Naturwiss. Ver. für Stmk. 17, 1880; Zur Geol. des Ennsthales, in: Verhh. der Geolog. Reichsanstalt 7, 1880; Zur Stratigraphie der Devonbildungen von Graz, in: Jb. der Geolog. Reichsanstalt 31, 1881; Ueber das Alter der Schichten von Rein in Stmk., in: Verhh. der Geolog. Reichsanstalt 10, 1882; Die vermeintl. Fukoiden des Grazer Devons, in: Mitt. des Naturwiss. Ver. für Stmk. 25, 1888; Ein Beitr. zur Phylogenie der Gattung Liquidambar, in: Denkschriften Wien, math.-nat. Kl. 55, 1889.

L.: Jahresber. des k. k. ersten Staats-Gymn., 1916, S. 47; H. Zapfe, Index Palaeontologicorum Austriae (= Cat. Fossilium Austriae 15), 1971; AVA, Wien; UA, Graz, Stmk.; Pfarramt, Lembach im Mühlkreis, OÖ.

(B. Hubmann)

Standl Ivan, Photograph. Geb. Prag, Böhmen (Praha, Tschechien), 27. 10. 1832; gest. Agram (Zagreb, Kroatien), 30. 8. 1897. – S., der sich nach Absolv. einer techn. Schule in Prag der Photographie widmete, hielt sich ab 1864 in Agram auf, wo er sich neben Atelieraufnahmen auf Stadtansichten, Architektur-, Interieur- und Landschaftsphotographien für repräsentative Alben und Mappen spezialisierte. Ab 1869 arbeitete S. an einem großangelegten Dokumentarprojekt, „Fotografijske slike iz Dalmacije, Hrvatske i Slavonije“, dessen 1. Tl., „Gradjanska i vojnička Hrvatska“ (Texte u. a. von Kukuljević Sakcinski, s. d.), er 1870 veröff.; aufgrund des mäßigen finanziellen Erfolgs konnte er dieses aufwendige Mappenwerk jedoch nicht vollenden. Ab 1894 stellte er sein Atelier Amateurphotographen sowie Mitgl. des Agramer Kunstver. zur Verfügung und erteilte hier auch photograph. Unterricht. S.s bes. Bedeutung liegt in seinen Freilichtaufnahmen, die die städtebaul. Entwicklung der Stadt Agram im Lauf von 30 Jahren dokumentieren und auf zahlreichen in- und ausländ. Ausst. prämiert wurden (Moskau 1872, London 1874, Teplitz/Teplice 1879, Eger/Cheb 1881, Triest 1882, Budapest 1885). Für sein Schaffen – die meisten seiner erhaltenen Photographien befinden sich im Muz. grada Zagreba – wurde S. mehrfach ausgez., u. a. wurde er 1874 Photograph der Jugoslavenska akad. znanosti i umjetnosti und erhielt 1881 die Goldene Medaille für Wiss. und Kunst.

W.: Jurjevac, Album, 1867; Slike zagrebačkog potresa, Mappe, 1880; Zagreb, Album, 1891, 1895; etc.

L.: Morgenbl. (Zagreb), 24. 12. 1932 (m. B.); N. Grčević, Fotografija devetnaestog stoljeća u Hrvatskoj, 1981, s. Reg., bes. S. 62ff. (m. B.); Enc. Hrvatske Umjetnosti 2, 1996; M. Smokvina, I. S. prvi fotograf Baščanske ploče, 2001.

(E. Hüttl-Hubert)

Standthartner Josef, Neurologe und Musikfreund. Geb. Troppau, Schlesien (Opava, Tschechien), 4. 2. 1818; gest. Wien, 29. 8. 1892. – Sohn eines Kreissekr., Stiefvater von G. Schönaich (s. d.), Onkel von Mottl-Standhartner (s. d.). Nach dem Besuch des Gymn. in Znaim (Znojmo) kam S. 1834 nach Wien, wo er ab 1835 an der Univ. Med. stud.; 1843 Dr. med. Im selben Jahr trat er in das AKH Wien ein und wurde dort 1845 Internist, 1847 Sekundararzt, 1851 ordinierender Arzt und 1857 Primararzt. Daneben führte er eine Privatpraxis und behandelte auch Mitgl. des K.hauses. Seine Fachpubl. erschienen v. a. im „Aerztlichen Bericht des Allgemeinen Krankenhauses Wien“, in der „Wiener medizinischen Presse“ und in den „Medicinischen Jahrbüchern". Insbes. befaßte sich S. mit Gehirntumoren, entzündl. Erkrankungen des Gehirns und der Hirnhäute, Lückenbildungen im Gehirn (Porenzephalie), Epilepsie und Diabetes. Als Kunstfreund pflegte S. freundschaftl. Beziehungen zu Richard Wagner, den er 1861 kennenlernte, und anderen Künstlern seiner Zeit. Seine Wohnung in der Seilerstätte (Wien 1) und ab 1865 im AKH war ein kulturelles Zentrum Wiens, das auch Ärztekollegen wie Billroth (s. d.) besuchten. Bei S. fand 1875 die erste Lesung des 3. Aktes der „Götterdämmerung" durch Wagner statt. S. war Dion.mitgl. der Ges. der Musikfreunde in Wien und Ehrenmitgl. des Wr. Akadem. Wagner-Ver., an dessen Gründung er maßgebl. beteiligt war. Träger zahlreicher ausländ. Orden, wurde er 1874 mit dem Orden der Eisernen Krone III. Kl. ausgez. und 1892 HR.

W.: s. u. Kreuter.

L.: NFP, 29. 8. 1892 (A.), 6. 9. 1911; Kreuter (m. W.); oeml; E. Fischer, in: Med.-chirurg. Zentralbl. 27, 1892, S. 520; Bayreuther Bll. 15, 1892, S. 462; L. Przibram, Erinnerungen eines alten Österreichers 1, 1910, S. 81f.; M. Morold, Wagners Kampf und Sieg 1–2, 1930, s. Reg.; E. Hilmar, in: R. Wagner, „Schusterlied" aus der Oper „Die Meistersinger von Nürnberg", ed. ders., 1988; A. Harrandt, in: Musicologica Austriaca 13, 1995, S. 80ff., 120 (B.), 121; R. Wagner. Sämtl. Briefe, ed. W. Breig, 12–15, 2001–05, s. Reg.; UA, Wien.

(D. Angetter – A. Harrandt)

Stanecki Tomasz, Physiker, Meteorologe und Phänologe. Geb. Wadowice, Galizien (Polen), 21. 12. 1826; gest. Lemberg, Galizien (L'viv, Ukraine), 8. 1. 1891. – Sohn eines Schneiders. Nach Absolv. des Gymn. in Bochnia stud. S. 1846/47 Phil. an der Univ. Lemberg, danach zwei Jahre Jus. Während der revolutionären Ereignisse 1848 veröff. er zwei patriot. Ged., „Do braci" und „Razem młodzi przyjaciele", wobei er im zweiten zur Errichtung des poln. Staates von der Oder bis zum Dnjepr aufrief. Ab 1849 stud. S. Mathematik und Physik. 1854 Lehrberechtigungsprüfung für die gymnasiale Unterstufe. 1855 arbeitete er als Supplent am Gymn. in Przemyśl, 1856 wurde er an das 2. Gymn. nach Lemberg, das spätere Franz Joseph Gymn., versetzt; 1859 Dr. phil. der Univ. Lemberg. 1861 erlangte S. in Wien die Lehrberechtigung für Mathematik und Physik. In dieser Zeit nahm er seine Tätigkeit in der Galiz. Landwirtschafts-Ges. auf, wo er, zunächst stellv. Mitgl., 1872–74 als Komiteemitgl. fungierte und in dessen Rahmen er 1871–74 Kurse in Forstwirtschaft hielt. Nach Einführung des Poln. als Unterrichtssprache in Galizien übers. er einige dt.sprachige Schulbücher, wobei nachfolgende Aufl. immer mehr Kennzeichen seiner eigenen Bearb. tragen. S. verf. aber auch selbst Schulbücher. Bis 1889 unterrichtete er zudem forstwirtschaftl. Meteorol. an der Lemberger Fachschule für forstwiss. Bodenkde., später auch allg. Mathematik und Physik. 1872 Vizedir. der Lemberger Real- und Handelsakad. Nach der Habil. für theoret. Physik an der Univ. Lemberg 1873 o. Prof. für Physik; 1880/81, 1889/90 Dekan, 1881/82 Prodekan der phil. Fak., 1890 Rektor. S. hielt als erster Prof. an der Univ. Lemberg seine Vorlesungen auf Poln. 1881–91 unterrichtete er zudem Physik an der neu eröffneten Veterinärschule in Lemberg. Ab 1872 stand er der universitären Beobachtungsstation für Meteorol. und Magnetismus vor und beschrieb dort gemachte Beobachtungen u. a. in den österr. „Meteorologische Beobachtungen an zehn Stationen in Österreich und fünf des Orients" sowie im amerikan. „Bulletin of International Meteorological Observations". S. arbeitete auch mit der meteorolog. Abt. der Physiograph. Komm. der Akad. der Wiss. zusammen. 1881 richtete er im Auftrag des Galiz. Landesausschusses eine Reihe von Wetterbeobachtungsstationen ein und leitete deren wiss. Aufsicht. 1885 nahm er an der Errichtung von phänolog. Beobachtungsstationen der Galiz. Ges. für Waldkde. teil. Physikal. befaßte er sich mit dem Einfluß von elektr. Strom auf die Bewegung von auf Wasser schwimmendem Magnesium, die er mit Hilfe des Biot-Savart-Gesetzes erklärte. Auch veröff. er naturwiss. Arbeiten in populären Z. wie „Czasopismo Aptekarskie", „Świt", „Bartnik", „Przewodnik dla leśników", „Przyrodnik" S. war u. a. Mitgl. der Poln. Ges. für Naturschutz, der Galiz. Ges. für Waldkde., der Galiz. Ges. der Apotheker und der Ges. für Meteorol. in Wien.

W. (auch s. u. PSB): Wechselwirkung galvan. Ströme, qualitativ und quantitativ bestimmt, 1872 (Habil.schrift). – Übers.: A. Kunzek v. Lichton, Fizyka doświadczalna dla niższych szkół gimnazjalnych i realnych, 1866, 1876; F. Močnik, Geometria dla klas wyższych gimnazjalnych, 1869, 1876; ders. Arytmetyka i algebra dla klas wyższych gimnazialnych i realnych, 1872.

L.: WZ, 9. 1. 1891; PSB (m. W. u. L.).

(P. Benesch)

Staněk František (Franz), Politiker und Landwirt. Geb. Tremles, Böhmen (Strmilov, Tschechien), 14. 11. 1867; gest. Praha, Tschechoslowakei (Tschechien), 19. 6. 1936 (Selbstmord); röm.-kath. – Sohn eines Landwirts. S. besuchte für einige Semester die tschech. TH in Prag sowie die Handelsakad.

in Wien. 1892 übernahm er die väterl. Wirtschaft, 1905 erbte er ein Gut mit Spiritusbrennerei in Schelletau (Želetava). I. d. F. stieg S. zu einem der wichtigsten Agrarfunktionäre Südwestmährens auf und war etwa an der Errichtung von Genossenschaften für Flachs- und Kartoffelbauern, Molkereien und Vorschußkassen beteiligt; u. a. gründete er die landwirtschaftl. Verbände Svaz lnářů a bramborářů in Iglau (Jihlava) und Národohospodářský svaz pro západní Moravu. Ab 1906 gehörte er dem böhm. Landeskulturrat an. Seit deren Gründung 1899 Mitgl. der Tschech. Agrarpartei in Böhmen, wechselte er um 1905 in die Führung der mähr. Agrarpartei, an deren Reorganisation und Einbindung in den antiklerikalen „Fortschrittsblock" er maßgebl. beteiligt war. 1910 wurde er zum mähr. Parteivors. gewählt und war damit zugleich Vizepräs. der Gesamtpartei. 1901–07 Abg. des böhm., 1906–18 des mähr. LT, war er 1904–18 auch RR-Abg. und 1907–10 Mitgl. der Delegationen. Im mähr. LT fungierte er ab 1910, im RR ab 1913 als Klubobmann der Agrarier. Im Abg.haus war er ab 1912 zudem Geschäftsführer des Jednotný klub český und übernahm 1916 den Vorsitz des Český svaz. Während des 1. Weltkriegs beteiligte S. sich u. a. an der oppositionellen Untergrundorganisation Maffia. Als Mitgl. des Tschech. Nationalausschusses gehörte er Anfang Oktober 1918 zu den Verkündern der tschech. Unabhängigkeit und nahm Ende Oktober an den Verhh. mit Edvard Beneš in Genf teil. 1918–35 Abg. der Nationalversmlg. in Prag, war er zudem 1918/19 Minister für öff. Arbeiten, 1919/20 Post-, danach bis 1922 Landwirtschaftsminister. Ab 1922 leitete er als Gen.dir. die Hypotheken- und Landesbank Mähren; 1928 Dr. rer. techn. h. c. der tschech. TH Brünn. S. war außerdem langjähriger stellv. Parteivors. der Republikan. (Agrar-) Partei (ab 1929 Klubobmann) und amtierte während der Erkrankung des Ministerpräs. Antonin Švehla fakt. als Parteivors. 1932–35 Präs. des Abg.hauses, näherte er sich ständestaatl. Positionen an.

W.: s. u. Luft. – Nachlaß, Státní okresní Archiv, Jihlava, Außenstelle Telč, Tschechien.

L.: *Bohemia, Prager Tagbl., 20. 6. 1936; Freund, 1907, 1911 (beide m. B.); Heller 1, 2. Aufl.; Otto, Erg.Bd.; F. S. Politik, tribun, národohospodář, družstevník a buditel lidu venkovského, ed. J. Marcha, 1927; J. Malíř, Od spolků k moderním politickým stranám, 1996; V. V. Dostál, Agrární strana, 1998; D. E. Miller, Forging political compromise, 1999; R. Luft, Parlamentar. Führungsgruppen und polit. Strukturen in der tschech. Ges. 1907–14, 2, phil. Diss. Mainz, 2001 (m. W. u. L.).*

(R. Luft)

Staněk Jan (Johann), Ps. Bohdan S., Chemiker und Pädagoge. Geb. Pořič, Böhmen (Poříčí nad Sázavou, Tschechien), 27. 5. 1828; gest. Podol, Böhmen (Praha, Tschechien), 23. 5. 1868. – Sohn eines Pächters. Nach Absolv. des Altstädter Gymn. in Prag stud. S. 1845–50 Chemie am dortigen polytechn. Inst. und besuchte außerdem Vorlesungen an der jurid. Fak., jedoch ohne Abschluß. I. d. F. setzte er sein Chemiestud. in Dtld., Belgien und v. a. in Paris fort, wo er Vorlesungen des berühmten Arztes und Chemieexperten Charles Adolphe Wurtz an der École de médecine hörte. Nach Prag zurückgekehrt, lehrte er zunächst als Supplent und ab 1857 als Prof. für Chemie an der tschech. Realschule. 1860 bewarb er sich um die Dozentur für Chemie am Prager polytechn. Inst. und wurde 1861 auch zum Kolloquium für allg. Chemie und chem. Technol. zugelassen. Da es damals allerdings noch keine Vorlesungen in tschech. Sprache gab und auch kein eigenes Labor vorhanden war, wurde S. erst 1864 zum ersten Prof. für allg. Chemie und chem. Technol. mit tschech. Unterrichtssprache am Prager polytechn. Inst. ernannt. Seine Vorlesungen umfaßten allg. Chemie, chem. Technol., chem. Technol. der Eisenproduktion und Metallurgie. Sein wiss. Werk „Chemie všeobecná" galt damals als wichtiges Lehrbuch, sein Ms. über Chemiegeschichte und analyt. Chemie „Dějiny chemie a analytická lučba" blieb unvollendet. S. war Mitgl. der Heimat- und Wirtschaftsges. und nahm auch am polit. Geschehen aktiv teil. 1861 wurde er in den böhm. LT gewählt und später auch zum RRabg. Nach dem Austritt der tschech. Abg. aus dem Parlament 1863 red. S. das polit. Bl. „Pozor".

W.: Básně, 1851; Chemie všeobecná 1, 1858, 2. Ausg. 1863, 2, 1860, 2. Ausg. 1863; etc.

L.: *Otto; Rieger; Wurzbach; A. V. Velflík, Dějiny technického učení v Praze 1, 1906, S. 379, 383, 388; V. Matula, Boj o tajemství hmoty, 1938, S. 190; Dějiny exaktních věd v českých zemích, 1961, S. 200, 412; V. Matula, in: Zprávy Dějiny věd a techniky, 1965, Nr. 2, S. 54; Malá československá enc. 5, 1987; Malý slovník biografií 3, 1990; Státní oblastní archiv, Státní ústřední archiv, beide Praha, Vysoké učení technické Brno, Brno, alle Tschechien.*

(J. Brabencová – J. Masnerová)

Staněk Jiří, s. **Sokol** Karel Stanislav

Stanek Josef, Gewerkschafter. Geb. Wien, 26. 5. 1883; gest. Graz (Stmk.), 17. 2. 1934 (hingerichtet); konfessionslos. – S. besuchte nach der Volks- und Bürgerschule ein Jahr die Handelsschule, trat danach in die Maschinenfabrik Andritz ein und wurde bald Sekr. im Österr. Metallarbeiterverband. Er hatte im Lauf der Zeit zahlreiche Funktionen in der Sozialdemokratie und in den Gewerkschaften inne, etwa als Obmann der Steir. Metallarbeitergewerkschaft, danach als Parteisekr. der SDAP. Daneben war er als Vors. des Überwachungsausschusses in der Allg. Kranken- und Unterstützungskasse (1918–28) sowie als Obmann der Arbeiterunfall-Versicherungsanstalt für Stmk. und Ktn. auf dem Gebiet der Sozialversicherung tätig. Nach der Errichtung der Arbeiterkammern in den 1920er Jahren war S. Mitarb. in der Rechtsschutzabt. der Arbeiterkammer Graz. S. war, wegen „polit. Umtriebe" bereits 1920 und 1925 verurteilt, in zwei weiteren Verfahren 1923 und 1924 freigesprochen worden. Im Zuge der Ereignisse des 12. Februar 1934 wurde S. verhaftet und von einem Standgericht zum Tod verurteilt, obwohl ihm weder eine aktive Beteiligung an den Kämpfen noch eine führende Rolle nachgewiesen werden konnte. Das Gnadengesuch wurde zwar vom Standgerichtshof befürwortet, die Staatsanwaltschaft argumentierte jedoch, daß S. eine prominente Persönlichkeit der SDAP sei, weshalb Justizminister Kurt Schuschnigg den Gnadenantrag nicht an den Bundespräs. weiterleitete, um mit S.s Hinrichtung ein abschreckendes Exempel für die Stmk. zu statuieren.

L.: *(H. Mang), Chronik der Stmk. Gebietskrankenkasse für Arbeiter und Angestellte, (1968), S. 114f.; E. G. Staudinger, in: Hist. Jb. der Stadt Graz 14, 1984, S. 126; G. Köck, in: Sozialistenprozesse, ed. K. R. Stadler, 1986, S. 353ff. (m. B.); Stmk. Sozialdemokraten im Sturm der Zeit, ed. H. Mang, 1988, s. Reg. (m. B.); W. Anzenberger – M. Polaschek, Widerstand für eine Demokratie. 12. Februar 1934, 2004, S. 213ff., 267ff. (m. B.).*

(S. Nasko)

Stanek Václav, Mediziner. Geb. Jarpitz, Böhmen (Jarpice, Tschechien), 4. 9. 1804; gest. Prag, Böhmen (Praha, Tschechien), 19. 3. 1871. – Aus einer Braumeisterfamilie stammend. Nach Besuch des Gymn. in Schlan (Slaný) und ab 1824 der phil. Jgg. an der Univ. Prag stud. S. ab 1826 Med. an derselben Univ.; 1832 Dr. med., 1835 Dr. chir. 1832 zunächst Ass. in der Gebärklinik bei A. J. v. Jungmann (s. d.), wurde S. noch im selben Jahr als Choleraarzt in die Sprengel Nimburg (Nymburk), Turnau (Turnov), Trebnitz (Třebenice), Bilin (Bílina), Dawle (Davle) und Blansko versetzt. Von 1833 bis zu seinem Tod war er als prakt. Arzt in Prag. 1845 reiste er nach Belgrad, lehnte aber die ihm angetragene Stelle des Hausarztes bei Alexander Karađorđević aus familiären Gründen ab. 1848 in den böhm. LT und in den österr. Reichstag gewählt, war er bis zu dessen Auflösung in Kremsier (Kroměříž) tätig. S. zählte zu den wichtigen Vertretern der tschech. Nationalbewegung. Seit seinen Stud.jahren veröff. er literar. Beitrr. in tschech. Z. u. a. in „Krok", „Včela", „Květy", „Vlastimil", „Časopis českého muzea". Ab 1835 publ. er auf Anregung J. S. Presls (s. d.) med. Arbeiten in tschech. Sprache und trug wesentl. zur Entwicklung der tschech. Fachterminol. bei. Bes. Bedeutung erlangten sein Grundriß der Anatomie, „Základové pitvy, čili soustavní rozbor a popis těla lidského a jednotlivých jeho částek" (1840), sein anatom. Atlas mit 10 Tafeln „Atlas pitevní" (1840), das erste anatom. Werk in tschech. Sprache überhaupt, sowie eine Übersicht über die Hirnschädellehre. Aber auch auf botan.- zoolog. Gebiet tat sich S. hervor. Ab 1851 wirkte S. als Mitgl. einer Komm. unter der Leitung von P. J. Šafařík (s. d.), die die Festlegung der med. Terminol. für die slav. Sprachen bearb. Darüber hinaus war er Mitgründer der Z. „Časopis lékařů českých", und des Ver. tschech. Ärzte (1862), in dem er als stellv. Vors. fungierte und dessen Z. er 1865–69 red. 1869/70 und 1870/71 war er Dekan des Dr.-kollegiums der med. Fak. in Prag, bereits ab 1850 ao. Mitgl. der Kgl. böhm. Ges. der Wiss.

W.: Základové pitvy s atlasem pitevním o 100 tabulkách, 1840; Krákty přehled leboslové s přidaným objasněním smyslů (organu) i zábyvů mozku, 1840; Přírodopis prostonárodní, 1843, 3. Aufl. 1854; Slovník lékařské terminol., 1863 (gem. mit anderen); Saličetova ranná lékařství, 1867; Beitrr. in Časopis lékařů českých; etc. – Übers.: E. Schmalz, Snadné navedení, jak by se hluchoněmota v prvních letech dětských poznala, 1846; A. B. Razi, Rhazesovo Ranné lékařství, 1864 (gem. m. K. J. Erben).

L.: *Hirsch; Otto; Rieger; Wurzbach; Časopis lékařů českých 8, 1869, S. 254, 10, 1871, S. 89, 95f., 44, 1905, S. 615ff., 108, 1969, S. 993ff., 123, 1984, S. 1251f.; Abhh. der kgl. böhm. Ges. der Wiss. VI/6, 1871, S. 1; M. Navrátil, Almanach českých lékařů, 1913; Biografický slovník pražské lékařské fak. 1348–1939, 2, 1993; Dějiny Univ. Karlovy 1348–1990, red. F. Kavka – J. Petráň, 3, 1997, S. 339; Literární archív PNP, UA, beide Praha, Tschechien.*

(L. Hlaváčková)

Stanić (Stanich) Konstantin, Bischof. Geb. Mrzlopolje (Mrzlo Polje Žumberačko, Kroatien), 18. (alten Stils) / 29. (neuen Stils) 11. 1756; gest. Kreuz (Križevci, Kroatien), 31. 7. 1830; griech.-kath. – S. stud. Phil. und Theol. in Wien (wahrscheinl. am griech.-kath. Collegium St. Barbara) und Rom (Collegium Urbanianum De propaganda Fide), 1782 Dr. phil. et theol. Er wirkte hierauf in der griech.-kath. Diözese Kreuz als Pfarrer, war Rektor des Priesterseminars in Agram und fungierte 1796–1814 als Konsistorial-Archidiakon, ab 1808 auch als Gen.vikar, in Kreuz. Als 1809 Tle. Kroatiens unter französ. Herrschaft kamen, wurde er auch Gen.vikar in den Illyr. Provinzen. S. übers. den „Code Napoléon" ins Kroat. und verf. 1810 die „Informatio super statum dioecesis Crisiensis in Provinciis Illyricis". Die vom Wr. Hof vorgeschlagene Abgrenzung des Bistums Kreuz und dessen Anschluß an ein ung. Bistum lehnte er kategor. ab. S. verwaltete das Bistum Kreuz während der Sedisvakanz 1810–14 und sicherte 1811 mit einem als „Apologia Episcopatus Crisiensis" bekannten Memorandum mit hist. und theol. Argumenten dessen Existenz. 1814 wurde er zum Bischof des Bistums Kreuz ernannt und 1815 installiert. Sein Nachfolger im Amt (1834) war Gavro Smičiklas. S. gilt auch als Autor der „Brevis notitia populi Graeco-catholici in Illyrio", 1812, und der „Sichelburgensis territorii descriptio" sowie einer Schrift über die Uskoken, in der er deren Namensherkunft und Geschichte und die territoriale Zugehörigkeit Sichelburgs (Žumberak) zu Kroatien behandelt. Seine kroat. Dichtungen sind stark von den Schrecken der Napoleon. Kriege beeinflußt.

W.: De adventu S. Spiritus, 1780; Historia Uskokorum ex Gebhardo aliisque, in: Zagrabiense calendarium dioecesanum, 1801, 1803f., 1807; Reden; Gelegenheitsged.; ep. Dichtungen.

L.: Znam. Hrv.; T. Smičiklas, in: Glasonoša 5, 1865, S. 189f.; J. Šimrak, in: Spomenica kal. grko-katolika križevačke biskupije za godinu, 1931, S. 66; M. Predović, in: Žumberački kal., 1966, S. 56ff., 1967, S. 65ff.; W. M. Plöchl, St. Barbara zu Wien 1, 1975, S. 149f., 2, 1975, S. 63f., 66f., 149f., 175, 178, 180f.

(T. Macan)

Stanič (Stanig) Valentin, Schulmann, Alpinist, Volkserzieher und Priester. Geb. Bodrež, Görz und Gradiska (Slowenien), 12. 2. 1774; gest. Görz, Görz und Gradiska (Gorizia, Italien), 29. 4. 1847. – Sohn eines wohlhabenden Bauern. S. besuchte das Gymn. in Klagenfurt, ab 1793 in Salzburg, wo er ab 1778 Phil. und Theol. stud.; 1802 Priesterweihe. Daneben beschäftigte er sich mit Botanik, Geol. und Landvermessung; u. a. stud. er bei dem Prof. für Mathematik und Physik P. Ulrich Schiegg, dem er bei seinen trigonometr. Aufnahmen der Sbg. Berge assistierte. Mit ihm beteiligte er sich an der Glocknerbesteigung im Jahr 1800, wobei er barometr. Höhenmessungen vornahm. S. war Erstbesteiger mehrerer Gipfel der Ostalpen. Seine Exkursionen auf den Großglockner, den Hohen Göll, den Watzmann und den Schafberg bei St. Gilgen beschrieb er im „Salzburger Intelligenzblatt", die Besteigung des Triglav in der „Laibacher Zeitung" (postum erschienen 1857). In der Salzburger Zeit legte er ein vollständiges Herbarium von Sbg. sowie ein kleines Alpinum am Nonnberg an, wo er als Aushilfskaplan im Benediktinerinnenstift seine erste Anstellung gefunden hatte. 1802 kam S. als Kaplan nach Bainsizza Hl. Geist (Banjšice) bei Kanal, wo er bis 1809 verblieb. Dann war er bis 1819 Vikar in Ronzina (Ročinj). S. verband die Seelsorge mit vielseitiger prakt. Unterweisung für den Bauernstand und führte im Schulunterricht neue Methoden und Inhalte ein (Unterricht im Freien, Turnen, Schwimmen, Naturkde., Sternenkde.). Auch impfte er die Mitgl. seiner Pfarrgmd. gegen die Blattern. Ab 1807 druckte er in der kleinen Druckerei, die er sich in Bainsizza eingerichtet hatte, geistl. Volkslieder und Ged., später gab er in Görz und Udine Smlgg. von Liedern, Ged. (meist Übers. aus dem Dt.) und Gebeten für die Bauern heraus. 1819 wurde S. Kanonikus des Görzer Domkapitels und hatte als Schuloberaufseher für das Görzer Bistum entscheidenden Antl. an der Errichtung zahlreicher Trivial- und Normalschulen. S. war der Hauptinitiator und Organisator des Görzer Taubstummeninst. (1840), dessen Leitung er bis zuletzt innehatte. Er organisierte eine Art Buchhandlung bzw. Buch-Vermittlung und gab hiefür 1842 den ersten slowen. Buchkat. heraus. 1846 gründete er den Görzer Ver. wider die Tierquälerei, den ersten derartigen Ver. in Österr. Sein Vermögen vermachte S. wohltätigen Einrichtungen für Schüler sowie dem Görzer Taubstummeninst. Von der Sektion München des Dt. Alpenver. wird seit 1999 jährl. ein Stanič-Preis für „Verdienste auf humanitärem Gebiet oder auf dem Gebiet des Natur- und Umweltschutzes" verliehen.

W.: Pesme sa kmete ino mlade ludí, 1822, 2. Aufl. 1838, Faksimileausg. 1971; Molitve in premishlovanja, 1826; Drugi perstavik starih ino novih cerkvenih ino drugih pisem, 1838; Meine Erfahrungen bei den Exkursionen auf den Hohen Göhl. (Mit Notizen über die erste Watzmann-Ersteigung), in: Z. DÖAV 12, 1881.

L.: WZ, 12. 7. 1847; PSBL; SBL; Wurzbach (s. Stanig); J. Bleiweis, in: Koledarčik za prestopno leto 1856, 1855, S. 17ff.; J. Lovrenčič, V. S. und sein literar. Wirken, phil. Diss. Graz, 1914; V. S. 1774–1847, ed. M. Brecelj, 1973; Enc. Slovenije 12, 1998; V. S., prvi alpinist v vzhodnih alpah, ed. S. Klinar, 2000 (m. B., W. u. L.); V. S. Bergsteiger, Schriftsteller, Wohltäter, ed. P. Zimmermann, 2000 (m. B.); M. Scharfe, in: Was in der Geschichte nicht aufgeht, ed. H.-P. Zimmermann, 2003, S. 129ff.; T. Pe-

terlin-Neumaier, V. S. (1774–1847), 2005 (m. B., Materialiensmlg. ÖBL); Erzbischöfl. Konsistorialarchiv, UA, beide Salzburg, Sbg.

(E.- M. Hüttl-Hubert)

Staniš Prokop, s. **Sokol** Karel Stanislav

Stanisławski Jan Grzegorz, Maler und Graphiker. Geb. Olschana, Rußland (Vil'šana, Ukraine), 24. 6. 1860; gest. Krakau, Galizien (Kraków, Polen), 6. 1. 1907. – Sohn des Rechtsgelehrten, Schriftstellers und Übers. Antoni S. (geb. Stawischtsche, Rußland / Stavyšče, Ukraine, 25. 6. 1817; gest. Belaja Cerkov', Rußland / Bila Cerkva, Ukraine, 21. 8. 1883). S. stud. 1879–81 Mathematik an der Warschauer Univ., nahm gleichzeitig Malunterricht an der Klasa Rysunkowa sowie im Atelier von Wojciech Gerson, der auf seine künstler. Entwicklung großen Einfluß nahm, und besuchte anschließend einige Monate das Technolog. Inst. in St. Petersburg. 1883–84 stud. S. an der Schule der Schönen Künste in Krakau (u. a. bei Łuszczkiewicz, s. d.) und bildete sich 1885–86 im Pariser Privatatelier von Emile-Auguste Carolus-Duran weiter, 1888 wurde er bei seinem neuerl. Besuch in Frankreich stark von den Impressionisten beeinflußt. Während seines darauffolgenden Aufenthalts in Kiew entstanden mehrere Landschaftsbilder mit ukrain. Thematik, und auch die häufigen Stud.reisen durch Europa (v. a. Frankreich und Italien) fanden in zahlreichen Bildern und Zeichnungen ihren Niederschlag. Ab 1896 Prof. an der Krakauer Schule der Schönen Künste, leitete er ab 1897 den neu gegr. Lehrstuhl für Landschaftsmalerei. S., ein ausgez. Lehrer, bildete über 100 Schüler aus, u. a. Kamocki (s. d.) und unterrichtete 1897–98 auch an der Szkoła Malarstwa i Rysunków von Axentowicz (s. d.) sowie in der Szkoła Malarstwa i Rzeźby dla Kobiet von Teofila Certowiczówna. Daneben beschäftigte er sich mit Graphik (v. a. Lithographie), schuf Illustrationen für das Warschauer Journal „Chimera“ und war auch als Bühnenbildner tätig. S., der an zahlreichen in- und ausländ. Ausst. (Krakau, Warschau, Wien, Dresden, München, London etc.) teilnahm, war Mitgl. mehrerer Vereinigungen, u. a. ab 1897 der Wr. Secession – nach deren Vorbild er in Krakau die Vereinigung Poln. Künstler Sztuka initiierte – und ab 1901 der Polska Sztuka Stosowana. Er zählt zu den wichtigsten Persönlichkeiten des Krakauer Fin de Siècle; der Großtl. seines Œuvres befindet sich im Muz. Narodowe in Kraków.

W.: Verlassene Mühle, 1883; Feld in Białacerkiew, 1890; Die Pappeln, 1900; Dämmerung, 1900; Der violette Dnjepr, 1903; Die Marienkirche in Krakau, um 1904; Ukrain. Motiv, 1906; etc.

L.: WZ, 8. 1. 1907 (A.); Bénézit; PSB (m. L.); Thieme–Becker; Vollmer; W. Juszczak, J. S., 1972; Poln. Malerei von 1830 bis 1914, ed. J. Ch. Jensen, Kiel 1978, S. 259ff. (Kat.); Lex. der Kunst 11, 1990; The Dictionary of Art 29, 1996; J. Adamczewski, Mała enc. Krakowa, 1997; S. Kozakowska – B. Małkiewicz, Polish Painting from around 1890 to 1945 (= Modern Polish Painting 2), 1998, S. 409ff.; Kunst des 19. Jh. 4, bearb. C. Wöhrer, 2000; T. Z. Bednarski, Krakowskim szlakiem J. S., 2001; Wielka Enc. PWN 25, 2004; S. Krzysztofowicz-Kozakowska, J. S. i jego uczniowie, 2004.

(T. Szybisty)

Stanke Franz, Glockengießer. Geb. Troppau, Schlesien (Opava, Tschechien), 30. 10. 1765; gest. Olmütz, Mähren (Olomouc, Tschechien), 8. 11. 1844. – Aus einer Troppauer Glockengießerfamilie stammend, Sohn von Franz Valentin S. (1734–1791), Vater von Leopold Franz S. (s. u.). S. übernahm 1798 von seiner Mutter die väterl. Glockengießerei, die er 1802 erweiterte und bis 1820 führte. Da er sich in Olmütz eine bessere Auftragslage erhoffte, erwarb er 1820 die dortige aufgehobene Glockengießerei Anton Obletters, liquidierte im selben Jahr das Troppauer Unternehmen und übersiedelte 1821 mit seiner Familie nach Olmütz. Hier goß er in den folgenden Jahren Glocken für Nord- und Ostmähren, österr. Schlesien sowie diverse Kirchen der Olmützer Erzdiözese in preuß. Schlesien. Von S. sind mehr als hundert Glocken mit figuralen Reliefbildern von Heiligen, Wappen der Stifter bzw. mit latein., dt. und tschech. Inschriften bekannt. Um 1830 übernahm sein Sohn **Leopold Franz S.** (geb. Troppau, 4. 7. 1800; gest. Olmütz, 11. 5. 1873) den Olmützer Betrieb und führte ihn bis Mitte der 1860er Jahre weiter. 1866 mußte er Konkurs anmelden, da die Konkurrenz der modernen Wr. Glockengießereien infolge der neuen Eisenbahnverbindung übermächtig geworden war. Auch Leopold Franz S. schuf hunderte Glocken, hauptsächl. für Mittel-, Nord- und Ostmähren, österr. und preuß. Schlesien und Ostböhmen, die techn. und künstler. gut ausgeführt sind, jedoch irrtüml. seinem Vater zugeschrieben werden. Aufgrund des Materialbedarfs wurden zahlreiche der S.schen Glocken während der beiden Weltkriege für die Metallproduktion requiriert.

L.: B. Indra, in: Časopis Slezského muz., Ser. B, 28, 1979, S. 57ff. (auch für die anderen Familienmitgl.). – Leopold Franz S.: B. Indra, in: Časopis Slezského muz., Ser. B, 27, 1978, S. 159f., 28, 1979, S. 65.

(B. Indra)

Stanković Kornelije, Melograph, Komponist und Pianist. Geb. Ofen (Budapest, Ungarn), 30. 8. 1831; gest. ebd., 16. 4. 1865; serb.-orthodox. – Aus einer serb. Familie stammend und früh verwaist, besuchte S. die Schule in Arad, Szeged und Pest, wo er auch Unterricht in Violine und Klavier erhielt, und setzte sein Musikstud. ab 1850 in Wien bei S. Sechter (s. d.) fort. Vom vielfältigen Musikleben der Stadt angeregt, komponierte er hier seine ersten Werke, begann aber unter dem Einfluß des panslawist. Kreises um Karadžić (s. d.) serb. Volkslieder aufzuzeichnen. Diese Kompositionen bildeten auch einen Tl. der gem. mit seinem Freund, dem Maler und Sänger Stefan (Steva) Todorović, veranstalteten öff. Konzerte in Wien, Pest, Südungarn und Serbien. In Wien schrieb S. 1851 auch seine erste Kirchenkomposition, die „Liturgija sv. Jovana Zlatoustog“ für gemischten Chor, die im selben Jahr in der Hauskapelle des serb. Patriarchen Rajačić v. Brinski (s. d.), 1853 im Wr. Musikver. aufgef. und 1862 in Wien gedruckt wurde; 1852 folgte eine Auff. seiner zweiten Liturgie. S. ging 1855 nach Karlowitz (Sremski Karlovci), wo er mit Atanasije Popović, dem führenden Experten des traditionellen serb. Kirchengesangs, arbeitete. Das Ergebnis seiner dort und in den Klöstern der Fruška Gora mit Unterbrechungen bis 1863 durchgeführten Aufzeichnungen aus dem Jahresrepertoire der serb. Liturgie legte S. in 18 (im Autograph erhaltenen Bde.) nieder. Bei der Arbeit an der Harmonisierung dieser Melodien wurde er von Sechter unterstützt, wie u. a. deren umfangreiche Korrespondenz beweist. Von Bedeutung waren auch S.’ Impulse für das Musikleben Belgrads, wo er 1856 vom Serb. Singver., der damals einzigen Musikinstitution der Stadt, als Ehrenmitgl. aufgenommen wurde und in diesem zahlreiche Reformen durchführte. Ebenso geht die Anregung zur Gründung einer Musikschule in Belgrad auf ihn zurück. Dank seiner Liedersmlgg. fanden serb. Melodien auch Eingang in die Werke von Komponisten wie Ferdinand Bayer, Johann Strauß Sohn, Nikolai Rimski-Korsakow und Peter Iljitsch Tschaikowsky. Von seinen schon zu seinen Lebzeiten von Kirchenchören und Musikver. in der Monarchie und in Serbien rezipierten Werken werden die Kirchengesänge in den letzten Jahren immer häufiger aufgef.

W. (auch s. u. K. S. and his time; Materialiensmlg. ÖBL): Serb. Volkslieder, 1858 (?), Chants nationaux Serbes, 1859, Serb. Volkslieder, 2 Bde., 1862–63, Serb. Kirchengesang, 3 Bde., 1862–64, Klavierwerke (Variationen auf die Melodien serb. Lieder, Bearb. von serb. Volksliedern, Tänze), alle in Wien gedruckt; Complete Works of K. S., 1, 2004ff. – Kirchenmusik, Autographe, 18 Bde., Archiv Srpska akad. nauka i umetnosti, Beograd, Serbien.

L.: Enc. Jug. (m. B.); Grove, 2001; Muzička Enc., 2. Aufl. (m. B.); oeml; Wurzbach; S. Đuzić-Klajn, Serbian Music through the Ages, 1972, S. 56ff.; D. Cvetko, Musikgeschichte der Südslawen, 1975, S. 151f.; K. S. and his time, ed. D. Stefanović (= Serbian Acad. of Sciences and Arts. Inst. of Musicology XXIV/1), 1985 (m. W. u. L.); R. Flotzinger, ebd., S. 41ff.; D. Petrović, in: 100 Most Eminent Serbs, 2004, S. 248ff.; M. Kokanović, in: K. S., ed. D. Petrović (= Piano Music 1), 2004, S. 15ff.; Materialiensmlg. ÖBL, Wien.

(D. Petrović)

Stankovich (Stanković) Pietro Mattia (Petar Matija), Kanonikus, Archäologe, Historiker und Fachschriftsteller. Geb. Barbana, Istrien (Barban, Kroatien), 24. 2. 1771; gest. ebd., 12. 9. 1852; röm.-kath. – Sohn wohlhabender Grundbesitzer. S. besuchte das Priesterseminar in Udine und stud. in Padua (Padova) Theol., beschäftigte sich aber auch mit Rechts-, Naturwiss. und Mathematik; 1795 Priesterweihe. In Barbana zum Kollegiatskanonikus von San Nicola gewählt (1797–1808 dort auch Pfarradministrator), verbrachte er, abgesehen von Reisen nach Italien und Dtld., sein ganzes Leben in seinem Heimatort und befaßte sich mit Archäol., Numismatik, Geschichte, Sprachwiss., Theol., Volksbrauchtum, Geol., Zool., Botanik und Landwirtschaft. S. war Mitgl. zahlreicher gelehrter Ges. (u. a. der Accad. Archeologica Romana) und unterhielt enge Beziehungen zu herausragenden Gelehrten wie etwa dem Paläographen und Bibliothekar der vatikan. Bibl. Mai (s. d.). Von seinen zahlreichen, themat. breit gestreuten Publ. sind u. a. zu nennen: die Studie „Della patria di San Girolamo …“ (1824), mit der er eine mehrjährige heftige Diskussion mit einigen dalmatin. Gelehrten über die Lage von Stridon, das er im istrischen Zrenj sah, eröffnete, weiters die Abh. „Trieste non fu villaggio carnico ...“ (1830), in der er sich mit dem Verhältnis der Illyrer und ihrer Sprache zu der zugezogenen slaw. Bevölkerung beschäftigte, und die erste wiss. Monographie über das Amphitheater von Pola. Mit seiner „Biografia degli uomini distinti dell’ Istria“, 3 Bde., 1828, erwarb er sich den Beinamen „Istrischer Plutarch“. Ein erfahrener Landwirt, veröff. S. auch einige seiner diesbezügl. techn. Erfindungen und zur Önol., seine Abhh. über die Verarbeitung der Oliven brachten ihm auch auf diesem Gebiet internationales Ansehen. Seine Smlgg. und Bibl. (darunter Inkunabeln) vermachte er der Stadt Rovigno (Rovinj).

W. (auch s. u. Tomasin; Cernecca): L'aratro-seminatore ossia Metodo di piantare il grano arando, 1820; Dell' anfiteatro di Pola ..., 1822 (m. B. und 8 Tafeln); San Girolamo ... dimostrato evidentemente di patria istriano, 1829; Degli Altari e della loro consacrazione, esecrazione, e violazione ..., 1837; Torchioliva, 1841; Degli acquedotti di Roma antica e moderna delle provincie e delle colonie dell' Istria e particolarmente dell' arco acquedotto Romano di Trieste ..., 1844; etc. – Nachlaß, Zavičajni Muz., Rovinj, Sveučilišna knjižnica, Pula, beide Kroatien.

L.: PSBL; Wurzbach (m. Verzeichnis der nichted. Schriften); P. Tomasin, in: Archeografo Triestino, N. S. 4, 1876/77, S. 134ff. (m. W.); E. Predonanzi, in: Pagine istriane 1, 1950, S. 153ff.; P. Francolich, in: Accad. Patavina di scienze, lettere ed arti, N. S. 65, 1953, S. 263ff.; D. Cernecca, in: Jadranski zbornik 4, 1960, S. 5ff. (m. tw. W.); B. Dobrić, Kat. izložbe Stancoviciana – spomenička bibl., Rovinj 1992 (Kat.); Istarska enc., 2005.

(E. Hüttl-Hubert – H. Reitterer)

Stankovský Josef Jiří, Ps. Josef Jiří Polabský etc., Schriftsteller und Theaterunternehmer. Geb. Wysoka, Böhmen (Vysoká u Příbramě, Tschechien), 11. 11. 1844; gest. Prag, Böhmen (Praha, Tschechien), 10. 12. 1879. – Sohn eines Gutsdir. Nach Absolv. des Akadem. Gymn. in Prag und zwei Jahren Jusstud. an der dortigen Univ. lebte S. in Čelakowitz (Čelákovice), wo er bei der Verwaltung des Familienbesitzes mithalf. Hier und in Prag widmete er sich auch dem Laientheater und gehörte zu den Begründern diverser Theaterver. 1869–70 arbeitete er als Bankbeamter in Prag, heiratete 1870 die Tochter des Dramatikers und Theaterunternehmers Pavel Švanda ze Semčic und widmete sich i. d. F. ausschließl. seiner literar. Tätigkeit und dem Theater. Er beteiligte sich an den Aktivitäten seines Schwiegervaters in Pilsen (Plzeň) und Prag und versuchte sich – wenngleich erfolglos – auch selbst als Theaterunternehmer. 1875 nach Prag zurückgekehrt, setzte er – schwer erkrankt – nur noch sein schriftsteller. Schaffen fort. Dieses ist äußerst umfangreich, es umfaßt neben Theaterkritiken Ged., populärwiss. hist. Abhh. und v. a. zahlreiche Theatertexte, Einakter, Possen, Soloszenen etc. mit aktualisierter humorist. Thematik und Situationskomik, Tragödien großen Stils, Übers. von Theaterstücken und Opernlibretti aus dem Dt. und Französ., aber auch von Ged., etwa von Lenau (s. Niembsch v. Strehlenau). S.s umfassende Arbeiten über das tschech. Theater des 18. und 19. Jh. sind noch heute für die Theaterwiss. von Bedeutung, v. a. „Divadelní slovník", 1876, die erste Publ. dieser Art, In den Z. „Česká Thalia", „Květy", „Narodní listy", „Posel z Prahy", „Světozor" etc. sowie in populären Volksbuchreihen publ. S. u. a. hist. Erz. und Romane mit konventioneller Handlung und patriot.-moral. Tendenz („Vlastencové z Boudy", 1877, oder „Milovský reformátor", 1878); in seinem autobiograph. Roman „O slávě herecké" (1879) stellte er mit sozialkrit. Unterton das Milieu des tschech. Laientheaters der 60er Jahre des 19. Jh. dar.

W.: Odboj Nizozemska proti Filipu II (= Matice lidu 34), 1871; Drobné povídky (= Ottova laciná knihovna národní 39), 1881; Kronika divadla v Čechách, 1881; Divadelní hry, 3 Bde., 1881; Spisy výpravné, 2 Bde., 1897–98; Spisy, 3 Bde., 1931–32; etc. – Nachlaß, Literární archiv PNP, Divadelní oddělení, Národni Muz., beide Praha, Tschechien.

L.: Národní listy, Pokrok, 12., České noviny, 12., 13. 12. 1879; DČD; DČL; Otto; Wurzbach; Česká včela 4, 1879, S. 383; Divadelní listy 1, 1880, Nr. 50; O. Mokrý, in: Osvěta 10, 1880, S. 182; Světozor 14, 1880, S. 58 (m. B.); V. Š. Táborský, Příspěvky k dějinám divadelního ochotnictva československého, 1931; E. Rippl, in: Germanoslavica 2, 1932/33, S. 529f.; J. Neruda, in: České divadlo 5, 1966, S. 359f.; A. Buchner, Cedule kočovných divadelních společností v Čechách a na Moravě, 1967; J. Špaček, in: Studie a zprávy Okresního muz. Praha-východ, 1976, S. 47ff.; V. Kovařík, Slavní a zapomenutí, 1983, S. 219ff.; Mitt. Jitka Ludvová, Praha, Tschechien.

(V. Petrbok)

Stanojević Stanoje, Historiker. Geb. Neusatz, Ungarn (Novi Sad, Serbien), 13. 8. 1874; gest. Wien, 30. 7. 1937. – Aus einer angesehenen serb. Familie stammend, Sohn eines Arztes. S. besuchte das Gymn. in Neusatz und stud. ab 1892 an der Univ. Wien bei Jagić sowie bei J. K. Jireček (beide s. d.), bei dem er 1896 zum Dr. phil. prom. 1897/98 hielt sich S. in Rußland auf, war dann 1898–99 Prof. am Serb. Gymn. in Konstantinopel (Istanbul) und arbeitete auch am dortigen Russ. Archäolog. Inst., wo er die Grundlagen für sein 1903–06 erschienenes zweibändiges Werk „Vizantija i Srbi" legte. Ab 1900 wirkte S. als Doz. an der Belgrader Hochschule; nach deren Erhebung zur Univ. lehrte er dort ab 1905 Geschichte als ao., ab 1919 als o. Prof. S. war ab 1905 korr., ab 1920 o. Mitgl. der Serb. Akad. 1908 veröff. er ein populärwiss. Werk über die Geschichte des serb. Volkes („Istorija srpskoga naroda", 3. Aufl. 1926). Nach dem Zusammenbruch Serbiens 1915 ging er 1916 über Albanien und Italien nach Petrograd (Sankt-Peterburg), nach Ausbruch der russ. Revolution 1917 nach Paris, wo er an der Sorbonne Vorlesungen über serbokroat. Geschichte hielt; 1918 unterrichtete er an der Univ. of London. Als Mitgl. der jugoslaw. Delegation nahm S. nach dem 1. Weltkrieg an den Friedensverhh. in Paris teil. Nach der Rückkehr in seine Heimat beschäftigte er sich mit der serb. Geschichte unter den Nemanjiden („Sveti Sava", 1935) und leitete die Hrsg. der ersten jugoslaw.

Nationalenz. sowie einer Übersicht über die serb. Geschichte des 19. Jh. („Srpski narod u 19. veku“, 14 Bde., 1934–41). Von der breit angelegten Geschichte des serb. Volkes im Mittelalter („Istorija srpskoga naroda u srednjem veku“) konnte S. 1937 nur den ersten Teilbd. vollenden. Unter seiner Leitung erschien 1928 die erste rein serb. hist. Z. „Glasnik Istoriskog društva u Novom Sadu“ und ab 1935 die Z. „Jugoslovenski Istoriski Časopis“. S., der andere hist. Arbeiten stets scharf und unnachsichtig beurteilte, hat entscheidend zum Durchbruch der krit. Richtung in der serb. Historiographie beigetragen.

W. (auch s. u. Srpski književni glasnik; Glasnik Istoriskog): Die Biographie S. Lazarević's von Konstantin dem Philosophen als Geschichtsquelle, phil. Diss. Wien, 1896, gedruckt in: Archiv für slav. Philol. 18, 1896; Narodna enc. srpsko-hrvatsko-slovenačka, 4 Bde., 1925–29, 2. Neudruck 2001; etc.

L.: Biograph. Lex. Südosteuropas; Enc. Jug. (m. B.); Narodna enc. srpsko-hrvatsko-slovenačka 4, 1929; Srpski književni glasnik 51, 1937, S. 637ff. (m. W.); Letopis Matice srpske 348, 1937, S. 132ff.; Jugoslovenski Istoriski Časopis 4, 1938, Nr. 1–2, S. 1ff.; Glasnik Istoriskog društva u Novom Sadu 11, 1938, Nr. 3–4, S. 1ff. (m. B., W. u. L.); Naša prošlost 1, 1973–74, Nr. 8–9, S. 147ff.; Zbornik Matice srpske za istoriju 42, 1990, S. 173ff.; Enc. srpske istoriografije, 1997; G. Krivokapić-Jović, Oklop bez viteza (= Studije i monografije, Inst. za Noviju Istoriju Srbije 19), 2002; UA, Wien.

(M. Stoy)

Stanonik Franz, Theologe. Geb. Zauchen, Krain (Suha, Slowenien), 4. 11. 1841; gest. Graz (Stmk.), 29. 12. 1918. – S. war nach Absolv. des Gymn. in Laibach, anschließendem (ab 1860) Theol.stud. und der Priesterweihe in Laibach (1864) Kaplan in Altlack (Stara Loka). 1869 Dr. theol. an der Univ. Graz, wurde er im selben Jahr zum o. Prof. für Dogmatik an dieser Univ. ernannt und hatte diesen Lehrstuhl bis 1913 inne; 1875/76, 1877/78 und 1890/91 Dekan der kath.-theol. Fak. S. bekleidete in der Diözese Seckau zahlreiche Ämter, u. a. wurde er 1886 fürstbischöfl. Konsistorialrat und fungierte 1894–1910 als Rat des fürstbischöfl. Offizialats; 1913 päpstl. Hausprälat, wurde er im selben Jahr mit dem Komturkreuz des Franz Joseph-Ordens ausgez. In den frühen 70er Jahren nahm S. in zahlreichen Presseartikeln zur Reform der theol. Fak. in Österr. Stellung, die zunächst im „Grazer Volksblatt“ und dann 1872 gesammelt veröff. wurden. Ein Jahr danach wandte er sich in einer eigenen Monographie gegen die Vorschläge des Leitmeritzer Domherrn Josef Ginzel, der eine Reduktion des kirchl. Einflusses auf die geistl. Bildungsanstalten forderte. Auf die vehemente Kritik an seiner Monographie über die theol. Stud. reagierte er mit einer Entgegnung (1873). S. Überlegungen zu einer theol. Stud.reform fanden erst in den Beschlüssen des österr. Episkopats in Wien 1901 ihren Niederschlag. 1876 gab er eine Biographie über den französ. Gelehrten Dionysius Petavius heraus, den er als Begründer der Dogmengeschichte ansah. Eine fortschreitende Erblindung machte eine weitere literar. Tätigkeit S.s unmöglich.

W.: s. u. Rinnhofer, Grazer Theol. Fak.

L.: Grazer Volksbl., 30. (A.), 31. 12. 1918, 2. 1. 1919; SBL; F. Funder, Vom Gestern ins Heute, 2. Aufl. 1953, S. 59; F. Rinnhofer, Kurzbiographie aller Lehrenden an der Theol. Fak. der Karl-Franzens-Univ. Graz vom Stud.-jahr 1827/28 bis 1938/39, theol. DA Graz, 1987, S. 100; ders., Grazer Theol. Fak. vom Stud.jahr 1827/28 bis 1938/39, 1–2 (= Diss. der Karl-Franzens-Univ. Graz 82), 1991, S. 98ff., 721ff.; Diözesanarchiv, UA, beide Graz, Stmk.

(M. Sohn-Kronthaler)

Stapf Johann Josef Anton, Pharmazeut. Geb. Innichen, Tirol (San Candido/Innichen, Italien), 12. 5. 1819; gest. Innsbruck (Tirol), 18. 2. 1900. – Sohn des Apothekers Joseph S. (s. u.). S. absolv. seine pharmazeut. Ausbildung in Innsbruck sowie in der väterl. Apotheke in Innichen, die er 1842 übernahm. Da er von dem spärl. Reingewinn kaum leben konnte, plante er die Errichtung einer Kräuterstampfe (Pulvermühle), um dem Arzneibuch entsprechende Drogenpulver zu vertreiben, womit er dem Bedürfnis vieler Kleinstadt- und Landapotheken entgegenkam. 1851 errichtete S. am Ortsrand von Innichen eine kleine Fabrik mit Kräuterstampfen, Aufbereitungsmaschinen, Sieben, einem Laboratorium, Büro- und Lagerräumen. Die Pulverisierungsanstalt wurde ein voller Erfolg, nicht zuletzt dank der Propagierung in der „Österreichischen Zeitschrift für Pharmazie“. Bereits nach wenigen Jahren mußte die Fabrik vergrößert werden, 1858 wurden in Wien, Prag, Olmütz (Olomouc) und Lemberg (L'viv) Verkaufslager eingerichtet. 1878 gründete S. die erste österr. Milchzuckerfabrik, in der aus der Molke durch Eindampfen eine kristalline, wasserlösl. Substanz gewonnen und zu Traubenzucker oder Galaktose verarbeitet wurde. 1882 verkaufte S. seine Apotheke sowie die Pulverisierungsanstalt an den Pharmazeuten Ludwig Wurmböck und die Milchzuckerfabrik an Joseph Traunsteiner und zog nach Innsbruck, wo er die letzten Jahre seines Lebens verbrachte. Anläßl. der Gründungsversmlg. des Allg. Österr. Apothekerver. 1861 und der Weltausst.

1873 erhielt er Anerkennungsdiplome sowie 1877 die Silberne Staatspreis-Medaille, ferner den silbernen Staatspreis für landwirtschaftl. Verdienste. Sein Vater, **Joseph S.** (geb. Innsbruck, 13. 3. 1779; gest. Innichen, 23. 12. 1842), erhielt seine Ausbildung in einer Apotheke in Innsbruck und kaufte anschließend die Apotheke in Innichen, wo er nicht nur Arzneimittel, sondern auch Tintenpulver und Kreide für Schulen vertrieb. 1820 entdeckte er in dem ihm gehörenden Wald eine neue Heilquelle, der er den Namen Antonibrunnen gab und deren Analyse Ähnlichkeiten mit dem berühmten Brodelbrunnen von Bad Pyrmont, einem der bekanntesten und traditionsreichsten Kurorte in Dtld., zeigte. Die Errichtung einer Badeanstalt durch S. scheiterte jedoch am Widerstand des Stiftes Innichen und der Behörden.

W.: Gründung einer Pulverisierungsanstalt, in: Österr. Z. für Pharmazie 5, 1851, 6, 1852; Gründung einer Milchzucker-Fabrik, in: Z. des Allg. Österr. Apothekerver. 16, 1878.

L.: Dt. Apotheker-Biographie, Erg.bd.; F. Abl, in: Österr. Z. für Pharmazie 11, 1857, S. 253ff.; K. Ganzinger – E. Kühebacher, in: Österr. Apotheker-Z. 46, 1992, S. 41ff.; E. Kühebacher, in: Der Schlern 67, 1993, S. 458ff. (auch für Joseph S.); O. Nowotny, in: Österr. Apotheker-Z. 55, 2001, S. 1150.

(O. Nowotny)

Stapf Joseph Ambros (Ambrosius), Theologe. Geb. Fließ (Tirol), 15. 8. 1785; gest. Brixen, Tirol (Bressanone/Brixen, Italien), 10. 1. 1844; röm.-kath. – Bauernsohn. S. trat nach Absolv. des Gymn. der Franziskaner in Hall (Hall in Tirol) 1803 in das Kloster dieses Ordens in Schwaz ein, legte 1806 die Profeß ab und erhielt 1809 die Priesterweihe. Nach Auflösung der Tiroler Franziskanerprov. durch die bayr. Regierung 1810 als Hilfspriester in der Diözese Freising verwendet, mußte er sich 1815 aufgrund des herrschenden Priestermangels säkularisieren lassen, betrachtete sich aber innerl. weiterhin als zum Orden gehörig. Nach Tätigkeit als Kurat im Zillertal (Ried, 1816–18, Tux, 1818–21) wurde er 1821 als Nachfolger Spechtenhausers (s. d.) Prof. der Moraltheol. am Lyzeum in Innsbruck. Im Gegensatz zu seinem Vorgänger ein entschiedener Gegner der Phil. der Aufklärung und des josephin. Staatskirchentums, vertrat er gem. mit Feichter und Sinnacher (beide s. d.) die streng kirchl. Richtung des Brixner fürstbischöfl. Ordinariats und wurde nach der Aufhebung des theol. Stud. am Innsbrucker Lyzeum und der Gründung der Diözesanlehranstalt in Brixen 1824 an dieser Prof. der Moraltheol. und Erziehungslehre, ein Amt, das er 1841 krankheitshalber niederlegen mußte. Von Galura (s. d.) sehr geschätzt, wurde S. 1831 zum Konsistorialrat, 1837 zum Ehrendomherrn und 1840 zum Domherrn des Brixner Domkapitels ernannt; 1834 Dr. h. c. der Univ. Wien. S. bekämpfte alle jene Strömungen seiner Zeit, die die christl. Sittenlehre aus der natürl. Vernunft zu begründen suchten, und wies daher der Phil. der Theol. gegenüber, der sich auf die geoffenbarten Glaubenswahrheiten berufenden, eine ledigl. untergeordnete Rolle zu. Sein Hauptwerk, die „Theologia moralis", wurde viel benutzt, sein Auszug aus diesem, die „Epitome theologiae moralis", diente durch viele Jahre als offizielles Vorlesebuch an allen theol. Lehranstalten der Monarchie.

W.: Theologia moralis in compendium redacta, 4 Bde., 1827–30, 7. Aufl., ed. J. Hoffmann, 1855; Erziehungslehre im Geiste der kath. Kirche, 1832, 6. Aufl., ed. B. Schulz, 1913; Epitome theologiae moralis, 2 Bde., 1832, 3. Aufl., ed. J. Hoffmann – S. Aichner, 1863–65; Die christl. Moral, 4 Bde., 1840–42, 2. Aufl.: Die christl. Sittenlehre, bearb. J. Hoffmann, 3 Bde., 1848–49; etc.

L.: Bote für Tirol, 15., 22., 25. 1. 1844; ADB; Bautz; LThK, 3. Aufl.; Wurzbach; D. Aberle, in: Theol. Quartalschrift 33, 1851, S. 148ff.; G. Tinkhauser – L. Rapp, Topograph.-hist.-statist. Beschreibung der Diöcese Brixen ... 4, 1889, S. 616f.; J. Freiseisen, Rückblick auf die 300jährige Geschichte des Priesterseminars in Brixen ..., 1908, S. 128ff.; W. Albs, J. A. S., theol. Diss. Freiburg im Breisgau, 1941; L. Lentner, Katechetik und Religionsunterricht in Österr. 1, 1955, S. 326ff.; A. Mitterbacher, Der Einfluß der Aufklärung an der theol. Fak. der Univ. Innsbruck (1790–1823) (= Forschungen zur Innsbrucker Univ.geschichte 2), 1962, s. Reg.; M. van de Ven, Monumentum A. S., theol. Diss. Rom, 1963; H. Strohmeyer, Beitrr. zur Geschichte der Leibesübungen in Österr. (= Wr. Beitrr. zur Sportgeschichte 1), 1975, S. 215; UA, Wien.

(H. Reitterer)

Stapf (Johann) Martin, Fabrikant und Politiker. Geb. Imst (Tirol), 22. 4. 1824; gest. ebd., 27. 7. 1892; röm.-kath. – Sohn von Josef S. d. Ä., der als Faktor in der Streleschen Baumwollfabrik in Imst tätig gewesen war und 1843 in deren Brandruinen eine eigene Handweberei begründete, Vater von Josef S. d. J. (s. u.) und Thomas S. d. Ä. (s. d.). S. übernahm 1852 den väterl. Betrieb, weitete i. d. F. die Produktion aus und stellte sie von Heimarbeit auf industrielle Fertigung um, wofür er weitere Tle. der ehemaligen Streleschen Fabrik erwarb. Die Produktpalette umfaßte in erster Linie Vorhang-, Dekorations- und Möbelstoffe, aber auch Dekorationsborten. 1889 errichtete S. in seiner Fabrik eine eigene Betriebskrankenkasse. 1864–67 gehörte er als konservativer Abg. dem Tiroler LT an, fungierte 1873–82 als Bgm. der Stadt Imst und war längere Zeit auch Sparkassendir. Nach seinem Tod folgte ihm sein Sohn **Josef S. d. J.** (geb. Imst, 25. 12. 1850; gest. ebd., 21. 11. 1919; röm.-kath.) in der Firmenleitung. Dieser hatte jedoch mit erhebl. finanziellen Schwierigkeiten zu kämpfen, einerseits wegen der Abfindung für seine dreizehn Geschwister, andererseits wegen der Nachwirkungen des 1. Weltkriegs, v. a. der Inflation und des Verlustes wichtiger Absatzgebiete aufgrund der neuen Grenzziehungen. Dennoch vermochte Josef S., unterstützt von seinen Brüdern, dem Färbermeister Johann und Ferdinand S. (geb. Imst, 14. 10. 1853; gest. ebd., 15. 1. 1941), die Fa. zu erhalten. Da er kinderlos war, übernahm nach seinem Tod sein jüngerer Bruder, Thomas S. d. Ä., die Führung des Betriebs. Dessen Erbe trat sein Sohn KR Thomas S. d. J. (1896–1978) an, der zur Expansion und Modernisierung der Fa., die ihre Produkte unter dem Markennamen „Firn“ in die ganze Welt exportierte, wesentl. beitrug. Auch er war u. a. Imster Bgm. und hatte wichtige Wirtschaftsfunktionen inne.

L. (tw. auch für Josef S. d. J.): Neue Tiroler Stimmen, 18. 7. 1892; Bergland 10, 1928, Nr. 3, S. 31f., Neudruck in: Die Tiroler Ind. gestern und heute ..., 1988; H. Kuprian, in: Imster Buch, ed. R. Klebelsberg (= Schlern-Schriften 110), 1954, S. 361ff.; J. E. Tumler, Die Abg. zum Tiroler LT von 1861–1914, phil. Diss. Innsbruck, 1981; Stadtbuch Imst, red. P. Baeck, 1997, s. Reg. (m. B.); Tiroler LA, Innsbruck, Tirol.

(W. Meixner)

Stapf Otto, Botaniker. Geb. Perneck (OÖ), 23. 4. 1857; gest. Innsbruck (Tirol), 4. 8. 1933. – Sohn von Josef S. (s. u.). Nach Absolv. der Gymn. in Salzburg (1867–70), Linz (1870/71) und Wien (Schottengymn. 1871–75) stud. S. ab 1875 Botanik, Geol. und Mineral. an der Univ. Wien, u. a. bei Fenzl, A. Kerner v. Marilaun, H. W. Reichardt, A. Schrauf (alle s. d.) sowie Eduard Suess und Julius Wiesner; 1882 Dr. phil. Aufgrund seiner unveröff. Diss. „Die Krystalloide der Pflanzen“ holte ihn Kerner v. Marilaun 1882 als Ass. an das Botan. Inst. der Univ. Wien, wo S. mit systemat. Untersuchungen betraut wurde. I. d. F. wurde die Systematik S.s Spezialgebiet. 1885 wurde er für eine v. a. von J. E. Pollak (s. d.) finanzierte Sammelexpedition nach Persien beurlaubt; zurückgekehrt, mußte er feststellen, daß Kerner v. Marilaun nun Richard Wettstein v. Westersheim förderte. 1888 habil. sich S. für systemat. Botanik an der Univ. Wien, quittierte aber bereits 1889 seinen Dienst. Danach aushilfsweise Red. bei der Geograph. Ges. in Wien, ermöglichte ihm ein Stipendium 1890 den Besuch von botan. Gärten, Mus. und Inst. in Dtld., der Schweiz, Frankreich und Rußland. 1891 Ass. für Indien am Herbarium der Royal Botanical Gardens in Kew (London), 1899 principal ass., wurde S. 1909, seit 1905 brit. Staatsbürger, Leiter des Herbariums und der Bibl. in Kew. 1922 i. R., arbeitete er bis zu seinem Tod an diversen botan. Projekten weiter. Insbes. botanisierte er in den österr. Alpen und legte Smlgg. an, die heute in verschiedenen Herbarien v. a. in Wien und Kew aufbewahrt werden. S. beschrieb in rund 300 Veröff. 2.500 Taxa erstmals; ungezählt sind jene, die er in Florenbeitrr. (Indien, Südostasien, trop. und südl. Afrika etc.) einer Revision unterzog, wobei sein Spezialgebiet die Gräser waren. Den Gattungen Ephedra und Aconitum (in Indien) widmete S. Monographien. Sein Wirken fand in der Kollegenschaft breite Anerkennung: Über 120 Pflanzenarten wurden nach ihm benannt, acht Gattungen wurden ihm gewidmet, u. a. Stapfia R. Chodat (1897) und Stapfiophyton Hu-Lin Li (1944). 1977 wurde die Schriftenreihe „Stapfia“ nach ihm benannt. Als Mitgl. der Zoolog.-Botan. Ges. in Wien wurde er zweimal in den Ausschußrat gewählt, war 1908–16 Sekr., 1916/17 Vizepräs. der Linnean Society in London, 1914 k. M. der Wr. Akad. der Wiss., Mitgl. der Gartenbauges. in Wien sowie Ehrenmitgl. der Dt. Botan. Ges. 1927 erhielt er die Linnean Gold Medal, 1932 die goldene Veitch Memorial-Medal. Sein Vater, **Josef S.** (geb. 1819; gest. Reiterndorf bei Bad Ischl, OÖ, 11. 8. 1886), Oberbergwart, war ab 1864 bei der Saline in Hallstatt tätig und führte als Nachfolger von J. G. Ramsauer (s. d.) auch dessen prähist. Ausgrabungen mit Erfolg weiter.

W. (auch s. u. Degener; Turrill; Stafleu – Cowan, Taxonomic Literature; Speta, 2006): über 250 Beitrr. in wiss. Z. und Floren.

L.: Neueste Ztg., 15. 8. 1933 (A.); Innsbrucker Nachrichten, 22. 5. 1944; Almanach Wien 84, 1935, S. 241ff.; H. Degener, in: Bulletin of miscellaneous information 8, 1933, S. 369ff. (m. tw. W.); W. B. Turrill, in: Berr. der Dt. Botan. Ges. 52, 1934, S. 210ff. (m. B. u. W.); A. W. Hill, in: Journal of the Royal Horticultural Society 59, 1934, S. 127ff. (m. B.); A. B. Rendle, in: Chronica Botanica 1, 1935, S. 35ff.; F. A. Stafleu – R. S. Cowan, Taxonomic Literature 5 (= Regnum vegetabile 112), 1985, S. 839ff. (m. W. u. L.); F. Speta, in: Stapfia 34, 1994, S. 13f. (m. B.); ders., in: Phyton 40, 2000, S. 89ff.; J.-P. Frahm – J. Eggers, Lex. dt.sprachiger Bryologen, 2001 (m. B.); F. Speta, in: Linzer biolog. Beitrr. 38/1, 2006 (m. B. u. W.); AVA, UA, beide Wien; Pfarramt, Bad Ischl, OÖ. – Josef S.: C. Schraml, Das oö. Salinenwesen von 1818 bis zum Ende des Salzamtes im Jahre 1850 (= Stud.

zur Geschichte des österr. Salinenwesens 3), 1936, s. Reg.; Pfarramt, Bad Ischl, OÖ.

(F. Speta)

Stapf Thomas d. Ä., Techniker. Geb. Imst (Tirol), 4. 11. 1863; gest. ebd., 8. 3. 1922; röm.-kath. – Sohn von (Johann) Martin S. (s. d.), Bruder von Josef S. d. J. (s. u. [Johann] Martin S.). Nach Absolv. des Gymn. in Innsbruck stud. S. ab 1882 an der Montanist. Hochschule in Leoben. 1887 Ing., trat er als Techniker bei den Ferrerie di Udine ein, wo er an der Entwicklung mehrerer neuer Verfahren zur Hochofentechnik und Stahlgewinnung mitarbeitete. 1890 wechselte er zum Stahl- und Walzwerk San Giovanni di Valdagno in Pont San Martin im Valle d'Aosta, wo als techn. Neuerung u. a. ein Verfahren bei der Verkokung von Braunkohle gerichtet wurde und S. zum Dir. avancierte. 1899 wurde er von P. E. v. Schoeller (s. d.) nach Ternitz zum Dir., i. d. F. zum Gen.dir. der Ternitzer Stahl- und Eisenwerke von Schoeller & Co. berufen, wo er u. a. den Materialtransport zur Bahn mit elektr. Trolley einführte. Zwischen 1902 und 1911 meldete S. elf teils internationale Patente an, darunter für Neuerungen an Hochöfen (1902) und an Regenerativ-Gas-Schweiß- und Wärmeöfen sowie für deren Betriebsverfahren (1903). Die auf seine Erfindung zurückgehenden Verbesserungen für Siemens-Martin-Stahlwerke beim Gasgenerator (1905–06), der nach ihm S.-Generator benannt wurde, waren seine bedeutendsten Leistungen und wurden viele Dezennien angewandt. Weiters ließ sich S. u. a. seine Technol. zur Verbindung von Reifen und Radkörper bei Eisenbahnrädern (1904) und die Methode zur Befestigung der Kappe am Geschoß (1911) patentieren. 1912 i. R., kehrte er nach Imst zurück und arbeitete an weiteren techn. (Bahn-)Projekten. S. war Bergrat und Prüfungskoär. an der Montanist. Hochschule in Leoben und ließ 1902 eine heute denkmalgeschützte Villa in Imst erbauen. Nach dem Tod seines Bruders Josef S. d. J. übernahm S. die Leitung des Familienbetriebs in Imst, den er zu modernisieren begann.

W.: Einiges über Gas-Schweiß- und Wärmeöfen, in: Österr. Z. für Berg- und Hüttenwesen 52, 1904, Nr. 8; etc.

L.: Bergland 10, 1928, Nr. 3, S. 32, Neudruck in: Die Tiroler Ind. gestern und heute ..., 1988; H. Kuprian, in: Imster Buch, ed. R. Klebelsberg (= Schlern-Schriften 110), 1954, S. 361ff.; Stadtbuch Imst, red. P. Baeck, 1997, s. Reg.; Österr. Patent-Amt, Wien; Tiroler LA, Innsbruck, Tirol; UA, Leoben, Stmk.; Mitt. Sven Stapf, Imst, Tirol.

(M. Martischnig)

Starčević Ante, Politiker und Schriftsteller. Geb. Žitnik (Veliki Žitnik, Kroatien), 23. 5. 1823; gest. Agram (Zagreb, Kroatien), 28. 2. 1896. – Onkel von David und Mile S. (beide s. u.). Nach Gymn.besuch in Agram stud. S. 1843–45 Phil. an der dortigen Akad. der Wiss. und wurde Anhänger des nach Gleichberechtigung der Kroaten im Kg.reich Ungarn strebenden Illyrismus. Anschließend stud. er 1846–48 Theol. sowie hist.-philolog. Fächer an der Univ. Pest (1846 Dr. phil.). I. d. F. rückte S. vom illyr. Gedankengut ab, propagierte eine kroat. Ideol. und wandte sich gegen die von Karadžić (s. d.) vertretene moderne serb.-kroat. Schriftsprache. 1861–62 fungierte S. als Obernotar der Fiumer Gespanschaft und entwickelte daneben ein hist.-staatsrechtl. Programm zur Neuregelung der staatsrechtl. Beziehungen Kroatiens mit Österr. und Ungarn. Im 1861 einberufenen kroat. LT (Sabor) wollten S. und E. Kvaternik (s. d.) als Gründer der kleinbürgerl. kroat. Rechtspartei Hrvatska stranka prava keine rechtl. Verbindung mit Ungarn oder Österr. anerkennen. Nach einer kurzen Haft wegen aufrührer. Reden (1863) wurde S. 1865 wieder in den Sabor gewählt und bekämpfte die Nationalpartei Narodna Stranka mit ihrem austroslaw. Programm sowie die Anerkennung der Serben als Nation auch mit publizist. Mitteln. Nach dem mißglückten Aufstandsversuch Kvaterniks 1871 und neuerl. kurzer Haft trat S. erst wieder 1876 im Zusammenhang mit dem Aufstand in Bosnien und der Herzegowina mit der Forderung einer Autonomie für die dortige südslaw. Bevölkerung an die Öffentlichkeit. Hatte S. vor 1870 auf die Unterstützung Frankreichs zur Realisierung seiner großkroat. Ziele gehofft, so wandte er sich 1877/78 dem im russ.-türk. Krieg siegreichen Rußland zu, was zur Modifizierung seiner ablehnenden Haltung gegenüber dem Slawismus führte. 1878 wurde S. nach einer Neukonstituierung der Rechtsbewegung in den Sabor gewählt, doch führte eine scharfe Opposition gegen den rigoros durchgreifenden Banus Khuen-Héderváry (s. d.) 1887 zur völligen Niederlage seiner Partei, in der nun Josip Frank (s. d.), der die kroat. Frage mit Hilfe Wiens – also im Widerspruch zu S.' früheren Konzepten – lösen wollte, die Führung übernahm. 1895 spaltete sich die Reine Rechtspartei Čista stranka prava – mit S.' Unterstützung – unter Franks Führung von der Rechtspartei ab. Obwohl zu ihrer Zeit nicht erfolgreich, schuf S.' Ideol. aus hist. Sicht die Basis für eine nationale Integration. Schon früh literar. und journalist. tätig, verf. S. mehrere Dramen, aber auch Kritiken, Rezensionen und satir. Artikel. Eine wichtige Rolle innerhalb der Rechtspartei spielte sein äußerst eloquenter und auch von den Gegnern geachteter Neffe **David S.** (geb. Žitnik, 1840; gest. Jastrebarsko, Kroatien, 18. 11. 1908). Dieser wurde nach dem Rechtsstud. an den Univ. Graz und Pest (Dr. jur. 1870) und anschließender Tätigkeit als Supplent am Agramer Gymn. 1871 im Rahmen des Kvaternik-Aufstands verhaftet. 1881 errichtete er eine Anwaltskanzlei in Jastrebarsko und wurde Mitte der 80er Jahre in den Sabor gewählt. Nach einer neuerl., auf Intrigen beruhenden Verhaftung und Verurteilung zu zwei Jahren Gefängnis (1887) war er ab 1896 erneut LT-Abg. Bei der Spaltung der Rechtspartei zählte er anfängl. zu den Gegnern Franks, näherte sich aber dann wieder dessen polit. Linie, um sich bald darauf aus dem polit. Leben zurückzuziehen. Ein weiterer Neffe S.', **Mile S.** (geb. Žitnik, 28. 9. 1862; gest. Agram, 10. 3. 1917), stud. Jus in Agram, wurde 1892 als Mitgl. der Rechtspartei in den Sabor gewählt und erwies sich dort vorerst als Anhänger der Konzeption Franks. In der Reinen Rechtspartei sicherte er sich wie sein Onkel, der in ihm auch seinen polit. Erben sah, eine führende Position. I. d. F. konnte Mile S. jedoch sein Ziel eines selbständigen Kroatien nicht durchsetzen. 1908 kam es zwischen ihm und Frank, der den absolutist. Kurs des Banus P. Rauch (s. d.) unterstützte, zum Bruch. Mile S. gründete die Starčevićeva Stranka prava, die Ante S.' Ideol. in abgeschwächter Form vertrat und im 1. Weltkrieg eine südslaw. Staatengemeinschaft anstrebte. Allerdings konnte sich Mile S. aus gesundheitl. Gründen an den Parteiaktivitäten kaum mehr beteiligen.

W.: Djela, 3 Bde., 1893–94; Izabrani spisi, 1943; Poltički spisi, 1943; Misli i pogledi, 1971; Književna djela, 1995; Govori, 1996ff.; etc.

L.: *Biograph. Lex. Südosteuropas; Enc. Jug. (m. B. u. L.); Wurzbach; Znam. Hrv. (m. B.); Narodna enc. srpsko-hrvatsko-slovenačka 4, 1929; A. Cezarec, Kriza stranka prava i naši „komunari" 1871, 1951; A. Flaker, in: Historijski Zbornik 7, 1954, S. 85ff.; V. Bogdanov, Historija političkih stranaka u Hrvatskoj od prvih stranačkih grupiranja do 1918, 1958; V. Oštrić, in: Časopis za suvremenu povijest 4, 1972, S. 201ff. (m. L.); M. Gross, ebd., S. 25ff.; dies., Povijest pravaške ideologije, 1973, s. Reg.; W. D. Behschnitt, Nationalismus bei Serben und Kroaten 1830–1914, 1976, s. Reg.; M. Artuković, Ideologija srpsko-hrvatskih sporova, srbobran 1884–1902, 1991; M. Gross, Die Anfänge des modernen Kroatien (= A. Gindely-R. zur Geschichte der Donaumonarchie und Mitteleuropas 1), 1993, s. Reg.; I. Frangeš, Geschichte der kroat. Literatur, 1995, S. 892f. (m. W. u. L.); H. Matković, Suvremena politička povijest Hrvatske, 1995, S. 14ff.; I. Strižić, Hrvatski portreti, 2. Aufl. 1996, S. 7ff.; A. S. i njegovo djelo, ed. D. Jelčić – T. Sabljak, 1997. – David S.: Enc. Jug.; Wurzbach (s. u. Anton S.); Znam. Hrv. (m. B.). – Mile S.: NFP, 11. 3. 1917; Biograph. Lex. Südosteuropas; Enc. Jug.; Znam. Hrv.; Narodna enc. srpsko-hrvatsko-slovenačka 4, 1929; J. Horvat, Politička povijest Hrvatske, 1936; Povijest hrvatskog naroda 1860–1914, 1968; M. Gross, Povijest pravaške ideologije, 1973, s. Reg. (m. B.).*

(M. Stoy)

Starck Johann Anton Frh. von, Großindustrieller, Bergwerksunternehmer und Gutsbesitzer. Geb. Graslitz, Böhmen (Kraslice, Tschechien), 4. 12. 1808; gest. Tschemin, Böhmen (Čeminy, Tschechien), 22. 5. 1883; evang. AB. – Sohn von Johann David v. S. (s. d.). S. besuchte das dt. Gymn. in Pilsen (Plzeň), stud. an der TH in Prag und erhielt in Leipzig und Berlin seine weitere wiss.-techn. Ausbildung. Ab 1828 war er in den Ind.- und Bergbauunternehmen seines Vaters, der Fa. Joh. Dav. Starck, tätig, deren Leitung S. 1829 übernahm. Wie schon sein Vater erwies auch er sich als weitblickender Unternehmer, dessen Erfolgsgeheimnis darin bestand, daß er unrentable Betriebe rechtzeitig abstieß und an anderer Stelle neue errichten ließ. Er erwarb zu den bereits vorhandenen noch weitere Kohlengruben, etwa in Břas (Břasy), sowie Oleum-Hütten ebenfalls in Břas, wo er – ebenso wie in Unterreichenau (Dolní Rychnov) – die ersten Glasfabriken mit Kohlefeuerung in Österr. errichten ließ; außerdem erzeugte er hier erstmals in Böhmen Kunstdünger. Er kaufte die Güter Tschemin, 1840, und Stienowitz (Štěnovice), 1851, und führte dort die Phosphatdüngung ein. S. beteiligte sich auch an internationalen Produktenausst.; aus Anlaß seiner herausragenden Beteiligung an der Wr. Weltausst. 1873 wurde er in den Frh.-stand erhoben (1874). S., der für die Arbeiter seiner Fabriken sog. Bruderladen zur Unterstützung im Krankheitsfall, Konsumver. und dt. Schulen errichten ließ, trat auch im öff. Leben hervor: Kammerrat der Pilsner HK, wurde er von dieser 1861–66 in den böhm. LT entsandt, 1861–67 war er auch dt.-liberaler RR-Abg., ab 1869 Mitgl. des HH auf Lebenszeit und befaßte sich in diesen Gremien v. a. mit wirtschaftl. Fragen. Nach seinem Tod wurde die Fa. 1885 in die Montan- u. Industrialwerke, vormals Joh. Dav. Stark AG umgewandelt. Zu diesem Zeitpunkt beschäftigte das Unternehmen 102 Angestellte und rund 6.000 Arbeiter.

L.: *Bohemia, 23.–26. 5. 1883; DBE; Egerländer Biograf. Lex. 2; Exner, Gewerbe und Erfindungen, S. 104ff.; Hahn, 1873, 1879; Lišková; Wurzbach (s. u. Johann David v. S.); A. Prochaska, Die Fa. Joh. Dav. S. und ihre*

Berg-, Mineral-Werke und Fabriken, 1873, bes. S. 7f.; K. Rößler, in: Mitt. des Ver. für Geschichte der Dt. in Böhmen 12, 1874, S. 232f.; Sudetendt. Lebensbilder, ed. E. Gierach, 2, 1930, S. 300ff. (m. B.); H. Theisinger, Aus dem Egerland. Falkenau Stadt und Land, 1983, S. 381.

(J. Mentschl)

Starck Johann David von, Großindustrieller und Bergwerksunternehmer. Geb. Graslitz, Böhmen (Kraslice, Tschechien), 1. 5. 1770; gest. Prag, Böhmen (Praha, Tschechien), 10. 11. 1841; evang. AB. – Sohn des Geschäftsmanns Josef Karl (1728–1807), Bruder von Friedrich Karl S. (geb. Graslitz, 14. 9. 1773; gest. ebd., 1828), der 1822 die erste Baumwollspinnerei mit Handbetrieb in Graslitz errichtete, Vater von Johann Anton Frh. v. S. (s. d.). S. arbeitete ab seinem 14. Lebensjahr in der Branntweinbrennerei und (Gemischtwaren-)Handlung seines Vaters. Auf Reisen zu den Märkten in Sachsen soll er die Musselinweberei kennen gelernt haben, was dazu führte, daß er in Graslitz eine kleine, bald expandierende Weberei gründete, die den Grundstock für sein späteres Vermögen bilden sollte. I. d. F. widmete sich S. jedoch der chem. Ind., und hier v. a. der Herstellung von Oleum, einem Produkt, das in verschiedensten Gewerbesparten, u. a. als Beize in Kattunfabriken, Verwendung fand. 1792 pachtete S. das aufgelassene Messingwerk in Silberbach (Stříbrná), wo er die erste Oleum-Hütte in Österr. errichtete, 1802 erwarb er das Mineralwerk in Hromitz (Hromnice), das ihm das Rohprodukt der Oleum-Erzeugung, den Vitriolstein, lieferte. 1808–10 erbaute er weitere Oleum-Hütten in dem nach ihm benannten Davidsthal (Davidov) bei Falkenau (Sokolov) – wo erstmals (Braun-)Kohle zur Feuerung in einer Fabrik verwendet wurde – sowie in einer Reihe anderer böhm. Orte. In Altsattl (Staré Sedlo) ließ er ein Alaunwerk errichten und die erste im Bergbau Böhmens verwendete Dampfmaschine aufstellen. 1826 errichtete er das Werk in Břas (Břasy), vereinigte dort seine Oleum-Produktion, die nicht nur für viele von ihm belieferte Gewerbezweige aufgrund der günstigen Kostenstruktur Bedeutung erlangte, sondern der Fa. auch eine hervorragende Stellung auf dem Weltmarkt sicherte. Um auf dem Brennstoffsektor autark zu sein, erwarb S. auch Bergwerke bzw. Braunkohlefelder. Für die Herstellung des für die Oleum-Erzeugung nötigen, bis dahin importierten, Tongeschirrs ließ er ab 1797 eigene Tonwarenfabriken u. a. in Břas, Davidsthal etc. errichten. 1829 übergab S., der rund um die Oleum-Erzeugung ein bedeutendes Firmenimperium von Zulieferind. aufgebaut hatte, die Leitung der Betriebe an seinen Sohn und lebte danach meist in Prag. 1837 wurde er für seine Verdienste um die Entwicklung der chem. Ind. in Böhmen nob.

L.: DBE; Egerländer Biograf. Lex. 2; Exner, Gewerbe und Erfindungen, S. 104ff.; Slokar; Wurzbach; A. Prochaska, Die Fa. Joh. Dav. S. und ihre Berg-, Mineral-Werke und Fabriken, 1873, bes. S. 4ff. (m. B.); Heimatskde. des polit. Bez. Falkenau, 1898, passim; Sudetendt. Lebensbilder, ed. E. Gierach, 2, 1930, S. 297ff. (m. B.); H. Theisinger, Aus dem Egerland. Falkenau Stadt und Land, 1983, S. 380f.; F. Hantschel, Biographien dt. Industrieller aus Böhmen, o. J.

(J. Mentschl)

Stare Josip, Historiker, Schriftsteller und Lehrer. Geb. Laibach, Krain (Ljubljana, Slowenien), 16. 10. 1842; gest. ebd., 13. 5. 1907; röm.-kath. – Sohn eines Händlers, Neffe des Bauunternehmers Miha S., der u. a. den Südbahnhof in Laibach errichtete. S. stud. 1862–66 an der Univ. Prag Slawistik, Geschichte und Geographie und war ab 1867 als Supplent in Esseg (Osijek) tätig. Ab 1870 unterrichtete er an verschiedenen Gymn., zunächst in Požega, ab 1872 in Warasdin (Varaždin), ab 1878 in Agram sowie 1881–82 in Bjelovar, und leitete 1897–1904 das Realgymn. und die Höhere Handelsschule in Agram. 1894–97 fungierte er als Referent für Kultus und Unterricht bei der Landesregierung in Agram. Neben seiner schul. Tätigkeit trat S. mit hist. Werken hervor, so publ. er in der Reihe „Die Völker Österreich-Ungarns“ den Bd. „Die Kroaten im Königreiche Kroatien und Slawonien“, 1882. Bes. Bedeutung erlangte er v. a. durch seine mehrbändige populärwiss. Darstellung „Občna zgodovina za slovensko ljudstvo“, 1874–91, der bis heute einzigen Universalgeschichte eines slowen. Autors. Er war einer der Gründer des Ver. Dramatično društvo in Laibach und übers. selbst mehrere Theaterstücke aus dem Tschech. ins Slowen. Als Mitarb. zahlreicher slowen. („Novice“, „Slovan“, „Slovenec“ oder „Ljubljanski Zvon“), aber auch kroat. („Vienac“) Ztg. und Z. verf. er unter dem Einfluß von Goethe und Schiller, später von Turgenjev, A. Šenoa und Kersnik (beide s. d.) zahlreiche romant.-realist. Novellen und Erz. mit Motiven aus dem bürgerl. Leben Prags, Laibachs und Agrams, denen auch eigene Erinnerungen zugrunde lagen. Polit. trat S., der von den Ideen Bischof Josip Jurai Strossmayers und Račkis (s. d.) beeinflußt wurde, für die Zusammenarbeit von Slowenen und Kroaten ein.

W.: s. u. SBL.
L.: Enc. Jug.; SBL (m. W. u. L.); Enc. Slovenije 12, 1998.

(F. Rozman)

Stárek (Sztarek) Ľudovít (Ludwig), Seelsorger und Historiker. Geb. Preßburg, Ungarn (Bratislava, Slowakei), 30. 3. 1803; gest. Trentschin, Ungarn (Trenčín, Slowakei), 22. 3. 1863; röm.-kath. – S. stud. Theol. in Neutra (Nitra), empfing 1826 die Priesterweihe und war danach als Kaplan und ab 1830 als Präfekt des Waisenhauses in Sillein (Žilina) tätig. 1836 Tit.Domherr von Neutra, wirkte er ab 1845 als Pfarrer und Dechant in Trentschin. 1855 fungierte S. dort auch als Gymn.dir. und wurde außerdem Tit.Abt. Aufgrund seines Interesses für Geschichte übernahm S. die Ordnungsarbeiten in den Stadtarchiven von Sillein und Trentschin. Er verf. außerdem eine Geschichte von Sillein, die von A. Lombardini (s. d.) aus dem Latein. übers. und hrsg. wurde, sowie eine Arbeit zur Geschichte der Stadt Trentschin und seiner Burg und förderte den Kult der Hll. Svorad und Benedikt, die in der Umgebung von Trentschin gelebt hatten. 1852 entdeckte er eine röm. Inschrift in Trentschin aus der Zeit Marc Aurels, deren Inhalt er gem. mit Theodor Mommsen analysierte. S. gehört zu den ersten slowak. Historikern.

W.: Der Wegweiser in der Trentschiner Burg-Ruine und Umrisse der Geschichte der k. Freistadt und Burg Trentschin, 1852; Historia Sodalidatum B. Mariae Virginis, 1855; Historia civitatis Solna ex actis archivi exarata et deducta, Ms., ed. A. Lombardini, 1874; zahlreiche Beitrr. in den Z. Cyrill a Method, Slovenský Letopis, Katolícke Noviny, Lumír, Živena; etc.

L. (auch s. u. Sztarek): Enc. Slovenska; Rizner; Szinnyei; Wurzbach; Pešťbudínske vedomosti 3, 1863, Nr. 28, S. 1f.; Vlastivedný časopis 17, 1968, S. 47; Slovenský biografický slovník 5, 1992 (m. L.).

(I. Chalupecký)

Starhemberg Anton Gundakar Gf. von, Offizier. Geb. Brünn, Mähren (Brno, Tschechien), 26. 3. 1776; gest. Schloß Bergheim (OÖ), 12. 10. 1842. – Sohn des Großgrundbesitzers Franz Gundakar Gf. v. S. (1747–1804), Onkel von Camillo Rüdiger Fürst v. S. (s. d.). S. trat 1794 als Unterlt. bei der Kav. ein, machte die Feldzüge gegen Frankreich mit, wurde 1796 in einem Gefecht an der Rench schwer verwundet und nahm 1799 an der Okkupation des Kirchenstaats und der Toskana teil. 1800 Rtm., quittierte er 1804 den Dienst, um sein väterl. Erbe anzutreten. Schon 1805 als Mjr. beim Husarenrgt. 8 und als Flügeladj. des Rgt.inhabers Kienmayer (s. d.) wiedereingestellt, focht er bei Austerlitz (Slavkov u Brna) und nahm danach an den Friedensverhh. zu Preßburg teil. Für seine Leistung bei Aspern 1809 wurde er Obst. und Kmdt. des Husarenrgt. 10, mit dem er bei Dt.-Wagram zum Einsatz kam. 1813 außertourl. zum GM befördert, erhielt er das Kmdo. einer Brig. bei der innerösterr. Armee, mit der er Antl. an der Rückeroberung Illyriens sowie an den Erfolgen GM Nugents in Oberitalien 1813/14 hatte. Für seine Teilnahme an der Schlacht bei Rovigo im Dezember 1813, in der er sich gegen einen vierfach überlegenen Feind behaupten konnte, wurde er mit dem Ritterkreuz des MMTO ausgez. 1815 nahm er als Brig.führer am Feldzug gegen Neapel, u. a. an der Schlacht von Tolentino, teil, wofür er mit dem Leopold-Orden dekoriert wurde. 1817 wurde S. i. d. R. versetzt, vermutl., weil er als Stadtkmdt. von Livorno eigenmächtig ein Proviantschiff beschlagnahmt, die Waren verkauft und von dem Erlös seine Brig. ausgerüstet hatte. S. war auch Mitgl. der k. k. Landwirtschafts- und Gartenbau-Ges. sowie des Inst. für erwachsene Blinde in Wien, war ferner Obst.-Erblandmarschall in Österr. ob und unter der Enns und Majoratsherr ausgedehnter Besitzungen in OÖ und Ungarn.

L.: Hirtenfeld; Wurzbach; Neuer Nekrolog der Dt. 20, 1842, Tl. 2, 1844, S. 1041ff.; L. v. Welden, Der Krieg der Österr. in Italien, 1853, passim; Licht- und Schattenbilder aus dem Soldatenleben und der Ges., 1876, S. 14ff.; G. vom Holtz, Die innerösterr. Armee 1813 und 1814 (= 1813–1815. Österr. in den Befreiungskriegen 4), 1912, bes. S. 45ff., 67, 75f., 93ff., 145f., 149ff.; A. Veltzé, Krieg gegen Neapel 1815 (= ebd. 9), 1914, bes. S. 28 (B.), 42ff., 51, 85ff.; KA, Wien.

(A. Schmidt-Brentano)

Starhemberg Camillo Heinrich Fürst von, Großgrundbesitzer, Politiker und Funktionär. Geb. Cilli, Stmk. (Celje, Slowenien), 31. 7. 1835; gest. Wien, 3. 2. 1900; röm.-kath. – Sohn aus erster Ehe von Camillo Rüdiger (s. d.), Vater von Ernst Rüdiger Fürst v. S. (s. u.), Schwiegervater von Franziska Fürstin v. S. (s. d.); ab 1860 verehel. mit Sophie Reichsgfn. v. Sickingen-Hohenburg (geb. Prag, Böhmen / Praha, Tschechien, 13. 8. 1842; gest. Bad Ischl, OÖ, 23. 5. 1913), 1876 geschieden, 1890 kam es zu einer Wiedervereinigung. S., der ab 1855 kurze Zeit in der Armee gedient hatte, widmete sich früh der Politik und war als Liberaler 1870–74 LT-, 1871–72 RR-Abg. Nach dem Tod seines Vaters, 1872, übernahm er dessen HH-Sitz. In seiner „Jungfernrede“ im HH 1873 urgierte S. eine sozial gerechtere Wahlreform, was ihm den Titel „rote Durchlaucht“ eintrug. Wirtschaftl. Probleme zwangen S., sein polit. Wirken einzuschränken und den größten Tl. des Allodialbesitzes zu verkaufen. Er bereiste 1875/76 Nord- und Mittelamerika, kehrte nach erfolgter finanzieller Konsolidierung wieder auf das polit.

Parkett zurück und schloß sich der Verfassungspartei an. 1892 kam er in Kontakt mit Berta Freiin v. Suttner, für deren Ideen er sich einsetzte, doch gelang es ihm kaum, in der Hocharistokratie Mitstreiter für sie zu gewinnen. S. war auch in diversen industriellen und landwirtschaftl. Gremien vertreten, etwa als Präs. der Waffenfabrik Steyr, Verwaltungsrat der Allg. österr. Boden-Credit-Anstalt in Wien, Protektor und 1872–73 Präs. des Linzer Trabrennver., Obmann des Direktoriums des Wr. Trabrennver., Präs. des Schutzver. der Jagd und Fischerei sowie des Ver. zur Hebung der Pferdezucht OÖ. 1896 Geh. Rat. 1898 schenkte er Schloß Hartheim bei Eferding, das später als nationalsozialist. Euthanasie-Vernichtungslager dienen sollte, dem Oö. Landeswohltätigkeitsver. als Heim für Behinderte. Nach seinem Tod übernahm sein Sohn **Ernst Rüdiger Fürst v. S.** (geb. Schloß Bergheim, OÖ, 30. 11. 1861; gest. Schloß Auhof/Linz, OÖ, 16. 11. 1927; röm.-kath.) den Fideicommiß und den Sitz im HH. Er widmete sich v. a. der Verwaltung seiner Güter, sah sich allerdings mit beträchtl. Schulden konfrontiert. Ab 1902 war er als kath.-konservativer Mandatar auch Mitgl. des oö. LT. Während des 1. Weltkriegs war er dem Kriegsmin., u. a. als Adj. des Ministers, zugeteilt, zuletzt im Rang eines Obst. Er erfuhr eine Reihe von Ausz., u. a. Ritter des Ordens vom Goldenen Vlies (1907) und Geh. Rat (1908). Ernst Rüdiger war ein bekannter Sportsmann, dem bes. die Pferdezucht und der Pferdesport am Herzen lagen; er war Präs. des Wr. Trabrennver., Protektor und Ehrenpräs. des Trabrennver. Linz und Präs. des Jockeyklubs Wien. Zudem war er Präs. des Verwaltungsrats des Heim. Holzverbands für OÖ und Sbg. Wie seine Gattin Franziska, mit der er ab 1898 verehel. war, war auch Ernst Rüdiger karitativ tätig.

L.: NFP, 3. (A.), Linzer Volksbl. für Stadt und Land, 4., 6., 10., Tages-Post (Linz), 4., 9. 2. 1900; Hahn, 1873; Wurzbach; J. M. K(aiser), Reise ... des Fürsten C. H. v. S. in den Vereinigten Staaten von Nord-Amerika, in Cuba und Mexiko ..., 1876; G. Kolmer, Das neue Parlament (= Parlamentar. Jb. 5), 1897, S. 125f.; B. v. Suttner, Memoiren, 1909, s. Reg.; H. Slapnicka, OÖ – Die polit. Führungsschicht 1861–1918 (= Beitrr. zur Zeitgeschichte OÖ 9), 1983. – Ernst Rüdiger Fürst v. S.: Linzer Volksbl. ..., 17., 19. (m. B.), 22., Tages-Post (Linz), 18., 19. 11. 1927; H. Slapnicka, OÖ – Zwischen Bürgerkrieg und Anschluß (= Beitrr. zur Zeitgeschichte OÖ 2), 1975, s. Reg.; ders., OÖ – Die polit. Führungsschicht 1861–1918 (= ebd. 9), 1983.

(H. Slapnicka)

Starhemberg Camillo Rüdiger Fürst von, Offizier, Politiker und Sammler. Geb. Preßburg, Ungarn (Bratislava, Slowakei), 9. (8.) 9. 1804; gest. Wien, 9. 6. 1872; röm.-kath. – Sohn des Off. Karl Gundakar Gf. v. S. (geb. Brünn, Mähren / Brno, Tschechien, 27. 5. 1777; gest. Linz, OÖ, 3. 10. 1859), der 1809 als österr. Emissär die Kapitulation an Napoleon I. nach Schönbrunn überbrachte, Neffe von Anton Gundakar Gf. v. S., Vater von Camillo Heinrich Fürst v. S. (beide s. d.), Großvater von Ernst Rüdiger Fürst v. S. (s. u. Camillo Heinrich Fürst v. S.). S. besuchte das Klinkowströmsche Inst. in Wien und trat 1823 als Kadett in das Chevauxlegerrgt. 7 ein, 1824 Lt., 1825 zum IR 27 übersetzt. 1831 Oblt., machte er den Feldzug in Italien mit. 1833 in Graz bei einer Brandbekämpfung schwer verletzt, mußte er den Dienst quittieren und lebte i. d. F. in Graz und Wien, ab 1840 in Linz. 1837 Kämmerer, 1841 Ausschußrat bei der oö. Landtafel. 1848 trat S. in die Nationalgarde ein, reiste im März mit einer ständ. Deputation an den Wr. Hof, im Mai gehörte er zu denjenigen, die den K. zur Rückkehr nach Wien zu bewegen versuchten. Bei der Abstimmung der Ständeversmlg. über die ständ. Privilegien im Juli konnte er durch seine Gegenstimme die meisten seiner Standesgenossen für deren Abschaffung gewinnen und gehörte dann auch dem wenige Tage später neu konstituierten LT an. Im August 1848 wurde er in das Verordneten-Kollegium gewählt, mußte die Stelle jedoch im darauffolgenden Jahr aus gesundheitl. Gründen zurücklegen. 1859 gelangte er durch den Tod seines Vaters in den Besitz des Fideikommisses, durch den Tod seines Verwandten Georg Adam Fürst v. S., 1860, auch in den der Fürstenwürde, womit die Starhembergschen Linien wieder vereinigt wurden. 1861 erbl. Mitgl. des HH, 1863 Geh. Rat. S. entfaltete auch eine reiche Sammlertätigkeit, insbes. von Militaria und militär. Bildnissen.

L.: WZ, 10., NFP, 11., 26. 6. 1872; Hahn, 1867; Wurzbach (auch zu Karl Gundakar Gf. v. S.).

(E. Lebensaft – Ch. Mentschl)

Starhemberg Franziska (Fanny) Fürstin von, geb. Gfn. Larisch v. Moennich, Politikerin und Funktionärin. Geb. Wien, 24. 10. 1875; gest. Bad Darkau, Dt. Reich (Karviná, Tschechien), 27. 4. 1943; röm.-kath. – Tochter von Eugen Gf. Larisch v. Moennich und Gabriele, geb. Deym Gfn. v. Stříték, Schwiegertochter von Camillo Heinrich Fürst v. S. (s. d.), Mutter des Heimwehrführers und Vizekanzlers Ernst Rüdiger Fürst v. S. (1899–1956), Schwiegermutter von N. Gregor (s. d.), ab 1898 verehel. mit dem Großgrundbesitzer und Politiker Ernst Rüdiger Fürst v. S. (s. u. Camillo Heinrich Fürst v. S.). Früh verwaist, wurde S. unter der Vormundschaft ihres Onkels Ferdinand Deym Gf. v. Střítež erzogen und nahm bereits in ihrer Jugend am Hofleben teil. Nachdem ihr Gatte das Majorat angetreten hatte und i. d. F. mit beträchtl. Schulden konfrontiert war, mußte S., die selbst zahlreiche Besitzungen geerbt hatte, zur finanziellen Sanierung beitragen. Ab der Jh.wende begann sie sich karitativ zu engagieren. Sie initiierte 1902 eine Smlg. für den Neubau des Isabellen-Kinderspitals in Linz, war ab 1904 im Rahmen des Frauenhilfsver. vom Roten Kreuz in OÖ, zunächst beim Zweigver. Wels, ab 1909 beim Zweigver. Eferding, dem sie auch vorstand, tätig. Während des 1. Weltkriegs stellte S. ihre Besitzungen in Eferding und Linz zur Betreuung Verwundeter zur Verfügung. 1916 wurde sie Präs. des Frauenhilfsver. vom Roten Kreuz in OÖ, 1919 Ausschußmitgl. der Österr. Ges. vom Roten Kreuz, war 1921 Delegierte beim Weltkongreß des Roten Kreuzes in Genf sowie 1923–34 Vizepräs. des Landeshilfsver. vom Roten Kreuz. Ihr polit. Engagement begann 1914 als Leiterin der von ihr gegr. Kath. Frauenorganisation OÖ; 1925 stieg sie zur Präs. der Reichs-Frauenorganisation Österr. auf. 1919–34 war S. Mitgl. der oö. Landesparteileitung und stellv. Vors. der Reichsparteileitung der CSP, wo sie dem Flügel um Seipel (s. d.) zugerechnet wurde. Eine Kandidatur für den österr. Nationalrat wurde ihr 1920 parteiintern verwehrt, sie wurde stattdessen in den Bundesrat delegiert, dem sie 1920–31 angehörte; 1931 verweigerte ihr der LT-Klub allerdings die neuerl. Nominierung. S.s gute Beziehungen zur Heimwehr verschlechterten sich gegen Ende der 20er Jahre, ebenso wie auch ihr Sohn Ernst Rüdiger, dessen Karriere sie zunächst durch ihre Beziehungen zu fördern versucht hatte, zu ihr auf Distanz ging. S. wurde 1934 von der Regierung Dollfuß in die Delegation für den Völkerbund berufen und mit der Leitung des Frauenreferats in der Vaterländ. Front betraut. Nach dem „Anschluß" 1938 kurzzeitig inhaftiert, verbrachte sie ihren Lebensabend auf ihren schles. Besitzungen.

L.: F. Pesendorfer, OÖ im Weltkrieg, 1917, S. 51ff., 81ff.; E. Rieger, Fürstin F. S., 1935 (m. B.); H. Deutsch, F. Fürstin S., phil. Diss. Wien, 1967 (m. B.); H. Slapnicka, OÖ – Zwischen Bürgerkrieg und Anschluß (= Beitrr. zur Zeitgeschichte OÖ 2), 1975, s. Reg.; ders., OÖ – Die polit. Führungsschicht 1918–38 (= ebd. 3), 1976; I. Schöffmann, in: Zeitgeschichte 11, 1984, S. 358f.; R. Stepan, in: Christl. Demokratie 2, 1984, S. 239ff.

(H. Slapnicka)

Starhemberg Ludwig Fürst von, Diplomat. Geb. Paris (Frankreich), 12. 3. 1762; gest. Dürnstein (NÖ), 2. 9. 1833. – Sohn des k. Botschafters Georg Adam Fürst v. S. (1724–1807). S. verbrachte seine Kindheit in Paris, Wien und Brüssel und wurde von Privatlehrern erzogen. Später stud. er an der Univ. Löwen Jus. Ende 1786 kam er nach Österr. und begann 1790 seine diplomat. Karriere am Zarenhof in Moskau. Nach Wien zurückgekehrt, erhielt er den Posten eines ao. Gesandten und bevollmächtigten Ministers im Haag. S. wurde 1793 als Nachfolger von J. Ph. K. Gf. v. Stadion-Warthausen (s. d.) nach London berufen, wo er eine enge Verbindung zwischen Österr. und England aufbauen sollte, insbes. um den gem. Feind Frankreich in die Schranken zu weisen. Um einen dauerhaften Frieden in Europa zu sichern, strebte S. eine möglichst enge Allianz zwischen Österr., Preußen, Rußland und England an. Seine polit. Ansichten waren vom Vorbild Englands und einer konstitutionellen Monarchie geprägt. Als 1807 wegen des für Preußen und Rußland unglückl. Ausgangs des Kriegs eine Wende im polit. Europa deutl. wurde, mußte S. im Sinne Österr. zwischen Frankreich und England vermitteln, doch wurden, da letzteres unnachgiebig war, vom Wr. Hof die diplomat. Beziehungen abgebrochen. Gleichzeitig gelang es ihm jedoch, die Verhh. bezügl. der Zahlung von Subsidien und Gewährung von Anleihen mit dem Londoner Kabinett im Sinne Stadions abzuschließen. Als nach dem Frieden von Schönbrunn die diplomat. Verbindung zu England neuerl. abgebrochen werden mußte, wurde S. Anfang 1810 nach Österr. zurückbeordert. Während der Folgejahre auf seinen Besitzungen in Disponibilität, war S. am Wr. Kongreß zwar anwesend, spielte aber keine polit. Rolle. 1815 ging er über Mailand nach Turin, um den Wr. Hof im Kg.reich Sardinien zu vertreten. 1820 sollte er als Gesandter nach Madrid wechseln, was der Ausbruch der Revolution in Spanien verhinderte. Nach Österr. zurückgekehrt, verbrachte S. seine restl. Lebensjahre als Privatmann. Er war literar. und mus. interessiert, verf. französ. Ged. und spielte ausgezeichnet Flöte. S. stand den Strömungen seiner Zeit sehr aufgeschlossen gegenüber, gründete in Wien Herrenclubs nach engl. Vorbild und gehörte der Freimaurerloge „Zur Neugekrönten Hoffnung" an. S. legte eine Smlg. engl. Graphik an. 1797 Geh. Rat, 1802 Ritter des Ordens vom Goldenen Vlies, folgte er 1807 seinem Vater in der Fürstenwürde und erbte dessen umfangreiche Besitzungen, lebte aber nach 1820 in relativ bescheidenen finanziellen Verhältnissen.

L.: ADB; Wurzbach; J. Schwerdling, Geschichte des ... Hauses S., 1830; A. Thürheim, Briefe des Gf. Mercy-Argenteau ... an ... Gf. L. S., 1884; ders., L. Fürst S., 1889; G. Heilingsetzer, in: Mitt. des Oö. LA 13, 1981, S. 249ff.; D. P. Varma, in: The Illustrated London News, Christmas 1983, S. 67f.; G. Heilingsetzer, in: MÖStA 40, 1987, S. 158ff.; ders., Oberösterreicher 6, ed. A. Zauner u. a., 1988, S. 21ff. (m. L.); HHStA, Wien; Oö. LA, Linz, OÖ.

(M. Martischnig)

Starhemberg Nora Fürstin von, s. **Gregor** Nora

Gest. 20. 1. 1949; Korrektur zu Bd. 2: nach Mitteilung der Familie kein Selbstmord.

Stariha Janez Nep., Bischof und Missionar. Geb. Sodinsdorf, Krain (Sadinja vas, Slowenien), 12. 5. 1845; gest. Laibach, Krain (Ljubljana, Slowenien), 15. 12. 1915; röm.-kath. – Sohn eines Kleinbauern. S. besuchte 1858–66 das Gymn. in Neustadtl (Novo mesto), wurde 1866 zur Südarmee eingezogen und erhielt nach der Schlacht bei Custoza die silberne Tapferkeitsmedaille. Da er Priester werden wollte, desertierte er und kam 1867 in die USA. Zunächst Arbeiter auf einer Farm in Wisconsin, trat er durch Vermittlung seines Landsmannes Janez Vertin, des späteren Bischofs der Diözese Sault Sainte-Marie und Marquette, Mich., in das Priesterseminar in Milwaukee, Wis., ein; 1869 Priesterweihe. S. war dann bis 1871 Pfarrer in der französ. Gmd. Negaunee, Mich., danach in Red Wing, Minn. Von Franz Joseph I. (s. d.) begnadigt, konnte er 1879 erstmals wieder seine Heimat besuchen. 1883 kam er nach Saint Paul, Minn., wo er als Pfarrer der großteils aus Dt.böhmen und -ungarn bestehenden Gmd. und ab 1891 als Diözesanrat, ab 1897 als Gen.vikar wirkte. Nach der Errichtung (1902) der Diözese Lead, S. D., deren erster Bischof, hatte er ca. 14.000 Katholiken, darunter ca. 8.000 Indianer, zu betreuen und errichtete in fünf Jahren 23 neue Kirchen und Pfarreien. Durch übermäßige Arbeit erkrankt, resignierte S. 1909 auf seine Diözese und verbrachte, im selben Jahr zum Tit.Bischof von Antipatris ernannt, den Rest seines Lebens in Laibach.

L.: SBL; Berr. der Leopoldinen-Stiftung 57, 1887, S. 34ff., 73, 1902, S. 3ff.; F. Jaklič, Slovenski misijonarji Baragovi nasledniki v Ameriki, 1931, S. 54ff. (m. B.); J. Thauren SVD, Ein Gnadenstrom zur Neuen Welt und seine Quellen (= St. Gabrieler Stud. 9), 1940, S. 234; D. Friš, Ameriški Slovenci in katoliška Cerkev 1871–1924, 1955; Z. Zaplotnik, in: Ave Maria koledar 1966, 1965, S. 17ff.; G. Kummer, Die Leopoldinen-Stiftung ..., 1966, S. 99f., 238; R. Ritzler – P. Sefrin, Hierarchia cath. medii et recentioris aevi ... 8, 1978, S. 335f., 368; Cat. Cleri ... dioecesis Labacensis ... 1910–16, o. J.

(M. Benedik)

Stark Adele von, Emailkünstlerin. Geb. Teplitz, Böhmen (Teplice, Tschechien), 13. (14.) 8. 1859; gest. Wien, 10. 9. 1923; röm.-kath. – Tochter des Oberfinanzrats und Zolldir. Johann v. S. (geb. Lermoos, Tirol, 26. 6. 1813). S. erhielt ihre erste künstler. Ausbildung an der Wr. Allg. Zeichenschule für Frauen und Mädchen von F. Pönninger (s. d.) und trat 1878 in die Kunstgewerbeschule in Wien ein, wo sie 1879/80–87 die Fachschule für Malerei und Zeichnen, 1888/89–90 das Spezialatelier für Keram. Dekoration und Emailmalerei besuchte. Danach war sie selbständig künstler. tätig und erteilte Privatstunden im Zeichnen und Malen. 1896 löste ihr an das Min. gerichtete – erfolglose – Ansuchen um die Erlaubnis, eine Zeichenschule für Frauen und Mädchen zu gründen, wichtige Debatten über die mangelhafte weibl. Kunstausbildung aus. 1897/98 frequentierte S. das Spezialatelier für Malerei und die Spezialschule für Illustration an der Wr. Kunstgewerbeschule unter Felician Frh. Myrbach v. Rheinfeld (s. d.), der 1902/03 beim Min. ein Ansuchen zur Neugründung des Emailateliers, unter der Leitung von S., stellte. 1903 wurde S. als eine der ersten Frauen an der Kunstgewerbeschule zur prov. Lehrerin ernannt, wobei ihr vorerst nur die techn., nicht aber die künstler.-didakt. Leitung des Spezialateliers für Emailarbeiten übertragen wurde; 1908 Vertragslehrerin, 1914 Prof. der Werkstätte für Emailarbeiten. S. war 1908–10 österr. Mitgl. des Dt. Werkbunds und Gründungsmitgl. des Österr. Werkbunds und hatte auch enge Bindungen zur Wr. Werkstätte. Gem. mit Leopoldine König führte sie 1905–11 die Emailarbeiten für den Klimt-Fries im Palais Stoclet (Brüssel) aus. S., die zahlreiche Stud.reisen u. a. nach Dtld., Schweden, England, Frankreich und Italien unternahm, beteiligte sich regelmäßig an den Ausst. von Arbeiten des österr. Kunstgewerbes im Österr. Mus. für Kunst und Ind. sowie an internationalen Kunstausst. Die Bedeutung S.s liegt in der ungewöhnl. Verarbeitung des Emails: Sie verband traditionelle Techniken mit modernen Motiven und experimentierte mit neuen Materialzusammenstellungen (Emails auf Kupfer, Metall oder Gold, Drahtemail, Zellen- und Grubenschmelz sowie Gefäße in Fensteremail);

bes. in der Technik des Maleremails erlangte sie höchste Perfektion. S.s farbintensive Emails zeigen nicht nur ornamentale, sondern auch szen. Motive, die den Bogen vom Jugendstil bis zum Art Déco spannen. Ihre Lehrmethode war so prägend, daß man bald von einer „Schule Adele von Stark“ sprach.

L.: Thieme–Becker; Kunst und Kunsthandwerk 5, 1902, S. 548f., 13, 1910, S. 677f., 14, 1911, S. 255; G. Fliedl, Kunst und Lehre am Beginn der Moderne. Die Wr. Kunstgewerbeschule 1867–1918, 1986, S. 399; B. Doser, Das Frauenkunststud. in Österr. 1870–1935, phil. Diss. Innsbruck, 1988, S. 145f.; V. Vogelsberger, Emailkunst aus Wien 1900–89, 1990, S. 9ff.; Kunst: Anspruch und Gegenstand. Von der Kunstgewerbeschule zur Hochschule für angewandte Kunst in Wien 1918–91, red. E. Patka, 1991, s. Reg.; S. Plakolm-Forsthuber, Künstlerinnen in Österr., 1897–1938, 1994, S. 44; Archiv der Univ. für angewandte Kunst, AVA, MA 35, alle Wien.

(S. Plakolm-Forsthuber)

Stark Armin, s. **Polzer** Aurelius

Stark Franz Anton, Germanist und Bibliothekar. Geb. Krumau, Böhmen (Český Krumlov, Tschechien), 17. 1. 1818; gest. Wien, 27. 3. 1880; röm.-kath. – Unehel. Sohn der Tochter eines Tuchmachergesellen. Nach Absolv. des Gymn. in Budweis (České Budějovice) stud. S. ab 1839 zwei Jahre Jus an der Univ. Wien, danach betätigte er sich – ab 1844 in Lemberg (L'viv) – als Privatlehrer. 1848 nach Krumau zurückgekehrt, wurde er dort zum Abg. in die dt. Nationalversmlg. gewählt, von Jänner bis Juni 1849 gehörte er als fraktionsloser Mandatar, der mit der Linken stimmte, dem Frankfurter Paulskirchen- und dem Stuttgarter Rumpfparlament an. Die folgenden Jahre erschloß sich S. in Frankfurt am Main im Privatstud. die altgerman. Sprachen und stud. ab Herbst 1855 an der Berliner Univ. dt. Philol., Sanskrit und Indogermanistik, 1856 Dr. phil. der Univ. Heidelberg. Ab 1857 wieder in Österr., konnte S. 1858 zwar in den Bibl.-dienst eintreten (Amanuensis an der Univ.-bibl. Wien, 1860 Skriptor an der Univ.bibl. Graz, 1861 Skriptor, ab 1866 Kustos an der Bibl. des polytechn. Inst. in Wien), sich aber aufgrund seiner polit. Vergangenheit erst 1859 in Wien bei F. Pfeiffer (s. d.) für dt. Sprache und Literatur habil. 1860 erhielt er die Lehrbefugnis an der Univ. Graz, 1862 am polytechn. Inst. in Wien. Seine Vorlesungen an der Wr. Univ. (1862) und am polytechn. Inst. (1862–66) blieben auf die dt. Literaturgeschichte des 18. und 19. Jh. beschränkt. 1877 setzte eine schwere Erkrankung ein, die zur Arbeitsunfähigkeit führte, ab 1879 i. R. Er starb in der nö. Landesirrenanstalt in Wien. S., der von Jacob Grimm sehr geschätzt wurde, hat sich als einer der ersten Germanisten bleibende Verdienste um die Erforschung der german. Personennamen erworben. Dank seiner Kenntnisse in der vergleichenden Sprachwiss. konnte er sich auch dem Stud. mittelalterl. kelt. Anthroponyme widmen.

W.: Beitrr. zur Kde. german. Personennamen, in: Sbb. Wien, phil.-hist. Kl. 23, 1857; Die Kosenamen der Germanen, 2 Tle., ebd. 52, 1866, 53, 1867, überarb. Neuausg. 1868, Nachdruck 1967, 1993; Kelt. Forschungen, 3 Tle., ebd. 59, 1868, 61, 1869, 62, 1869; Beitrr. in Germania 2–13, 1857–68; etc. – Ed.: Dietrich's erste Ausfahrt (= Bibl. des literar. Ver. in Stuttgart 52), 1860.

L.: H. Fuchs, Zur Geschichte der germanist. Lehrkanzel von ihrer Gründung im Jahre 1850 bis zum Jahre 1912, phil. Diss. Wien, 1967, S. 37f.; E. Leitner, Die neuere dt. Philol. an der Univ. Graz 1851–1954 (= Publ. aus dem Archiv der Univ. Graz 1), 1973, s. Reg.; Beitrr. und Materialien zur Geschichte der Wiss. in Österr., ed. W. Höflechner (= ebd. 11), 1981, s. Reg.; Vom Seminar für dt. Philol. Univ. Graz zum Inst. für Germanistik Karl-Franzens-Univ. Graz, ed. B. Müller-Kampel – R. Müller, Graz 1994 (Kat.); H. Best – W. Weege, Biograph. Hdb. der Abg. der Frankfurter Nationalversmlg. 1848/49 (= Hdbb. zur Geschichte des Parlamentarismus und der polit. Parteien 8), 1996; Briefwechsel der Brüder J. und W. Grimm 2, 2002, s. Reg.; Archiv der TU, UA, WStLA, alle Wien; Státní oblastní archiv, Třeboň, Tschechien; UA, Heidelberg, Dtld.

(M. Gebhardt)

Stark Johannes, Theologe. Geb. Heinrichsgrün, Böhmen (Jindřichovice, Tschechien), 3. 5. 1794; gest. Wien, 15. 11. 1851; röm.-kath. – Sohn eines gräfl. Nostitzschen Rentmeisters. S. besuchte ab 1806 das Piaristengymn. in Schlackenwerth (Ostrov), 1809–10 das Lyzeum in Pilsen (Plzeň) und 1811 die Univ. Prag, an der er 1812–15 die theol. Stud. absolv. Nach der Priesterweihe 1817 war er bis 1821 Adjunkt der theol. Stud. am fürsterzbischöfl. Alumnat, mit der Aufgabe, sich für ein künftiges theol. Lehramt vorzubereiten. 1821 Dr. theol., wurde S. im selben Jahr Prof. für Kirchengeschichte und Kirchenrecht an der bischöfl. Lehranstalt in Leitmeritz (Litoměřice), 1825 Prof. für Kirchengeschichte an der Univ. Prag und 1835 an der Univ. Wien; 1841/42 Dekan der theol. Fak. Er verf. Artikel für das Kirchenlex. von Heinrich Josef Wetzer und Benedikt Welte sowie Beitrr. für theol. Fachz. S. beschäftigte sich auch mit naturwiss. Stud., insbes. der Mineral. Seine reichhaltige Smlg. böhm. Mineralien wurde vom Orden der Kreuzherren mit dem roten Stern in Prag erworben.

L.: Egerländer Biograf. Lex. 2; Wurzbach (s. u. Joseph August S.); J. A. Ginzel, J. S., 1853; A. Wappler, Geschichte der theol. Fac. der k. k. Univ. zu Wien, 1884, S. 213f., 267, 314, 457; F. Loidl, in: Österr. und Europa. Festgabe für H. Hantsch zum 70. Geburtstag, 1965, S. 298; Matricula Fac. Theologicae in Univ. Vindobonensi, 1836 (Hs., UA, Wien); Diözesanarchiv, Wien.

(M. Sohn-Kronthaler – H. Reitterer)

Stark Josef August, Maler, Graphiker und Kunsterzieher. Geb. Graz (Stmk.), 6. 3. 1782; gest. ebd., 23. 7. 1838. – Sohn eines Kutschers. S. wandte sich, entgegen dem Wunsch seiner Eltern, die ihn für einen geistl. Beruf vorsahen, vorerst dem Stud. der Rechtswiss. zu, wechselte dann aber an die Grazer Ständ. Zeichnungs-Akad. 1806–15 stud. er an der Wr. ABK u. a. bei Caucig und J. B. v. Lampi d. Ä. (beide s. d.), wobei er sich sein Stud. mit Porträtaufträgen und Malunterricht finanzierte; 1817 und 1826 hielt er sich zu Stud.zwecken in Italien auf. Nach dem Tod von Har(d)ter (s. d.) wurde S. 1817 zum Prof. und Dir. der Ständ. Zeichnungs-Akad. in Graz ernannt, ein Jahr später zusätzl. mit der Leitung der Galerie betraut. Hauptvertreter des Klassizismus in der Stmk., war S. als geschätzter Porträtist und Historienmaler tätig und wurde bes. durch Gf. I. M. Attems (s. d.) gefördert. Als Prof. und Dir. der Zeichnungs-Akad. beeinflußte er das steir. Kunstschaffen nachhaltig, wobei sein konservativer Unterricht hauptsächl. im Kopieren von Vorlagen bestand; eine zeitgemäße Beschäftigung mit dem Landschaftsfach fand so gut wie nicht statt. S.s Naturauffassung fand nur im Vergleich mit der „idealen Natur“ Eingang in den Unterricht, weshalb in der Stmk. am Klassizismus weit über seine Zeit hinaus festgehalten wurde. Bes. Verdienste erwarb sich S. dagegen um den Aufbau und die Betreuung der Bildergalerie: Seit seiner Stud.zeit selbst ein leidenschaftl. Kunstsammler, der mit viel Geschick eine beachtl. Gemäldesmlg. aufbaute, vermachte er der Bildergalerie testamentar. an die zweihundert Gemälde alter italien., niederländ. und dt. Meister, die eine Basis für die spätere Smlg. des Landesmus. Joanneum bildeten. Zusätzl. stiftete er für die Studenten der Zeichenakad. einen Kunstpreis. S., der seine Werke regelmäßig in den Jahresausst. der Wr. Akad. ausstellte, war Ehrenmitgl. der Accad. di Belle Arti in Venedig.

W.: Caritas Romana, 1813, Selbstporträt, 1827, Madonna mit dem Kind, 1832, Maria Immaculata, 1835, Der reuige Petrus mit dem Hahn, 1837 (alle Neue Galerie Landesmus. Joanneum, Graz); Kreuztragender Christus (Stadtpfarrkirche, Graz); Taufe Christi (Hauskapelle, Joanneum); Christus am Ölberg (evang. Kirche, Schladming); Christus und die Samariterin; Selbstporträt; etc.

L.: *Thieme–Becker; Wastler; Wurzbach; C. Bodenstein, Hundert Jahre Kunstgeschichte Wiens 1788–1888, 1888; W. Suida, Die Landesbildergalerie und Skulpturensmlg. in Graz, 1923, S. 203ff.; R.-M. v. Klarner, Die Geschichte der ständ. Zeichnungs-Akad. in Graz, phil. Diss. Graz, 1945; Bedeutende Grazer im Porträt, ed. W. Steinböck, 1977, S. 68; R. List, Kunst und Künstler in der Stmk., 1982; Archiv der ABK, Wien.*

(M. Fritz-Schafschetzy)

Stark Lipót (Leopold), Techniker und Fachschriftsteller. Geb. Trentschin, Ungarn (Trenčín, Slowakei), 4. 5. 1866; gest. Budapest (Ungarn), 17. 12. 1932; mos. – S. absolv. 1886 das Polytechnikum in Budapest, wirkte bis 1891 als Ing. bei der Elektro-Fa. Ganz & Comp., leitete bis 1893 als Obering. in São Paulo den Bau eines Kraft- und Elektrizitätswerks und war 1893–96 Chefing. bei der Budapester Elektrizitäts-AG. 1896–1910 arbeitete er als Chefing. wieder beim Bau von Kraftwerken in Brasilien im Auftrag der Fa. Ganz, avancierte 1911 zum Gen.dir. der Société Anonyme Ottomane d’Electricité in Konstantinopel (Istanbul) und war gleichzeitig bis 1919 techn. Dir., ab 1920 techn. Berater des Elektrizitätswerks in Budapest. S. beschäftigte sich bes. mit der Berechnung elektr. Leitungen, dem magnet. Widerstand und der Verfertigung von Kupfergegenständen mit Hilfe des Elmore-Verfahrens. Er war Vizepräs. des Ung. Elektrotechn. Ver., Chefred. der „Revue Elektrotechnika“ und Mitarb. zahlreicher Fachz. S. erhielt 1890 den Hollán-Preis des Ung. Ing.- und Architekten-Ver. und war Ehrenmitgl. der Society of Electrical Engineers.

W.: A mágneses ellenállás, in: Magyar Mérnök- és Építész-Egylet Közlönye 21, 1887; Az elektromos vezetékek számítása, ebd. 24, 1890 (gem. m. J. Herzog); Az vörösréztárgyak készítése Elmore eljárása szerint, ebd. 29, 1895; A váltakozó áramú világító berendezésekben használatos másodfeszültség nagysága, ebd. 31, 1897; Gebräuchl. Spannungen in Wechselstromanlagen, 1897; Über die Bestimmungen der größten Mastenintervalle bei Fernleitungen, 1897 (gem. m. I. Schwarz); Maschinenbau und Elektrotechnik, 1898; Villámhárítók, különös tekintettel mezőgazdasági épületekre, 1903; etc.

L.: *Das geistige Ungarn; M. Életr. Lex.; M. Zsidó Lex.; Szinnyei; Z. Szilárd, in: Magyar Mérnök- és Építész-Egylet Közlönye 67, 1933; Magyar feltalálók, red. G. Lukács, 1933.*

(K. Kapronczay – M. Martischnig)

Star(c)k Simon, Politiker, Redakteur und Gewerkschafter. Geb. Zieditz, Böhmen (Citice, Tschechien), 27. 10. 1865; gest. Falkenau, Dt. Reich (Sokolov, Tschechien), 3. 11. 1939. – Sohn eines Glasmachers. S. besuchte die Volks- und Bürgerschule in Falkenau und wurde Bergarbeiter. Anfang der 1890er Jahre wurde er als hervorragender Agitator und Red. des Gewerkschaftsbl. für Bergleute „Glück auf“ einer der wichtigsten Organisatoren der sozialdemokrat. Gewerkschaft der Bergleute. 1898 wurde er nach Tachau (Tachov) geschickt, um dort das lokale Parteibl. „Vorwärts“ zu red. Nach Falkenau zurückgekehrt, gründete S. aufgrund von Differenzen mit der Bergleute-Gewerkschaft die Gewerkschaft

„Solidarität", die 1902 zu einer Dachorganisation für die Bergarbeiter-Verbände im Raum Falkenau wurde. Wegen parteischädigenden Verhaltens wurde er 1903 aus der sozialdemokrat. Partei ausgeschlossen. Schon davor hatte er die Z. „Freie Worte" (später „Der deutsche Freisoziale") und die antimarxist. orientierte Freisoziale Partei gegr. Mit Hilfe der bürgerl. Parteien wurde S. 1907 in den RR gewählt, wo er bis 1918 eine unabhängige, opportunist. Politik verfolgte und am häufigsten mit der CSP kooperierte. Im Zuge der nationalen Kämpfe in der Falkenauer Gegend 1908–10 näherte er sich den Dt.nationalen an. Sein Gewerkschaftsbund war bes. durch freie Organisation und niedrige Beiträge attraktiv, weswegen er sich keine schärferen Lohnkämpfe leisten konnte; daher verlor die „Solidarität" i. d. F. gegenüber den sozialdemokrat. Gewerkschaften an Boden. In der national und sozial radikalisierten Atmosphäre nach dem 1. Weltkrieg gewann S. durch verbale Angriffe gegen Staatsapparat und Arbeitgeber nochmals an Popularität, wobei er jedoch gleichzeitig über gute Beziehungen zu den Repräsentanten von Staat und Wirtschaft verfügte. Um seine Stellung der Sozialdemokratie gegenüber zu wahren, suchte er zuerst die Unterstützung der Kommunisten, koalierte später aber mit den dt.-böhm. Nationalsozialisten und deren Gewerkschaften, weshalb sich die „Solidarität" von S.s Einfluß löste. 1923–28 amtierte S. mit nationalsozialist. Unterstützung als Bgm. von Falkenau. 1931 wiedergewählt, wurde er jedoch nicht bestätigt, da er sich weigerte, den vorgeschriebenen Eid abzulegen. 1935 unternahm er noch den erfolglosen Versuch, eine „Partei der Schuldner" zu gründen. S. starb in Armut, da er eine finanzielle Unterstützung durch die Nationalsozialisten abgelehnt haben soll.

W.: Beitrr. in Glück auf, Vorwärts, Freie Worte, Der dt. Freisoziale; etc.

L.: *Egerländer Biograf. Lex. 2; Freund, 1907, 1911 (beide m. B.); Jb. der Egerländer 7, 1959, S. 115ff. (m. B.); J. Matějček, in: Minulostí západočeského kraje 9, 1972, S. 57ff.; H. Theisinger, Aus dem Egerland. Falkenau, Stadt und Land, 1983, S. 395ff. (m. B.).*

(J. Pokorný)

Stark von Rungberg Franz Xav., Maschinenbautechniker. Geb. Prag, Böhmen (Praha, Tschechien), 9. 12. 1840; gest. ebd., 11. 8. 1917. – S. stud. 1858–62 am Prager polytechn. Inst. 1862 praktizierte er in der Waggonfabrik Franz Frh. v. Ringhoffers (s. d.) in Smichow (Prag), wo er i. d. F. zum bauleitenden Ing. befördert wurde. Am polytechn. Inst. in Prag 1866–69 als Ass. für Mechanik und Maschinenlehre und 1869–70 als Konstrukteur an der Lehrkanzel für Maschinenbau bei G. J. L. Schmidt (s. d.) tätig, fungierte S. daneben als Prüfungskoär. für Heizer, Maschinenwärter und Lokomotivführer. 1870 avancierte er zum Hon.-Doz. an der Bergakad. in Leoben und wirkte gleichzeitig als Obering. bei Ringhoffer. 1872 wurde S. vom stmk. Landesausschuß zum o. Prof. für Mechanik, Maschinenlehre und Baumechanik, wenig später auch zum Hon.-Doz. für graph. Statik an die TH Graz berufen. In dieser Eigenschaft wurde er als HR 1874 in den Staatsdienst übernommen; 1878–79 Rektor der TH Graz. 1886 wurde S. als o. Prof. für techn. Mechanik, Maschinenbau und Enz. der Mechanik an die dt. TH in Prag berufen. Ab 1887 Fachvorstand für Maschinenbaukde., war er mehrmals Dekan und 1889/90 bzw. 1899/1900 Rektor und organisierte 1906 die 100-Jahr-Feier dieser Hochschule. 1912 i. R. S. war Ritter des Ordens der Eisernen Krone III. Kl. (1912; im selben Jahr nob.), Rat des Patentgerichtshofs in Wien, Dr. h. c. der dt. TH in Prag und ab 1900 w. M. der Ges. zur Förderung dt. Wiss., Kunst und Literatur in Böhmen.

W.: Die sociale und staatl. Stellung des Technikers, 1877; Ueber einige neuere Festigkeitsversuche, 1877. – Ed. und Red.: Techn. Bll. (= Vjs. des Dt. Polytechn. Ver. in Böhmen) 23–40, 1891–1908.

L.: *NFP, 12., WZ, 17. 8. 1917; Die k. k. Dt. TH in Prag 1806–1906, red. F. S. u. a., 1906, passim (B. S. 185); A. Birk, Die Dt. TH in Prag 1806–1931, 1931, S. 6, 89, 98a, 148; O. Vogel, Prager Techniker, 1976 (Typoskript, Materialiensmlg. ÖBL, Wien); J. J. Boehm-Pilsen, Die Dt. TH in Prag und ihre Vorstufen, 1991, passim; Stadtarchiv, Graz, Stmk.*

(M. Martischnig)

Starke (Starcke) Friedrich, Hornist, Kapellmeister und Komponist. Geb. Elsterwerda, Sachsen (Dtld.), 29. 3. 1774; gest. Döbling, NÖ (Wien), 18. 12. 1835; evang. – S. war während seiner Schulzeit auch Sängerknabe in seiner Heimatstadt. Er ging danach für fünf Jahre beim Stadtmusiker Görner in Großenhain in die Lehre, wo er sich die Kenntnis verschiedener Blas- und Saiteninstrumente aneignete und sich insbes. auf dem Horn ausbildete. Nach beendeter Lehrzeit reiste er als Musiker durch Sachsen und bildete sich selbst in der Musiktheorie weiter. Danach war er zwei Jahre Kapellmeister in der Kolter'schen Kunstreiterges. Anschließend hielt er sich als Theater- und Kirchenmusiker in Salzburg auf und war zwei Jahre Klavierlehrer bei einer Gfn. Pilati v. Tassuhl zu Daxberg in Wels.

Ab 1798 Rgt.kapellmeister des IR 2, machte er mit diesem die Feldzüge gegen Frankreich in der Schweiz, in Schwaben und am Rhein mit. Nach Friedensschluß war S. u. a. in St. Pölten, Klattau (Klatovy) und Preßburg stationiert, ferner in Wien, wo er bei Johann Georg Albrechtsberger Theorie stud. 1810 wurde er von H. Gf. Colloredo-Mannsfeld (s. d.) in dessen IR 33 angestellt. Beethoven (s. d.), den er spätestens 1812 kennen gelernt hatte und mit dem ihn bald ein freundschaftl. Verhältnis verband, soll ihm zu einer Hornistenstelle im Hofopernorchester verholfen haben, die er 1812–22 innehatte. Daneben war S. auch Musikdir. des Ulanenrgt. 1 und des IR 31. Beethoven schätzte S. sowohl als Musiker – er ließ sich von ihm Wirkung und Umfang einzelner Blasinstrumente erklären – als auch als Lehrer und gab ihm um 1815 seinen Neffen Karl van Beethoven zum Unterricht. Bemerkenswert ist S.s Klavierschule, für die zahlreiche Komponisten eigens Werke schrieben oder ihm solche überließen. Sie enthält u. a. 25 der 40 Variationen, die Erzhg. Rudolf Johann Josef Rainer (s. d.) über ein Thema von Beethoven (WoO 200) geschrieben hatte. Von S. ist auch eine Beschreibung von Beethovens Improvisation und Spiel überliefert. S., ein Virtuose auf dem Horn und dem Csakan, war v. a. auch durch seine Bearb. und Kompositionen für Militärmusik bekannt. Seine „Schlacht bei Leipzig", eines der für diese Zeit typ. patriot. Werke in monumentaler Besetzung, wurde 1816 zweimal im Wr. großen Redoutensaal, im selben Jahr auch in Leipzig und Prag aufgef.

W. (auch s. u. Wr. Pianoforte-Schule, Abt. 1; MGG): Messen; kleinere kirchenmusikal. Kompositionen; Die Brüder von Stauffenberg oder Die Wundersträußchen, 1811 (Volksmärchen mit Gesang von J. A. Gleich); ca. 300 Stücke für Militärmusik, u. a. Journal für militär. Märsche, um 1817, Neue effektvolle Trompeten-Aufzüge, um 1822; Kammermusik; Klavierstücke. – Publ.: Wr. Pianoforte-Schule, 3 Abt., Op. 108, 1819–21; Kleine Wr. Pianoforte-Schule vorzügl. für Kinder, Op. 135, 1830.

L.: Eitner; MGG; oeml; Wurzbach; F. Kerst, Die Erinnerungen an Beethoven, 2. Aufl. 1925, 1, S. 239ff., 2, S. 60; G. Kinsky – H. Halm, Das Werk Beethovens. Themat.-bibliograph. Verzeichnis ..., 1955, s. Reg.; L. van Beethovens Konversationshe., ed. K.-H. Köhler – G. Herre, 1–2, 1972–76, 8, 1981, 10, 1993; W. R. Meredith, in: Musical Times 126, 1985, S. 713ff.; Ch. H. Jones, The Wr. Pianoforte-Schule of F. S.: A translation and commentary, Diss. Austin, Texas, 1990; F. Schröther, in: La Gazzetta: Z. der Dt. Rossini Ges. e. V. 7, 1997, S. 12ff.; H. P. Clive, Beethoven and his world. A biographical dictionary, 2001; HHStA, Wien; evang. Kirchengmd. Elsterwerda, Dtld.

(B. Boisits)

Starkenstein Emil, Arzt und Pharmakologe. Geb. Ronsperg, Böhmen (Poběžovice, Tschechien), 18. 12. 1884; gest. KZ Mauthausen (OÖ), 6. 11. 1942 (ermordet); mos. – Aus einer Arztfamilie stammend. Nach Absolv. des Gymn. in Pilsen (Plzeň) stud. S. ab 1903 Med. an der Dt. Univ. in Prag; 1909 Dr. med. Bereits während seiner Stud.-zeit volontierte er am pharmakolog. Inst. der med. Fak. und wurde dort 1909 zum Ass. ernannt. 1910 ging er zwecks zoolog. Stud. nach Triest (Trieste), ab 1911 vervollkommnete er seine Ausbildung durch den Besuch von Vorlesungen in Botanik an der Univ. Prag und fungierte im gleichen Jahr sowie 1913 als Schiffsarzt beim Lloyd Triestino. 1913 habil. er sich mit der Arbeit „Der Mechanismus der Adrenalinwirkung" für Pharmakol. und Pharmakognosie. Während des 1. Weltkriegs 1914–18 Kmdt. des Epidemiespitals in Radom, kehrte S. nach dem Krieg als Ass. an die med. Fak. der Dt. Univ. in Prag zurück; 1920 ao., 1929 o. Prof. und Vorstand des Inst. für Pharmakol. und Pharmakognosie, 1931/32 Dekan. 1939 mußte er zurücktreten und emigrierte nach der Okkupation Prags in die Niederlande, wo er zunächst in einer Chininfabrik in Amsterdam noch wiss. tätig war, nach der dt. Invasion 1941 aber von den Nationalsozialisten verhaftet und in Gefängnissen und KZs in Amsterdam, Scheveningen, Cleve (Kleve), Prag, Theresienstadt und Mauthausen interniert wurde. Wiss. befaßte sich S. in seinen rund 200 Publ. mit physiolog. und chem. Problemen, v. a. mit der Wirkung von Eisen, Kalzium und Magnesium, mit Fermentlehre und Purinstoffwechsel, mit der Erforschung neuer Arzneimittel sowie mit Vergiftungen und deren Behandlungen. Gegen Seekrankheit und alle durch Störung des Gleichgewichtes hervorgerufene Krankheiten entwickelte er das Mittel Vasano. Letztl. galt sein Interesse auch der Geschichte der Pharmakol. S. besaß u. a. eine große Smlg. von hist. Herbarien. Sein „Lehrbuch der Toxikologie", das er 1929 gem. mit Eugen Rost und Julius Pohl hrsg., war bis vor wenigen Jahren in seiner Gliederung einzigartig im dt. Sprachraum. Bereits 1923 gründete er die „Beiträge zur ärztlichen Fortbildung", deren Schriftleitung er übernahm. Für seine Verdienste mehrfach ausgez., war S. u. a. ab 1932 w. M. der Dt. Akad. der Naturforscher Leopoldina, k. M. der Biolog. Ges. in Wien und Ehrenmitgl. der kgl. rumän. Ges. für Klimatol. und Balneol.

W. (auch s. u. Hartmann): Die neueren Arzneimittel und die pharmakolog. Grundlagen ihrer Anwendung, 1912,

2. Aufl. 1914 (gem. m. A. Skutetzky); Erkennung und Verhütung therapeut. Irrtümer, 1923; Lehrbuch der Pharmakol., Toxikol. und Arzneiverordnungslehre, 1938; etc.

L.: DBE; Egerländer Biograf. Lex. 2; Fischer; Hdb. der Emigration 2; Kürschner, Gel.Kal., 1925; Otto, Erg.Bd.; W. Hartmann, Personalbibliographien ... Dt. Karl-Ferdinandsuniv. in Prag ... 1900–45, med. Diss. Erlangen-Nürnberg, 1972, S. 103ff. (m. W.); J. Lindner, Pharmakolog. Inst. und Biographien ihrer Leiter, 2. Aufl. 1996, S. 266; L. Hlaváčková – P. Svobodný, Biograph. Lex. der dt. med. Fak. in Prag 1883–1945, 1998; A. Mišková, Rozhovor o nepřítomných, in: Dějiny a současnost 1999, Nr. 4, S. 45ff.; UA, Praha, Tschechien.

(P. Svobodný)

Starkl Gottfried, Lehrer und Fachschriftsteller. Geb. Krems (Krems an der Donau, NÖ), 16. 10. 1856; gest. Rodaun, NÖ (Wien), 15. 12. 1910. – Sohn eines Seilermeisters. Nach dem Besuch des Piaristengymn. in Krems (ab 1869) war S. 1871/72 Zögling im Piaristenkonvikt. Nach dessen Auflösung 1872 setzte er seine Stud. als Externer fort; Matura 1877. Ab 1877 stud. S. an der phil. Fak. der Univ. Wien, v. a. unter A. Schrauf (s. d.) Mathematik, Physik und Naturgeschichte; 1882 Lehramtsprüfungen aus diesen Fächern, 1887 Dr. phil. 1882–90 unterrichtete S. in Wien an der Privat-Mädchenschule mit Öffentlichkeitsrecht. Daneben absolv. er das Probejahr am Franz Josephs Gymn. und suppl. am privaten Mädcheninst. in Oberdöbling als Lehrer für Geometrie und Dt. 1890–1910 unterrichtete S. am Kollegium Kalksburg Naturgeschichte, Mathematik und Physik. Daneben leitete er auch den Unterricht in Kalligraphie und Stenographie. 1905–08 führte er zusätzl. die Agenden eines Dir. am Mädchenlyzeum in Mödling, mußte diese Stelle jedoch aus gesundheitl. Gründen aufgeben. 1909 trat er auch in Kalksburg i. d. R. In seinen wiss. Arbeiten stand bei S. neben seinem Interesse an der Mineral. v. a. seine Vorliebe für physikal. und chem. Untersuchungen an natürl., auch organ. Festkörpern im Vordergrund. In seinen Notizen über den Bol von Steinkirchen (Kamenný Újezd) und den Polyhydrit aus der Grube St. Christoph im erzgebirg. Breitenbrunn berichtete er über chem. Zusammensetzung und Untersuchungen des therm. Verhaltens dieser weitestgehend amorphen und schlecht definierte Alumosilikate, die auch als Heilerde Verwendung fanden. Andere Arbeiten betreffen die Charakterisierung von Mineralen, chem. Analysen und Vergleiche der Weißerden aus dem Raum Aspang sowie die Beschreibung der diese Erden begleitenden Schiefer. Weiters verf. er eine Arbeit, der chem. Analysen und die Aufstellung einer chem. Formel für das Schichtsilikat Schuchardtit aus Gläsendorf (Szklary) zu Grunde lagen. Eine von ihm erstellte Charakterisierung weitestgehend amorpher, glasartiger Schlacken aus dem Hüttenrevier Annaberg zeigte, daß zwei opt. und chem. unterschiedl. Schlacken vorlagen (rotbraun und schwarz), deren Färbung sowohl im Durchlicht als auch im Auflicht auf unterschiedl. Wertigkeiten der Elemente Kupfer und Eisen zurückzuführen waren. Entglasungsphasen, als Mikrolithe bezeichnet, wurden aufgrund ihrer Ausbildung als Gehlenit interpretiert. Zudem konstruierte S. erstmals einen Apparat zur Bestimmung der therm. Leitfähigkeit von Festkörpern an ebenen (polierten) Oberflächen. Isothermen von Hölzern, von Kohle aus Mähr. Ostrau (Ostrava) und Hütteldorf (Wien) sowie von Gips und Kaliglimmer wurden ebenfalls von ihm bestimmt.

W.: Notizen über Bol und Polyhydrit, in: Verhh. der k. k. geolog. Reichsanstalt 14, 1880; Ueber neue Mineralvorkommnisse in Oesterr., in: Jb. der k. k. geolog. Reichsanstalt 33, 1883; Ueber neue Mineralvorkommnisse in Oesterr., phil. Diss. Wien, 1884; Ueber Schuchardtit, in: Z. für Kristallographie 8, 1884; Farbenerscheinung und Mikrolithen in Kupferschlacken von der Schmelz bei Annaberg in NÖ, in: Verhh. der k. k. geolog. Reichsanstalt 23, 1889; Ein kleiner Beitr. zur Erzeugung von Isothermen an unorgan. und organ. Substanzen, in: Z. für Kristallographie 20, 1892; Der botan. Garten des Collegiums Kalksburg 1899–1900, in: Programm Kalksburg 1899, 1900; etc.

L.: Biograph. Jb. 15, 1913, Sp. 82; Kalksburger Korrespondenz 27, 1911, S. 24ff. (m. B.); F. Pertlik, in: Berr. der Geolog. Bundesanstalt 64, 2003, S. 63ff.; UA, Wien.

(F. Pertlik)

Starlinger Josef, Arzt. Geb. Obermühlau (OÖ), 11. 9. 1862; gest. Linz (OÖ), 15. 2. 1943. – Aus einer Bauernfamilie stammend. Nach Absolv. des humanist. Gymn. in Ried (Ried im Innkreis) besuchte S. zunächst die Theol. Lehranstalt in Linz, ehe er ab 1884 Med. an der Univ. Wien stud.; 1889 Dr. med. An der Klinik Schauta vervollkommnete er seine Ausbildung und wurde 1892 Ass. zunächst bei Th. Meynert (s. d.), dann bei dessen Nachfolger Julius Wagner v. Jauregg an der 1. psychiatr. Univ.-klinik in Wien. 1894 Primarius der nö. Landesirrenanstalt in Klosterneuburg, kehrte S. bereits ein Jahr später nach Wien zurück und übernahm 1903 die Dion. der neu eröffneten nö. Landesheil- und Pflegeanstalt Mauer-Öhling. Berufungen an andere Inst. lehnte er ab, da er nicht auf die in der Anstalt Mauer-Öhling gebotene Möglichkeit verzichten wollte, wo er seine Konzepte von Arbeitstherapie und Familienpflege, die er auf diversen Stud.reisen durch Belgien, Dtld., Frankreich und England kennen gelernt hatte, in die Tat umzusetzen versuchte. Unter seiner Ägide wurden in der Anstalt diverse Freizeiteinrichtungen installiert, 1909 ein eigener Lehrer angestellt. Die Beschäftigungstherapie erfolgte v. a. in der Landwirtschaft. 1906 wurde auch eine Anstaltsztg. gegr., in der Ärzte, Pfleger und Patienten gleichermaßen publ. 1917 trat S. vorzeitig i. d. R., da er den zentral angeordneten Abtransport anstaltseigener landwirtschaftl. Produkte zu Ungunsten seiner Patienten nicht billigte. Er übernahm in Linz die Stelle eines Chefarztes der Bundeskrankenkasse und war vorübergehend auch als Gutachter beim Landesinvalidenamt beschäftigt. Während dieser Zeit war er maßgebl. am Ausbau der Kuranstalt Bad Schallerbach beteiligt. In rund 25 wiss. Publ. befaßte er sich insbes. mit dem experimentellen Nachweis, daß nach operativer Ausschaltung der Pyramidenbahn im Nervensystem bei Hunden auch noch andere extrapyramidale Bahnen wirksam sind, eine Erkenntnis, die auch heute noch Gültigkeit hat. In diesem Zusammenhang hatte S. gem. mit K. F. W. Reichert (s. d.) als erster ein Großmikrotom zur Anlage von Gehirnschnitten erarbeitet. Weiters galt sein Interesse der Infrastruktur der Irrenhäuser. Darüber hinaus sind ihm die ärztl. Baupläne für die Anstalt Mauer-Öhling und Am Steinhof zu verdanken.

W. (auch s. u. Kreuter): K.-Franz-Josef-Landes-Heil- und Pflegeanstalt Mauer-Oehling, in: Die Irrenpflege in Österr. in Wort und Bild, 1912; K.-Franz-Josef-Landes-Heil- und Pflegeanstalt Mauer-Oehling, 1914; Zur Reform der med. Stud.ordnung, in: WKW 32, 1919, Nr. 24; zahlreiche Beitrr. in Z. für wiss. Mikroskopie und für mikroskop. Technik, Neurolog. WS, Neurolog. Zentralbl., Psychiatr. Jb., Psychiatr.-neurolog. WS, Psychiatr. WS; etc.

L.: Kreuter (m. W.); Psychiatr. neurolog. WS 20, 1928, S. 180ff.; Oö. Ärztechronik, ed. E. Guggenberger, 1962 (m. B.); E. Koller-Glück u. a., C. v. Boog und Mauer-Öhling ..., 1988, S. 44f., 73ff.; UA, Wien; Pfarramt, Ottnang, OÖ; Mitt. Fritz Starlinger, Wien, Angela Weinfurter, Mauer-Öhling, NÖ.

(D. Angetter)

Starý Emanuel d. Ä., Musikverleger. Geb. Pardubitz, Böhmen (Pardubice, Tschechien), 27. 7. 1843; gest. Prag, Böhmen (Praha, Tschechien), 1. 8. 1906. – Vater von Emanuel S. d. J. (s. u.). S. war ab November 1870 der alleinige Inhaber der von ihm und Antonín Vítek 1867 gegr. lithograph. Fa. „Vítek & Starý“, die als erste in Prag den Druck aus der Platte verwendete und in den 70er Jahren zu den wichtigsten Firmen mit Musikalien in Prag gehörte. Dank seiner engen freundschaftl. Beziehungen zu vielen tschech. Komponisten – Z. Fibich, Dvořák, Křížkovský, Smetana, v. a. Bendl (der auch als Red. in der Fa. beschäftigt war) (alle s. d.) sowie Josef Bohuslav Foerster – war er an der Verbreitung von deren Werke beteiligt. S. war auch Verleger und Hrsg. der Z. „Dalibor“ (II. R., 1873–75) und „Hudební a divadelní věstník“. 1863–83 und 1892–1904 wirkte er im Ausschuß des Ver. „Hlahol pražský“ und war aktives Mitgl. seines Chores (Baß) sowie des Männerquartetts „Kytara“. Als tüchtiger Organisator beteiligte er sich auch an der Arbeit anderer Ver., u. a. der Umělecká beseda und des Sbor pro postavení Národního divadla. Sein Sohn **Emanuel S. d. J.** (geb. Prag, 18. 1. 1874; gest. ebd., 20. 4. 1928) übernahm 1905 die Fa. und reorganisierte sie gründl., wobei er die Notenstecherei nach dem Leipziger Muster einführte. Das Zentrum seiner Verlagstätigkeit stellte ebenso wie bei seinem Vater v. a. die Vokalmusik (Lieder, Chöre, Klavierauszüge aus Opern) dar, allmähl. widmete er sich auch der Instrumentalmusik. Seine Hauskomponisten waren Bohuslav Foerster und Ostrčil (s. d.). Auch er war ein guter Chorsänger und Musikorganisator (Mitgl. des Gesangsver. Smetana und deren Vors.). Die Druckerei blieb bis 1914 die einzige auf den Notendruck spezialisierte in Böhmen. Nach seinem Tod wurde sie 1933 von der Fa. Melantrich übernommen, als Hrsg. wirkte seine Frau Růžena Stará bis zur Verstaatlichung der Fa. 1949 weiter.

L.: ČHS; Grove, 1980; Otto, Erg.Bd.; J. Fiala, in: Jubilejní seznam firmy E. S. k 70. výročí, 1937; ders., in: Jubilejní seznam firmy E. S. k 80. výročí, 1947; V. Mikota, in: Hudební věda 3, 1969, Nr. 2f.

(V. Reittererová)

Starý Sigismund Anton (Zikmund Antonín), OPraem, Abt. Geb. Zelewčitz, Böhmen (Želevčice, Tschechien), 30. 9. 1829; gest. Prag, Böhmen (Praha, Tschechien), 6. 9. 1905; röm.-kath. – S. maturierte 1850 in Prag, trat 1851 in das Prämonstratenser-Stift am Strahov ein und stud. bis 1856 an der Univ. Prag (1853–54 im Stift Tepl/Teplá) Theol. 1856 legte er die Ordensgelübde ab und erhielt im selben Jahr die Priesterweihe. Danach Kooperator in Heiligenberg (Sv. Kopeček), war er 1861–71 Prof. für Geschichte und tschech. Sprache an der vom Stift geführten Realschule in Rakonitz (Rakovník), dann Kaplan in einer Pfarre bei Prag. 1872–78 Kurat im Korrekturhaus am Prager Hradschin, fungierte er 1877–78 auch als Stiftsprovisor von Strahov. 1879 wurde S. zum Abt des Stifts, 1883 zum Generalabt der gesamten Prämonstratenserklöster Österr. gewählt. Er führte zahlreiche

Neubauten bzw. Restaurierungen von Kirchen durch und verbesserte die wirtschaftl. Lage des Ordens durch rationelle Bewirtschaftung von dessen Besitzungen. S., ein entschiedener Vertreter des tschech.-nationalen Standpunkts, war 1883–93 Abg. zum böhm. LT und wurde 1898 mit dem Komturkreuz des Franz Joseph-Ordens ausgez.

L.: Bohemia, 7. 9. 1905; J. Linhart, in: 18. Programm der II. Staats-Oberrealschule in Prag ... 1890/91, 1891, S. 35; C. Čermak, in: S. Brunner, Ein Chorherrenbuch, 1893, S. 587f.; L. Goovaerts, Écrivains, artistes et savants de l'ordre de Prémontré 2, 1902; Vlast 21, 1904/05, S. 1149f.; A. Podlaha, Bibliografie české kat. lit. náboženské ... 4, 1918, S. 1552; E. Čanová, Slovník představitelů kat. církevní správi w letech 1848–1918, 1995.

(H. Reitterer)

Starzengruber Josef, Kurarzt. Geb. Gallspach (OÖ), 31. 1. 1806; gest. Andorf (OÖ), 7. 1. 1877. – Sohn eines Gastwirts. Frühzeitig verwaist, arbeitete S. bis zu seinem 16. Lebensjahr in der Schmiede eines Verwandten, ehe er ab 1822 das Gymn. in Linz besuchte. Danach stud. S. ab 1829 Med. an der Univ. Wien; 1836 Dr. med. Bereits während seines Stud. als Choleraarzt in Italien tätig, ließ er sich nach seiner Prom. in Hall (Bad Hall) nieder. Hier setzte er sich für den Ausbau der dortigen Heilquellen ein, auf den letztendl. die Gründung des Jodbades Bad Hall 1855 zurückgeht. S., der als der erste Kurarzt von Hall bezeichnet werden kann, erwirkte 1837/38 eine Badeordnung, welche die Verwendung des Heilwassers regelte. Er verbesserte teils aus eigenen Mitteln die Infrastruktur des Kurorts und konnte zahlreiche Heilungen verzeichnen. Auch der Versand des Jodwassers in den Bädern geschah künftig nur mehr über badeärztl. Verordnung und Kontrolle. Die Ereignisse des Kremsierer Reichstags 1848/49 verhinderten zunächst einen weiteren Aufschwung in der Entwicklung des Kurorts, sodaß S. 1850 Hall enttäuscht verließ und i. d. F. als Land- und Frauenarzt im Raum Schärding, zunächst in Taufkirchen an der Pram, anschließend in Andorf, ordinierte.

W.: Syllabus quarundam plantarum medicatarum, Diss. Wien, 1836; Die Jod-, Brom- und Lithionhaltige Salzquelle zu Hall nächst Steyr in Oesterr. ob der Enns, 1843.

L.: DBE; Krackowizer; Wurzbach; A. Schmölzer, in: Bad Haller Kurier 11/12, 1955, S. 6f.; Oö. Ärztechronik, ed. E. Guggenberger, 1962; Personenlex. Österr., ed. E. Bruckmüller, 2001; K. Ulbrich, Alte Häuser erzählen ..., 2005, S. 240f.; UA, Wien; Mitt. Katharina Ulbrich, Waldneukirchen, Wolfgang Perr, Gallspach, beide OÖ.

(D. Angetter)

Starzer Albert, Historiker und Archivar. Geb. Unterplank (Plank am Kamp, NÖ), 9. 2. 1863; gest. bei Rodaun, NÖ (Wien), zwischen 25. 7. und 10. 8. 1909 (Selbstmord). – S. stud. 1883–87 Geschichte an der Univ. Wien und absolv. 1887–89 den Kurs des Inst. für österr. Geschichtsforschung; 1889 Dr. phil. Auf Fürsprache Sickels (s. d.) erhielt S. 1889–93 einen Stipendienplatz am Österr. Hist. Inst. in Rom, wo er in der Vatikan. Bibl. jene Wr. Briefsmlg. aus der Zeit Rudolfs I. entdeckte und bearb., die später von O. Redlich (s. d.) ed. wurde. Sickels Empfehlung veranlaßte auch den nö. Statthalter Kielmansegg (s. d.), S. bei der nö. Statthalterei als Archivoffizial für deren neugegr. Archiv, das ab 1894 „k. k. Archiv für Niederösterreich" hieß, anzustellen. 1895 wurde S. dessen Leiter, und 1899 wurde ihm der Titel „Archivdirektor" zuerkannt. Seine Tätigkeit war verdienstvoll und vielseitig: Als Archivar war er um die personelle Konsolidierung des Archivs und um dessen Bestandspflege und -vermehrung bemüht, als Wiss. betrieb er umfangreiche Quellenstud. und befaßte sich u. a. mit den Städten Wien, Korneuburg, Klosterneuburg und Stockerau, mit der Geschichte der nö. Statthalterei und mit der Konstituierung der Ortsgmd. in NÖ. S. war ferner als Hrsg. und Red. wiss. Werke – wie der Topographie von NÖ – und Z. tätig. 1892 trat er dem Ver. für Landeskde. von NÖ (und Wien), 1894 auch dem Alterthums-Ver. zu Wien bei und war in beiden Ges. wiss. und redaktionell tätig. Für seine Verdienste wurde S. u. a. zum Konservator der Zentralkomm. für Kunst- und hist. Denkmale ernannt. 1905 aus familiären Gründen in große Schulden geraten, schied S. 1909 freiwillig aus dem Leben.

W.: Geschichte der landesfürstl. Stadt Korneuburg, 1899; Geschichte der Stadt Klosterneuburg, 1900; Geschichte des k. k. Versatzamtes in Wien, 1901; Die landesfürstl. Lehen der Stmk., 1902; Die Konstituierung der Ortsgmd. NÖ, 1904; Geschichte der Stadt Stockerau, 1911; etc. – Red.: Monatsbl. des Alterthums-Ver. zu Wien, 1902–07; Regesten aus in- und ausländ. Archiven mit Ausnahme des Archivs der Stadt Wien (= Quellen zur Geschichte der Stadt Wien I/5–6), 1906–08; Mitt. des k. k. Archivs für NÖ, 1908–09.

L.: WZ, 11. 8. 1909 (A.); Czeike; Santifaller, Nr. 128; Lhotsky, Inst., s. Reg.; Mitt. des k. k. Archivs für NÖ 2, 1909, S. 65f.; MIÖG 31, 1910, S. 190f.; Carinthia I, 101, 1911, S. 63; H. Feigl, in: MÖStA 28, 1975, S. 364ff.; F. Fellner – D. A. Corradini, Österr. Geschichtswiss. im 20. Jh. (= Veröff. der Komm. für Neuere Geschichte Österr. 99), 2006; Nö. LA, St. Pölten, NÖ; WStLA, Wien.

(W. Rosner)

Starzyński Stanisław, Politiker und Jurist. Geb. Snowicz, Galizien (Snovyči, Ukraine), 18. 4. 1853; gest. Lwów, Polen (L'viv, Ukraine), 17. 11. 1935. – Aus kleinadeliger Familie stammend. S. absolv. das Franz-Josefs-Gymn. in Lemberg (L'viv), stud. ab 1872 Jus an der dortigen Univ. und war danach für kurze Zeit als Praktikant im Staatsdienst tätig. Nach einem Stud.jahr in Wien habil. er sich 1883 an der Univ. Lemberg. 1889 wurde er dort ao., 1892 o. Prof. für allg. und österr. Staatsrecht; 1913/14 Rektor. Parallel zu seiner wiss. Karriere intensivierte S. seit den frühen 1880er Jahren seine öff. Tätigkeit, zunächst v. a. im Rahmen von Wirtschaftsverbänden und ab 1884 als Mitgl. des Bez.rats in Lemberg. 1885–88 hatte S. erstmals ein Mandat im RR inne, wo er den ostgaliz. Konservativen (Podolaken) nahestand. Nach seiner Wiederwahl 1901 widmete sich S. verstärkt der Abg.-tätigkeit. Eine wichtige Rolle spielte er im Wahlreformausschuß 1906, wo er als Konzession für den das allg. und gleiche Wahlrecht mehrheitl. ablehnenden Polenklub eine Ausweitung der Landtagskompetenzen durchsetzte („Lex Starzyński"). Nach seiner Wiederwahl gehörte er zu den einflußreichsten poln. Politikern, u. a. als Mitgl. der parlamentar. Komm. des Polenklubs, und fungierte 1907–11 als Vizepräs. des Abg.-hauses. Im Konflikt mit dem 1908 ernannten galiz. Statthalter Bobrzyński (s. d.) um die Politik gegenüber den Ukrainern konnte sich S. nicht durchsetzen; 1911 wurde eine neuerl. Wahl in den RR verhindert. Fortan benutzte er neben der Presse, insbes. der „Gazeta Narodowa", vorwiegend das Forum des galiz. LT (Abg. 1907–14), um v. a. gegen die ukrain. Wünsche nach einer eigenen Univ. zu agitieren. 1912 trat er in den erzkonservativen Zentrumsklub des LT ein, legte aber 1914 sein Mandat aus Protest gegen die LT-Wahlreform („galizischer Ausgleich") nieder. Im Juli 1917 noch zum Mitgl. des HH ernannt, wirkte S. in den Anfangsjahren der poln. Republik weiterhin im national-konservativen Parteienspektrum mit, gelangte aber nie wieder zu vergleichbarem polit. Einfluß.

L.: WZ, 22. 5. 1917, 21. 11. 1935; Freund, 1907 (m. B.); Hahn, 1885; PSB (m. W. u. L.); A. Wilhelm, Die RR-Abg. des allg. Wahlrechtes, 1907; H. P. Hye, in: Čechy a Sasko v proměnách dějin – Böhmen und Sachsen im Wandel der Geschichte, 1993, S. 181ff.; H. Binder, Polen, Ruthenen, Juden. Politik und Politiker in Galizien 1897–1918, 2, phil. Diss. Bern, 1997, S. 154 (m. L.); ders., Galizien in Wien (= Stud. zur Geschichte der österr.-ung. Monarchie 29), 2005, s. Reg.

(H. Binder)

Šťastný Alfons, Landwirt, Journalist und Politiker. Geb. Stěkna, Böhmen (Štěkeň, Tschechien), 19. 4. 1831; gest. Padařow, Böhmen (Padařov, Tschechien), 8. 11. 1913; bis 1869 röm.-kath. – Sohn eines Bauern. Š. absolv. das Piaristengymn. in Prag als externer Schüler. Danach widmete er sich abwechselnd dem Stud. an der phil. Fak. der Univ. Prag und seiner Tätigkeit als Bauer. Ein weiteres Stud. an der TH in Wien brach er 1855 ab, um das Familiengut in Padařow zu übernehmen. Von hier aus entwickelte Š. eine rege publizist. Tätigkeit, die ihm den Ruf als „Bauernphilosoph von Padařow" eintragen sollte. Nach seinem Kirchenaustritt veröff. er 1873/74 mehrere religionskrit. Broschüren und red. die freisinnige Z. „Svoboda". Aufgrund seiner Initiative zur Gründung des Ver. der Freunde der Gewissensfreiheit in Jistebnitz (Jistebnice) und in Prag wird er als Initiator der Freidenkerbewegung in Böhmen angesehen. Als Mitbegründer der Jungtschech. Partei und Freund von E. Grégr (s. d.) warb er bei der bäuerl. Bevölkerung für die Unterstützung der staatsrechtl. Opposition; selbst wirkte er an der Gmd.- und Bez.selbstverwaltung aktiv mit. 1889 rief er die Bauernvereinigung Selská jednota ins Leben, gründete Genossenschaften und red. tw. im Eigenverlag die Z. „Selské noviny" und „Nové selské noviny". Um 1895 war Š. auf Distanz zu den Jungtschechen gegangen und gehörte i. d. F. zu den Gründern der Tschech. Agrarpartei. U. a. trat er für eine Zusammenarbeit mit den dt.böhm. Agrariern ein und entwarf ein gem. polit. Programm für die Bauern in Österr. 1895–1907 Mitgl. des böhm. LT, lehnte er eine Kandidatur für den RR jedoch ab. Š. beschränkte sich nicht darauf, in engen nationalen Kategorien zu denken, sondern empfahl u. a. eine internationale Verständigungssprache, wie er auch die Vision der Gründung einer Europ. Union propagierte.

W.: O doplnění našeho národního programu, 1872; Ježíš a jeho poměr ke křesťanství, 1873; Dekret o neomylnosti papeže římského, 1873; K otázce školní, 1873; O mravnosti rozumové, 1874; Program rolnictva Rakouska pro příští radu říšskou, 1891; Normální ceny chlebovin a výrobků z nich, 1911; etc.

L.: Lišková; Otto; Otto, Erg.Bd.; J. Trojan, A. Š. z Padařova, 1923; H. Traub, Ze života A. Š., 1928; Sto let narození zakladatele agrárního hnutí A. Š. ze Štěkně, 1931; J. Vozka, Filosofie dějin A. Š., 1932; F. Kutnar, in: Časopis pro dějiny venkova 23, 1936; F. Obrtel, in: Zemědělští buditelé, 1937; R. Hrdlička, in: Jihočeský sborník historický 21, 1952; Z. Míka, ebd. 37, 1968, S. 239ff.; M. Kučera, in: Český časopis historický 96, 1998, S. 307ff.; S. Zita, A. Š. – sedlák a filozof, 2003; J. Křížek, in: Jihočeský sborník historický 73, 2004; J. Rokoský, in: Politické strany 1, 2005, S. 413ff.

(J. Kořalka)

Šťastný Alfons Bohumil, Ps. A. B. Nešťastný, F. Hora, J. Zelenka, Václav Kraus, Schriftsteller. Geb. Smichow, Böhmen (Praha, Tschechien), 30. 7. 1866; gest. Praha, Tschechoslowakei (Tschechien), 24. 3. 1922. – Nach Besuch der Gmd.- und Bürgerschule in Smichow begann Š. 1880 ein Stud. an der Lehrerbildungsanstalt in Prag-Neustadt, das er allerdings aus Gesundheitsgründen abbrach. Ab Anfang der 1890er Jahre lebte er als freier Schriftsteller in Prag, befand sich jedoch trotz großer Produktivität (mehr als 200 Bücher) und Popularität oft in finanziellen Schwierigkeiten. Er veröff. Erz., Romane, Humoresken und Stücke für Marionettentheater (einige gem. mit František Ruth) zumeist für Kinder und Jugendl. in Ztg. wie „Hlas národa", „Moravská orlice", „Národní listy", „Národní politika", Sammelbde. und Z. (u. a. „Anděl strážný", „Besedy lidu", „Besídka malých", „Matice dítek", „Naší mládeži", „Nové ilustrované listy", „Obzor", „Rajská zahrádka", „Zlaté klasy" und „Zlaté mládí") sowie in Buchform. In seinen Robinsonaden, Erz. aus dem Kinderleben, Ritter-, Jäger-, Cowboy- und Detektivgeschichten, Bearb. von Sagen etc. war er bestrebt, den jungen Leser zu einem religiös geprägten Patriotismus zu erziehen, wobei sein Werk bereits damals überholte pädagog. Tendenzen aufweist. Š. trat auch als Übers. aus dem Dt., Französ. und Poln. sowie als Red. von Kinderbüchern hervor. Aufgrund seiner Adaption der Werke von Jules Verne wird Š. als Begründer der tschech. Science Fiction-Literatur gesehen.

W.: Úklady kaferského náčelníka (= Povídky z dalekých krajů 19), (1892); Lovcova výstraha (= Malá knihovna 31), (1893); Česká Amazonka (= Povídky z dalekých krajů 29), (1893); Nešťastná rodina (= Storchova knihovna povídek z blízkých i dalekých krajů 135), (1900); Tajemná vzdchoľoď (= Zábavné a poučné čtení pro mládež 24), (1900); Červená a bílá (= České loutkové divadlo 12), (1905); Obrázky a veršíčky, (1918); V táboře skautů (= Nebeskýho knihovna pro mládež 6), 1921; Dvanáctiletý Robinson (= ebd. 8), 1921; etc.

L.: Národní politika, 25., Tribuna, 28. 3. 1922; Otto; Rajská zahrádka 31, 1921/22, S. 121; O. Neff, Něco je jinak, 1981, S. 126ff.; I. Adamovič, Slovník české literární fantastiky a science fiction, 1995; Lex. české literatury 4, Ms. (Ústav pro českou literaturu, Praha, Tschechien).

(V. Petrbok)

Šťastný (Stiasny, Stiastny) Bernard Václav, Violoncellist und Komponist. Geb. Prag, Böhmen (Praha, Tschechien), 1760 (?); gest. ebd., 1835. – Sohn des Oboisten und Mitgl. des Prager Kotzentheaters Jan Š. (geb. in Klattau, Böhmen / Klatovy, Tschechien; gest. Prag, 1779 [?]), Bruder von (František) Jan Š. (s. u.). Š. erhielt seine Musikausbildung vom Vater und wurde ca. 1778 Mitgl. des Kotzentheaters, später des Nostitz- bzw. Ständetheaters, an dem er sich v. a. als Continuospieler auszeichnete. Als erster Lehrer des Violoncellospiels am Prager Konservatorium (1811–22) lehrte er dort zunächst nach der französ. Methode von Jean Henri Levasseur und Pierre Baillot, entwickelte jedoch eine eigene Methode, die er in einem Lehrwerk zusammenfaßte. Er gab auch instruktive Kompositionen und Sonaten für Violoncello heraus. Sein Bruder **(František) Jan Š.** (geb. Prag, 1764 [?]; gest. nach 1826) war ebenfalls Violoncellist und Komponist. Zunächst gleichfalls Theatermusiker in Prag, wirkte er dann als Cellist in Mainz (1789–97), ca. 1810–19 in Frankfurt am Main und i. d. F. als Musikdir. in Nürnberg, von wo er 1826 nach Mannheim ging; möglicherweise hat er sich auch in Paris und England aufgehalten. Auch als „Beethoven des Cellos" bezeichnet, komponierte er u. a. Sonaten, Divertimenti und instruktive Stücke für sein Instrument.

W.: Il maestro ed il scolare. 8 imitazioni e 6 pezzi con fughe, ca. 1814 (für 2 Violoncelli); Six sonates progressives et instructives (für 2 Violoncelli); Sonate für Violoncello und Kontrabaß; Violoncell-Schule / Méthode pour Violoncelle, 2 Tle., 1832, 3. Aufl.: Violoncell-Schule mit 82 Lectionen, 6 grösseren Uibungsstücken, und 6 Fugen versehen, o. J.; etc. – (František) Jan Š.: Deux sonates, op. 2; Divertimento, op. 3; XII pièces faciles et progressives, op. 4; Concertino, op. 7; Andante with variations, op. 10; Grand trio, op. 13; etc.

L. (meist auch für Jan Š.): ČHS; Grove, 2001; Schilling; Wurzbach (s. u. Šťastný Johann); G. J. Dlabačz, Allg. hist. Künstler-Lex. für Böhmen ... 3, 1815; Dalibor 3, 1860, S. 57; J. Branberger, Das Konservatorium für Musik in Prag, 1911, s. Reg.; W. J. v. Wasielewski, Das Violoncell und seine Geschichte, 5. Aufl. 1925, s. Reg.; B. Urie, Čeští violoncellisté, 1946, s. Reg.; E. L. Gerber, Hist.-biograph. Lex. der Tonkünstler ..., ed. O. Wessely, 3, 1966.

(V. Reittererová – H. Reitterer)

Šťastný Vladimír, Ps. Josef Ruda, Priester, Dichter und Schriftsteller. Geb. Rudikau, Mähren (Rudíkov, Tschechien), 17. 3. 1841; gest. Obřan, Mähren (Brno, Tschechien), 20. 8. 1910. – Sohn des Lehrers František Š. (1807–1859), eines Sammlers von Märchen und Volkspoesie, der auch mehrere populäre Schriften über Obstbau und Landwirtschaft veröff. Š. stud. nach der Matura in Brünn (Brno) 1860–64 an der dortigen theol. Lehranstalt, an der auch der Theologe und Volksliedsammler František Sušil sein Lehrer war. Nach der Priesterweihe 1864 war Š. bis 1867 Präfekt am bischöfl. Knabenseminar in Brünn, danach bis 1899 Religionslehrer am 1. tschech. Gymn. 1877 wurde er zum Konsistorialrat, 1894 zum bischöfl. Rat, 1896 zum päpstl. Kämmerer mit dem Titel „Monsignore" ernannt.

1900 Ritter des Franz Joseph-Ordens. Als Angehöriger der sog. Sušil-Gruppe nahm er an zahlreichen patriot. und karitativ ausgerichteten Aktivitäten teil, etwa als Mitgl. der Ver. Matice moravská, Družstvo Hlas und Katolickopolitická jednota. 1874–89 war er Geschäftsführer, 1889–1910 Obmann des kath. Konsortiums für die Hrsg. volksbildner. und belletrist. Literatur Dědictví svatého Cyrila a Metoděje und gab dessen Z. „Obzor“ auf eigene Kosten heraus. S.s Ged. (Legenden, Sagen, hist. und lyr. Lieder), Skizzen, Erz., Theaterstücke und Übers. erschienen in zahlreichen Z. und Ztg. sowie in Buchform. Sie thematisieren v. a. die Liebe zur Kirche und zur Heimat, jedoch ohne die sonst für das damalige tschech. Milieu typ. konfessionelle Schärfe. Einige seiner Lieder wurden u. a. von Josef Chmelíček, Josef Cyrill Sychra, Janáček und Říhovský (beide s. d.) vertont und sind bis heute beliebt.

W.: Ged.smlgg: Kvítí májové, 1869, Vánoční dárek, 1872, Kytka z Moravy, 1879, Drobné květy, 1887, Hlasy a ohlasy, 1892, Hory a doly, 1894. Weitere Publ.: Učení kat. náboženství pro 1. třídu středních škol a jiné ústavy, 1881 (mehrere Aufl.); Památce F. Sušila ... (= Bibl. poučná a zábavná 51), 1904; etc. – Übers. aus dem Latein. in tschech. Verse: Kempenského Tomáše Čtvero knih o následování Krista, 1902 (Thomas a Kempis, Vier Bücher über die Nachfolge Christi).

L.: Lidové noviny, 21., Hlas, 22. 8. 1910; Heller 3; Otto; Wurzbach (s. u. Šťastný Mathias); Náš domov 19, 1910, S. 289f. (m. B.); F. J. Rypáček, in: Obzor 33, 1910, S. 217ff. (m. B.); F. V. Vykoukal, in: Osvěta 40, 1910, S. 907f.; F. J. Rypáček, in: 44. Programm prvního českého gymn. státního v Brně ... 1910/11, 1911, S. 1ff. (m. B.); A. Podlaha, Bibliografie české literatury náboženské ... 4, 1918, S. 1559, 2134; E. Masák, Dějiny Dědictví sv. Cyrila a Metoděje v Brně ..., 1932, s. Reg.; B. Šťastný, Monsignore V. Š., 1936 (m. B.); J. Beneš, Ač zemřeli, ještě mluví, 1964, S. 399ff.; M. C. Putna, Česká kat. literatura 1848–1918, 1998, s. Reg.

(V. Petrbok)

Stattler (Stattler-Stański) Wojciech Korneli (Albert Cornel), Maler, Kunsterzieher und Fachschriftsteller. Geb. Krakau, Galizien (Kraków, Polen), 20. 4. 1800; gest. Warschau, Rußland (Warszawa, Polen), 6. 11. 1875; röm.-kath. – Vater des Bildhauers Adam (geb. Krakau, um 1835), des Musikerziehers und -kritikers Juliusz Kornel (geb. Krakau, 5. 7. 1844; gest. Warschau, 29. 11. 1901) sowie von Henryk Antoni und von Stanisław S. (beide s. u.). Nach Absolv. des Lyzeums St. Anna begann S. 1816 vorerst mit dem Stud. der Mathematik und Physik an der Univ. Krakau, 1817 wechselte er zu Józef Brodowski und Józef Peszka an die Schule der Schönen Künste und nahm Privatunterricht bei F. F. v. Lampi (s. d.), 1818–23 stud. er bei Andrea Pozzi an der Accad. di San Luca in Rom, 1822 an der Accad. di Belle Arti in Venedig. 1824–25, 1827–28 und 1830 hielt er sich wieder in Rom auf, wo er durch Friedrich Overbeck in Kontakt zu den Nazarenern trat und von dem Schriftsteller Adam Mickiewicz zu seinem Hauptwerk „Die Makkabäer“ (1830–42) inspiriert wurde, das 1844 in Paris ausgez. wurde. Weitere Stud.reisen führten S. nach Wien und Paris, wo er mit dem Dichter Juliusz Słowacki Freundschaft schloß. Ab 1831 wirkte S. als Prof. an der Schule der Schönen Künste in Krakau, 1840–57 Dir., und erwarb sich in dieser Funktion große Verdienste um die Reformierung der Schule, indem er u. a. das Zeichnen nach dem lebenden Modell einführte; zu seinen Schülern zählten Łuszczkiewicz (s. d.) und Kazimierz Mirecki. 1857–58 unterhielt S. ein Atelier in Rom, kehrte anschließend nach Krakau zurück und ließ sich 1861 in Warschau nieder. Sein Œuvre umfaßt hauptsächl. sakrale Gemälde und Porträts berühmter Polen. Er veröff. Aufsätze zur Kunsttheorie und -bildung. 1828 wurde S. Mitgl. des Towarzystwo Naukowe Krakowskie. Sein Sohn, der Bildhauer **Henryk Antoni S.** (geb. Krakau, 3. 6. 1834; gest. Warschau, 26. 5. 1877), röm.-kath., erhielt seine erste künstler. Ausbildung durch den Vater, stud. 1844–52 an der Schule der Schönen Künste in Krakau und setzte 1852–54 seine Ausbildung an der Accad. di San Luca in Rom fort. Bis 1860 in Rom tätig, ließ er sich anschließend in Warschau nieder. Henryk Antoni S. unternahm zahlreiche Reisen (u. a. 1854 Paris, 1864 Moskau) und nahm an Ausst. in Krakau (1854, 1871–72), Warschau (1862–63, 1865, 1867–69, 1871) und Paris (1855) teil. Zu seinem Œuvre zählen Büsten, Porträtmedaillen sowie Grabsteine und Monumente. Ein weiterer Sohn, der Maler **Stanisław S.** (geb. Krakau, um 1836; gest. vermutl. Paris/Frankreich, nach 1871), erhielt seine erste künstler. Ausbildung durch den Vater und setzte die Stud. anschließend in Paris bei Ary Scheffer und Jules Jollivet fort. Seine Werke stellte er mehrmals im Pariser Salon aus.

W.: Die Taufe Jesu, 1836 (Dom, Kraków); etc. – Publ.: O akad. malarstwa i rzeźby w Rzymie, in: Rozmaitości Nauk, 1829, Nr. 2; Myśli względem podniesienia sztuk pięknych w kraju, in: Rocznik Towarzystwa Naukowego Krakowskiego 19, 1849; O posągu Mickiewicza, in: Czas, 1856, Nr. 25; Zwrócenie uwagi na błędne pojmowanie sztuki w kraju naszym, in: Przegląd Europejski, Naukowy, Literacki i Artystyczny 2, 1862; Pamiętnik, ed. M. Szukiewicz, 1916; etc. – Teilnachlaß, Inst. für Kunst, PAU, Warszawa, Bibl. des Ossolineum, Wrocław, beide Polen.

L.: Bénézit; PSB (m. L.); Thieme–Becker; Wurzbach; T. Dobrowolski, S. a Michałowski. Ze studiów nad problemem dwóch nurtów romantyzmu w Polsce, 1955; J. Adamczewski, Kraków od A do Z, 1992; D. Kudelska, in: Czas i wyobraźnia, 1995; J. Adamczewski, Mała enc. Krakowa, 1997; S. Krzysztofowicz-Kozakowska – F. Stolot, Historia malarstwa polskiego, 2000, s. Reg.; H. Blak u. a., Polish Painting of the 19th Century (= Modern Polish Painting 1), 2001. – Henryk Antoni S.: Bénézit; PSB (m. L.); Thieme–Becker; Wurzbach; M. I. Kwiatkowska, Rzeźbiarze warszawscy XIX wieku, 1995. – Stanisław S.: Thieme–Becker; Wurzbach (s. u. Heinrich Anton S.).

(U. Beczkowska)

Staub Franz, Kunsthistoriker und Archivar. Geb. Wiener Neustadt (NÖ), 10. 9. 1860; gest. ebd., 14. 3. 1945; röm.-kath. – Sohn des Bäckermeisters und Wr. Neustädter Gmd.rats Ludwig S. (geb. 3. 3. 1834; gest. 20. 11. 1900). Nach Absolv. des Gymn. in Wr. Neustadt stud. S. 1880–84 an der Univ. Wien Dt. und Französ., ein Doktorat ist in Wien nicht nachweisbar. Ab 1893 Kustos des städt. Archivs und Mus. in Wr. Neustadt, danach kurz an der Hofbibl. und 1896 als Archivpraktikant im nö. Statthaltereiarchiv in Wien tätig, legte S. 1897 die Archivergänzungsprüfung am Inst. für österr. Geschichtsforschung ab und wurde im selben Jahr in das Archiv des Min. für Kultus und Unterricht versetzt, zuerst als Archivadjunkt, 1900 Archivkonz., 1906 Archivsekr., 1910 Archivdir.; 1905 k. Rat, 1918 Reg.Rat, 1920 HR, 1925 als Min.rat i. R. 1929 übernahm S. die Leitung des Wr. Neustädter Stadtarchivs. Bes. Bedeutung erlangte S. als engagierter Verfechter des Denkmalschutzes: Ab 1889 war er Korrespondent der Zentral-Komm. zur Erforschung und Erhaltung der Kunst- und hist. Denkmale, für die er 1899 als Konservator für die Bez. Wr. Neustadt und Neunkirchen, 1900–06 u. a. für die Bez. Baden, Bruck an der Leitha und Wr. Neustadt tätig war. 1906 legte er seine Funktionen zurück, übernahm aber 1917 das Amt eines Konsulenten für den Bez. Bruck an der Leitha. In Wr. Neustadt machte sich S. bes. um die Erhaltung und Restaurierung mehrerer mittelalterl. Kunst- und Bauwerke verdient, so um die Wegsäule Spinnerin am Kreuz oder um den Reckturm. S. war Mitgl. zahlreicher Vereinigungen, u. a. ab 1892 des Ver. für Landeskde. von NÖ, ab 1896 Mitgl. des Wr. Altertumsver., an dessen Ed. „Quellen zur Geschichte der Stadt Wien“ er maßgebl. mitwirkte, und Gründer des Ver. zur Erhaltung der Kunstdenkmäler Wr. Neustadts. S. fiel einem Bombenangriff zum Opfer.

W.: W. Boeheim und seine Beziehungen zu Wr.-Neustadt, 1892; J. Bapt. Schenk, ein nö. Tondichter ..., 1900; Die Reckthurmfrage in Wr.-Neustadt, 1901; Das alte Haus der Kinderbewahranstalt zu Wr.-Neustadt, 1906; Dt. Leben in den Ortsnamen des Steinfeldgaues, 1924; Die Michael-Weinwurm-Legende (= Abhh. zur Geschichte und Quellenkde. der Stadt Wien 5), 1934; Beitrr. in Monatsbl. des Alterthums-Ver. zu Wien und Berr. und Mitth. des Alterthums-Ver. zu Wien; etc.

L.: Czeike; Kürschner, Gel.Kal., 1925; Wer ist's?, 1908; H. Feigl, in: MÖStA 28, 1975, S. 368; W. Leesch, Die dt. Archivare 1500–1945, 1–2, 1985–92; G. Gerhartl, Wr. Neustadt. Geschichte, Kunst, Kultur, Wirtschaft, 2. Aufl. 1993, S. 424, 443; Unser Neustadt 39, 1995, F. 4, S. 1ff. (m. B.); Th. Brückler – U. Nimeth, Personenlex. zur Österr. Denkmalpflege, 2001; F. Fellner – D. A. Corradini, Österr. Geschichtswiss. im 20. Jh. (= Veröff. der Komm. für Neuere Geschichte Österr. 99), 2006; Stadtarchiv, Wr. Neustadt, NÖ; UA, Materialiensmlg. ÖBL, beide Wien.

(R. Kohn)

Staub Moritz (Móric, Móricz), Botaniker und Lehrer. Geb. Preßburg, Ungarn (Bratislava, Slowakei), 18. 9. 1842; gest. Budapest (Ungarn), 14. 4. 1904. – Sohn eines Beamten. Nach Absolv. dreier Realschulklassen in Wien kam S. 14jährig mit seiner Mutter nach Pest-Buda, wo er in die Lehrerpräparandie aufgenommen wurde, die er 1858 abschloß. Ein Jahr Supplent an einer Pester Schule, wurde er 1859/60 Adjunkt im Stadtschulrat und ab 1860 als o. Lehrer an der Franzstädter Realschule in Pest angestellt. Nach der Matura 1866 wechselte er 1867 als Supplent an die Realschule in Ofen (Buda), bestand 1868 die Mittelschullehrerprüfung und wurde im selben Jahr Prof. für Naturgeschichte; ab 1872 lehrte er an der Mittelschullehrer-Präparandie. Unterbrochen war seine Lehrtätigkeit 1869/70 durch Fortbildungsaufenthalte in Berlin und Bonn. Nach seiner Rückkehr wandte sich S. auf Anregung Schenzls (s. d.) zunächst mit Arbeiten über Phytophänol., später der Paläobotanik zu. 1877 Dr. phil. an der Univ. Budapest, wurde ihm die Übers. der Abh. Oswald Heers über die bei Fünfkirchen (Pécs) vorkommenden perm. Pflanzen übertragen. Zahlreiche paläontolog. Arbeiten erschienen im „Földtani Közlöny“ sowie im „Jahrbuch der Ungarischen Geologischen Anstalt“, wobei v. a. seine Stud. über die aquitan. Flora des Zsiltales hervorzuheben sind. S. wurde mit der Pflege der phytopaläontolog. Smlg. der Ung. Geolog. Anstalt betraut und führte auch selbst zahlreiche Material-Aufsmlgg. in Ungarn durch. Ergänzt wird sein wiss. Werk durch bedeutende Literaturberr. 1879–97 besprach er für den „Botanischen Jahresbericht“ die phytopaläontolog. Literatur, 1891–1902 erschienen Referate über phytopaläontolog. Arbeiten im „Neuen Jahrbuch für Mineralogie, Geologie und Paläontologie“. In späten Lebensjahren zeigte S. bes. Interesse für die

Entwicklungsgeschichte der Gattung Cinnamomum (Zimtbaum), worüber postum (1905) eine Monographie erschien. In jungen Jahren schrieb S. auch Erz. in dt. Sprache, auf Ung. publ. er Fabeln. Sozial engagiert, war S. ab 1873 Schriftführer des Hilfsver. für Sträflinge, später Ausschußmitgl. eines San.-ver. und Mitgl. eines Hilfsver. für genesene Geisteskranke. Aufgrund seiner wiss. Verdienste wurde S. in mehrere gelehrte Ges. aufgenommen. So wurde er 1874 Mitgl. und 1886 Gen.sekr. der Ung. Geolog. Ges., 1879 erfolgte seine Wahl in den Zentralausschuß der Ges. der ung. Ärzte und Naturforscher (1883 Gen.sekr.). 1884 Mitgl. der ung. Naturwiss. Ges., 1895 Vizepräs. der botan. Fachabt. der ung. Naturwiss. Ges., 1897 kgl. Rat, 1898 k. M. der Ung. Akad. der Wiss.

W. (auch s. u. Koch): Phytophaenologiai Tanulmányok, in: Mathematikai és természettudományi közlemények 13, 1876; Évben Magyarországban tett phyto- és zoophaenologiai észleleteknek összeállitása, in: Jbb. der Kgl. Ung. Central-Anstalt für Meteorol. und Erdmagnetismus 5, 1876; Beitr. zur Lehre von den constanten Wärmesummen, in: Botan. Jb. für Systematik 3, 1882; Phänolog. Karte von Ungarn (1:6,000.000), in: Petermanns Mitt. 28, 1882.

L.: Das geistige Ungarn; M. Életr. Lex. (m. B.); Szinnyei; J. Bernátsky, in: Ber. dt. Botan. Ges. 22, 1904, S. 60f.; A. Koch, in: Földtani Közlöny 35, 1905, S. 61f. (dt. S. 127ff.) (m. B. u. W.); R. Rapaics, A magyar biológia története, 1953; Materialiensmlg. ÖBL, Wien.

(J. Seidl – M. Svojtka)

Staud Johann, Gewerkschafter und Politiker. Geb. Rohozna, Böhmen (Rohozná, Tschechien), 22. 5. 1882; gest. KZ Flossenbürg, Dt. Reich (Dtld.), 2. 10. 1939; röm.-kath. – Unehel. Sohn einer Magd. S. wuchs in Nursch (NÖ) auf, erlernte in Wien das Schuhmacherhandwerk und trat nach Beendigung der Lehrzeit dem Kath. Gesellenver. bei. Auf seinen Wanderjahren durch die Rheinlande sammelte er erste Organisationserfahrungen bei den dt. christl. Gewerkschaften. Nach seiner Rückkehr 1908 schloß sich S. der christl. Arbeiterbewegung Leopold Kunschaks an. Er betätigte sich im Fachver. der christl. Schuhmachergehilfen Wiens und war später an der Gründung des christl. Lederarbeiterverbands beteiligt, 1909 Obmann. 1915 zum Kriegsdienst eingezogen, wurde er bereits nach kurzer Zeit an der russ. Front verwundet, später aus dem Militärdienst entlassen. Nach Kriegsende beteiligte sich S. maßgebl. an der Reorganisation der christl. Gewerkschaften. Neben seiner Tätigkeit in der Lederarbeitergewerkschaft war er 1920–23 Obmann des Graph. Zentralverbands und 1922–34 auch Vors. der christl. Textilarbeitergewerkschaft. Ab 1921 engagierte er sich als Sekr. im Wr. Stadtkartell der christl. Gewerkschaften (ab 1929 Landeskomm. der christl. Gewerkschaften Wiens) und war Red. und Hrsg. mehrerer christl. Gewerkschaftsbll. 1927 wurde er Gen.sekr. der Zentralkomm. christl. Gewerkschaften Österr. (seit 1911 Leitungsmitgl.) und verantwortl. Schriftleiter des „Christlichen Gewerkschafters". 1923 erhielt er ein Mandat in der Wr. Arbeiterkammer. Auch in die internationale Gewerkschaftsarbeit brachte sich S. schon seit Mitte der 1920er Jahre als Vorstandsmitgl. des Internationalen Bundes christl. Textilarbeiterverbände sowie des Internationalen Bundes christl. Gewerkschaften ein. Ab der Gründung des Freiheitsbunds 1928 gehörte er dessen Bundesleitung an, von 1930 bis zur Auflösung dieser Wehrorganisation 1936 war er Obmann. Ab 1921 gehörte er dem Leitungsgremium des Österr. Arbeiterkongresses (ab 1927 Österr. Arbeitsbund) an und fungierte 1924/25 auch als Leitungsmitgl. der Wr. CSP. Den von der Regierung Dollfuß im März 1933 eingeschlagenen diktator. Kurs trug S. loyal mit, übernahm 1934 den Vorsitz in der Verwaltungskomm. der Kammer für Wien und NÖ und wurde im Mai 1934 Präs. des staatl. gelenkten Gewerkschaftsbunds. 1935 wurde S. auch Mitgl. der Sozialen Arbeitsgemeinschaft, einer Initiative der Vaterländ. Front (VF) zur Gewinnung der Arbeiterschaft. Ab Mai 1936 Obmann der Wr. Arbeiterversicherungskasse, wurde S. später auch stellv. Obmann im Hauptverband der Arbeiterkrankenkassen Österr. Im Juli 1936 in den Führerrat der VF berufen, gehörte er 1934–38 dem Bundeswirtschaftsrat und dem Bundestag an. Innerhalb des „austrofaschistischen" Systems wandte er sich gegen den Abbau sozialer Rechte, womit er öfters in Konflikt mit den Heimwehren und den von diesen protegierten „Unabhängigen Gewerkschaften" geriet. S.s durchaus glaubwürdiges Engagement gegen den Nationalsozialismus wurde durch geheime Kontakte mit dem dt. Gesandten Franz v. Papen relativiert, die zumindest bis Sommer 1936 bestanden. Nach dem Juliabkommen 1936 setzte er sich verstärkt, aber erfolglos für eine Einbeziehung der illegalen sozialdemokrat. Arbeiterbewegung als Gegengewicht gegen die nationalsozialist. Bedrohung ein. Am 12. März 1938 wurde S. verhaftet, im April 1938 zuerst in das KZ Dachau, im Herbst 1939 in das KZ Flossenbürg verlegt.

L.: WZ, 22., Kurier, 24. 5. 1982; Bourdet; Czeike; NÖB 17, S. 77ff.; Ch. Kluwick-Muckenhuber, J. S., 1969; A. Pelinka, Stand oder Klasse, 1972, s. Reg.; Die christl. Gewerkschaften in Österr., 1975, s. Reg. (m. B.); K. Stubenvoll, Die christl. Arbeiterbewegung Österr. 1918–33, phil. Diss. Wien, 1982; L. Reichhold, Geschichte der christl. Gewerkschaften Österr., 1987, s. Reg.; G. Enderle-Burcel, Christl.-ständ.-autoritär. Mandatare im Ständestaat 1934–38, 1991 (m. B.); Tagbl.Archiv, Materialiensmlg. Österr. Ges. für hist. Quellenstud., beide Wien.

(K. Stubenvoll)

Stauda August, Photograph. Geb. Schurz, Böhmen (Žireč, Tschechien), 19. 7. 1861; gest. Wien, 8. 7. 1928; röm.-kath. – S. arbeitete als Handlungsgehilfe in Trautenau (Trutnov) bzw. Pilsen (Plzeň), ehe er 1882 nach Wien übersiedelte. Hier erlernte er die Photographie bei seinem Onkel, dem bekannten Wr. Stadtphotographen Johann Ev. S. (geb. Werdek, Böhmen / Verdek, Tschechien, 1853; gest. Wien, 1893), einem gelernten Weber, der, 1865 nach Wien gekommen, bei Julius Gertinger die Photographie erlernte und ab Mitte der 70er Jahre dort ein eigenes Atelier hatte. S. eröffnete 1886 sein erstes Atelier und spezialisierte sich in erster Linie auf Gebäudeaufnahmen für Architekten und Baumeister – so ließ etwa Karl König (s. d.) durch ihn seine Bauten dokumentieren. 1898 begann S. für das Wr. Städt. Mus. mit der Dokumentation von Alt-Wr. Häusern in allen Bez. und Vororten und lieferte später auch Wien-Photographien für die private Smlg. seines größten Auftraggebers, Gf. Lanckoroński-Brzezie (s. d.). Seine Arbeiten zeigte er erstmals 1903 in Wien bei einer vom Österr. Photographen-Ver. veranstalteten Ausst. im Nö. Gewerbever. Ab 1910 fungierte er als Schätzmeister für die Gruppe Photographengewerbe, ab 1914 als beeideter Sachverständiger. S., dessen Betrieb während des 1. Weltkriegs bankrott ging und der 1923 die Gewerbeberechtigung zurücklegte, gilt als der bedeutendste topograph. Chronist des „alten“ Wien in der Zeit von 1900 bis zum 1. Weltkrieg: Seine Aufnahmen von Straßenzügen, Außenansichten von Gewerbebetrieben, Lokalen und Geschäften, Villen und Wohnhäusern mit deren Innen- und Hinterhöfen sind detailreich, mit bewußt gewähltem Ausschnitt, meist aufgenommen in Blickhöhe eines Passanten, frei von idyll. Inszenierungen und fangen die Atmosphäre der Umgebung ein. S. war auf in- und ausländ. Ausst. vertreten, u. a. in Dresden 1909. Smlgg. seiner Negative bzw. Abzüge befinden sich im Bildarchiv der Österr. Nationalbibl. und im Wien Mus., beide Wien.

W. (auch s. u. Ausst. Kat.): Bildveröff. in: Das jüd. Wien 1860–1938, 1999; etc. – Publ.: Landschaftsphotographie, in: Österr. Photographen-Ztg. 4, 1907; etc.

L. (tw. auch für Johann Ev. S.): Die Presse, 27. 4. 2006; Geschichte der Fotografie in Österr. 2, ed. O. Hochreiter – T. Starl, Bad Ischl 1983, s. Reg. (Kat., m. B.); T. Starl, in: Blickfänge einer Reise nach Wien. Fotografien 1860–1910 … (= 262. Sonderausst. des Hist. Mus. der Stadt Wien), Wien 2000, S. 194 (Kat.); Alt-Wien. Die Stadt, die niemals war, ed. W. Kos – Ch. Rapp, Wien 2004 (Kat.); A. S. Ein Dokumentarist des alten Wien, ed. S. Winkler, 2004 (m. B.); FotoBibl. Biobibliografie zur Fotografie in Österr. 1839–1945, 2005 (Datenbank, Albertina, Wien); A. S. Ein Wr. Stadtfotograf um 1900, Wien 2006 (Kat., m. B.); WStLA, Wien.

(T. Starl)

Staudach Emma Antonia Freiin von, verehel. Mérey von Kapos-Mére, Pianistin und Komponistin. Geb. Graz (Stmk.), 18. 4. 1834; gest. Wien, 18. 1. 1862. – Tochter des Rtm. Joseph Frh. v. S. (1795–1852) und seiner Gattin aus zweiter Ehe, Maria Clementine v. Baroni-Cavalcabò (1807–61), ab 1859 verehel. mit Alexander Mérey v. Kapos-Mére (geb. Pest/Budapest, Ungarn, 24. 10. 1834; gest. Wien, 6. 12. 1927), der ab 1882 Sektionschef im k. u. k. Finanzmin., ab 1886 Dir.der österr. Credit-Anstalt für Handel und Gewerbe war, Mutter von Kajetan Mérey v. Kapos-Mére (s. d.). S. war durch ihre Familie mütterl.- wie väterl.seits musikal. geprägt: Sowohl die Kusine ihrer Mutter (und Schülerin von F. X. W. Mozart, s. d.), Julie v. Baroni-Cavalcabò, als auch die Nichte ihres Vaters, Anna Gfn. v. Stubenberg, waren Komponistinnen. S.s ungewöhnl. musikal. Begabung zeigte sich schon früh und wurde durch ihren Lehrer Pirkhert (s. d.) entsprechend gefördert, als dessen beste Schülerin sie galt. Schon ihr Erstauftritt als Pianistin in Wien erfuhr rege Anteilnahme von Seiten der Presse, ebenso ihre 1852/53 unternommene Konzertreise in Dtld. (Leipzig, Weimar, Berlin), Frankreich und England. War sich die Kritik in der positiven Beurteilung ihrer Fähigkeiten zunächst noch einig, so ist bereits um 1854 eine kontroversielle Berichterstattung durch die Wr. Rezensenten beobachtbar. Wohl bedingt durch ihre Verehelichung endete ihre pianist. Laufbahn bereits 1859. Von S.s in der Literatur erwähnten Kompositionen (Salonwerke für Klavier) ist nur das Salonstück „Pensée fugitive“ belegt –, neben Kompositionen u. a. von J. Fröhlich (s. d.), Konstanze Geiger und Nina (Anna) v. Rosthorn, geb. Stollewerk, einer jener fünf von Frauen stammenden Beitrr., die in der anläßl. der Hochzeit des österr. Kaiserpaares 1854 erschienenen „Huldigung der Tonsetzer Wiens an Elisabeth Kaiserin v. Österreich“ (Faksimileausg. in: Denkmäler der Tonkunst in Österr. 142–44, 1987) Aufnahme gefunden haben.

W.: s. u. Marx – Haas.

L.: Ostdt. Post, 19. 11. 1851; Illustrirte Ztg. (Leipzig), 11. 12. 1852 (m. B.); FB, 4. 2. 1862; Wurzbach; Wr. allg. Theaterztg. 1850, S. 1115, 1227, 1851, S. 84, 189, 1852, S. 1051, 1063, 1853, S. 731, 1051, 1151, 1171, 1183, 1227, 1855, S. 224; Neue Wr. Musik-Ztg. 1, 1852, S. 173, 198, 200, 2, 1853, S. 167, 196f., 208, 211, 216, 3, 1854, S. 61, 63, 4, 1855, S. 41, 6, 1857, S. 99f.; E. Hanslick, Aus dem Concertsaal (= Geschichte des Concertwesens in Wien 2), 1870, S. 88; A. Weinmann, Verlagsverzeichnis G. Cappi bis A. O. Witzendorf (= Beitrr. zur Geschichte des Alt-Wr. Musikverlages 2/11), 1967, S. 140; G. Haas, in: Das Weib existiert nicht für sich, ed. H. Dienst – E. Saurer, 1990, S. 166ff.; E. Marx – G. Haas, 210 Österr. Komponistinnen ..., 2001 (m. W. u. B.); Finanzarchiv, WStLA, beide Wien.

(G. Haas – H. Reitterer)

Staude Franz, Schriftsteller und Beamter. Geb. Wien, 24. 4. 1886; gest. Klosterneuburg (NÖ), 14. 6. 1947. – Sohn einer Bedienerin und Näherin. Von unehel. Geburt, wuchs S. in ärml. Verhältnissen auf. Einen Freiplatz am Hyrtl’schen Waisenhaus in Mödling verlor er bald wieder und erfuhr i. d. F. einen sehr unregelmäßigen Bildungsgang (etwa auch als Schauspielschüler u. a. bei Gregori, s. d.). Nach verschiedenartigsten Berufserfahrungen war er ab 1909 bis zu seiner Pensionierung, die kurz vor seinem Tod erfolgte, im Rechnungsdienst der Gmd. Wien tätig, lebte jedoch in Klosterneuburg. S., offenbar sehr labil, hat insgesamt wenig mehr als 30 sehr formstrenge Ged., vorwiegend reimlose Oden, geschrieben. 1910 hat er eines an Karl Kraus (s. d.) geschickt, der es zwar nicht abgelehnt, aber auch nicht gedruckt hat. Ein anderes von S.s Ged. ist 1913 im „Brenner“ erschienen, zwei im kath. „Gral“ (1912/13), weitere in österr. Anthol. der 30er Jahre (darunter 1938 im „Bekenntnisbuch österreichischer Dichter“). Die 1935 („Abendlied. 12 Gedichte“) und 1937 („Sieben kleine Oden“) in der angesehenen Reihe „Das Gedicht – Blätter für die Dichtung“ erschienenen Verse hat S. erneut in seinen schmalen Ged.bd. „Die Muschel“, 1939, aufgenommen. Seine Freunde und wichtigsten Rezipienten (Liegler, s. d., Werner Kraft, Franz Schönwiese, Ernst Waldinger und Josef Weinheber) lassen seine Nähe zu Kraus erkennen. Die von S.s Freund Friedrich Sacher 1948 geplante Gesamtausg. seiner Werke ist in dessen Nachlaß in der Wien Bibl. (früher WStLB) als Typoskript erhalten.

L.: Wr. Tagesztg., 27. 7. 1947; Kosch; L. Liegler, in: das silberboot 3, 1947, S. 325; ders., in: Plan 2, 1947, S. 337ff.; E. Waldinger, in: ders., Gesang vor dem Abgrund, ed. E. Schönwiese (= Das österr. Wort 85), 1961, S. 109ff.; W. Kraft, in: ders., Österreichische Lyriker von Trakl zu Lubomirski, 1984, S. 10ff.; Ch. Wagenknecht, in: Kraus-Hefte 38, 1986, S. 1f.

(S. P. Scheichl)

Staudenheim(er) Jakob von, Mediziner. Geb. Mainz, Erzbistum Mainz (Dtld.), 24. 8. 1763; gest. Wien, 17. 5. 1830. – Nach Absolv. seiner Schulausbildung stud. S. Med. zunächst an den Univ. Paris und Augsburg, ehe ihn Maximilian Stoll nach Wien holte, an dessen Klinik er seine Stud. beendete; 1788 Dr. med. I. d. F. ließ sich S. als prakt. Arzt in Ungarn nieder, kehrte aber schon zwei Jahre später nach Wien zurück, wo er K. B. Gf. v. Harrach (s. d.) kennenlernte und ihn bei seinem Med.stud unterstützte. Als Hausarzt des Gf. kurierte er diesen von einer lebensbedrohl. Erkrankung, was neben einer erhebl. finanziellen Entlohnung seinen hervorragenden Ruf als prakt. Arzt in Wien begründete. Zu seinen Patienten zählte Beethoven (s. d.), 1826 heilte er K. Franz II. (I.) (s. d.) von einer schweren Krankheit, wofür er im selben Jahr mit dem Ritterkreuz des Leopold-Ordens ausgez. und in den Ritterstand erhoben wurde. I. d. F. wurde er Leibarzt des Hg. von Reichstadt (s. d.). S. versuchte stets die Ursachen einer Krankheit zu erforschen und nicht nur ihre Symptome zu bekämpfen. Sein diagnost. Scharfsinn und die Klarheit seines Vortrags erwirkten die Anerkennung unter seinen Kollegen und seinen Patienten. Als einer der ersten erhielt er den k. brasilian. Orden des Südl. Kreuzes.

L.: WZ, 4. 6. 1830; Graeffer–Czikann; Wurzbach; P. Clive, Beethoven and his world. A biographical dictionary, 2001; AVA, UA, beide Wien.

(D. Angetter – C. Kopke)

Stauder Hermann, Schmetterlingskundler und Eisenbahnbeamter. Geb. Lienz (Tirol), 20. 9. 1877; gest. Hall (Hall in Tirol, Tirol), 12. 2. 1937. – Sohn eines Kleidermachers. Stationsvorstand in Terlan (Terlano) ab 1900, begann S. in seiner Freizeit Schmetterlinge zu sammeln, vorerst nur als Liebhaberei, aber schon bald verbunden mit wiss. Stud. 1908 wurde S. Stundenpasskontrolleur bei der Betriebsleitung der Österr. Staatsbahnen in Spalato (Split). Von dort aus reiste er 1911 und 1912 nach Algerien, um im Atlasgebirge und in der Sahara Schmetterlinge zu sammeln; seine diesbezügl. Ergebnisse veröff. er 1913 und 1914. 1912–15 bei der Bergbahn in Triest (Trieste) tätig, unternahm er in dieser Zeit mehrere Sammelreisen in den mediterranen Raum. So sammelte er 1912/13 Microlepidopteren um Triest und in Istrien, 1913 reiste er auch nach Süditalien, um in den gebirgigen Regionen auf der Halbinsel von Sorrent und in Kalabrien am Monte Cocuzzo und Monte Martinello die Schmetterlingsfauna zu untersuchen. Seine wiss. Ergebnisse mit zahlreichen Neubeschreibungen bisher unbekannter Schmetterlingsarten veröff. er ab 1915 in verschiedenen dt. und österr. entomolog. Z. Als Bahnangestellter in Wels (1915–22) nützte S. diese Zeit auch zu reger Sammeltätigkeit in der dortigen Umgebung, im Salzkammergut und auf dem Dachstein. In den folgenden Jahren unternahm er noch einige Sammelreisen nach Süditalien. Bis Ende 1924 lebte S. in Innsbruck, ab da in Kastelruth (Castelrotto). Seine letzte wiss. Publ. erschien 1930. Einzelne Aufsmlgg. gelangten an die Naturhist. Museen in Wien, die Smlg. palaearkt. Macrolepidopteren kam um 1928 an das zoolog. Mus. in Tring (bei London).

W.: zahlreiche Beitrr. in Bolletino della Società adriatica di scienze naturali in Trieste und Z. für wiss. Insektenbiol.; etc.

L.: W. Horn u. a., Collectiones entomologicae. Ein Kompendium über den Verbleib entomolog. Smlgg. der Welt bis 1960, 2, 1990, S. 377; G. Nonveiller, The Pioneers of the Research of the Insects of Dalmatia, 1999, S. 255ff.; Pfarramt St. Andrä, Lienz, Pfarramt St. Nikolaus, Hall in Tirol, beide Tirol.

(V. Stagl – S. Randolf)

Staudigl Joseph d. Ä., Sänger. Geb. Wöllersdorf (NÖ), 14. 4. 1807; gest. Wien, 28. 3. 1861. – Sohn eines k. Revierjägers, Vater von Rudolf S. (s. d.) und Joseph S. d. J., Schwiegervater von Gisela S. (beide s. u.). S. wurde 1816 Sängerknabe in Wr. Neustadt, besuchte dort das Gymn., absolv. ab 1823 die phil. Jgg. am Piaristengymn. in Krems an der Donau und trat 1825 als Novize in das Benediktinerstift Melk ein. Nach seinem Austritt aus dem Stift 1827 begann er in Wien ein Chirurgiestud. und nahm gleichzeitig eine Stelle als Chorist an der Wr. Hofoper an. Auf Anraten des Operndir. Louis Antoine Duport nahm er Gesangsunterricht bei Giuseppe Ciccimarra. Er wurde nun auch für kleine Solopartien verwendet und beging sein offizielles Debüt 1836 als Pietro in Daniel François Esprit Aubers „Die Stumme von Portici". Es folgten Rollen wie Mozarts Sarastro, Beethovens Rocco und zahlreiche Baßpartien in den Opernwerken Meyerbeers, Bellinis und Donizettis. S., der ab 1831 auch als Hofkapellsänger wirkte, erreichte bald den Rang einer europ. Berühmtheit und wurde in London, wo er 1841–47 als Opern- und Konzertsänger auftrat, als der „deutsche Lablache" gefeiert. 1845–48 war er am Theater an der Wien engag., wo er 1846 die Rolle des Stadinger in der Urauff. von Gustav Albert Lortzings „Der Waffenschmied" kreierte und 1847 bei der Urauff. von Meyerbeers „Vielka" als Partner von Jenny Lind mitwirkte. Danach kehrte er an die Hofoper zurück, wo er – zuletzt auch als Regisseur – bis 1854 verblieb. Sein ungewöhnl. Stimmumfang machte es ihm möglich, auch Baritonpartien (Verdis Macbeth) in sein Repertoire aufzunehmen. Als gefeierter Lied- und Oratoriensänger wirkte er noch bis 1856, verfiel aber allmähl. in geistige Umnachtung . S. war eine überaus vielseitige Künstlerpersönlichkeit, er malte und komponierte, befaßte sich aber auch mit techn. Experimenten und war überdies ein Pionier der homöopath. Heilmethode. Sein Sohn **Joseph S. d. J.** (geb. Wien, 18. 3. 1850; gest. Karlsruhe, Baden/Dtld., 21. 4. 1916) wurde von Viktor Frh. v. Rokitansky (s. u. Rokitansky Hans Frh. v.) zum Sänger ausgebildet und erlebte eine bedeutende Karriere, die ihn an die Metropolitan Opera New York (1884–86) führte, wo er in Baß- und Bariton-Rollen Mozarts (Leporello) und Wagners (Wolfram, Wotan, Pogner) auftrat. Seit 1885 war er mit der Mezzosopranistin **Gisela S.**, geb. Koppmayer (geb. Braunau am Inn, OÖ, 4. 9. 1864; gest. Karlsruhe, 22. 2. 1929) verehel., die ihre Laufbahn 1879 in Wien begann und in Hamburg, Berlin sowie in den USA fortsetzte. Sie war eine Opern- und Konzertsängerin ersten Ranges, 1886–92 trat sie bei den Bayreuther Festspielen (Brangäne, Magdalena) auf.

L.: ADB; Eisenberg, Bühne; Kosch, Theaterlex.; Kutsch–Riemens, 4. Aufl. 2003; oeml; Renner, Nachlässe; Ulrich; Wurzbach (m. L. u. Rollenverzeichnis); Mitth. aus Wien, ed. F. Pietznigg, 1835; C. Droste, in: Bühne und Welt 10, 1908, S. 1029ff. (auch für Gisela S.); M. Jahn, Die Wr. Hofoper von 1836 bis 1848 (= Veröff. des RISM-Österr., R. B/1), 2004, s. Reg.; Schubert-Enz., ed. E. Hilmar – M. Jestremski, 2 (= Veröff. des Internationalen F. Schubert Inst. 14), 2004; WStLA, Wien. – Joseph S. d. J. und Gisela S.: Eisenberg, Bühne; Kosch, Theaterlex.; Kutsch–Riemens, 4. Aufl. 2003; Ulrich.

(C. Höslinger)

Staudigl Oskar Wilhelm, Ps. Faust Friesen, Schriftsteller, Journalist und Lehrer. Geb. Wien, 6. 9. 1861; gest. ebd., 2. 8. 1943. – Sohn eines Fabrikanten. Nach der Realschule absolv. S. in Wr. Neustadt und St. Pölten die Lehrerbildungsanstalt und war ab 1880 im Lehrberuf tätig. Viele Jahre Turnleiter an Volks- und Bürgerschulen, übte er daneben seine Lehrtätigkeit an berufsbildenden Schulen und als Leiter eines